智者的現世關懷

牟宗三的政治與社會思想

彭國翔

謹以此書獻給余英時先生並紀念牟宗三先生逝世二十週年

目次

第四章　共產主義批判
——以《全集》未收之《共產國際與中共批判》為中心

第六章 民主政治的肯定與反省 369

序

《民主評論》新儒家的精神取向

——從牟宗三的「現世關懷」談起

余英時

牟宗三先生是現代中國最具原創力的哲學家之一。他所創建的哲學系統既廣大又精微，因此數十年來受到中外學者的高度重視，分析與闡釋之作不計其數，而且仍在不斷增添之中，彭國翔先生的《智者的現世關懷：牟宗三的政治與社會思想》則是這一研究領域中「別開生面」的最新貢獻。

本書之所以「別開生面」便在於它的探討對象不是牟宗三的哲學系統，而是他的「現世關懷」，這是以往研究者極少觸及的一面。但這並不是因為國翔不重視牟的哲學。恰恰相反，哲學是國翔的專業，而且早在大學生時期，即八十年代後期，便已對牟的哲學發生了深厚的興趣，並因而在研究生時期即已獲得了「牟宗三專家」的雅號。三十年來他讀遍了牟的一切論著，對於牟的哲學系統有著很透澈的認識。關於這一點，祇要一讀他對於牟氏哲學的「基本架構」與「核心概念」所作的分析便完全清楚了[1]。那麼國翔為什麼從牟的哲學（「內聖」）轉向牟的「現世關懷」（「外王」）呢？原因很簡單：由於牟深信「解決外王問題」必須「本內聖之學」，他的哲學體系「可以說是其現實政治與社會關懷的產物。」國翔因此一針見血地告訴我們：

> 要想對牟宗三有進一步的了解，我們就不能僅僅局限於其哲學思想，不能僅僅以「經虛涉曠」的哲學家視之。只有對其一生強烈的政治社會關懷有深刻的把握，才能真正了解其精神與思想世界的全貌。[2]

這也是國翔對於他「別開生面」的最明確的解答。

國翔寫此書的主旨是「對牟宗三的政治與社會思想做一全面與深入的梳理」[3]，通覽全書，我覺得他確實取得了高度的成功。限於篇幅，下面讓我揭示本書兩個最顯著的特色。

第一，本書採取了微觀分析和宏觀綜合交互為用的研究方式。著者依據具體內涵，將牟先生的「現世關懷」分成七章，一一詳加論述；通過概念的分析和澄清，微觀的功效在全書中獲得了充分的發揮。但著者並不是為分析而分析，把每一章當作一種孤立現象來處理。相反的，他的目的是展現牟的「現世關懷」的全貌。因此，各章之間都互相關聯，合而讀之，即成一宏觀的整體。不僅如此，本書的宏觀綜合並不止於「現世關懷」這一層次，據我所見，另有兩個層次的宏觀也應該特別指出：其一，「現世關懷」屬於「外王」範圍，但著者隨時不忘怎樣將「外王」和「內聖」聯繫起來。所以他一方面一再引牟的自述，強調一九四九年以後專心尋求「內聖」如何開出「外王」的途徑[4]，另一方面則鄭重地揭出牟晚年一個重要論斷：新時代所要開出的「新外王」便是民主政治的實現[5]。這是著者在牟氏政治思想和哲學系統之間所作的宏觀綜合。其二，著者說：

> 本書對牟宗三政治與社會思想的探討，儘管在概念的分析與澄清方面具有高度的自覺和運用，但絕不將討論和辨析局限於抽象的觀念推演，而是盡可能將其置於牟宗三所在的社會歷史與思想的整體世界和脈絡之中來加以考察。[6]

這是孟子「知人論世」的研究方式，後世所謂「即事以言理」也是此意。（現代西方“contextualism”一派也大旨相近。）可見本書的宏觀已超出牟宗三「內聖外王」的思維之上，而進一步與他的整個時代融合為一體了。

1　見彭國翔《儒家傳統與中國哲學：新世紀的回顧與前瞻》，河北人民出版社，二〇〇九，頁二〇三—二一八。
2　見本書頁四〇。
3　見本書頁四一。
4　見本書頁三九—四〇。
5　見本書頁三九四。
6　見本書頁五二。

第二，本書的另一重大特色是網羅牟宗三的著作鉅細不遺，從佚文到未刊書信，凡是和「現世關懷」相關的文獻，已搜集到應有盡有的地步。不用說，在這樣堅實而廣闊的文獻基礎上建立起來的種種論斷是很難動搖的。對於任何題旨進行學術研究都必須始於全面搜尋第一手的原始資料，這本來是學術界公認的一種工作程序，不足為異。但國翔在本書文獻方面的貢獻則遠非一般情況可以相提並論。他發現了一部久佚的著作，而恰恰是牟宗三「現世關懷」的一個核心部分：牟宗三在一九五二年出版了一部《共產國際與中共批判》，原為台北招商訓練委員會的一種教材。但此一冊小書流行不廣，從未見有人提及，今天已無人知其存在，以致《牟宗三先生全集》也未能收入。二〇〇四年國翔在美國哈佛燕京圖書館發現了它，並且立即看出它的重要性。本書第四章〈共產主義批判〉便是以它為中心而寫成的專論。

以上兩大特色保證了本書論述的全面性和客觀性。我從一九五〇年代初便開始接觸牟宗三先生的思想，一九七三—七五兩年又在新亞書院和他共事，時相過從。但是我必須坦白承認，我是在讀完本書之後才對他的「現世關懷」有了深一層的認識。讓我在這裡回憶一下有關的往事。

從一九五〇年元旦到一九五五年十月初，我在香港住了五年零九個月之久，這恰好是我在學術和思想上逐步走向定型的時期。在這幾年中，我一方面在學校聽課，另一方面到美國新聞處（United States Information Service）閱覽室和英國文化協會（The British Council）圖書館，選讀有興趣的書刊。（因為那時新亞書院尚無藏書。）但同時我也受到當代中國思想和文化界期刊的影響。其中最重要的是台北出版的《自由中國》和香港出版的《民主評論》。限於篇幅，這裡祇能極其簡略地介紹一下它們的背景。

《自由中國》是胡適一九四九年初在上海和國民黨內自由派人士如王世杰、杭立武、雷震等籌劃創辦的，同年十一月在台北刊行了創刊號。自由中國月刊社成立後，胡適在美國遙領「發行人」名義，實際領導的責任由雷震承擔，經費最初則由教育部及其他黨政機構提供。但到了一九五三年，它已能自給自足，成為一個完全獨立自主的民間刊物，不再接受官方的資助了[7]。

《民主評論》是徐復觀創辦的。一九四九年四月他在奉化溪口，取得了蔣介石的同意，五月便到香港籌辦《民主評論》半月刊。當時蔣告假下野，處境相當困難，深感有必要爭取自由知識人的同情和支持，共同反共。刊物取名「民主」即透露了此中消息。蔣一向信任徐，讓他放手去辦，不加干涉；經費則來自遷台後的總統府[8]。《民主評論》社成立後，徐以「發行人」的身分往來於台北與香港之間，編輯事務則完全由香港新亞書院三位創始人負責：張丕介擔任主編，錢穆、唐君毅則「從旁贊助」[9]。這樣的安排出於歷史背景之順理成章。原來徐先生曾師從熊十力大師，與君毅

7 參看潘光哲《遙想德先生》，台北：南方家園，二〇一一，頁四九。

8 見徐復觀〈三千美金的風波——為《民主評論》事答覆張其昀、錢穆兩先生〉，收在《徐復觀雜文補編》，台北：中央研究院中國文哲研究所，二〇〇一，第二冊，頁一七八—一七九。

9 見錢穆一九五一年十月一日〈致徐復觀書〉，收在《素書樓餘瀋》，頁三一七。台北：聯經，《錢賓四先生全集》本，一九九八。

師為同門，他對賓四師一向甚為尊敬，與不介師則是多年深交[10]。

兩相對照，《自由中國》與《民主評論》恰好分別代表了當時大陸以外中國兩個主要的思想流派：前者可以稱之為「五四」新文化（或新思潮）派，後者不妨稱之為中國傳統文化的維護派。（一九五八年〈為中國文化敬告世界人士宣言〉在《民主評論》上發表以後，此派則獲得了「當代新儒家」的通稱。）這兩大刊物同樣認同於「自由」、「民主」的政治社會秩序，也同樣反對共產黨的極權體制，但由於文化觀點的分歧，不但雙方很快便發生了嚴重的衝突，而且爭論竟長期持續了下去。爭論所涉及的範圍很廣，這裡不必也不能詳說，但其核心所在則可以簡括如下。據胡適在創刊號所寫的「宗旨」，《自由中國》「要向全國國民宣傳自由民主的真實價值，並且要督促政府……努力建立自由民主的社會。」但在實踐中，其主要撰稿人（以殷海光為首）則強調以儒學為中心的中國傳統文化是兩千年君主專制的護身符，因此必須首先予以摧毀。另一方面，《民主評論》則嚴厲譴責以胡適為領袖的「五四」新文化運動，從「打倒孔家店」，走向全面否定傳統文化，最後「以懷疑的虛無主義告終」，以致連他們所提倡的「民主」和「科學」也全部落空了[11]。因此他們斷定當時第一要務是在西方文化對照下重建中國文化精神。而且根據「內聖」開出「外王」的邏輯，祇有在中國文化精神獲得新生之後，「科學」和「民主」才能在中國落地生根。如果用牟宗三的概念來表達，便是「道統」開出「學統」和「政統」。

這兩大期刊是我當時每期必讀的，而它們之間的反覆爭議，都出之以鋒銳的言辭，更激起我的興趣。大體上說，由於《自由中國》的啟發，我開始接觸和民主自由相關的政治思想論著，逐漸摸索到一點門徑。《民主評論》則引導我對於中國歷史與文化的理解日益加深。其所以如此，是因為《自由中國》的重點在宣揚現代普世價值。對比之下，《民主評論》則全力以赴地展示中國文化傳統的獨特形態，對於民主自由方面卻著墨不多。（其中祇有徐復觀一人時時肯定民主政治並為「自由主義」作有力的辯護。）所以我在五十年代前半期確實受益於這兩大期刊。

至於它們關於民主自由與中國文化（特別是儒學）之間的爭論，我雖讀得津津有味，卻不曾給我帶來思想上的困惑，因為我並沒有接受中國文化或儒家和西方現代民主自由在價值上互不相容的觀點。關於中國文化或儒家含有接引西方民主自由的成分，我最初還是從胡適那裡得到啟示的。一九四八年八月十二日胡適寫〈自由主義是什麼？〉一文便說：中國古代也有「自由」的意識，即「由於自己」這顯然是指孔子的「為仁由己」而言。他接著指出：中國史上也有許多為「信仰思想自由奮鬥」的「豪傑之士」，不過中國的自由運動始終未曾抓住「政治自由的特殊重要性」[12]。一九四九年三月二十七日他在台北中山堂講〈中國文化裡的自由傳統〉，態度更為明朗。他首先強調，「自由」不是外面來的，中國古代就有，然後列舉歷代的言論和制度，說明中國人以往用何種方式「爭取思想自由」。他還特別引用了孔、孟的名言以證實他的論斷，如孔子的「三軍可奪帥，匹夫不

10 見徐復觀〈張教授丕介墓誌〉，同上，頁四五〇—四五二。

11 見徐復觀〈五十年來的中國學術文化〉，《徐復觀雜文補編》第二冊，頁一四八—一五七。

12 見胡頌平《胡適之先生年譜長編初稿》，台北：聯經，一九八四，第六冊，頁二〇四四—五。

可奪志」、「有教無類」與孟子的「民為貴，君為輕」等[13]。不但胡適如此，另一「五四」領袖陳獨秀在脫離了共產黨以後，也回到與胡適相同的觀點。一九三〇年代他在南京監獄中對朋友說：

> 每一封建王朝，都把孔子當作神聖供奉，信奉孔子是假，維護統治是真。……五四運動之時，我們提出「打倒孔家店」，就是這個道理。但在學術上，孔、孟言論，有值得研究之處，如民貴君輕之說，有教無類之說，都值得探討。[14]

從上引胡、陳兩人的言論，可知「打倒孔家店」和攻訐孔子思想完全是兩回事，更不能推廣到「全面否定傳統文化」。如果我們承認這一事實，則不但《民主評論》派斥責「五四」新文化的議論有深文周納之嫌，而且《自由中國》健將們對於傳統文化和儒家的口誅筆伐也近於無的放矢，因此我當時的心態是在政治上認同《自由中國》對於民主的積極追求，在文化上則肯定《民主評論》致力於揭示中國文化和儒家的現代意義。

最後讓我追憶一下這幾年間接觸牟宗三思想的情況。最初我並不知有牟先生其人，第一次聽到他的姓名來自唐君毅師的講演。唐先生推崇他是中國唯心論哲學家中首屈一指的人物。後來在唐先生的論著中，我更進一步了解到他們同出自熊十力大師門下，思想上契合無間。這樣我才開始讀牟先生的作品。他除了是《民主評論》的一位基本作者之外，香港的《人生雜誌》和《祖國周刊》也常常有他的文章。他有關中國文化和人文主義之類的文字，頗能與唐先生《中國文化之精神價值》

及《人文精神之重建》互相印證，雖然雙方所用的概念並不統一，但牟先生給我留下最深刻的印象並不在這一方面，而在他從哲學層面對中共的批判。一九五三年他在《民主評論》上發表了〈闢毛澤東的《矛盾論》〉和〈闢毛澤東的《實踐論》〉；恰好一九四九年秋季我在燕京大學的政治大課上讀過這兩「論」，但沒有足夠的哲學訓練以判斷其中是非。現在讀到牟先生鞭辟入裡的分析，頓有撥雲霧而見青天之感。所以當時我將牟先生摧破中共理論看作他「現世關懷」的主要表現，至於他在民主自由方面的種種努力，如國翔在本書中所展示的，卻沒有在我的記憶中留下清楚的痕跡。這裡涉及另一問題，必須作進一步的澄清。

牟先生一九四九年到台灣以後，在思想上嚴守三大原則：

一為文化反共。視中共及其所持之馬列意識形態為中國文化之頭號敵人。二為孔子立場。凡尊重孔子者皆可合作而相與為善，凡貶抑孔子詬詆孔子者，必反擊之。三為支持中華民國，反對中共竄改國號。對於國民政府，則盼望其有為，樂觀其有成，願作善意之督責，而不取「訐以為直」之批評……。先生自謂，此三原則，數十年來持守甚緊，無稍改變。[15]

13 見同上書，頁二〇七八—二〇八一。
14 引自鄭學稼《陳獨秀傳》，台北：時報文化出版公司，一九八九，頁九六〇。
15 蔡仁厚《牟宗三先生學思年譜》，台北：學生書局，一九九六，頁一六。

我覺得這三大原則同樣可以代表《民主評論》的集體立場，並不限於牟先生個人。必須指出的是：雖然其中每一原則都擁有正大光明的理由，然而在實踐中卻引導出意想不到的誤解。問題主要出在第二、第三原則上面。先說第二原則：「孔子立場」。孫中山曾表示過一個意思，大意是：

中國有一個正統的道德思想，自堯、舜、禹、湯、文、武、周公至孔子而絕。我的思想就是繼承這一正統的道德思想，來發揚光大的。16

國民黨便抓緊這幾句話，以繼承孔子的道統自居。執政以後曾用種種直接或間接的方式來表達這一立場。三十年代在南京有過祀孔、中小學讀經、建設本位文化等舉動，四十年代在戰時重慶又有獻九鼎以及重編十三經注疏和宋、元、明、清四朝學案等措施。遷都台北以後，局勢稍一穩定，繼承道統的活動也再度展開。這裡我不談蔣介石先生對於《大學》、《中庸》等經典的研究。蔣雖號稱基督徒，但對儒家的信仰很可能是真誠的，個人信仰不在本文檢討之內。我祇舉出兩個事例，都是國民黨以執政地位所採取的公共行動。第一例是一九六〇年一月教育部長梅貽琦出面，假借「全體」大專院校校長「集會」的共同要求，決定組織「孔孟學會」，並特別邀請胡適為「發起人」之一。胡回信說：

我在四十多年前，就提倡思想自由，思想平等，就希望打破任何一個學派獨尊的傳統。我現在老了，不能改變四十多年的思想習慣，所以不能擔任「孔孟學會」發起人之一。[17]

事實上，梅貽琦不過是因為職務（教育部長）關係而不得不出面，背後的原動力則來自國民黨，這是毫無可疑的。特邀胡適為「發起人」似乎也是一種策略：逼他以中央研究院院長的身分公開表態，以坐實他「打倒孔家店」的罪狀。第二例是一九六一年國民黨的「三民主義研究所」編印了一部《五四運動論叢》，其中有幾篇黨宣傳人員寫的文章，全力攻擊「五四」新文化運動毀滅了傳統文化。所以他們都以上引孫中山「繼承道統」的話為根據，大聲疾呼：要「救起中華民國垂危的文化」[18]！我們必須記住，這是在《自由中國》停刊和雷震入獄的一年之後，國民黨乘勝追擊，以防「五四」死灰復燃。從字面上說，國民黨「尊重孔子」是無懈可擊的，但按之實際，無論是「孔孟學會」或「繼承道統」都明明是為政治服務的，祇能說是「孔家店」再一次開張。這一情況為牟先生和整個《民主評論》派提出了一大難題：怎樣與國民黨「合作而相與為善」呢？

再談牟先生的第三原則：「對國民政府願作善意之督責而不取『訐以為直』之批評。」這一原則他確實完全守住了，我未曾讀到他任何一篇對政府的直接批評，甚至他的「善意之督責」也很少

16 戴傳賢《孫文主義之哲學的基礎》，轉引自胡頌平前引書第十冊，頁三七五五。
17 見胡頌平前引書，第九冊，頁三一六七。
18 見胡頌平前引書，第十冊，頁三七五四—五。

見諸文字。而且這不僅代表他一個人的風格，整個《民主評論》都是如此。正因如此，在我當年的印象中，牟先生和《民主評論》派雖在理論上肯定了民主自由的普世價值，但在實踐中卻未有任何作為，就這一點而言，《民主評論》派和《自由中國》派形成了極為尖銳的對照。

這兩大原則的合流終於引出不少人對《民主評論》派（包括牟先生在內）的誤解。現在讓我從徐復觀先生所提供的第一手資料中舉例略作說明。第一、一九五五年香港《祖國周刊》上刊出了筆名「凌空」的〈介紹反共文化運動中兩個學派〉一篇長文，所謂「兩個學派」即分指《自由中國》與《民主評論》。徐先生在同年四月間寫了一篇回應文字，其中有這樣一句話：

凌空君好像因為有「曲學阿世」的人的關係，是引起人家對《民主評論》「習而不察」的原因之一。[19]

很明顯的，凌空原意是說《民主評論》之所以受人輕忽（「習而不察」）是由於其中有「曲學阿世」的人。所指為誰，今已不可知，但是我相信徐先生的話：「《民主評論》……在任何氣壓之下，決不採用曲學阿世的文章。」然則這一誤讀從何而來呢？我推斷或許與牟先生的第三原則不無關涉：在「盼望其有為，樂觀其有成」心態下所寫的文章，對於國民黨流露出一定程度的袒護口吻，恐怕是很難避免的。當時香港和台灣的自由知識人都主張爭取民主自由必須向一黨專政的國民政府施加輿論的壓力。《民主評論》中某些溫和說詞在他們的眼中當然便不免有「曲學阿世」之嫌了。

第二、徐先生在〈牟宗三的思想問題〉一文中說：

有些淺薄的民主人士，說他（牟）的思想有幫助國民黨一黨專制之嫌……[20]

「淺薄的民主人士」大概是指《自由中國》的殷海光等人。這一指控無疑是出於誤讀，但其所以有此誤讀則或由於牟先生在五十年代前期有關「政道」、「治道」、「道統」、「政統」等一系列論述所引出。讀者未必都曾細讀其文或心知其意，然而這一套儒家「內聖外王」的語言不免會激起他們的政治敏感，誤認為是與國民黨「孔家店」互相唱和的聲音。由此我們也進一步認識到，《自由中國》派中人對於中國文化和儒家的強烈反感毋寧是針對著國民黨以「孔家店」緣飾專制而來，考之殷海光、張佛泉、戴杜衡諸人，無不如此。牟先生是不是因「尊孔」而感到和國民黨可以「合作而相與為善」，我們沒有任何證據可供解答，姑置之不論。但《民主評論》派中不但確有這樣的人物，而且更令人詫異的，其人竟是對民主自由最表支持的徐復觀先生。這是我的最後一例，複雜而有趣，不能不多費一點筆墨。

一九六一年十一月六日胡適應美國國際開發總署之邀，在「亞東區科學教育會議」開幕時作了

19　徐復觀〈如何復活「切中時弊的討論精神」——感謝凌空君的期待〉，收在徐復觀前引書，第二冊，頁八九。

20　見同上書，頁四〇一。

一場英文演講，題目是「科學發展所需要的社會改革」（"Social Changes Necessary for the Growth of Science"）。胡的講詞，開宗明義，從打破「物質文明」和「精神文明」的二分法開始，因為根據二分法的邏輯，西方現代的科學技術雖占優勢，但不過是「物質文明」的成就，古老的東方文明（包括印度與中國）仍然可以憑「精神」的優越傲視西方。他認為「物質」、「精神」是密切相關的，科學和技術正是從高度「理想」（"idealistic"）和「精神」（"spiritual"）中創造出來的。為了論辯的需要，他又反過來指出一些負面的歷史現象，以顯示東方古文明中並沒有多少值得傲人的「精神」成分。他所舉的實例中包括婦女纏足、「種姓制度」（"caste system"）、以貧窮與行乞為美德，以及臨死念「南無阿彌陀佛」前往極樂世界等等。這裡祇有纏足來自中國，其餘都是指印度而言。但他並不是說中、印古文明已盡於此，更無其他成分。他的本意祇是要我們認識科學和技術正是「精神文明」的最新成果；為了迎接這一新的「精神文明」，「我們東方的人最好有一種科學技術的文明的哲學。」更值得指出的是，他相信這一哲學早在孔子時代已開始在中國萌芽。他說：

人曾被稱作Homo faber，能製造器具的動物。文明正是由製造器具產生的。……據說孔子也有這種很高明的看法，認為一切文明工具都有精神上的根源，一切工具都是從人的意象生出來的。（按：末句即《周易．繫辭上》「制器者尚其象」的譯文。）《周易》「繫辭傳」裡說得最好：「見乃謂之象，形乃謂之器；利而用之謂之法；利用出入，民咸用之，謂之神。」這是古代一位聖人的說法。所以我們把科學和技術看作人的高度精神的成就，這並不算是玷辱了我們

> 東方人的身分。[21]

以上是關於胡氏演講主旨的一個提要，力求簡短和客觀。但這一提要是不可少的，因為國民黨為它而對胡適進行了長達三、四個月的「圍剿」，直到他逝世才不得不停止[22]。對於這樣轟動一時的大「圍剿」，讀者當然想知道原講詞到底說了些什麼話？

必須指出，胡適這次所說的都是老話。關於「物質文明」和「精神文明」，他早在一九二六—二八年已分別發表過英文和中文的論文；關於《易‧繫辭》的一段話，一九五二年十二月二十七日他在台南工學院講「工程師的人生觀」也曾引來說明中國早已發展出可以與科學和工程相配合的哲學思路[23]。不但如此，他這次重引《繫辭》還別有用意。他事後向胡頌平透露：

> 在這裡提倡「孔孟學會」的時代，我特別引用這些話，但各報譯成的中文都被刪掉了。[24]

21 見胡頌平前引書，第十冊，頁三八〇四。

22 一九六二年二月二十四日下午中央研究院第五次院士會議閉幕，胡適在閉幕講話中說：「我去年說了廿五分鐘的話，引起了『圍剿』，不要去管它，那是小事體，小事體。」講話一結束，他就心臟病復發，倒地死去。同上書，頁三九〇一—二。

23 胡頌平，前引書，第六冊，頁二二八五—七。

24 胡頌平，前引書，第十冊，頁三八一一。

很顯然的，他是向「孔孟學會」中人展示：孔子是將科學和技術看作「精神文明」的。

如果平心靜氣細讀這篇演講，它的重點並不在攻擊東方古文明，更不在摧毀中國傳統文化，因為它的取向是積極的，要求我們調整思路與心態，以迎接科技文明的到來。與批評者所理解的相反，胡適特引《易．繫辭》以表示中國傳統文化中不但存在著精神價值，而且恰恰是能夠安頓科學成長的精神價值[25]。胡適每有言論必受到反對派的批評，這一點他早已習以為常，但這次二十五分鐘的講話竟引出大規模的長期「圍剿」，恐怕也遠出他的意料之外。

僅僅因為講詞中「古老文明中沒有多少精神成分」、「婦女纏足」幾句話，國民黨的「道統」派便怒火中燒，群起而攻之。最先是十二月初立法委員廖維藩在立法院正式提出「質詢」，並事前在報上一再宣傳，為輿論造勢[26]。接著又有其他人士望風而起，一方面給胡寫「公開信」，一方面向政府「質詢」[27]。至於報章雜誌上罵胡之文則連續不斷，數之不盡[28]。

徐復觀先生也是這次批胡運動中一位最勇猛的先鋒，同年十一月十五日台北《民族晚報》便報導「徐復觀擬筆戰胡適」，並說他正在託人找尋胡適英文演講的原文[29]。他這篇經過充分準備而寫成的文章發表在十二月份的《民主評論》上，情緒之強烈，極為少見。他不但毫不遲疑地說「胡博士擔任中央研究院院長，是中國人的恥辱，是東方人的恥辱」，而且更進一步宣稱：「他不懂文學，不懂史學，不懂哲學，不懂中國的，更不懂西方的；不懂過去的，更不懂現代的。」所以當時報章有「徐復觀大張撻伐」的描述，其轟動效用可想而知[30]。

總之，在這次對胡適大「圍剿」中，黨內有廖維藩，黨外有徐先生，互相唱和，共領風騷，給人一種印象，他們是有組織的行動[31]。當時《自由中國》已停刊，但同情胡適立場的仍大有人在，特別是青年人。他們也在少數報刊為胡辯護，然而聲勢遠不及「圍剿」陣營之大。因雙方爭論與本文論旨無直接關聯，此處不能涉及。

我在這裡唯一關切的問題是：在這一大規模的「圍剿」運動中，代表新儒家的《民主評論》派與國民黨的「孔家店」之間是不是存在著一種「合作而相與為善」的關係？幸運得很，徐復觀先生在無意中留下了下面這段引人入勝的文獻，值得細加玩味。

一九六二年三月一日，也就是胡適死後第五天，徐先生在憤怒中寫了〈正告造謠誣衊之徒！〉一文。他開頭便說：

25 此處「批評者」可以徐復觀為例，見他的〈自由中國當前的文化爭論〉一文引言，收在前引書，頁一六〇。

26 見胡頌平，前引書，第十冊，頁三八二四—五。

27 同上書，頁三八六一、三八六九。

28 見同上書，頁三八六〇—一。

29 同上書，頁三八一三。

30 同上書，頁三八五八。徐文則見《民主評論》十二卷二十四期。

31 見後文的討論。徐先生推崇廖維藩為有「血性良心」的「知識分子」，見他一九六八年寫〈文學與政治〉一文，其時廖已逝世，收在《徐復觀雜文補編》，第二冊，頁二一八七。

今天上午十二時下課後，……梁容若先生很激動地問我：「原來這次圍攻胡適，是由國民黨有計劃的發動，並花了一筆錢；《民主評論》也分得一些；你未必不知道？」我說：「哪裡來的這種混帳話？」梁先生說：「告訴我的還是國民黨員，第幾次中常會通過的，他都說得清清楚楚。」我回到宿舍後，當即寫一封信給梁先生，請他把說這種話的人告訴我，我應要求《民主評論》社採取法律行動。因為《民主評論》上有一篇批評胡適之罵東方文明沒有靈性的文章，是我寫的；而我也是《民主評論》的創辦人。假定《民主評論》受了收買，一定是由我經手。（中略）同時，我寫一封信給國民黨中央黨部秘書長唐乃建先生，問他：國民黨是否動員了組織，拿出了收買費，並分給了《民主評論》，以圍攻胡適？[32]

由於梁容若怕讓說話的友人「吃官司」，不肯以姓名相告，徐先生最後祇好放棄了「法律行動」。徐先生和他的《民主評論》沒有被國民黨「收買」，我是絕對相信的，這也是他怒斥「造謠誣衊之徒」的重點所在。但是若撇開「收買費」一事不談，「這次圍攻胡適」是不是「由國民黨有計劃的發動」？則完全是另一問題，卻似乎並不在徐先生關懷的範圍之內。而且我們有理由相信，即使確知由國民黨所發動，他也會本著「相與為善」的原則而參加「合作」。因為他在此文中非常強調地說：

國民黨今日能夠存在的重大理由之一，便是它畢竟還是擔負著中國的傳統文化。[33]

就我所了解的國民黨在這一階段的心態而言，它動員組織包括通過中常會，來「圍剿」胡適，可以說是理有必然，事有必至。前面我們已經看到「孔孟學會」的成立和三民主義研究所「救起中華民國垂危的文化」呼聲。這都是「圍剿」前不久的事。一九六二年二月二十四日蔣介石初聞胡適死訊之後，竟在《日記》中寫下了「去一大障礙」五個大字[34]。當時國民黨的整體氛圍如此，則大「圍剿」何足為奇？以徐先生對國民黨認識之深，眼見批胡聲勢之浩大，必一望即知為預謀行動。知之而毫不避忌，正可見他認為這是理所當然的事。

但是我要立即鄭重聲明，以上對大「圍剿」事件的歷史重構，用意並不在揭發徐先生和《民主評論》派的過度妥協，而是要展示他們所面對的特殊困難。我詳記此事，因為它充分暴露出：牟宗三先生的第二原則——「凡尊重孔子者皆可合作而相與為善」——在實踐中怎樣不可避免地導至原則的反面：不是「相與為善」，而是「相與為惡」。徐先生說，他之批胡是因為「胡適罵東方文明沒有靈性」，這句話我相信是真誠的。恰巧以廖維藩領先的國民黨「孔家店」也以同樣的理由向胡適發難，而所標舉的目的復與《民主評論》派完全一致，即維護中國傳統文化。在這種形勢下，徐先生認為雙方「可以合作而相與為善」，毋寧是極其自然而又合情合理的。但問題出在國民黨「孔

32　見同上書，頁一七二。
33　同上書，頁一七五。
34　按：《日記》已有排印樣本，但未出版，不便多引。

家店」這一方面。

國民黨以「孔家店」緣飾一黨專政以至個人專制，上面已說過了。這和《民主評論》派，尤其是徐先生，強調中國傳統文化必須與自由民主結合起來，完全是背道而馳的。最後我要引一個生動的史證以澄清國民黨「孔家店」的性質。

一九五六年十月蔣介石先生在七十歲生日之前，表示「婉辭祝壽」，但願意大家向他提出有關國事的意見。因此台灣報章雜誌都紛紛響應號召，推出祝壽特刊。此中最受矚目的是《自由中國》的專號（第十五卷第九期，一九五六年十月三十一日出版），四個半月之內（一九五七年三月十六日）便加印至第九版。這一期有不署名「社論」一篇，題為〈壽總統蔣公〉，似是代表《自由中國》的集體主張。「社論」中提出三項具體的建議：一、依照憲法，總統連選得連任一次，蔣先生的任期祇剩下三年多了。因此第三任總統怎樣繼任的問題必須及早加以研討。「社論」說：「國家究竟也不能長期仰仗蔣公一人的照顧。」二、確立責任內閣制。照憲法規定，全國施政權在行政院，不在總統府。但在實行中，「國家成了一個由蔣公獨柱擎天的局面。」這一情形必須改變。三、軍隊國家化。「社論」指出目前情況是僅憑蔣個人威望來統率三軍，「這種辦法又是否能與我們所希望建立的民主政治相符合？」[35]很明顯的，這篇「社論」將蔣介石的長期執政和大權（包括軍權）獨攬看作是民主政治不能出現的主要原因。這一評論和後面十五篇論文大體上是互相呼應的。例如胡適認為憲法中的總統既無實權，蔣先生何妨試用「無智、無能、無為」六字訣，「努力做一個無智而能『御眾智』，無能無為而能『乘眾勢』的元首」呢[36]？又如雷震論「國防制度」，特別強調「建立軍事制度必須使軍隊成為國家之軍隊，不能為一黨或一人所有。」[37]這也明明是針對國民黨和蔣介石而作出的論斷。

以上所引祝壽專號的評論代表了《自由中國》的一貫立場，同樣的觀念在這本刊物中，已先後以各種不同的方式表述過，國民黨方面也早已耳熟能詳。交代了這一歷史背景之後，我們才能懂得國民黨的祝壽序文。同年十月三十一日國民黨中央委員會為「恭祝總裁七秩華誕」，設立壽堂，全日舉行簽名祝壽。壽冊前有壽序一篇，全文如下：

> 天生聖哲，應五百年名世之徵；民有依歸，慰億兆人來蘇之望。維我總裁，聰明睿智，領袖群倫，作革命之樞機，為黨國之柱石。聲名洋溢於世界，事功彪炳於人寰。當去邠之際，敵愾維殷，與廣夏之謀，自強不息，生聚教訓，宵旰矢勤，掃蕩澄清，瞬息可睹。光華日月，呈元首之麟祥；叱吒風雲，待大人之虎變。歡呼頌稀齡之壽，壽并河山；簽祝表同德之心，心堅金石。中國國民黨中央委員會全體敬獻。[38]

35 見《自由中國》第十五卷第九期，頁三—四。
36 同上，頁八。
37 同上，頁二六。
38 原載《中央日報》一九五六年十一月一日，引自《胡適日記全集》，台北：聯經，二〇〇四，第九冊，頁二五三—四。

這是一篇絕妙的「孔家店」作品，徹底否定了《自由中國》祝壽專號上的評論，讓我略作解讀。首先，序文開頭便引孟子「五百年必有王者興」的名言（「公孫丑」下），不過「王者」已升格成「聖賢」。「民有依歸，慰億兆人來蘇之望」句，必須和下文「去邠」語合讀。「去邠」也見於《孟子》（「梁惠王」下），指大陸人民嚮往蔣公，正如邠人之追慕先周太王。以「五百年名世之聖賢」，又負「億兆人來蘇之望」，蔣公豈能隨意引退？明乎此，則《自由中國》的疑問——國家為什麼「長期仰仗蔣公一人的照顧」——便煥然冰釋了。其次，「興廣夏之謀」以下數句是以夏之「少康中興」比擬「反攻大陸」。這件大事更非蔣公領導不可。因此他「宵旰矢勤」，造成了《自由中國》所謂「獨柱擎天的局面」。胡適竟勸他「無智、無能、無為」，豈不是笑話？最後，「掃蕩澄清」、「叱吒風雲」同指軍事行動而言，但必「待大人之虎變」始見奏功。蔣公能以個人威望來統率三軍，便是為「大人虎變」創造了先決條件。此時此地而要求「軍隊國家化」，從國民黨的觀點看，最低限度也應說是不識時務。

如果上面的解讀尚無大誤，這篇「孔家店」式的壽序決不可視為一般文學侍從之士的應景之作。它是經過仔細推敲而寫成的表態文章，否則何以與《自由中國》專號中的主要論點一一針鋒相對，至於此極？所以我認為這篇壽序最能證實國民黨開「孔家店」，主要是為一黨專政和蔣的個人專制建立一種意識形態的基礎。這個「孔家店」以維護中國傳統文化為幌子，但卻隨時隨地阻止現代普世價值如民主、自由、人權、法治等在中國的實現。

國民黨「孔家店」的性質獲得澄清之後，《民主評論》派的特有困境也清楚地顯現了出來。

《民主評論》派一直把國民黨當成「反共」和「尊孔」的盟友，前引牟宗三先生的三大原則即其明證。但國民黨雖然「反共」，卻自一九二四年改組以來，便已採取了與共產黨相同的一黨專政體制；至於「尊孔」，則如前文所示，旨在加強專制，與《民主評論》派將傳統文化和民主自由相結合的努力恰如南轅北轍。所以在對胡適最後一次大「圍剿」中，徐復觀先生為維護傳統文化而「大張撻伐」，本是他個人獨立自發的行動；對照之下，國民黨「孔家店」之持續不斷的攻勢，則是一場有組織的集體行動，旨在除去「一大障礙」。雙方同床異夢，雖相涉而實不相掩。但由於後者人多勢大，徐先生的一切作為最後竟都淹沒在「孔家店」中，以致招來同受「收買」之謠。這不僅對徐先生是一大侮辱，對《民主評論》更構成了重大的傷害。由此可見，《民主評論》派祇要和「孔家店」進行「相與為善」的「合作」，便無可奈何地招來「曲學阿世」或「幫助國民黨一黨專制」的嫌疑，而且這樣的嫌疑得之易而去之難，因為自我表白往往無效。徐先生本人對這一點是很敏感的，有時還採取某種微妙方式來表達他的真實意向。例如他在胡適死後五日所寫的〈正告造謠誣衊之徒！〉中說：

> 當二月二十四日夜裡，我聽到胡適之先生逝世的廣播時，我同樣地一夜沒有睡好覺，在深夜裡提起筆來寫悼念他的文章，還跑到台北停靈的地方去弔念他。[39]

39《徐復觀雜文補編》，第二冊，頁一七三。

讀了這一段動人的回憶，我們便無法不相信他接著而來的自我表述：他雖然批評胡適的文化觀點，但在爭取民主自由這一方面，卻是擁護他的。所以我感覺這是徐先生刻意在他和「孔家店」之間劃清界線，而字面上卻不落痕跡。我可以肯定地說，徐先生自始至終都緊守著《民主評論》的基本立場，即一方面維護以儒學為中心的傳統文化，一方面爭取民主政治的實現，並努力將這兩大價值系統結合起來。

不僅徐先生如此，《民主評論》的另外兩位新儒家大師——唐君毅和牟宗三——也走著大同小異的道路。限於篇幅，這裡不能再對君毅師的思想展開論述，有興趣的讀者祇要一讀他的〈學術思想之自由與民主政治——答徐佛觀先生〉，便可得其梗概[40]。至於牟先生對於自由與民主認識之真切與承當之深重，彭國翔先生在本書已作了詳實而生動的歷史重建，這是我們應該特別感謝的。儒家一向相信「知之匪艱，行之惟艱。」牟先生的「行」比他的「知」，更為動人。一九八〇年代以後，他曾多次受邀回大陸，但是他堅持：「中共不放棄馬列主義的意識形態，決不回去。」[41]「孔子西行不到秦」的精神在此完全體現了出來。

台灣民主化之後，「孔家店」失去了存在的空間。但上世紀末葉以來，一個規模浩大的新「孔家店」卻在大陸上悄然興起；今天由隱而顯，山東曲阜竟已成為它發號施令的中心了。背景是十分清楚的：原來的「馬家店」雖未關門卻已歇業，沒有新店取而代之，生意便做不成了。新「孔家店」將越來越興旺，這也是可以預卜的。但對於所有高舉「儒家」旗幟的人，這將是一場接著一場的無窮考驗。新一代「儒家」之中還有人能上追《民主評論》派「出淤泥而不染」的風格嗎？讓我們拭目以待。

二〇一六年元月五日於普林斯頓

余英時，美國普林斯頓大學榮休教授。

40 見《民主評論》第四卷第十八期，一九五三年九月十六日。徐復觀為此文所寫的「按語」收在《徐復觀雜文補編》第一冊，頁四九〇—四。

41 見本書，頁四五五。

導言

余英時先生曾經深刻地指出，理學家致力於心性之學的「內聖」方面，並不是要放棄經世致用的「外王」方面，而恰恰是要為「外王」實踐建立一個正確和牢固的「內聖」基礎。宋代道學家群體對於王安石的批評，根本並不在於王安石「得君行道」的政治取向本身，而在於對道學群體來說，王安石的「外王」實踐建立在錯誤的「內聖」之學之上。也正是在這個意義上，將對理學家的理解局限於「內聖」一面是不夠全面的，只有從「內聖外王連續體」的意義上理解理學家，才能得其精神之全[1]。我認為，余先生這一「內聖外王連續體」的觀察和判斷，不僅適用於宋明的理學家，也同樣適用於現當代的新儒家以及整個儒家傳統。作為現代新儒學的主要代表人物，牟宗三

1 參見余英時，《朱熹的歷史世界：宋代士大夫政治文化的研究》（台北：允晨出版公司，二〇〇三；北京：生活・讀書・新知 三聯書店，二〇〇五）。

（一九〇九—一九九五）不僅有其心性之學的詮釋與建構，同時還有其政治與社會的關懷與思考[2]。從二十世紀三〇年代到九〇年代，六十年間，其政治與社會思想一直都有表達。從早年對唯物辯證法和唯物史觀的批判、對中國社會史和中國農村問題的探究，到晚年對兩岸關係與台灣認同的申論，以及一生批判共產主義，在反省與檢討的基礎上提倡自由、民主，都是力圖要為現代中國政治社會的實踐提供一個正確的思想基礎。這和宋代理學家批判王安石新學是頗為類似的。只不過在宋代理學家的心目中，作為「邪說」危害政治社會的是王安石的新學；而在牟宗三的心目中，「邪說害道」的則是二十世紀上半葉不僅占據大部分中國知識人心靈甚至一度風行全球的馬克思主義和共產主義。

對於這種「內聖外王連續體」，或者說本內聖之學而求解決外王問題的思路，在一九五五年台北的人文友會第十九次聚會時，牟宗三已經有所交代。他說：

> 我們費了好大力氣講中國過去的種種道理，其目的，即在想把中國的現代化接上去，現代化是由內聖之學向外開的問題。這方面看起來很容易、實則無論實現或了解皆極難。因為懂「理」易、懂「事」難。做書生、做翰林學士易，做政治家、做宰相難。現在要做一個哲學家、科學家容易，而要做一個建國的政治家或政治思想家就很難。[3]

而在人文友會的第二十一次聚會開始時，牟宗三講得更清楚：

> 我們現在講內聖是為了什麼，這一點必須知道。過去講內聖，即在通外王。事功，即外王的表現。所謂事功、事業、政治、經濟、典章、制度，通同是外王。現在的建國，即根據內聖之學向外開，亦即是外王。[4]

因此，對於自己五十歲之後為什麼會集中心力於中國的內聖之學，牟宗三一九六二年元旦於香港在其《歷史哲學》的〈增訂版自序〉中有明確的說明。他說：

---

2 認為當代新儒學只有「心性儒學」，沒有「政治儒學」，其實是非常荒謬的。要麼是閱書不廣，要麼是蓄意忽略。可惜的是，這種不實之詞在中文世界常常被道聽塗說者引以為據，輾轉相傳，竟有弄假成真之勢。反倒是個別西方學者在認真研讀了當代儒學的著作之後，對此不實之詞表示疑問。例如，Thomas Frohlich, "Confucian Democracy and its Confucian Critics: Mou Zongsan and Tang Junyi on the Limits of Confucianism," *Oriens Extremus*, Vol. 49, 2010, pp.167-200. 事實上，以牟宗三、唐君毅和徐復觀等當代儒家學者而論，每一位都有明確的政治關懷和文字表達。在這個意義上，他們每一位都有其「政治儒學」的面相。在我看來，只要是真正的儒家，無論古今，都不可能沒有這一面。當然，這與實際參與政治活動無關。即便孔子，亦有「施於有政，是亦為政」之說。以實際的政治參與來衡量的話，孔、孟其實都是邊緣化的人物，宋明理學家也大都不在政治舞台的中心。

3 《人文講習錄》，《牟宗三先生全集》（台北：聯經出版，二〇〇三），第二八冊，頁一〇九。以下所引牟宗三著作，除另有注明之外，皆據台北聯經公司出版的全集本。

4 《人文講習錄》，《牟宗三先生全集》，第二八冊，頁一一三。

五十以前，自民國三十八年起，遭逢巨變，乃發憤寫成：

一、《道德的理想主義》

二、《政道與治道》

三、《歷史哲學》

三書。夫此三書既欲本中國內聖之學解決外王問題，則所本之內聖之學實不可不予以全部展露。[5]

由此可見，牟宗三五十歲以後一系列似乎是純粹關乎「內聖之學」、「心性之學」的著作，包括《才性與玄理》（一九六三）、《心體與性體》（一九六八，一九六九）、《佛性與般若》（一九七七）以及《從陸象山到劉蕺山》（一九七九）[6]，其實都不是單純理智思辨的結果，而可以說是其現實政治與社會關懷的產物，所謂「欲本中國內聖之學解決外王問題」。換言之，至少在發生學的意義上，正是解決外王問題的現實促動，導致了其內聖之學的最終建立。用牟宗三自己的話來說，就是「我們今天重視哲學是因為共產黨的問題」[7]。因此，要想對牟宗三有進一步的了解，我們就不能僅僅局限於其哲學思想，不能僅僅以「經虛涉曠」的哲學家視之。只有對其一生強烈的政治社會關懷有深刻的把握，才能真正了解其精神與思想世界的全貌。

以往對於牟宗三的研究，基本上限於他有關中西哲學的思想。即使為數不多的關於其政治思想的研究，也都是囿於哲學的取徑，而且幾乎都是圍繞其通過「良知坎陷」而「開出」民主政治這一個方面。對於其「良知坎陷」基於誤解的諸多無的放矢的所謂批判，自然不足與論。即便對於「良知坎陷」能有相應了解的研究，也往往都是僅僅論及有關民主政治的問題。至於牟宗三政治思想的其他多個方面，包括他早年對於唯物辯證法和唯物史觀的批判、晚年對於兩岸關係與台灣認同的觀察、對於自由和自由主義的看法、以及一生對於共產主義的批判，都是以往的牟宗三研究未嘗措意的。至於牟宗三的社會思想，包括他在二十世紀三〇年代對於中國社會發展史的獨特看法，以及對於中國農村問題全面與深入的探討，更是以往的研究絲毫未嘗觸及的。本書之作，就是希望對牟宗三的政治與社會思想做一全面與深入的梳理。

牟宗三一九二七年十八歲（虛歲十九）時，由山東棲霞中學考入北京大學預科，一九二九年升入北京大學哲學系本科。馬克思主義和共產主義思潮在當時的北京（時稱「北平」）恰好是「顯學」。因此，剛入大學並開始接觸新思想的牟宗三，首先面臨馬克思主義和共產主義的衝擊。正如他自己回憶時所說：「一個混沌的青年在當時是被爭取的對象」，他甚至一度成為當時沾染了共產主義意識的國民黨的「預備黨員」。不過，牟宗三並未像一般人那樣往往為潮流所裹挾而人云亦

5《歷史哲學》，《牟宗三先生全集》，第九冊。
6 括弧內所注僅為初版時間，各書以後多有再版，時間在此不一一另注。
7《時代與感受》，《牟宗三先生全集》，第二三冊，頁一五〇。這是牟宗三一九八三年一月三十一日在東海大學演講〈哲學的用處〉時所說的話。

云。他在一度為當時的左傾思潮所聳動和吸引的同時，自始就覺得「不對勁」、「異樣」，於是迅速擺脫了那股迷思狂潮的吞噬。這一段經驗，在其《五十自述》中有清楚的交代：

一個混沌的青年在當時是被爭取的對象，黨人大肆活動。我感覺他們的意識、他們的觀念、他們的行動以及生活形態好像很異樣。其中有足以吸引我的地方，使我有從未有的開闊、解放、向上的感覺。但另一方面也總使我覺得有點不對勁。他們那時的意識大體是共產黨的意識；以唯物論為真理，什麼是唯物論他們也不懂，只是那現實的、實際的意識之唯物論。這是共產黨對政治經濟社會全革命的唯物論。這意識沾染了那時的國民黨，而且沾染得很深。有一次，一位黨人同學和另一人討論什麼問題，我只聽他說你的觀點是唯心論的，所以你還是錯的。我當時，就有異樣的感覺，為什麼唯心論就是先天地錯誤呢？這使我有個不能像他們那樣斷然肯定的疑惑。[8]

我當時也沾染了那氾濫浪漫的精神，但我沒有仇恨的心理，我也沒有仇恨的對象。我前面已說，他們有足以吸引我的地方，使我有從未有的開闊、解放、向上的感覺。這是由我那在鄉村的自然生活所蘊蓄的混沌而開放。他們吸引了我，我也接近了他們那一點。他們把我列為預備黨員。我暑假回家，團聚農民，成立農民協會，每夜召集他們開會講習，訓練民權初步。在夜間也跑到十幾里外的別村去開會。夜深了，人都關門了。我隨便找個什麼地方也可以睡一夜。我本我那鄉村中所養成的潑皮精神去作這種活動。我發覺我很有鼓舞的力量，也有團聚人的能力。這原因很簡單，誠樸、潑皮、肝膽，沒有矜持的架子，還有，那是因為我讀了幾句書，畢竟是知識分子。知識分子從北京大學回鄉，鄉下人心中也是另眼相看的。但我迅速地感到在父老兄弟面前，在親友面前，於開會時，很嚴肅地擺起面孔稱同志，那意味總不對。那是太客觀了，太政治了，太形式化了。頓然覺得我自己的生命被吊在半空裡，抽離而乾枯了。我也覺得父老兄弟親友的生命也吊在半空裡，抽離而乾枯了，那太冷酷、太無情。事後，我有說不出的難過。直到如今，我一想起便有無限的慚愧，疚仄，好像是我生命中最大的汙點，好像是我做了極端罪惡的事情。我迅速地撤退。我讓那預備黨員永遠停留在預備中吧！我不要這黨員。再加上他們從上到下一起在迅速地轉向，我和他們的距離愈來愈遠。他們那氣味我受不了。那些不對勁的感覺一起發作。[9]

牟宗三這裡所謂的「黨人」，還是國民黨，尚非共產黨。但如他所說，當時的國民黨受到了共產黨很深的滲透，共產主義的意識非常普遍。他的這段經驗，應該是其一九二八—一九二九年剛剛升入北京大學不久的事情。而他從一開始就覺得「不對勁」、「異樣」而「迅速地撤退」，應該是非常短暫的一段經驗。因為在一九三一年時，他已經在當時的《北平晨報》上正式發表了批判唯物辯

8《五十自述》，《牟宗三先生全集》，第三二冊，頁二三—二四。
9《五十自述》，《牟宗三先生全集》，第三二冊，頁二六—二七。

證法的文章：〈辯證法是真理嗎？〉[10]這與他在這裡的自述恰好可以相互印證。由此可見，牟宗三獨立運思的開始，正是起於對馬克思主義和共產主義的反省。

同樣，上述文字已經可以約略透露，牟宗三之所以自始即對馬克思主義和共產主義有「異樣」和「不對勁」的感覺，是來自於他從小耳濡目染的儒家傳統，以及他追求真理的精神。對於所謂共產主義理想、共產黨人與儒家精神、聖賢人格之間的表面相似而根本不同，牟宗三有著極為清楚和明確的自覺。緊接著上引那段話，牟宗三指出：

> 丟開開會時在父老兄弟面前稱同志的那慚愧不論，那氾濫浪漫的精神也給我另一種感覺，這就是開放、解放、向上的感覺本身之意義。他們在同志間，以忠實坦白相號召，使人有「忘我」的感覺，獻身於黨的感覺，在一個客觀的現實的集團面前，在一個客觀的超越的理想面前，獻身、客觀化一個人的生命。這感覺給我印象很深，這是我從前混沌的自然生活中所沒有的。我忽然在這一道風裡有了這感覺。這是神性的一面。我以前從聖賢書中所讀的那種聖賢教訓，所知的聖賢境界，聖賢人品，在以前認為是一個可望而不可即的遼遠的影子，甚至連可望也不敢夢想到，可是我現在得了一個現實的印證。我當時以為像他們所說的，那簡直就是聖人了，一個獻身於黨的革命鬥士是有點聖人的影子。從這一面說，那一陣風不純是外在的政治的，而實能打進人的生命上予以內在的錘鍊。於個人的性情，個人的生命，實有一種強度的振拔，內在的翻騰。但這內在的忘我的志氣之錘鍊，實在是有夾雜。我當時不甚能知其所以然，

但是事後我很容易看出，這是神魔混雜的局面。那內在的忘我的志氣之錘鍊，實在是氾濫浪漫的生活情調下進行的。在東倒西歪一切不在乎（不是一切都放下）的氣氛下進行。這是一種絕對的粗獷的放縱恣肆，唯物論所促成的放縱恣肆，一切矜持、面紅、拘謹、虛驕、後來共產黨所說的小資產階級的毛病，都摔掉了的放縱恣肆。普通小資產階級的矜持、面紅、拘謹、虛驕，其表現處之最現實的層面便是女人與財產。而在當時沾染了共黨理論的風氣下，這兩面在他們是極不在乎的。雖然事實上未必能，但在口頭上思想上確是如此。普通在這層面上，在自然的不自覺的習慣中，能維持著一般人的不自覺的道德意義本身的禮義廉恥心。但是現在把這兩面的拘謹都摔掉了，連帶連道德意義本身的禮義廉恥也摔掉了，這是絕對的粗獷的唯物論所促成的放縱恣肆。我名此為大浪漫的精神，那時代為大浪漫的時代。那內在的忘我的志氣之錘鍊是在這樣一種大浪漫精神下進行的，那錘鍊自始即不是個人的道德自覺的，而是由政治的理想與黨的行動所逼成的，所以也不是自道德意義本身的立場而來的內在覺悟，而是由外在的目的把生命套在集體行動中而逼出的，這是被攜帶出的貌似的道德，因此也是工具意義的道德，盜亦有道的道德。當然一個人可以為其所信的客觀理想而獻身，但是這必須發自內在的不容已之心願，這就不能是唯物論的放縱恣肆，先須從個人自己內在生命處護住道德意義的本身，然

10 蔡仁厚先生撰《牟宗三先生學思年譜》（台北：臺灣學生書局，一九九六）中沒有列出一九三一年的條目，因此遺漏了一九三一年牟宗三首次正式發表〈辯證法是真理嗎？〉一事。

後再說獻身忘我，那方是真正的道德，聖賢的心腸。但是那大浪漫時代的形態卻不是如此。所以那內在的忘我的志氣之錘鍊根本就是非道德的。那是道德的影子，那忘我無私的貌似聖人而實非聖人，也只是聖人的影子。這就是神魔混雜的忘我。我因我當時的那開闊解放向上的感覺，我了解了這神魔混雜的貌似聖人的境界。[11]

正是由於這種極為清醒的自覺，牟宗三一開始就對馬克思主義和共產主義最為核心的理論——唯物辯證法和唯物史觀，提出了自己的批評。

由於牟宗三對馬克思主義真正下過鑽研之功，對於二十世紀三〇年代中國思想界因引入馬克思主義而來的一系列論戰，包括唯物辯證法論戰、中國社會史論戰、中國農村性質論戰等等，牟宗三都參與其中，提出了自己獨到的看法。可惜那時他人微言輕，雖然在當時發表了一系列文章，也引起了一些學者的關注，但後來學界有關唯物辯證法論戰、中國社會史論戰以及中國農村性質論戰的研究，都沒有將牟宗三的這些文章納入考察的視野。當然，這或許是後來他以哲學家名世，研究其思想的學者都只有哲學的背景，他的政治與社會思想的這些方方面面，長期以來就不免被忽略而落入塵封了。

本書對牟宗三政治與社會思想的考察共分七章。

第一章是牟宗三對於唯物辯證法和唯物史觀的批判。在二十世紀三〇年代初，牟宗三已經對唯物辯證法和唯物史觀有了準確的了解，並在學理上對其內在的問題予以了揭示和批判。他在一九三一——一九三四年間發表的〈辯證法是真理嗎？〉（一九三一年九月）、〈矛盾與類型說〉（一九三三年十一月）、〈社會根本原則之確立〉（一九三三年三月），以及〈邏輯與辯證邏輯〉和〈辯證唯物論的制限〉（一九三四年八月），就是對唯物辯證法和唯物史觀的集中批判。作為對馬克思主義的自覺地回應，牟宗三對唯物辯證法和唯物史觀的批判，既是其政治與社會思想的有機組成部分，對於研究現代新儒學與馬克思主義的關係，甚至就馬克思主義本身進行理論反省，都至今不失其意義而值得回顧和深思。

第二章是牟宗三關於中國社會史發展階段和形態的主張。馬克思主義尤其唯物史觀被當時不少知識人接受之後，首先被用來作為分析中國社會歷史發展的工具。二十世紀三〇年代中國知識界爆發的中國社會史論戰，正是這一方面的反映。那時以「讀書雜誌社」為中心、以《讀書雜誌》為陣地的一些知識人，絕大部分是唯物史觀的信徒，都試圖用他們各自理解的唯物史觀去解釋中國的歷史與社會。而牟宗三在批判唯物辯證法和唯物史觀的同時，也對當時中國社會史論戰的諸家之言進行了回應。一九三四年一月一日和二月一日印行的《再生》雜誌第二卷第四、五期，分兩次刊登了牟宗三〈從社會形態的發展方面改造現社會〉的長文。這篇文章，可以說是牟宗三對於中國社會史論戰的全面檢討。正是在分析批評《讀書雜誌》上論戰諸家觀點的基礎上，牟宗三提出了他自己對於中國歷史與社會的看法。

11《五十自述》，《牟宗三先生全集》，第三二冊，頁二七—二九。

第三章是牟宗三關於中國農村問題的看法。二十世紀三〇年代前期，中國的農村問題成為關係國計民生的核心和社會各階層普遍關注的對象，當時很多知識人也將馬克思主義作為觀察、分析和解決中國農村問題的「法寶」。而牟宗三則在一九三四年和一九三五年連續發表了一系列的文章，包括〈中國土地分配與人口分配之原則〉（一九三五年三月）、〈中國農村生產方式〉（一九三五年五月）以及〈中國農村經濟局面與社會形態〉（一九三五年七月），提出了他對於中國農村問題的觀察、分析和解決之道，成為二十世紀三〇年代關注並探討中國農村問題的知識人群體中的一員。同樣可惜的是，二十世紀八〇年代以來，無論在牟宗三研究的領域還是在有關二十世紀三〇年代中國農村問題研究的領域，這些文章也都从未進入研究者的視野。因此，考察牟宗三二十世紀三〇年代對於中國農村問題的研究，既可以使我們了解牟宗三思想歷程的一個重要環節，從而認識牟宗三在哲學之外其他方面的關懷和成就，還可以擴展我們對於三〇年代中國農村研究及其相關問題的認識。這一章的考察包括兩個部分：首先是牟宗三對於中國農村經濟局面和社會形態的基本判斷；其次是他提出的解決農村問題的一整套方案。

第四章是牟宗三一生對於共產主義的批判。從一九三一年還是大學時代時發表的第一篇文章，到一九九五年臨終前的最後一篇講詞，牟宗三對於共產主義的批判六十餘年始終一貫。這一章的內容，以我新發現的牟宗三佚著《共產國際與中共批判》為中心，並結合其一生中不同階段的相關材料，探討牟宗三立足中國傳統文化尤其儒家思想對於共產主義的批判，揭示其立足中國傳統文化批判共產主義的基調在其一生思想中的歷程，以及由此而發的同樣貫穿其一生的種種現實關懷。總之，牟宗三從何時開始反對共產主義？他對共產主義的理解究竟是怎樣的？他為什麼要反對共產主義並一生始終堅持其批判共產主義的立場不變？這些問題，讀者都可以在本章找到充足的答案。

第五章是牟宗三關於「自由」和「自由主義」的看法。除了同樣彌補以往牟宗三研究的一項缺失之外，這一章的意義還在於，牟宗三關於「自由」和「自由主義」的相關看法，既可以視為研究儒家傳統與自由主義之間關係的極佳素材，而檢討牟宗三關於「自由」和「自由主義」的一套論說，更可以發掘現代儒學中政治哲學的深厚蘊涵與獨特視角，由之可見現代儒家政治哲學不僅不與自由主義牴觸，反而可以彌補自由主義的一些缺憾。如今討論自由主義多囿於現代西方的話語脈絡，僅在政治、經濟建制的意義上立說，往往無視道德、宗教意義上的自由，更不深究道德自由與政治自由之間的關係。牟宗三的「自由」和「自由主義」論述，恰恰是要指出二者之間的應有關係以及顧此失彼所導致的弊端。並且，在他看來，只有始終不放棄道德和精神上的自由，如陳寅恪所謂保持「獨立之精神，自由之思想」，才能稱得上一個真正的自由主義者。而這一點，如果放在整個二十世紀迄今的思想脈絡中來看，其實未嘗不可以說是那些融貫中西而同時立足或植根於儒學價值立場的一流知識人的共識。

第六章是牟宗三對於民主政治的肯定和反省。相對而言，本書其他各章對於牟宗三政治與社會思想各個方面的探討在以往的研究中都是缺失的，而牟宗三關於民主政治的思想，以往的研究倒不乏涉及。不過，目前幾乎所有關於牟宗三民主政治的研究，大都集中於其所謂民主的「開出」一說，並大都採取所謂「政治哲學」（political philosophy）的論述話語。其實，牟宗三對於民主政治的看法，不論是肯定民主政治作為中國徹底擺脫君主專制的必由之路，還是指出民主政治必須以文化教養作為價值的支撐方可避免其局限，都基於他對於中國傳統政治的觀察與判斷，並不只是抽象的觀念思辨。本章詳人所略而略人所詳，對於牟宗三為什麼肯定民主政治？他對民主政治的肯定與他對於中國傳統政治的觀察有無關係？他怎樣理解中國傳統政治的結構與性質？他對於西方民主政治的局限是否有相當的認識？等等，都力求較為充分的探討，以期呈現牟宗三關於民主政治思想的完整面貌。此外，牟宗三對於一九四九年之後中國大陸的民主運動一直關注，更是每每在一些重要的歷史關頭發表言論。本章的附錄部分，也在全面占有文獻的基礎上，對其這一方面的思想進行了梳理。該部分的內容，也是以往的牟宗三研究從未觸及的。

第七章是牟宗三關於中國大陸與台灣兩岸關係的見解。牟宗三一九四九年來台，一九九五年去世，在台灣（包括香港）生活的時間超過大陸。因此，對於兩岸關係與台灣認同問題的關注，也構成其政治關懷和思想的一部分。但這一面也從未有人探究。哲人的智慧結晶未必都是真理，但至少有因之以觸發進一步思考的意義。尤其對於兩岸關係與台灣認同這一「此亦一是非，彼亦一是非」的「難題」，仔細檢討和品味牟宗三的看法，也許可以收到「溫故知新」和「舉一反三」的效果。

本書這樣的安排，既從結構上展現了牟宗三政治與社會思想的各個方面，也大體照顧了牟宗三政治與社會思想在時間發展上的順序。此外，如果第一章到第四章主要反映牟宗三政治與社會思想中「破」的方面，第五至第七章則主要反映他政治與社會思想中「立」的方面。當然，牟宗三的政治社會思想是破中有立和立中有破的，這裡所謂的「破」與「立」，都只是就其側重相對而言的，並非涇渭分明可以截然劃分。

總的來說，對於牟宗三政治與社會思想的研究，本書可以說有以下三個方面的自覺：

其一、顧及牟宗三一生政治與社會思想的各個方面，同時力求對每一個方面都予以徹底的把握和分析。比如，牟宗三對於唯物辯證法和唯物史觀的批判、對於中國農村問題的研究、對於共產主義系統與全面的批判，都是牟宗三政治與社會思想不可或缺的重要方面，但以往的研究卻從未觸及。本書則首次對這些方面進行了全面與徹底的探討。而對於牟宗三民主政治的思想，儘管在以往的研究中不無討論，但是，牟宗三為什麼肯定民主政治？他對民主政治的肯定與他對於中國傳統政治的觀察有無關係？他怎樣理解中國傳統政治的結構與性質？他對於西方民主政治的局限是否有相當的認識？等等，卻都是以往的研究沒有充分探討的。對於這些問題，本書也進行了充分的補充。

其二、以盡可能全面掌握牟宗三的各種原始文獻作為研究的基礎。在處理牟宗三政治與社會思想的各方面與諸問題時，除了遍檢《牟宗三先生全集》的相關文獻之外，本書還特別充分利用了新發現的牟宗三的佚著，並輔之以《全集》未收的牟宗三與友人的通信。比如，本書第四章關於牟宗三對共產主義的批判，除了《全集》所收牟宗三一生不同歷史階段的相關文獻之外，尤其集中利用了二〇〇四年我在哈佛燕京圖書館發現的牟宗三一九五二年出版的《共產國際與中共批判》。這本著作的存在，以往的研究者，包括牟宗三的弟子們，都不知道，因而未嘗收入《全集》。但這部篇幅不長的著作，恰恰集中反映了牟宗三對於共產主義的全面與系統的批判。此外，在本書的一些討論與分析中，我也特別引用了牟宗三與友人尤其是唐君毅和徐復觀的一些書信。這些書信也都尚未公開發表，沒有收入《全集》，只有部分為有限的學者所知。顯然，對於研究牟宗三的政治與社會思想來說，這些都是彌足珍貴的第一手原始文獻。這裡，我要借便向友人廣州中山大學的黎漢基教授表示感謝。他大概是當世對當代新儒家尤其徐復觀先生的文獻資料掌握最完整的學者了。在我運用的這些第一手原始文獻中，牟宗三與唐君毅和徐復觀的未刊書信，正是黎漢基教授無私提供的。同時，我也要感謝中央研究院中國文哲研究所的李明輝教授。牟宗三的另外一些書信，包括與當時其他友人以及與其家人的書信，是由李明輝教授提供的。

其三，如果說上述本書第一個自覺在於處理了很多以往學界未嘗觸及的關於牟宗三政治與社會思想的具體方面和內容，第二點自覺在於利用了以往有關牟宗三研究未嘗引用的原始文獻，那麼，本書的第三個自覺，則在於對牟宗三政治與社會思想的處理方式。與以往絕大多數討論牟宗三思想的著作不同，本書對於牟宗三政治與社會思想的探討，儘管在概念的分析與澄清方面具有高度的自覺和運用，但絕不將討論和辨析局限於抽象的觀念推演，而是盡可能將其置於牟宗三所在的社會、歷史與思想的整體世界和脈絡之中來加以考察。在哲學的分析之外，同時注重思想史的觀察視角，這也是本書在研究方法上的一個自覺和應用。事實上，作為兩種研究的取徑，哲學與歷史，或者說「宋學」與「漢學」，歷來是我在學術研究中所並重的。這一點，我在以往的著作中不止一次有所說明，有興趣的讀者可以參看[12]。

當然，具備了某種學術研究的自覺，並力求將其貫徹到具體的研究之中，並不意味著一定就能夠將其充分實現。恰如任何一個實際的建築完成之後，是否能夠完全反映和實現當初設計者心目中的藍圖，不免總是難以保證的。至於在觀賞者看來二者之間的距離，可能就會大得更多。不過，無論如何，這是我運用自己的學術自覺和研究方法所從事的又一項研究。得失如何，除了寸心自知之外，學界的識者也會自有評論。

另外我想交代的是，這本關於牟宗三的著作雖然現在才正式出版，似乎比我有關宋明儒學的研究要後出。但是，我接觸和閱讀牟宗三以及當代儒學的著作，不但早在二十世紀八〇年代後期就已經開始，而且可以說迄今一直未斷。記得九〇年代中後期我在北京大學哲學系讀研究生時，業師陳來先生就曾經向韓國同學戲稱我是「牟宗三專家」。的確，正如我在《近世儒學史的辨正與鉤沉》一書前言中已經說明的，除了我在北大六年碩士和博士研究生期間所繼承的從胡適、馮友蘭、張岱年到陳來先生這樣一條「中國哲學史」的「學統」之外，早在大學時代，我就已經接上了從錢穆到余英時先生這一史學譜系以及唐君毅、牟宗三先生所開闢的哲學傳統。而大學時最初的「不知不覺」，如今早已成為高度的自覺，並在我實際的學術生涯中留下了深刻的痕跡。因此，目前的這本《智者的現世關懷》，可以說是我長期且深入了解現代儒學從而為其「別開生面」的一個集中反映吧。

12　參見我的三篇論文：〈合法性、視域與主體性——當前中國哲學研究的反省與前瞻〉、〈中國哲學研究的三個自覺——以《有無之境》為例〉和〈中國哲學研究方法論的再反思：『援西入中』及其兩種模式〉，收入我的《儒家傳統與中國哲學：新世紀的回顧與前瞻》（石家莊：河北人民出版社，二〇〇九），以及我的《近世儒學史的辨正與鉤沉》（台北：允晨出版公司，二〇一三；北京：中華書局，二〇一五）一書的〈前言〉。

本書的大部分章節，之前都曾經以專題論文的形式發表於海內外的各種出版物。第一章曾以〈牟宗三對唯物辯證法和唯物史觀的批判〉為題，刊於二〇一二年十二月上海華東師範大學中國現代思想文化研究所編輯出版的《思想與文化》第十二輯（頁二三九—二七五）。第三章曾以〈牟宗三早年對中國農村問題的研究〉為題，刊於二〇〇六年台灣的《清華學報》第三六卷第一期（頁一三五—一九五）。第四章最初以〈牟宗三的共產主義批判——以《全集》未收之〈共產國際與中共批判〉為中心〉的題目，刊於二〇〇六年十月香港《新亞學術集刊》第一九期（頁四五一—四九四）。但出版時誤植之處甚多，後來二〇〇九年該文又連同我發現的牟宗三佚著〈共產國際與中共批判〉一道，專門發表於台灣的《中國文哲研究通訊》第十九卷第三期（頁二七—六四），作為對牟宗三先生百年誕辰的紀念。第六章曾以〈牟宗三的「自由」與「自由主義」觀〉為題，發表於二〇〇七年十二月上海華東師範大學中國現代思想文化研究所編輯出版的《思想與文化》第七輯（頁一七六—一九七）。第七章則以〈牟宗三論兩岸關係與台灣認同〉為題，發表於二〇〇九年十一月台灣聯經出版事業公司出版的《思想》第一三期（頁一七三—一八九）。當時刊於《思想》的這篇文字，其撰寫與發表既是為了紀念牟宗三先生的百年冥誕，也更是由台灣近年來的現實局面所引發的一個思考。這些文字的單篇分別發表，大部分是應學界友人的約稿。但它們原本都是我整體構思研究牟宗三政治與社會思想的題中之義，因而可以說是早有成竹在胸。例如，當初錢永祥先生打電話為《思想》紀念牟宗三百年冥誕的專號約稿時，我當即向他表示會以牟宗三論兩岸關係與台灣認同為題。

在此，我要借便向這些出版物以及當初約稿的諸位同仁表示感謝。當然，在本書相應的各個章節之中，所有以往曾經發表的文字，都得到了全面的修訂，無論材料還是論證，都有或多或少的補充。作為一部專書的組成部分，較之以往單獨發表的文字，各章之間也更加緊湊連貫而構成一個整體。這是需要向讀者說明的。

同時，我還要特別感謝德國洪堡基金會（Alexander von Humboldt Foundation）和新加坡國立大學的陳素芬（Sor-Hoon Tan）教授。自從我二〇〇九年榮獲洪堡基金會和德國教育部頒授的Friedrich Wilhelm Bessel Research Award以來，幾度來德國從事研究工作。本書得以在法蘭克福大學（Goethe-Universität Frankfurt am Main）最終完稿，正是得益於洪堡基金會「洪堡獎得主回訪計畫」（Awardee Revisit Program）的支持。而二〇一二年初在陳素芬教授的提名之下，我獲任新加坡國立大學文理學院的「傑出訪問學人」（FASS Visiting Fellowship for Distinguished Scholars），提交的研究計畫就是「當代儒學的政治與社會思想——以牟宗三為例」。獅城訪問一個月，也是我完成這部書稿不可或缺的一個環節。

最後，我想把此書獻給余英時先生。這不但是因為余先生多年來一直對我愛護有加，在我的學術生涯中和人生道路上不斷給與教誨和支持，更因為在我看來，余先生和牟宗三先生一樣，在根本的價值立場上始終堅持「仁」、「義」、「禮」、「智」、「信」以及「自由」、「民主」，反對任何形式的專制與獨裁，尤其反對共產主義，對共產主義在觀念和實踐上給整個人類文明、中國文化尤其儒家傳統造成的雙重災害有著洞燭機先和深刻的判斷。並且，這種價值的信守對他們而言絕不只是口頭的談說，更是終生見諸實際的身體力行。雖然余先生與牟先生在學術思想上各有異同，但在這一點上卻是高度一致，可以說是這個時代真正儒家人物的表率。改革開放之後，中國大陸的特權和財富，使得不少的海外華人紛紛趨之若鶩，甚至包括一些以儒學為標榜者。與之相較，牟宗三先生堅持，只有中共放棄馬列主義的國家意識形態，他才會返回大陸。在一九四九年離開大陸後，他只有兩次為了山東老家的孫女辦理赴港台的手續，以八十五歲高齡不得不到深圳駐足。其餘所有各種邀請，包括召開關於他自己思想的研討會，都一概拒絕。余英時先生尤其一再拒絕來自中國大陸的特權與財富的不斷引誘。同時，在其深厚的「中國情懷」之下，余先生卻又時時刻刻對中國大陸社會與民間的疾苦滿懷關切、不懈陳詞，真正體現了儒家學者知行合一的節操，可謂當代儒家知識人（Confucian intellectual）的典範[13]。當然，無論對於牟宗三先生還是余英時先生，「中國」都是一個文化的概念，非但可以超越地域，更與政權無關。正因為如此，余先生才會在香港電台製作的「傑出華人系列之余英時」電視節目的最後，講出了「我在哪裡，哪裡就是中國」這句擲地有聲、振聾發聵的話。總之，正是在「出」與「處」這一儒家傳統格外重視的大節上，余英時與牟宗三兩位先生不約而同，代表了儒家傳統的清流。因此，我特別將二〇一四年一月應「新浪．新史記」編輯之邀撰寫的〈「出」「處」之際見儒家〉這篇短文，附於書後，以誌其高潔的風骨。

二〇一四年六月十五日初記於德國法蘭克福

二〇一四年十月九日修訂於武林之紫金港

13 參見彭國翔，〈當代儒家知識人的典範：余英時先生榮獲人文諾貝爾獎的啟示〉，《重建斯文——儒學與當今世界》（北京：北京大學出版社，二〇一三），頁一四一—一五〇。

第一章

唯物辯證法與唯物史觀批判

一、引言

晚清以降，在傳入中國的各種西方思想中，影響最大並切實改造了中國社會與國家的學說，莫過於馬克思主義。現代新儒學的產生自然有儒學傳統內部的原因，但無疑也是對西方思想的回應。事實上，作為當代新儒學最為重要的人物之一，牟宗三一開始就對馬克思主義進行了自覺地回應。這也是研究當代新儒家與西方哲學的題中應有之義。但迄今為止，還沒有牟宗三與馬克思主義的專題研究。本章即專門考察牟宗三對於馬克思主義核心理論唯物辯證法和唯物史觀的批判。牟宗三一生對於共產主義的批判，也正是建立在他對於馬克思主義核心理論唯物辯證法和唯物史觀的理解之上。

馬克思主義傳入中國後，由於俄國十月革命的成功，迅速成為當時中國思想界最有勢力的社會思潮。那些嚮往通過革命來使中國迅速步入現代國家的知識青年，尤其是不以純粹學術研究為然而熱中於投身社會運動者，幾乎無不對馬克思主義趨之若鶩。正如當時中國思想界的親歷者郭湛波在一九三五年出版的《近五十年中國思想史》中所謂：「近五十年中國思想之第三階段[1]，以馬克思的『唯物史觀』為主要思潮，以辯證法為方法，以辯證唯物論為基礎，以中國社會史為解決中國問題的鎖鑰。」[2]同樣是見證人的孫道升（一九〇八—一九五五）將當時的哲學界分為兩系八派，他在論述「新唯物論」（即辯證唯物論）時也指出：「這派哲學，一入中國，馬上就風靡全國，深入人心。他的感化力實在不小，就連二十四分的老頑固受了他的薰染，馬上都會變為老時髦。平心而論，西洋各派哲學在中國社會上的勢力，要以此派為最大，別的是沒有一派能夠與他比肩的。」[3]身在時代思潮之中的牟宗三，自然也免不了接觸到馬克思主義。正如他自己所說：「我們在北平念書的時候，坊間的書店，滿坑滿谷都是左傾的書。北平在當時是最左傾的。從那個時候，共產黨那一套ideology就征服了中國。」[4]「照我個人講，當我在學校讀書時，左傾的思想滿天下。那一套ideology，我通通都讀。……那時候我把共產主義那一套東西通通都拿來讀，它有一定的講法，我也很清楚。」[5]對於馬克思主義，牟宗三可以說是有相當深入的了解。

但是，牟宗三並未像當時大部分的知識青年一樣被馬克思主義裹挾而去，而自始即對馬克思主義從學理上進行了分析考察。他生平第一篇發表的文章，就是一九三一年九月七、八日刊登於《北平晨報》第一六二、一六三期的〈辯證法是真理嗎？〉當時二十二歲的牟宗三正是北京大學哲學系的學生。而牟宗三在二十世紀三〇年代發表的一系列批判唯物辯證法和唯物史觀的文章，都是他純

1 據郭氏自己的分期，此階段為北伐到郭氏撰寫並出版該書的二十世紀三〇年代。

2 郭湛波，《近五十年中國思想史》（上海：上海古籍出版社，二〇一〇），頁一三五。

3 孫道升，〈現代中國哲學界之解剖〉，見郭湛波，《近五十年中國思想史》「附錄」，頁二七一—二七二。該文最初發表於一九三五年十一月的《國聞周報》。當然，孫道升這樣說時，無形中也透露出馬克思主義在當時不啻是一種「時髦」。眾人趨附，一如不同時代對於流行與時尚的追逐，難免有不少是不加思考的從眾和趕時髦心態的產物。

4 〈文化建設的道路——現時代文化建設的意義〉，《時代與感受》，《牟宗三先生全集》，第二三冊，頁三七六。

5 〈哲學的用處〉，《時代與感受》，《牟宗三先生全集》，第二三冊，頁一五八。

粹從學理本身立論的嚴肅的學術論文。正如他後來回憶所說：

這些我通通讀，可是我卻沒有受它的影響，讀哲學系的人多得很，比我聰明的人多得很，但是沒有人好好考慮馬克思這些話站得住站不住。我沒有偏見，我不是資本家，不是地主，也不是官僚，在社會上沒有地位，也沒有身分。我只是把它們一個個衡量，就發現沒有一個站得住的。你馬克思批評邏輯，我就把邏輯仔細地讀一讀，law of contradiction（矛盾律）、law of identity（同一律）、law of excluded middle（排中律）這三個思想律是什麼？你唯物辯證法怎樣來批駁這三個思想律？是不是相應？三個思想律能不能反駁？你的批駁對不對？[6]

仔細考察牟宗三對於唯物辯證法和唯物史觀的批判之後，我們就會發現，牟宗三對於馬克思主義的一生拒斥，實在是基於其三〇年代即已形成的理性認知和判斷[7]。他一生特別是一九四九年之後對於共產主義許多情見乎詞的批判[8]，首先和根本的並不是一種情感性的反應，而是基於他自己對共產主義基本觀念的理解和判斷。在其離開大陸之後公開發表的言論中幾乎隨處可見的對於共產主義的頗具情感色彩的批判，不過是他自己理性認識的感性表達而已。這一點，在本書第四章關於牟宗三批判共產主義的部分，會有進一步專門的討論。

牟宗三對於唯物辯證法和唯物史觀的系統批判主要見於其二十世紀三〇年代發表的一系列文章之中。除了上述〈辯證法是真理嗎？〉這第一篇正式發表的文字之外，在一九三三年十一月《哲學評論》第五卷第二期，牟宗三發表了〈矛盾與類型說〉。在一九三四年八月北平民有書局出版的張東蓀主編的《唯物辯證法論戰》上卷中，牟宗三發表了兩篇文章：〈邏輯與辯證邏輯〉和〈辯證唯物論的制限〉。這幾篇文章主要都是批判唯物辯證法的[9]。而一九三三年三月二十日發表於《再生》半月刊的〈社會根本原則之確立〉，則是牟宗三針對唯物史觀的系統和集中批判[10]。至於張東蓀主編《唯物辯證法論戰》下卷中所收牟宗三的〈唯物史觀與經濟結構〉[11]，其實是〈社會根本原則之確立〉一文的前五部分。大概由於〈社會根本原則之確立〉最後部分是牟宗三提出了自己解析社會轉變的原則，所以〈唯物史觀與經濟結構〉一文未收。以下，我們就根據這些文字，並結合其他相

---

6 〈哲學的用處〉，《時代與感受》，《牟宗三先生全集》，第二三冊，頁一五八—一五九。

7 在考察二十世紀三〇年代的唯物辯證法論戰時，站在馬克思主義立場的學者也不得不指出：「牟宗三對唯物辯證法的態度較多的還是心平氣和的理論分析。」參見耿彥君，《唯物辯證法論戰研究》（北京：社會科學文獻出版社，二〇〇五），頁二二九。

8 牟宗三自己表示，從一九四九到一九五九這十年，是他「文化意識及時代悲感最為昂揚之時」，見其《道德的理想主義》一書〈修訂版自序〉，《牟宗三先生全集》，第九冊，頁（三）。

9 此處只限於牟宗三一九三〇年代的文字。後來在一九五〇年代，牟宗三還繼續有一些批判唯物辯證法的文字，如〈論黑格爾的辯證法〉、〈闢共產主義者的「矛盾論」〉以及《理則學》第十三章〈辯證法〉。以下的討論會隨文提到這些文獻。

10 因為唯物史觀是將唯物辯證法運用於人類歷史，所以牟宗三在該文中也自然有一些關聯於唯物辯證法的批判文字。這一部分內容的系統闡述，就是一年之後發表的〈邏輯與辯證邏輯〉和〈辯證唯物論的制限〉。

11 參見張東蓀編，《唯物辯證法論戰》（北平：民友書局，一九三四），頁八七—一二八。

關文獻，分別探討牟宗三從學理上對於唯物辯證法和唯物史觀的批判。

二、唯物辯證法批判

無論是從馬克思主義的自我理解還是從牟宗三對唯物辯證法與唯物史觀的理解來看，唯物史觀都是內在地包涵了唯物辯證法。即便是對唯物史觀的考察，也不能脫離對唯物辯證法的分析。因此，我們首先考察牟宗三對於唯物辯證法的批判，再探討他對唯物史觀的批判。

從馬克思主義在中國傳播的歷史過程來看，唯物史觀是先於唯物辯證法的[12]。不過，唯物辯證法被認為是超越並否定了形式邏輯的新的思想方法，同時也是貫穿於唯物史觀的基本方法。正如恩格斯所謂：「辯證法突破了形式邏輯的狹隘界限，所以它包含著更廣的世界觀的萌芽。」[13]「唯物史觀及其在現代的無產階級和資產階級之間的階級鬥爭上的特別應用，只有借助於辯證法才有可能。」[14]牟宗三對於唯物辯證法的批判，正是首先從邏輯的角度著手[15]。當然，之所以如此，也是因為在二十世紀三〇、四〇年代的中國，牟宗三在邏輯學方面的造詣堪稱一流，較金岳霖等人有過之而無不及。牟宗三發表於三〇年代的有關邏輯的一系列文章[16]，都代表當時中國邏輯學者的最高水準，絕對值得在邏輯研究自身的脈絡中予以探討[17]。不過，我們還必須看到，對於牟宗三撰寫的這些有關邏輯的文章，最重要的諸如前文提及的〈邏輯與辯證邏輯〉和〈辯證唯物論的制限〉，其目的和用意除了澄清邏輯本身的問題之外，正在於批判唯物辯證法這一當時所謂的「辯證邏輯」或

「新邏輯」。

---

12 參見趙德志、王本浩，《中國馬克思主義哲學七十年》（瀋陽：遼寧大學出版社，一九九一）。

13 這是恩格斯在《反杜林論》中的話，見《馬克思恩格斯選集》（北京：人民出版社，一九九五）第三卷，頁四七七。

14 這是恩格斯在〈社會主義從空想到科學的發展〉〈一八八二年德文第一版序言〉中所說，見《馬克思恩格斯選集》第三卷，頁六九一—六九二。

15 事實上，二十世紀二〇—三〇年代中國思想界的許多理論爭辯，都與邏輯學的輸入直接相關。這一點，參見陳高庸，〈中國思想史上的方法論爭——從中國過去的思想方法論爭說到中國本位文化討論中的思想方法問題〉，《文化建設》（上海）第一卷第一〇期，一九三五年，頁三八—四七。

16 除了〈辯證法是真理嗎？〉、〈邏輯與辯證邏輯〉和〈辯證唯物論的制限〉之外，牟宗三還有一九三三年十一月發表於《哲學評論》第五卷第二期的〈矛盾與類型說〉；一九三六年一月十五、二十二日發表於《民國日報．哲學周刊》第二〇、二一期的〈AEIO的四角關係〉；一九三六年一月二十九日以「光君」之名發表於《民國日報．哲學周刊》第二三期的〈略評金著《邏輯》〉；一九三六年三月十一、十八、二十五日發表於《民國日報．哲學周刊》第二八、二九、三〇期的〈主詞存在與否的意義〉；一九三六年六月三、十日發表於《哲學周刊》第四〇、四一期的〈論析取與絜和〉；一九三六年六月十日以「離中」之名發表於《民國日報．哲學周刊》第四一期的〈評約翰生的邏輯系統〉。這些文章如今俱見《牟宗三先生全集》，第二五冊，《牟宗三先生早期文集》（上）。

17 關於牟宗三在邏輯學方面的成就，參見王興國，《牟宗三哲學思想研究：從邏輯思辨到哲學架構》（北京：人民出版社，二〇〇七），第一—八章。唐君毅（一九〇九—一九七八）曾經說，在唯物辯證法論戰中牟宗三的〈邏輯與辯證邏輯〉一文最有分量。對此，站在馬克思主義立場研究唯物辯證法論戰的學者也不得不含蓄說道：「唯物辯證法論戰中，牟宗三對邏輯的理解及闡述與其他學者比較而言，有其獨到之處。」見耿彥君，《唯物辯證法論戰研究》，頁二七〇。

（一）以維護形式邏輯的方式批判唯物辯證法

首先，牟宗三從邏輯方面維護傳統形式邏輯的三個基本法則，即同一律、矛盾律和排中律，指出所謂辯證邏輯對於形式邏輯三大法則的顛覆不能成立。當時宣導唯物辯證法的陳啟修（一八八六—一九六〇，又名陳豹隱）曾經在其所著《社會科學研究方法論》一書中對形式邏輯的三大法則逐一批評，牟宗三則在其〈邏輯與辯證邏輯〉一文中逐一進行了回應。

對於同一律，陳啟修有兩點批評。他說：

> 從表面上看來，自同律[18]的要求是應該而且必要的，但是他有兩種缺點。第一點，與實際上的事實不合〔……〕如說農民是農民，這一自同律的命題，可以有種種不同的內容。農民中有地主、富農、中農、小農、佃農、貧農等〔……〕同是農民，隨時代的不同，而其性質也大有變動。又如說，我是我這一命題，我有幼年、壯年、中年、老年、衰年，今日之我已非昔日之我，身體及知識都有了改變了。所以對於一個對象所反映的概念，要求永遠同一的內容，那是不可能的。[19]
>
> 第二點，依自同律，標識的總計就是概念。概念既要求永遠同一的內容，就是要求標識的不變；如此，則根本否認了發展，否認新的事像的出現。但是事實上，新的事像是常常發生的。自同律只能認識外部的標識，不能深探內部的關聯；只能認識表面的虛象，不能把握真正的本

質。[20]

針對這兩點批評，牟宗三分別予以反駁。他說：

你須知同一律並不反對農民中有富農、有中農、有小農佃農等，它也不反對同一農民可以隨時空而不同，它也不反對他有多種性質。我之有壯年老年，同一律也並非不承認，今日之我非昔日之我，同一律也決不否認，它也不否認知識自體之變化。你幾曾見過有人強不同以為同來？你幾曾見過有人這樣施用同一律來？照你這樣說，好像以前的人都不知道有富農、中農、佃農、小農、幼年、壯年、老年、衰年，等你辯證邏輯家出來才發見了這個真理似的。照你這樣反對，則物理、化學一切其他的學問皆可來反對邏輯，皆可來反對同一律。何其謬也！對象之變化與思想之進行尚且分不開，還談什麼邏輯？[21]

同一律與標識的總計所得的概念有什麼關係？他何曾要求概念的內容永遠不變？他何曾要求

18　即同一律。

19　陳豹隱，《社會科學研究方法論》，徐萬鈞、雷季尚筆記（北平：好望書店，一九三二），頁二二一。

20　陳豹隱，《社會科學研究方法論》，頁二二二。

21　〈邏輯與辯證邏輯〉，《牟宗三先生早期文集》（上），《牟宗三先生全集》，第二五冊，頁一二三。

> 對象的標識不變？他也何曾否認事物的發展與新事象的出現？你須知對象的發展與性質和同一律是兩回事，你須知解析對象的發展與性質的理論或學問與同一律也是兩回事的。你就忘記了「說話要合邏輯」這句普通的話嗎？就是你主張唯物辯證法，你作這部《社會科學研究方法論》不也是有條有理的嗎？你如果真正能否認了邏輯否認了同一律，則不但我，就是全體人類，也早就不知你之所云了。[22]

當然，牟宗三上述的反駁看起來還只是反問。除此之外，對於什麼是同一律，牟宗三還從正面進行了申論。他說：

> 同一律決不是指兩件具體東西之相似而言，它是要確定一個東西之自身同一。[23]
>
> 同一律決不是對象本身各分子間的同一與否，也不是對象本身各時代各地方間的同一與否，它決不禁止事物的變遷與發展，它也決不禁止一個東西有多種性質與多種關係。從這方面來反對同一律，完全不明白什麼是邏輯，什麼是同一律。……同一律不是解析對象諸性質諸關係的命題，它乃是理性開始發展之先在運用（antecedent function），它乃是理性的開荒之先鋒隊。[24]
>
> 它是「是」這個概念的確定，不是對象本身的性質之是此是彼、是紅是白的確定。[25]
>
> 同一律是既不能證明也不能否證的東西，這就是他的根本處。你不能拿著事物的變化與性質來否定它。[26]

對於矛盾律，陳啟修的批評如下：

矛盾律是自同律向反面表示，他的公式是「甲非非甲」或「甲不能同是乙又是非乙」。這個原則要求同一主辭不能有兩個相矛盾的賓辭；反過來說，他要求同一的賓辭，對於同一的主辭不能同時又被肯定又被否定。矛盾律表面上很合理，仍是不合事實。譬如社會主義的蘇聯，一方反對帝國主義，進行世界革命，同時又與帝國主義各國相依存，如通商關係。這種事實上矛盾的存在，是形式論理所無力處理的。[27]

針對這一點批評，牟宗三反駁說：

矛盾律何曾要求同一主辭不能有兩個相矛盾的賓辭？（其實在此所謂矛盾就是不通的，辯證

22〈邏輯與辯證邏輯〉，《牟宗三先生早期文集》（上），《牟宗三先生全集》，第二五冊，頁二二四。
23〈邏輯與辯證邏輯〉，《牟宗三先生早期文集》（上），《牟宗三先生全集》，第二五冊，頁二二一。
24〈邏輯與辯證邏輯〉，《牟宗三先生早期文集》（上），《牟宗三先生全集》，第二五冊，頁二二一—二二二。
25〈邏輯與辯證邏輯〉，《牟宗三先生早期文集》（上），《牟宗三先生全集》，第二五冊，頁二二三。
26〈邏輯與辯證邏輯〉，《牟宗三先生早期文集》（上），《牟宗三先生全集》，第二五冊，頁二二四。
27 陳豹隱，《社會科學研究方法論》，頁二二二。

> 邏輯家每以一物之具有數種性質、數種關係為矛盾，真是不明白矛盾為何物，不通已極！）它又何曾要求同一的賓辭？矛盾律與物體之多種性質有什麼關係？它何曾禁止物體之多種性質、多種關係？以物體之多種性質同時存在來反對矛盾律，真是荒謬絕倫。……蘇聯一方反對帝國主義，一方與帝國主義相依存，這正是它的多種性質與多種關係，這與矛盾律有什麼關係？矛盾律何曾否認了它的多種性質與多種關係？矛盾律是兩個命題的矛盾的禁止，並不是命題所指示的對象之多種性質的同時存在的禁止。你總不能說它是社會主義又不是社會主義吧！矛盾律就在這裡。如果那個社會主義社會含著非社會主義的成分，這也只表示那個社會主義社會就含有多種成分、多種性質在其內，也仍不能否認了矛盾律。[28]

在這段反駁中，牟宗三其實已經指出了矛盾律之所以為矛盾律的關鍵所在，那就是「矛盾律是兩個命題的矛盾的禁止，並不是命題所指示的對象之多種性質的同時存在的禁止。」此外，對於什麼是矛盾律，他還有一些正面的澄清和說明。例如，他說：

> 矛盾律就是「是」同時又是「不是」、「真」同時又是「不真」的禁止。這種禁止是禁止你的思想，不是禁止事物之有多種性質與多種關係，也不是禁止事物之有時間性、空間性與其發展性。你若以這些東西來反對矛盾律，那真是牛唇不對馬嘴，無的放矢。所以矛盾律的說法當該是「X不能同時是A又不是A。」對於這個律的解析，也與同一律一樣，是思想方面的，不

是對象方面的，是從你的主張方面著想，不是從這個主張所摹狀的對象方面著想。換言之，矛盾律是兩個命題的矛盾之禁止，不是兩個名稱或兩個對象、兩種性質的禁止。矛盾只能有[29]命題上說，不能在對象上說。對象、性質、名稱根本無所謂矛盾。[30]

矛盾律是我們人類真妄或是非二分以後的事。矛盾律不能直接由同一律推出，其所以有連帶關係者，乃是一起首就有了二分法的作用。當我們講同一律時，已經用了二分法的作用了。因為有了二分法，所以有了「是」便馬上就會有「不是」，有了「真」便馬上就會有「不真」。這是人類理性的先驗運用，不能證明也不能否證。否證要用它，證明也要用它，除非了你性與人殊，你是沒奈他何的。[31]

對於排中律，陳啟修的批評是這樣的：

排中律其公式為：甲或是乙，或是非乙。二者必居其一。這個根本原則，只是矛盾律的另一

28〈邏輯與辯證邏輯〉，《牟宗三先生早期文集》（上），《牟宗三先生全集》，第二五冊，頁一二九。
29 此「有」字當誤，應為「在」或「就」。
30〈邏輯與辯證邏輯〉，《牟宗三先生早期文集》（上），《牟宗三先生全集》，第二五冊，頁一二四—一二五。
31〈邏輯與辯證邏輯〉，《牟宗三先生早期文集》（上），《牟宗三先生全集》，第二五冊，頁一二四。

> 種說法，他要求同一概念，如有互相矛盾的判斷，則必有一真一偽。如說，社會主義的社會，或是有國家，或是沒有國家，二者必居其一。但是事實上，社會主義社會可以說有國家，也可以說無國家。何以說有，因為社會主義社會也是有強固緊密的組織的；何以說無，因為社會主義社會的組織已經變了質，與國家完全異趣。[32]

對此，牟宗三認為，陳啟修的錯誤和他對同一律、矛盾律的誤解一樣，「仍是從對象的性質上說，仍是把排中律看成是對象的性質之禁止。」[33]而究竟什麼是排中律，牟宗三指出：

> 排中律也是思想進行方面的，不是對象方面的，是兩個陳說對象的、命題上的拒中，而不是對象或名稱的拒中。[34]

對於同一律、矛盾律和排中律，牟宗三還有一段總的說明：

> 同一律是指示，是「是」之確定，矛盾律與排中律是規定「是」的兩種說法，思想上的解說與反覆解析由這兩個律起。同一律只負指示之責，有了二分法，引出矛盾律與排中律，我們的思想才能層層連綿而起，如蠶絲一樣愈引而愈長。這種理性本身的無限的引長完全恃著藏在二分法中的矛盾律和排中律。這種無限的引長就是理性的推演，就是邏輯的層次。客觀邏輯、絕

對邏輯就是這個。[35]

陳啟修對唯物辯證法的理解不僅代表當時唯物辯證法持論者的共識，陳氏本人也是當時中國最能掌握馬克思主義的學者之一[36]。因此，牟宗三對於形式邏輯三大法則的辯護，雖僅以陳啟修為例，實非針對陳氏個人，而是對於整個唯物辯證法的回應和批判。當然，牟宗三捍衛形式邏輯的三大法則，與他對什麼是邏輯或者說邏輯的本性的理解有關。對他來說，「邏輯不是一種摹狀對象的

32 陳豹隱，《社會科學研究方法論》，頁二二一。

33 〈邏輯與辯證邏輯〉，《牟宗三先生早期文集》（上），《牟宗三先生全集》，第二五冊，頁一三一。

34 〈邏輯與辯證邏輯〉，《牟宗三先生早期文集》（上），《牟宗三先生全集》，第二五冊，頁一二九。

35 〈邏輯與辯證邏輯〉，《牟宗三先生早期文集》（上），《牟宗三先生全集》，第二五冊，頁一二九—一三〇。

36 有學者認為陳啟修不足以代表當時唯物辯證法提倡者的理論水準，言下之意牟宗三的批評並不能中的。見李毅，《中國馬克思主義與現代新儒學》（天津：天津教育出版社，二〇〇七），頁一四〇—一四一。但陳啟修不僅是中國第一個翻譯《資本論》的人，而且還翻譯了日本最負盛名的馬克思主義經濟學家河上肇的《經濟學大綱》。不論對於馬克思主義的整體理解還是對於唯物辯證法的掌握，陳啟修都相當精準。不以陳啟修為代表，卻以艾思奇、胡繩等人為代表，恐怕是意識形態而非學術的立場。至於說牟宗三「把形式邏輯當作是既能對付靜、又能對付動的事物的方法論」（見李毅，《中國的馬克思主義與現代新儒學》，頁一二四—一二五），則完全是錯誤的理解。牟宗三在唯物辯證法論戰中的文字，反覆強調的恰恰是形式邏輯只是概念的推演，與實際事物的變動無涉。

特殊學問或科學，它是思想進行間的規則與步驟的學問。」[37]他特別強調：「邏輯中的三個原則，即同一律、矛盾律和排中律，是思想中的東西，不是對象中的東西，是指說對象或確定對象的思想上的運用，不是對象本身的生成變化。這是第一要注意的一點。」[38]

總之，牟宗三〈邏輯與辯證邏輯〉一文的根本要點，就是通過捍衛形式邏輯來批判唯物辯證法。這一點，在他其他一些有關邏輯的文字中也時有表現。例如，在〈矛盾與類型說〉的最後部分[39]，在後來一九五五年出版的《理則學》第六章〈二分法與思想律〉第三節〈對於思想律的非難〉部分[40]，我們都可以看到牟宗三對形式邏輯的維護以及對唯物辯證法的批判回應。正是在這個意義上，牟宗三此類關於邏輯的論文，其意義已超出了純粹邏輯學的範圍。在牟宗三看來，唯物辯證法既不是一種邏輯，也不是一種科學方法，並不能推翻形式邏輯取而代之。用牟宗三自己的話來說，唯物辯證法「只是一種解析世界的理論，它不能成為一個邏輯。它反對邏輯的那些話完全是無的放矢，風馬牛不相及。它不能克服邏輯、包括邏輯。」[41]

（二）直接批判唯物辯證法的基本原則

除了維護形式邏輯、澄清思想原則的應有涵義之外，牟宗三對於唯物辯證法的批判，還在於直接對唯物辯證法「質量互變」、「對立統一」和「否定之否定」這三大法則及其「奧伏赫變」和「正、反、合」這兩個根本要義進行了駁斥。這是他繼〈邏輯與辯證邏輯〉一文之後，在〈辯證唯物論的制限〉這篇文章重點處理的問題。在他看來，唯物辯證法的這些原則和要義都有於理不通的癥結，其實是禁不起推敲的。對他來說，唯物辯證法其實已經失去了「辯證法」的實質和意義，或者說至少失去了黑格爾意義上「辯證法」的應有之義。

對於「質量互變」，牟宗三的理解是，「此原則即是摹狀世界上一切東西由質的變化或不同，可以引起量的變化；由量的增減可以引起質的變化。」[42]這一理解應該是不錯的。但是，牟宗三緊接著指出：

> 這種淺顯的事實誰不承認？物理學之解析聲色早已證明了，達爾文的進化論、穆耿[43]的層創進化論也都在證明這事實，吾人不能反對；但承認了這個，就算有了一個動的邏輯嗎？這就是

37〈邏輯與辯證邏輯〉，《牟宗三先生早期文集》（上），《牟宗三先生全集》，第二五冊，頁一三一。

38〈邏輯與辯證邏輯〉，《牟宗三先生早期文集》（上），《牟宗三先生全集》，第二五冊，頁一二〇。

39〈邏輯與辯證邏輯〉，《牟宗三先生早期文集》（上），《牟宗三先生全集》，第二五冊，頁九〇—九一。

40《理則學》，《牟宗三先生全集》，第一二冊，頁九九—一〇三。

41〈邏輯與辯證邏輯〉，《牟宗三先生早期文集》（上），《牟宗三先生全集》，第二五冊，頁一三五。

42〈辯證唯物論的制限〉，《牟宗三先生早期文集》（上），《牟宗三先生全集》，第二五冊，頁一四六。

43 穆耿即英人C. Lloyd Morgan。「層創進化論」即「emergent evolution」，是由穆耿和亞歷山大（S. Alexander）等人在二十世紀初提出的。當時張東蓀和吳康等人對該學說有所介紹，參見張東蓀，《新哲學論叢》（台北：天華出版公司，一九七九），頁三一四—三四九；吳康，《哲學大綱》（台北：台灣商務印書館，一九五九），第二篇，第四章。

> 辯證法嗎？吾看大可不必！如果這就是辯證法，則無怪世界上辯證法之多，也亦無怪辯證論者之振振有辭了！[44]

對於「對立統一」，牟宗三的理解是這樣的：

> 這個原則是摹狀世界上一切東西之分裂結合而向前發展的。這個原則可以從兩方面說：（I）對立之統一；（II）一物之對立。前者謂兩個相反的成分而構成同一個東西，如陰陽電之組合電子或原子；後者是一個東西含有兩個相反對的東西，此即所謂內在矛盾自己分裂者是。前者是說明新形態、新階段、新性質；後者是說明舊的東西之分裂，以備向新的方向趨向。[45]

他這裡對「對立統一」的理解也是準確的。不過，他也同樣緊接著批評說：

> 這種淺顯的理論亦為物理學、生物學等科學所早說明了，這也用不著我們現在來另賦以新名而大肆鼓吹。……如果這就是辯證法，則一切科學都是辯證法，因為沒有一門學問能反對變與相關的；然而這再有什麼意義呢？這也無怪世界上辯證法之多了。[46]

後來毛澤東曾以「對立統一」法則為根據，出版了《矛盾論》[47]。牟宗三則在一九五二年六月一日刊於《民主評論》第三卷第一二期的〈闢毛澤東的《矛盾論》〉一文中，再次對唯物辯證法予以了批判[48]。與三〇年代不同而值得注意的是，在該文中，牟宗三認為，至少在黑格爾的意義上，質量在辯證發展中的轉化甚至不能列為辯證法的一大法則。他說：「他（黑格爾）何曾把質量在辯證發展中的轉化列為辯證法中的一特殊的大法則？辯證的法則只是對立之統一與否定之否定，而此兩句實是一義。」[49]

44〈辯證唯物論的制限〉，《牟宗三先生早期文集》（上），《牟宗三先生全集》，第二五冊，頁一四六。

45〈辯證唯物論的制限〉，《牟宗三先生早期文集》（上），《牟宗三先生全集》，第二五冊，頁一四六。

46〈辯證唯物論的制限〉，《牟宗三先生早期文集》（上），《牟宗三先生全集》，第二五冊，頁一四六。牟在這一段中間說他曾在〈辯證法之總檢討〉和〈社會根本原則之建立〉兩文中已經詳細指出「對立統一」不能以矛盾來論，不能以正反合來論。〈社會根本原則之建立〉一文現收入《牟宗三先生早期文集》（下），主要是針對唯物史觀的，下面我們會引用。但是，〈辯證法之總檢討〉一文《牟宗三先生全集》未見。而在張東蓀編的《唯物辯證法論戰》一書中，倒有一篇署名張東蓀的〈唯物辯證法之總檢討〉。

47該文原是一九三七年七、八月在延安抗日軍事政治大學所講的《辯證法唯物論》的第三章第一節，一九五二年暫收入《毛澤東選集》第二卷，再版時移入第一卷。

48該文初刊時作〈闢毛澤東的《矛盾論》〉，後來收入《道德的理想主義》（見《牟宗三先生全集》，第九冊）時改為〈闢共產主義者的《矛盾論》〉。

49《道德的理想主義》，《牟宗三先生全集》，第九冊，頁九二。

對於「否定之否定」，牟宗三說：「這原則據辯證論者說是說明一切事物之內部的前後關聯與發展之聯繫的。」[50]但他認為此說雖然也出自黑格爾，意義卻完全不同。依牟宗三之見，唯物辯證法的「否定之否定」其實只是表示事物之間的因果關係，所謂「因果鏈子」，並不能用「否定之否定」來解說。因為黑格爾所謂的「否定之否定」，並不是指事實的進化，而只是概念自身的演變。唯物辯證法所謂的「否定之否定」，指的卻完全是具體事實的發展過程。因此，牟宗三批評說：

辯證論者名目上用否定之否定，而骨子裡則實是在講事物之發展的內部因果關係，這是萬難掩飾得住的。我不知因果鏈子怎樣可以成為否定之否定的辯證法。[51]

陳啟修曾經列舉了十條原則來表示唯物辯證法的基本原則，其中最後四條即表示「否定之否定」，所謂：「（七）要把握全發展過程上自始至終全體的矛盾運動；（八）要時時刻刻預期並發現新的東西的發生；（九）要找出各種相關的發展過程的相互浸透性，即要找出外因；（十）要在舊的種種矛盾當中找出新事象的出發點。」[52]但是，在牟宗三看來，這四條原則無一不能夠用因果關係來說明。他說：

唯因果關係始可使你把握住全發展過程上自始至終的全體矛盾，唯因果關係始能使你預期並發現新的東西的發生，唯因果關係始能使你找出各種相關的發展過程的相互浸透性，也唯有因果關係始能使你在種種舊矛盾中找出新事象的出發點。[53]

總之，對牟宗三而言，唯物辯證法的「否定之否定」根本不是黑格爾意義上的辯證法，只是對於因果關係的一種說明。

除了「質量互變」、「對立統一」和「否定之否定」這三大法則之外，唯物辯證法還有所謂「奧伏赫變」與「正反合」的兩個基本原則。「奧伏赫變」是德語「Aufheben」在民國時期的音譯，後來逐漸大都採用了「揚棄」的譯名[54]。無論是「奧伏赫變」還是「正、反、合」，都是直接襲用

50〈辯證唯物論的制限〉，《牟宗三先生早期文集》（上），《牟宗三先生全集》，第二五冊，頁一四七。

51〈辯證唯物論的制限〉，《牟宗三先生早期文集》（上），《牟宗三先生全集》，第二五冊，頁一四七。

52〈辯證唯物論的制限〉，《牟宗三先生早期文集》（上），《牟宗三先生全集》，第二五冊，頁一四三。

53〈辯證唯物論的制限〉，《牟宗三先生早期文集》（上），《牟宗三先生全集》，第二五冊，頁一四八。

54 但「揚棄」的譯法並非沒有問題，因而也不是所有學者都採用。例如，錢鍾書（一九一〇—一九九八）先生在六〇、七〇年代撰寫的《管錐編》中，對「Aufheben」便仍然沿用了「奧伏赫變」的漢譯，並且對其涵義有非常精妙的解釋：「即以『奧伏赫變』而論，黑格爾謂其蘊『滅絕』（ein Ende machen）與『保存』（erhalten）二義；顧哲理書中，每限於一義爾。信摭數例。康德《人性學》（*Anthropologie*）第七四節論情感（der Affekt），謂當其勃起，則心性之恬靜消滅（Wodurch die Fassung des Gemüts aufgehoben wird）。席勒《論流麗與莊重》（*Ueber Anmut und Würde*）云：『事物變易（Veränderung）而不喪失其本來（ohne seine Identität aufzuheben）者，唯運行（Bewegung）為然』。馮德《心理學》引恆言：『有因斯得果，成果已失因』（Mit dem Grund ist die Folge gegeben, mit der Folge ist der Grund aufgehoben）。歌德

黑格爾的概念。但是，在牟宗三看來，這兩個原則在唯物辯證法中非但完全脫離了黑格爾的原意，而且根本是說不通的。

「Aufheben」一詞在德國古典哲學中首先見於康德哲學，在費希特的哲學中使用最多，但多在否定的意義上使用。黑格爾在《小邏輯》、《邏輯學》等著作中，則明確把「Aufheben」作為同時具有否定與肯定意義的概念加以使用。「Aufheben」是黑格爾解釋概念邏輯推演過程的概念，而唯物辯證法則認為現實事物的發展就是一個「Aufheben」的過程。對此，牟宗三認為，「Aufheben」當然是一種「變」，但這種「變」只是「邏輯層次上的推演，解說上的先後」[55]，並不是指具體事物的變遷流轉，不是物理、生物學意義上的轉化。

至於黑格爾的「正、反、合」與唯物辯證者所持的「正、反、合」，牟宗三有如此的對比分析：

黑格爾的正、反、合只是沒有時間歷程的一個靜的不動。他不是今天有個正，明天有個反，後天再有個合。他是一下子都生起，執持正與反都是有限，必須圓融而消解之以成為無限，所以他每一正、反、合是一套或一系統，而每一正、反、合又各有其正、反、合，各成其一套一系統。這是我們已說得許多次了的道理，而在黑格爾的邏輯中又無一頁不表示著這種精神。[56]反過來，我們再看唯物辯證論者的正、反、合。這個正、反、合，其實只是一個形式的應用意義，早失掉了。例如以原始共產社會為正，而以資本主義為反，以將來的社會主義為合，這種以社會進展的階段來表示正、反、合，這實在無意義。……正、反、合之形式在唯物辯證論者手裡早成具文了，其骨子裡完全不是辯證法的精神了，與我們所謂關聯式結構層創因果殊無二致。[57]

在牟宗三看來，這裡的關鍵在於，黑格爾辯證法的「奧伏赫變」與「正、反、合」都是與時間和空間無涉的純粹邏輯推演，並不是具體事物在歷史世界中的演化。而唯物辯證法的「奧伏赫變」和「正、反、合」，只是將黑格爾的名詞用到了歷史世界中具體事物的變化上面。對此，牟宗三分析指出：

深非詩有箋釋（Auslegung），以為釋文不啻取原文而代之，箋者所用字一一抵銷作者所用字（so hebt ein Wort das andere auf）此皆只局於『滅絕』一義也。席勒《美育書札》（*Ueber die ästhetischen Erziehung des Menschen*）第七、第一八函等言分裂者歸於合、牴牾者歸於和，以『奧伏赫變』與『合併』（Verbinden）、『會通』（Vereinigen）連用；又謝林《超驗唯心論大系》（*System des transzendentalen Idealismus*）中，連行接句，頻見此字，與『解除』（auflösen）並用，以指矛盾之超越、融貫。則均同時合訓，虛涵二意，隱承中世紀神秘家言，而與黑格爾相視莫逆矣。別見《老子》卷論第四〇章。語出雙關，文蘊兩意，乃詼諧之慣事，固詞章所優為，義理亦有之。」見錢鍾書，《管錐編（修訂版）》（一）（北京：生活．讀書．新知 三聯書店，二〇〇七），頁五—七。

55 〈辯證唯物論的制限〉，《牟宗三先生早期文集》（上），《牟宗三先生全集》，第二五冊，頁一四九。

56 〈辯證唯物論的制限〉，《牟宗三先生早期文集》（上），《牟宗三先生全集》，第二五冊，頁一五〇。

57 〈辯證唯物論的制限〉，《牟宗三先生早期文集》（上），《牟宗三先生全集》，第二五冊，頁一五〇—一五一。

因為他（國翔按：黑格爾的辯證法）沒有時間空間，所以他是辯證的，他能說否定之否定，他的奧伏赫變才不是我們普通所謂物理、化學上的變；而你們（國翔按：唯物辯證法）所謂變是具體事實的，是物質的，因而也就是有時空的，所以也就不是辯證的，也就不能說否定之否定，而奧伏赫變也就是變。所以黑格爾之為辯證法，現代辯證論者之不為辯證法，完全在有無時空為關鍵；而作為其中之內容者，一為理念，一為物質。這一個差別是很重要的。[58]

一句話，對牟宗三來說，「黑格爾的元學邏輯不是解析具體世界的發展的宇宙論，而是本體論上的範疇之邏輯地推演。」[59]牟宗三還特別反問說：「黑格爾自己時常警告我們說：他的發展轉變推演都不是時間地、空間地，而乃是邏輯地，難道黑氏自己的話還不可靠嗎？」[60]以此來強調黑格爾辯證法與唯物辯證法二者之間區別的關鍵。

當然，辯證法一詞在西方哲學史上並非只有一種涵義。在〈邏輯與辯證邏輯〉一文中，牟宗三也曾經簡略交代了「辯證法」一詞涵義的歷史演變。他明確指出，辯證法到了黑格爾，已經不再像在古希臘時期那樣是一種方法了，而是成為一種本體論的辯演過程。並且，牟宗三也同樣指出，這種本體論的辯演過程在黑格爾那裡只是一種邏輯概念的推演，並不涉及時間與空間。對此，牟宗三說得很清楚：

辯證法在黑格爾已變成本體論上的辯證過程了。但是，在此須知，他這辯證過程不是具體事實的變化過程，乃是邏輯概念的推演過程。因為它是概念的推演，所以結果並沒有時間性與空間性，乃只是圓盤式的在那裡丟圈子而未嘗前進一步……這樣的辯證法只是靜的無限劈分，而不是動的時間演化。[61]

這一點，正是他在〈辯證唯物論的制限〉一文中具體批判唯物辯證法的「奧伏赫變」與「正、反、合」時著重指出的。

牟宗三曾經自己將他對於唯物辯證法的批判總結為以下幾點：「（一）它不能克服形式論理[62]，它們完全是兩回事；（二）它不能自成一個邏輯而代替或可克服形式論理；（三）它不能成一個特殊方法，它也不能反對了科學方法；（四）它是解析世界的一套元學理論；（五）它這套理論只取了黑格爾的辯證形式作外衣，而骨子裡則完全不是辯證的意義，辯證法只是一個空殼。」[63]

牟宗三之所以特別強調黑格爾的辯證法不同於唯物辯證論者的辯證法，是因為唯物辯證法自稱

58〈辯證唯物論的制限〉，《牟宗三先生早期文集》（上），《牟宗三先生全集》，第二五冊，頁一四九—一五〇。
59〈邏輯與辯證邏輯〉，《牟宗三先生早期文集》（上），《牟宗三先生全集》，第二五冊，頁一四〇—一四一。
60〈辯證唯物論的制限〉，《牟宗三先生早期文集》（上），《牟宗三先生全集》，第二五冊，頁一四九。
61〈邏輯與辯證邏輯〉，《牟宗三先生早期文集》（上），《牟宗三先生全集》，第二五冊，頁一一七。
62 即形式邏輯。
63〈辯證唯物論的制限〉，《牟宗三先生早期文集》（上），《牟宗三先生全集》，第二五冊，頁一五一。

是直接來自於黑格爾的辯證法，只不過是將黑格爾的辯證法顛倒了過來。這種顛倒的實質，就是將辯證的過程不再視為概念的辯證，而認為物質世界的發展就是一個辯證的過程。這就是所謂「唯物的」辯證法。直到今天，中國的馬克思主義者自己也同樣如此理解黑格爾辯證法與馬克思唯物辯證法之間的不同[64]。二十世紀三〇年代唯物辯證法的批判者大都對此有所了解[65]，牟宗三也準確地把握到了這一點，所以他說：「所謂唯物的辯證就是物質的辯證，換言之即是『具體事實的辯證』」[66]。但對於這種辯證，牟宗三認為是於理不通的，其實是改變了「辯證法」一詞在黑格爾那裡原本的涵義。他說：

> 可是這樣一來，辯證的內容完全改觀了，其改觀不只是唯心、唯物的顛倒，而乃是「辯證」這個概念本身的內包[67]之改觀。這種改觀還仍叫它是辯證法，還有什麼意義呢？[68]

後來在五〇年代，牟宗三又發表過〈論黑格爾的辯證法〉一文[69]，並在一九五五年初版的《理則學》中專列一章〈辯證法〉作為該書附錄[70]。在這兩篇文字中，牟宗三繼續強調黑格爾辯證法與唯物辯證法的不同，揭示他所理解的唯物辯證法的癥結並對其進行批判。有所不同的是，後來的批判除了學理上的條分縷析之外，已經轉而側重指出唯物辯證法在現實政治和社會上的危害，強調精神生活、道德心靈對於體現於人類歷史當中的辯證法的意義，對黑格爾辯證法的理解已經不限於單單強調概念推演與具體事實變化的不同。這顯然與一九四九年中國政治和社會的巨變有關。

或許有人要說，使用傳統中原有的名詞，但卻賦予其新的涵義，這在古今中外的哲學、思想史

64 例如，在說明所謂黑格爾思辨辯證法與馬克思唯物辯證法的對立時，二十一世紀今天的馬克思主義者也說：「黑格爾站在絕對唯心主義的立場上，用純粹思想的運動來代替現實的運動，在他那裡，辯證的發展僅僅變現為一種向另一種更高的概念的轉化和發展，而不是事物本身的轉化和發展。所以，黑格爾雖然把辯證的發展確立為思想的原則，但他卻沒有確立為事物的原則，對他來說，轉化和發展僅僅是言辭上和字面上的，事物本身卻依然如故。而在馬克思看來，思維辯證是事物辯證法的反映，真正的辯證運動是在事物本身中完成的，辯證法的任務就在於深入揭示和正確反映事物本身自我轉化、自我發展的規律，而不是像黑格爾那樣把他僅僅理解為純粹的思想運動。」見《馬克思主義哲學的歷史和現狀》（南京：南京大學出版社，二〇〇四），頁二〇二。這段話雖然是站在馬克思唯物辯證法的立場上批判黑格爾的辯證法，但對兩者不同的理解，卻與二十世紀三〇年代牟宗三的理解若合符節。

65 如張東蓀就曾明確指出：「馬克思把黑格爾的辯證法改為『唯物辯證法』，就是把主觀的正反合改為客觀的正反合，換言之，也就是把思想上的正反合改為社會存在的正反合。這一修改包括兩層意思：第一是『存在決定意識』，即思維意識上的正反合都是外界社會存在上的正反合的投射或反映；第二是把正反合從一種思維上的邏輯關係變成一種社會存在或歷史的過程。」見張東蓀編，《唯物辯證法論戰》，頁七〇。

66 〈辯證唯物論的制限〉，《牟宗三先生早期文集》（上），《牟宗三先生全集》，第二五冊，頁一四一。

67 即內涵。

68 〈辯證唯物論的制限〉，《牟宗三先生早期文集》（上），《牟宗三先生全集》，第二五冊，頁一四一。

69 該文一九五一年六月九日最初發表於《思想與革命》，後收入《生命的學問》（台北：三民書局，一九七〇年九月初版，一九八四年七月三版一刷，二〇〇四年五月三版十一刷），頁二四二—二五五。

70 參見《理則學》，《牟宗三先生全集》，第一二冊，頁三三一—三三八。

上都是合法的。唯物辯證法雖然改變了黑格爾辯證法的涵義，但僅憑它與黑格爾辯證法原意不符，即認為唯物辯證法講不通，似乎也未必合理。事實上，牟宗三對於唯物辯證法的批判並未到此而止。唯物辯證法之所以為「唯物的」而有別於黑格爾「唯心的」辯證法，更在於它被應用到了對於實際歷史進程的解析之中。對此，牟宗三已經看到了，他說：

> 現在的唯物辯證法既不是一種方法，也不是典型的辯證法之意義，更不是黑格爾的邏輯化、矛盾化的本體論。但是，有一點卻同於黑格爾，即它也是一種元學上的辯證過程，所以它也是一種本體論或宇宙論，但它這本體論卻不同於黑格爾的本體論。黑格爾的是邏輯概念內推演，而唯物辯證法卻是物質或具體事實的演化。[71]

將唯物辯證法的若干原則包括「質量互變」、「對立統一」、「否定之否定」以及「奧伏赫變」和「正、反、合」應用於人類社會歷史的觀察，進一步產生的就是「唯物史觀」了。用牟宗三一九五〇年代繼續批判辯證法時的話來說，「馬克斯的唯物史觀就是『歷史之經濟解析』，亦曰『歷史之唯物辯證觀』。」[72]正因為牟宗三非常清楚地看到了這一點，他也繼續對唯物史觀進行了學理上的批判。在這個意義上，牟宗三對於「唯物史觀」的批評，也可以說是他對於唯物辯證法的進一步批判。事實上，他對唯物辯證法與對唯物史觀的批判是一體兩面、不可分割的。

三、唯物史觀批判

牟宗三對於唯物史觀的系統批判，主要見於其一九三三年三月二十日發表於《再生》半月刊第一卷第一一期的〈社會根本原則之確立〉一文。從馬克思主義在中國傳播的歷史進程來看，唯物史觀尚在唯物辯證法之先，因此，該文發表比批判唯物辯證法的〈邏輯與辯證邏輯〉和〈辯證唯物論的制限〉兩篇文章還早一年。當然，在之後的一些文字中，譬如一九三九年十二月三十一日發表於《再生》第三六期的〈時論之四：究天人〉[73]，以及一九五二年六月一日發表於《民主評論》第三卷第一二期的〈闢毛澤東的《矛盾論》〉等[74]，牟宗三也曾繼續有過對於唯物史觀的批判。以下，我們就主要以〈社會根本原則之確立〉為據，並結合其他相關文獻，考察牟宗三對於唯物史觀的批判。

（一）唯物史觀基本原理的理解

馬克思曾經在其《政治經濟學批判．序言》中對唯物史觀的基本原理進行了概括。其中所概括

71〈邏輯與辯證邏輯〉，《牟宗三先生早期文集》（上），《牟宗三先生全集》，第二五冊，頁一一八。

72《理則學》，《牟宗三先生全集》，第一二冊，頁三三四。

73《牟宗三先生早期文集》（下），《牟宗三先生全集》，第二六冊，頁九二二。

74 該篇文字後來收入《道德理想主義》時題目改為〈闢共產主義者的《矛盾論》〉，參見《牟宗三先生全集》，第九冊，頁八九—一一七。

的幾條原理，被日本著名的馬克思主義研究者河上肇稱為「唯物史觀公式」。牟宗三在〈社會根本原則之確立〉一文開篇，即根據當時《政治經濟學》的中譯本所述[75]，將「唯物史觀公式」的幾條原則列舉如下：

人類在他們的生活之社會的生產上，容受一種一定的、必然的、離他們的意志而獨立的關係，這關係即是適應於他們的物質生產力之一定的發展階段的生產關係。

這些生產關係的總和，形成那社會的經濟結構，即是形成那法制的、政治的、這些上層建築所依以樹立，並一定的社會意識形態亦與之相應的那真實基礎。

物質生活之生產形式是決定那一般的社會的、政治的、以及精神的，這些生活過程的條件，不是人類意識規定它們的存在；反之，乃是人類之社會的存在規定他們的意識。

社會的物質生產力發展到某一定的階段，便與它從前活動於其中的那現存的生產關係，或僅是由法律上所表現的那一切所有的諸關係發生衝突。這些關係便由生產力的發展形態轉化而為它的桎梏，於是社會革命的時代便到來。

隨著經濟基礎的變動，那一切龐大的上層建築，都或緩或急的也就跟著變動起來。

當觀察這種變動之時，我們應該把兩件事分別清楚：一是為自然科學所能嚴密證實的那在經濟生產諸條件上所起的物質變動；一是為人類用以認識這衝突而且想去克服它的那法律上的、政治上的、宗教上的、藝術上的，或哲學上的，質言之，即觀念上的諸形態。

這種變動的時代，不能依著時代的意識來判斷，這恰如我們要判斷某一個人決不能照著那一個人自己以為他是怎樣就去判斷他怎樣一樣。反之，時代的意識，倒是要從那物質生活的矛盾上，即從社會的生產力與生產關係之間所現存的那衝突上說明的。

一個社會組織，當一切生產力，在其中尚有可以發展的餘地以前，是決不會顛覆的；同時，那新的比較高級的生產關係，當其本身上的那物質條件，在舊社會胎裡尚未成熟以前，也是決不會出現的。

所以，人類只是提出那限於他自己所能解決的問題。為什麼呢？因為更正確地觀察起來，便會知道：問題自身，要等到解決這個問題所必需的那物質條件已經存在，或至少亦必在生成過程中可以把握的時候，才能發生。

大體說來，我們可以把亞細亞的、古代的、封建的以及近代布爾喬亞的生產方式，作為經濟的社會組織的進步之階段。

布爾喬亞的生產關係是社會的生產過程之最後的敵對形態。這裡所謂敵對，並不是個人的生存條件所生出的敵對之意；但正在布爾喬亞社會的母胎裡所發達的生產力，同時，又形成解決

75 牟宗三並沒有說明他所用的《政治經濟學批判》是哪一種譯本。在牟宗三一九三三年發表〈社會根本原則之確立〉一文之前，馬克思的《政治經濟學批判》至少有三個譯本，一是李達翻譯的（昆侖書店，一九三〇），一是郭沫若翻譯的（神州國光社，一九三一），還有一九三二年三月上海政治經濟研究會出版的李季譯的《經濟學批判》。

那個敵對的物質條件。於是，人類社會的前史，便以這個社會組織而告終。[76]

牟宗三認為，這幾段話「是馬克司的最有系統的一段精采話，其餘散見於各書中的也概本此」[77]。河上肇將這幾段話稱為「唯物史觀公式」，也正說明這幾段話頗能夠反映唯物史觀的基本原理。

列出這些原則之後，牟宗三還以圖表的方式展示了唯物史觀中基本概念之間的關係結構，並對上述唯物史觀的基本原則或者說唯物史觀如何運用其基本概念去解釋人類社會的發展變化進行了說明。譬如，在牟宗三看來，唯物史觀最重要的一條在於強調了經濟基礎與上層建築之間的因果關係。他指出：

> 沒有上層建築，基礎似乎也可以存在；但反之卻不能。所以，在存在上說，基礎可以離上層建築而存在；但上層建築卻不能離開經濟基礎而存在。在產生上說，基礎可以產生上層建築；但上層建築卻不能產生經濟基礎，至多你能說它影響基礎。在變動上說，下層基礎一變，上層建築必隨之或急或緩而變，即是說，上層之變是因下層之變而變的；但不能說下層因上層而變。在解析上說，上層建築可以下層基礎來解析、說明或判斷；但下層基礎卻不能以上層建築來解析、說明或判斷。[78]

這裡，牟宗三描述的正是唯物史觀對於經濟基礎和上層建築之間關係的經典表達。此外，對於唯物史觀公式第三條的思想，即「社會存在規定社會意識」中的「規定」是何意義，牟宗三也進行了細緻的分析[79]。這些都充分說明，牟宗三對於唯物史觀的把握是相當準確的。

不過，牟宗三對於唯物史觀的準確理解，更多的還是表現在他對唯物史觀的批判當中，比如他對於抽象區分經濟基礎和上層建築的批判，對於將辯證法中的矛盾概念運用於實際社會發展產生的問題的揭露等等。也正是基於準確的理解，牟宗三對於唯物史觀的批判與他對唯物辯證法的批判一樣，首先是一種學理的批判。至於二十世紀五〇年代之後牟宗三談起唯物史觀時不免情見乎詞，則毋寧說是其價值立場與文化關懷在「豈意滔天沉赤縣，竟符掘地出蒼鵝」之後的自然表達[80]。

（二）唯物論與唯物史觀不能相通

在列出唯物史觀並以圖表的方式展示其中基本概念之間的關係之後，牟宗三對於究竟什麼是

76《牟宗三先生早期文集》（下），《牟宗三先生全集》，第二六冊，頁六三二—六三三。

77《牟宗三先生早期文集》（下），《牟宗三先生全集》，第二六冊，頁六三三。〈社會根本原則之確立〉文中「馬克思」均作「馬克司」。下引文不再說明。

78《牟宗三先生早期文集》（下），《牟宗三先生全集》，第二六冊，頁六三六。

79《牟宗三先生早期文集》（下），《牟宗三先生全集》，第二六冊，頁六三六—六三七。

80「豈意滔天沉赤縣，竟符掘地出蒼鵝」出自陳寅恪〈余季豫先生挽詞兩首〉之二。其「古典」與「今情」，參見余英時，《陳寅恪晚年詩文釋證》（台北：東大圖書公司，二〇一一），頁二七二—二七三。

「唯物史觀」進行了解說。首先，他指出了馬克思唯物史觀中「物」與「史」的特定涵義：

這一個「唯物史觀」，在馬氏手裡，是有特殊的意義，不能隨便亂用。他這個「物」不是物理、化學及哲學家所對付的「物」，他這個「史」也不是自然史或宇宙進化史。「唯物史觀」即是「經濟史觀」；換言之，即是「歷史的經濟觀」或「歷史的經濟解析」。所以，他這個「物」即是「經濟」，不是自然科學家所對付的物；他這個「史」是人類的社會史、社會進化史。所以「唯物史觀」也即是「社會進化史底經濟解析」。說到「進化史」，則辯證觀念即在內。所以「唯物史觀」也即是「社會進化史底經濟的辯證之解析」。「唯物史觀」即是以唯物論的見地與辯證的觀念相結合而成的。[81]

唯物史觀的「物」即是「經濟」而言，則此所謂「經濟」即是指公式中所謂「經濟結構」或「生產關係之總和」是也。經濟結構即是社會的經濟基礎。唯物史觀即是這個經濟基礎的發展與變動的歷史觀。言經濟史觀而云唯物者，取唯物論之見地也。取唯物論之見地者，即為確定經濟基礎與上層建築間的關係故也。[82]

牟宗三仔細界說唯物史觀中的「物」與「史」，意在澄清唯物史觀與費爾巴哈唯物論之間的關係，將哲學或者說認識論意義上的唯物論與社會科學意義上的唯物史觀區別開來。一般認為，馬克思的唯物史觀是深化了費爾巴哈的唯物論。但在牟宗三看來，馬克思的唯物論與費爾巴哈的唯物論根本是不同性質的東西，而馬克思唯物史觀的癥結就在於將唯物論應用於人類社會。他說：

費氏是認識論上的或元學上的唯物論；而馬氏則是社會上的或唯物史觀的唯物論。其性質根本不同，任你怎樣深化，與費氏的唯物論之是與否不發生關係；因為其方面不同，對象不同，範圍不同故也。費氏是自然現象；馬氏是社會現象。費氏是自然科學或哲學家的唯物論；而馬氏則是社會科學家的唯物論。假若社會現象與自然現像是同一時，則我無話可說；假若不同一時，則費、馬兩氏的唯物論不相干。馬氏若認為相通，則即是他的理論之癥結。吾之批評馬氏就在此處著眼。[83]

至於說為什麼唯物論與唯物史觀不能相通，牟宗三進一步指出了兩點：

唯物論所對付的物是自然科學家或物理化學家的態度所對付的物；而唯物史觀所對付的物是經濟結構。

81《牟宗三先生早期文集》（下），《牟宗三先生全集》，第二六冊，頁六三八。
82《牟宗三先生早期文集》（下），《牟宗三先生全集》，第二六冊，頁六三九。
83《牟宗三先生早期文集》（下），《牟宗三先生全集》，第二六冊，頁六四〇。

自然科學家手中的「物」是解析它的自然性質，與其理化的結構，並分解其分子或成分、大小、形狀，在同一空間的位置以及其運動、與其他物間的攝引或電磁……等等性質；而社會科學家手中的「物」即「經濟」則顯然不是如此的。他雖然盡可以使用自然科學中的名目，但其性質與意義總不相同。[84]

為了說明這一區別，牟宗三還以自然科學家眼中的「洋錢」與社會科學家眼中的「洋錢」具有不同的性質為例，強調同一事物在自然現象和社會經濟現象中具有不同的意義。落實到費爾巴哈與馬克思，牟宗三則更以「人」為例，再次批駁將馬克思的唯物史觀視為費爾巴哈唯物論的深化，認為不能在費爾巴哈的意義上把唯物史觀作為一種「新唯物」。他說：

費氏所看的「人」這個存在物，本是理化家的看法或是哲學家的看法。而馬氏看成是社會的人，則意義與性質就不同了。這如何能說是深化？如何能對費氏而自稱曰新唯物論？所謂新者，是在同一範圍中對於同一現象而加的一種不同於前的新解析是也；如新物理學之於舊物理學，新實在論之於舊實在論等是。而馬氏與費氏一為自然現象，一為社會現象，如何能說新？你可以說唯物論的見地之社會的應用；但不能說新。[85]

緊接著這句話，牟宗三說「同樣情形，對於Hegel的辯證法也不能說顛倒，而只可說辯證法之社會的應用」。顯然，這也是他批判唯物辯證法的一個關鍵所在。前已詳論，此處不贅。

不過，到此為止，牟宗三還只是在一般意義上批判唯物史觀，甚至可以說還是在為批判唯物史觀做準備。批判經濟基礎與上層建築這一區分的不當、生產力與生產關係矛盾運動的不通，階級鬥爭的不必然，以及分析商品、貨幣現象並不能脫離人的意識活動而成為所謂「外在」經濟結構的一部分，這些才觸及到了唯物史觀的核心，構成對唯物史觀的具體批判。而這些具體的分析，也反過來強化了牟宗三在上述一般意義上對於唯物史觀的批駁。

（三）經濟基礎與上層建築是「抽象的區分」而非「具體的事實」

唯物史觀最為根本的一條原則就是經濟基礎與上層建築之間的區分以及前者對於後者的決定性作用。前文我們已經引過牟宗三對這一原則的敘述。但是，正是對於這一唯物史觀的核心原則，牟宗三提出了質疑。

牟宗三指出，作為經濟基礎的經濟結構雖然可以分解為四個因素：（一）生產關係；（二）生產形式或方法；（三）生產力；（四）生產工具，但是，經濟基礎卻並不是這四個因素的靜態結構，而其實是四個因素相互作用而形成的馬克思所謂的「社會生產」或「社會的生活過程」。馬克

84《牟宗三先生早期文集》（下），《牟宗三先生全集》，第二六冊，頁六四〇。
85《牟宗三先生早期文集》（下），《牟宗三先生全集》，第二六冊，頁六四〇—六四一。

思所謂「動的、具體的、全的、發展的」立場，即是從這樣一種動態的作為「社會生產」或「社會的生活過程」的角度來理解經濟基礎。因此，牟宗三引用馬克思所謂「因為生產而互相容受一種一定的聯絡與關係，而且只有在這種社會的聯絡與關係之中，才能發生向自然的作用，才能發生生產」，稱之為「馬氏最重要的一句話」。

然而，恰恰是這樣作為一種「社會生產」或「社會的生活過程」的經濟基礎，在牟宗三看來，不能脫離包括法律、政治以及人類意識在內的所謂上層建築而獨立存在，亦即無法不包括人類的意識活動。他在引用上述「馬氏最重要的一句話」之後緊接著反問說：

但是為何要容受或加入一種一定的聯絡或關係而對付自然呢？這理由自然是很淺顯的，但有說出的必要。只說因為生產是不夠的。乃實在是人類為欲保持其生存，繼續其生存，改善其生存，而始加入一種一定的聯絡與關係而對付自然。社會團體是這種聯絡對付自然的表現，社會生產也是這種聯絡對付自然的表現；而這種聯絡對付自然之所以然，即在求生存。為了求生存的目的，而社會團體、社會現象便發生出來。……社會團體與社會現象並不是從天上掉下來的，並不是自然如此，也並不是像太陽攝引地球，地球攝引太陽一樣。換言之，它不是是其所是，它是有理由的，有原因的，有不得已之苦衷的。[86]

既不是天然而有，則即少不了腦筋的運用，即所謂「精神」或「意識」是也。既云社會的生產，則即不是孤獨的生產；既不是孤獨的生產，則於一團體間，聯絡或關係間能缺少法律、政治等制度嗎？能缺少道德意識嗎？此處所謂「意識」，所謂「精神」，並不是什麼神秘東西，所以特名之曰「腦筋運用」。[87]

因此，在牟宗三看來，經濟基礎其實是人類為了對付自然，運用思維（即所謂「腦筋運用」）建立制度，使大家相結合相關聯而使用勞動對象和生產力來經營社會生產、社會生活的結果或創造物，並非外在、獨立於人類意識活動的自然存在。

既然牟宗三認為經濟基礎本身就是人類在應付自然過程中的產物，他自然不能接受經濟基礎決定上層建築這一看法。所謂「x既為人類應付自然環境而有的創造品，則雖不能說意識規定x；但更也不能說x為下層基礎而規定上層建築。」[88]正是在這個意義上，牟宗三認為經濟基礎與上層建築之別只是一種「抽象的區分」。當然，牟宗三並不是認為不能以這樣一種區分作為一種理論分析的方便和出發點。他所強調是不能將這種「抽象的區分」當作社會生活中「真正具體的事實」。他說：

86《牟宗三先生早期文集》（下），《牟宗三先生全集》，第二六冊，頁六四五。
87《牟宗三先生早期文集》（下），《牟宗三先生全集》，第二六冊，頁六四六。
88《牟宗三先生早期文集》（下），《牟宗三先生全集》，第二六冊，頁六四六。牟以x指代經濟結構。

假設以x為下層建築，則得到x的那個過程間的腦筋運用及制度措施是什麼？它們與被認為是上層建築那y、z有什麼不同呢？有什麼標準來區別它們呢？有什麼嚴格的界限來劃分它們呢？以社會生活過程來應y，以精神生活過程來應z，這是多麼整齊的配合！然而卻又是如何的抽象！所以，基礎、建築之分，實不是通透之論，實不是史的、動的、全的、活的、具體的、發展的看法，乃實是抽象的區分。

抽象不要緊，我們離不了抽象；但不能以抽象為事實。馬克司以x為基礎，為呈顯於外的集大成，為離意志而獨立存在的東西，為任何小孩子都曉得的事實，為他研究的出發點。它存在於外是事實，他以之為出發點也可以，因為我們不能不說話，說話就得要有出發點；但是它之外在不是如自然現象之外在，不是從天上掉下來的外在。你以它為外在，是你為研究的出發點之方便對象，是你於發展過程中從中割斷劈分而有的出發點，而有的暫時的抽象的方便對象。但你以之為出發點，還當不忘它是個「出發點」，而不是真正具體的事實。[89]

正是基於這樣的分析和判斷，牟宗三認為，如果真正貫徹動的、全的、具體的、發展的看法，馬克思的唯物史觀是不能成立的。他之所以將唯物論和唯物史觀區分開來，認為兩者是「兩件事」，就在於唯物論在認識論與元學（形上學）的意義上還可以勉強成立，而唯物史觀則犯了將「抽象區分」當作「具體真實」的錯誤。

（四）生產力與生產關係並非辯證法的矛盾關係

除了經濟基礎決定上層建築之外，唯物史觀還有一個基本原則，即認為生產力與生產關係的矛盾運動以及階級鬥爭構成人類社會歷史發展的動力。但是，牟宗三認為，將辯證法的矛盾觀念運用於經濟結構，以生產力和生產關係的矛盾和階級鬥爭來解釋社會歷史的發展，也根本是由於誤用和抽象化而產生的錯誤。

由於唯物史觀是用辯證法的矛盾觀念來解釋人類社會歷史的發展，牟宗三的批判工作首先就是澄清矛盾的觀念。

前文已經指出，牟宗三批評唯物辯證法的一個核心論證就是指出，形式邏輯以及黑格爾意義上的辯證法面對的是與時間空間無涉的概念問題，並非社會歷史的事實問題。他在生平發表的第一篇文章〈辯證法是真理嗎？〉中首先區分「真理（truth）」和「真實（real）」[90]，就是意在說明辯證法處理的是「真理」而非「真實」的問題。但是，唯物史觀卻正是希望用辯證法中的矛盾觀念來處理有關人類社會歷史的「真實」的問題。對此，牟宗三首先澄清了什麼是形式邏輯或辯證法意義上的矛盾。

89《牟宗三先生早期文集》（下），《牟宗三先生全集》，第二六冊，頁六四七。

90《牟宗三先生早期文集》（上），《牟宗三先生全集》，第二五冊，頁四—五。

在前文牟宗三反駁唯物辯證法對於形式邏輯中矛盾律的討論中，對於矛盾的問題已經有所涉及，此處不贅。需要指出的是，在〈社會根本原則之確立〉一文中，牟宗三特別總結了他對於什麼是矛盾的四點看法：

(a) 矛盾是自相矛盾，不是兩物之對立；
(b) 矛盾是概念上的，不是事實上的；
(c) 矛盾是邏輯上的，不是時間與空間上的；
(d) 矛盾的動是概念的展開，而不是事實上的動。[91]

如果要用矛盾的觀念來處理事實的問題，就不可避免會產生以下幾種後果：

（一）保持矛盾邏輯的根本義，則自稱為唯物論的即是唯心論；
（二）保持唯物論或實在論，則矛盾邏輯不是事實問題，即在事實上不能用；
（三）要想用它而又是唯物論，則矛盾邏輯必改其原樣，即不是矛盾邏輯，而必須用另一套名詞解之；若用一專門名辭表之，即「關係邏輯」（relational logic）是。[92]

如此一來，在牟宗三看來，辯證法意義上的矛盾在「唯物史觀」上是不可能的。換言之，矛盾概念不能夠用於解釋作為事實的社會歷史的發展與演變。

至於究竟為什麼不能？牟宗三有十條具體的分析[93]，鑒於原文頗長且層次稍欠分明，我們將其主要內容概括如下。

牟宗三認為，唯物史觀處理的是「事實」而非「概念」的問題。事實是具體、變動的，並在世界中占有一定的時間和空間；而概念則是抽象的、不變的、形式的，是由思想所構成的，並不在世界中占據時空。矛盾是概念上的自相矛盾，事實則只「是其所是」，只有「歧異」、「變化」、「錯綜」，沒有「正負」、「矛盾」。事實上既然沒有矛盾，即不能用矛盾來解析。矛盾注重的是「同時」，但在事實上並無「同時」可言。例如，既是生同時又是死，只有在邏輯概念的意義上才說得通，才構成矛盾，事實上不能既是生同時又是死。不過，既然不能用「矛盾」來分析作為事實的社會歷史，那麼，如何看待和說明人類社會歷史中各種具體事物之間的對立與衝突呢？對此，牟宗三認為，具體事物之間的對立與衝突不能說「矛盾」，其實只是彼此之間某種「關係」的表現，如果事物之間對立與衝突的「關係」之間也可以稱之為一種邏輯的話，那也只能說是「關係邏輯」而非「矛盾邏輯」。總之，概念上可以講矛盾，事實上具體的存在物之間不能說「矛盾」，無論如何「歧

91《牟宗三先生早期文集》（下），《牟宗三先生全集》，第二六冊，頁六五四。
92《牟宗三先生早期文集》（下），《牟宗三先生全集》，第二六冊，頁六五四。
93《牟宗三先生早期文集》（下），《牟宗三先生全集》，第二六冊，頁六五五—六五八。

異」、「變化」、「錯綜」、「對立」和「衝突」，都只能是「關係」。用辯證法的矛盾觀念來解釋人類社會歷史的事實問題，只能是辯證法的誤用。所謂「馬克司所對付的所意謂的事實，唯用關係邏輯始能解之；然而馬克司卻偏要矛盾邏輯，其全系統的毛病皆由此出」[94]。

用矛盾觀念去分析社會的經濟結構或經濟基礎，於是有生產力與生產關係的矛盾運動之說。將矛盾觀念引入人類社會，所以唯物史觀有階級鬥爭的觀念。這都是唯物史觀下對於矛盾觀念運用。在牟宗三看來，既然用矛盾的觀念處理人類社會歷史的發展是對辯證法的誤用，那麼，生產力與生產關係的矛盾運動以及階級鬥爭構成社會發展原動力的說法，也根本是講不通的。對於生產力與生產關係之間是怎樣一種關係，牟宗三提出了自己的看法。他說：

我們只要僅守那動的、全的、發展的觀點，謹守我們所對付的是事實問題而不是抽象的概念之邏輯問題，則馬上可見經濟結構中之矛盾是沒有的事。沒有靜的、空架子似的、筐子似的生產關係或經濟結構，也沒有孤獨的、赤裸的生產力以與那筐子似的生產關係相對立。生產力與生產關係之對立或矛盾是不可能的。經濟結構自身不會矛盾；因為它脫離不了人所聚成的社會故，因為它是人類參加一定的組織或集團而對付自然所產生出的創造品故。把經濟結構看成有其自身，看成其自身會有矛盾，這全是抽象的看法，全是把它投諸人類之外而使之孤獨化。假使我們謹守那動的、具體的觀點，則那個抽象的孤獨化馬上即會融解而參加於進化的大流中。生產力自身不會停止其發展，也不會與那筐子似的生產關係相衝突。生產力發展，也不會與那筐子似的生產關係相衝突，（國翔按：「生產力發展，也不與那筐子似的生產關係相衝突」一句當為衍文）生產力發展一天，其生產關係的結構也就發展一天。生產力之與生產關係，猶如水之與波，猶如水漲船高，並不是先天地有一個生產關係在那裡存在，以備生產力發展於其中。……所以，經濟結構與生產力之矛盾，猶如說水與船之矛盾一樣不通。經濟結構之變動並不因限它自身沒有餘地，生產力與它發生衝突或矛盾（其實矛盾在此就不能說）也並不因為生產力在其中無餘地可以發展。經濟結構是因著那四個因數（國翔按：即生產關係、生產形式、生產力和生產工具）之互相變化作用而產生的。經濟結構不會回來作它們的障礙物。作它們的障礙物的，不在經濟結構。經濟結構只會隨著它們的發展而發展。假設無外力以擾之，則生產力發展其發展，終古如斯；而經濟結構亦自擴張其擴張，而亦終古如斯。[95]

馬克司以經濟結構自身與其生產力起衝突，實是由於把經濟結構孤獨化，又把它分成兩個對立的概念，即生產力與生產關係是。其實，這是概念上的劈分，事實上並不如此。生產力在概念上可以獨立存在。在事實上實為看不見摸不著的東西。它是由生產關係之漲大的發展這個動的意義中而昭示出；而同時這個漲大的發展又是那個生產關係之漲大的發展，然則它們倆實是一個東西如影隨形，如水漲則船高，衝突起於那裡？所以，所謂與生產關係起衝突，其實乃是

94《牟宗三先生早期文集》（下），《牟宗三先生全集》，第二六冊，頁六五七。
95《牟宗三先生早期文集》（下），《牟宗三先生全集》，第二六冊，頁六五八—六五九。

> 生產關係之漲大與維持那個生產關係的法律政治之形態起衝突。這一點我認為是一個值得注意的修正。失之毫釐，差之千里。讀者須認清這點。[96]

正如將經濟基礎與上層建築的區分視為「抽象區分」而非「具體的事實」一樣，牟宗三認為生產力與生產關係的區分也是一種抽象化的結果。之所以是「抽象的區分」，其原因也在於無論是生產力還是生產關係，都不是外在於人類社會的某種靜態的、孤立的客觀存在，都不能沒有人類的意識活動包含其中。所謂「靜的、空架子似的、筐子似的生產關係」以及「孤獨的、赤裸的生產力」，就是牟宗三對於那種脫離人類意識活動和人類社會的靜態、孤立的客觀存在的描述。在牟宗三看來，生產力與生產關係只是「概念上的劈分，事實上並不如此」[97]，二者的關係是「如水之於波」，「如影隨形」，「如水漲則船高」。

至於生產力與生產關係矛盾說的理論缺陷，牟宗三更以印度和中國這兩個民族的歷史發展為例進行了論證。他說：

> 例如印度的歷史，其經濟結構是怎樣呢？其生產力是怎樣呢？其民族意識又是怎樣呢？為何數千年無變化，而唯於受近代帝國主義的壓迫始稍有更動呢？他的民族意識是受什麼經濟結構來決定呢？他的經濟結構中的生產力為何永不會起衝突呢？這不是表明經濟結構會起矛盾之為非真理嗎？所以於印度那樣的情形，馬克司的唯物史觀是解析不了的。再如我們中國的歷史，

其變化是因為什麼呢？其經濟結構與生產力是什麼樣？有什麼矛盾呢？自秦漢大一統後以至滿清止，其間不知經過多少更移與變化；然而其經濟結構變化了沒有？其民族意識變化了沒有？據我們看來，這二、三千年，歷史雖然很長，變化雖然很多；然民間的社會組織與經濟結構實在沒有多大的變化，實在就是一個時代。稍能了解中國史者，就會明白這種事實。所以馬克司的唯物史觀也解析不了中國的歷史。馬克司於此很絞腦汁，特為它們立一特名曰「亞細亞的封建的生產形式」。不但絞了馬克司的腦，而且也搖動了《讀書雜誌》社諸戰士的論據。他們都自以為是馬克司的信徒，然而卻互相罵得仇敵一般。他們應用唯物史觀公式於那上古時代，四通八達，不見破綻；但一至周末，問題發生了；一至秦漢大一統到清末，便碰上釘子了。於是，異議橫生，有些信徒簡直漸漸懷疑起來。此無他，這即表示唯物史觀是有毛病的，複雜的社會決不是偏面的、單純的經濟基礎所能解通。我們還是希望諸戰士觀察事實而歸納原則，不要固蔽原則而歪曲事實，以至於碰釘子。[98]

這裡，牟宗三提到《讀書雜誌》社「諸戰士」應用唯物史觀解析中國史所遇到的困難，涉及如

96《牟宗三先生早期文集》（下），《牟宗三先生全集》，第二六冊，頁六七七。
97《牟宗三先生早期文集》（下），《牟宗三先生全集》，第二六冊，頁六七七。
98《牟宗三先生早期文集》（下），《牟宗三先生全集》，第二六冊，頁六五九—六六〇。

何理解中國社會形態發展的問題，下章會有專論，此處不贅。

（五）階級鬥爭並非人類社會歷史發展的必然

在唯物史觀看來，在人類的階級社會，生產力和生產關係的矛盾必然要表現為階級之間的矛盾，階級鬥爭構成推動人類社會歷史發展的動力。因此，階級鬥爭理論也是唯物史觀的一個重要組成部分[99]。對於階級鬥爭，牟宗三也同樣進行了批判。

在〈辯證法是真理嗎？〉一文中，牟宗三即指出：

> 西洋人由相反的事實而加上以必爭之錯誤的意謂，於是演成馬克司階級鬥爭之社會進化觀。以為社會進化是按照辯證的鬥爭式的，其實在自然事實上講來，這並不是真理。鬥爭是事實，但這是進化過程中的失了腳，失了腳，馬上得要抽回來以就正，決不是生成的原因，乃是生成過程中的歪現象，它可以是事實，但它不是進化的原因。所以，從階級鬥爭中找進化是錯誤的；認階級鬥爭就是進化，更是錯誤；以階級鬥爭為能事，以致階級鬥爭為目的，乃是自速於滅亡。[100]

讀到這一段話特別其中最後一句，回想一九四九年到改革開放之前尤其「文革」時期中國大陸的歷史教訓，不能不說牟宗三的觀察頗能洞燭機先。

牟宗三並不否認階級作為一種社會現象的存在，但他認為階級鬥爭並非必然，更不是推動社會發展的正當工具。在同樣上述文章中，他說：

> 社會是人組成的，其一切現象——政治、法律、經濟——也由人類意識而組成。人的意識意謂什麼樣，便是什麼樣。……階級之成，也是由錯的意謂。……現代的社會，階級是有的，用階級鬥爭革命也並非不可以。由錯誤來，再由錯誤回，這也可以。但這種社會現象，既由人意而造成，也未始不可再由人意而改造之。故並不能看成是絕對的，非如此不可的。故階級鬥爭只可一時地應用於社會現象，並沒有什麼先天的必然。[101]

99 嚴格而論，階級鬥爭的思想並非馬克思的首創。馬克思之前法國的J.N.A. 梯葉里（Thierry Jacques-Nicolas-Augustin, 1795-1856）、F.P.G. 基佐（François Pierre Guillaume Guizot, 1787-1874）、P.A.M. 米涅（François-Auguste-Marie-Alexis, 1796-1884）等人已經認為階級鬥爭是理解近代歐洲革命的鑰匙，他們把十七世紀的英國革命和十八世紀的法國革命描述為資產階級同封建貴族、僧侶的鬥爭史。英國的亞當．斯密（Adam Smith, 1723-1790）和大衛．李嘉圖（David Ricardo, 1772-1823）已經按照收入來源上的區別把整個社會分為依靠地租生活的土地占有者階級、依靠工資生活的無產者階級、依靠資本利潤生活的資本家階級，並進一步論證了這三大階級在利益上的對立。當然，馬克思主義者認為只有唯物史觀的階級鬥爭理論才是真正的科學。

100 《牟宗三先生早期文集》（上），《牟宗三先生全集》，第二五冊，頁七。

101 《牟宗三先生早期文集》（上），《牟宗三先生全集》，第二五冊，頁八。

> 階級這事實是有的，階級鬥爭是革命工具中之一，不是唯一的工具。且是錯誤的工具，因由辯證而引出鬥爭本不是真理故。鬥爭既非唯一的工具，則自有其他方法以代之。[102]

牟宗三之所以認為由辯證而引出鬥爭不是真理，基於他的三條基本認識：（一）相反而相交相配相容，才能有生成；（二）相反而相爭相抗相拼，只有死傷與滅亡；（三）我們以為生成不等於滅亡，故相爭的相反不能解析進化。例如他說：「相爭可以引出事實來；但那事實不是生成，更說不上進化。例如兩軍相敵，可以引出一種事實來；但此事實則為死傷為破壞，不是生成。」[103]這三條原則的表述也是出於〈辯證法是真理嗎？〉這篇文章。總之，牟宗三二十世紀三〇年代對於階級鬥爭的看法可以用一句話來概括，即「所有矛盾，不必鬥爭」[104]。顯然，這與宋儒張載（一〇二〇—一〇七八）「仇必和而解」的思想是完全一致的。由此可見，就價值立場而言，牟宗三一開始就是儒家的。

為什麼階級的存在並不必然導致鬥爭？關鍵在於對人的理解。如果人性只有階級性，沒有普遍的人性；如果「人意」只有為了私利而爭鬥，並無為了公理和正義而和諧，那麼，階級鬥爭自然不可避免。但是，人性中如果存在根源性的道德理性，人類能夠自覺調整彼此之間的相處之道，那麼，階級的存在並不一定只會導致鬥爭，即便有鬥爭，也可以成為追求公理和正義的手段。這一點，到了二十世紀五〇年代，牟宗三有進一步明確的說明。

在〈闢毛澤東的《矛盾論》〉中，牟宗三指出：

歷史是人或一個民族的集團實踐過程，如何能只是唯物的，即，只是經濟的看法？就使只是經濟的，而經濟活動也是人的實踐之所表現，也不能如外在的自然現象之為現成的，擺在人的實踐以外。但是馬派的人卻把它看成如「外在的自然」一樣，完全是外於人的實踐之物類，把它擺在那裡，看其自身之發展，美其名曰客觀。依是，社會集團的活動完全沒有「精神的提撕」在其後，完全不以發自道德良心的理想理性正義為其調節，為其指導。依是在生產關係中所分成的各集團完全是物類的概念。他們所謂「階級」就是一個物類概念。階級當然是人集成的。但是在他們所謂階級中的人之「人性」只是其階級的私利性，各為其階級的私利而保存而爭取而改變。毫無所謂道德、理想、正義之可言。依是，人完全是一個自私自利、形而下的軀殼的人，聰明才智只成就一個壞，比其他動物還要壞。依是，雖有聰明才智，亦只是物類。在這種物類的集團觀，有時對立，有時不對立，其對立也，有時矛盾，有時不矛盾。其對立而矛盾是以「利害衝突」定。如是，當然可以說「矛盾」，矛盾只是利害的衝突，不能並立。但是物類概念的集團（階級）何以必是辯證的發展，無窮的發展下去，是沒有理由的。它可以有若干階段的對立統一，顛倒下去，但不必能無窮地發展下去。一個物類的集團很可以墮落腐敗，

102 《牟宗三先生早期文集》（上），《牟宗三先生全集》，第二五冊，頁七。
103 《牟宗三先生早期文集》（上），《牟宗三先生全集》，第二五冊，頁五。
104 《牟宗三先生早期文集》（下），《牟宗三先生全集》，第二六冊，頁六四九。

完全停滯下去，由停滯也可以全毀滅死亡。同時，一個階級私利的集團，順其仇恨的狠愎之心推至其極，很可以完全消滅對方，所謂斬盡殺絕。而凡此種完全消滅對方的狠愎之心自己亦必流入瘋狂狀態而毀滅自己。必流於全體毀滅而後已，這就是徹底的虛無主義。[105]

而在〈理性之內容的表現與外延的表現〉一文中[106]，牟宗三更為明確地強調，必須肯定人類所具有的普遍的道德心靈，對人性的理解不能限於階級性，如此即便是階級鬥爭，也可以被轉化為實現人類「正義、公道、人權與自由」的手段。他說：

階級鬥爭在西方歷史中是事實。並不可因馬克斯講階級鬥爭，而即忽視或躲閃此事實。要者在能辨別階級鬥爭，其鬥爭究竟為的是什麼，其鬥爭所以可能之超越根據、理性根據是什麼。馬克斯以唯物論與唯物史觀來解析，這是我們所反對的。依馬克斯的解析，階級間的鬥爭是為階級的私利，並不為正義、公道、人權與自由。這是完全從物質的生存條件著眼。當然，人是一現實的存在，自然需要有物質的生存條件：人總想保持其自己的生存，而且想改進自己的生存。就「現實的存在」言，人要維持並改進其生物的存在，自亦不能無其私利的本能。而這種私利，因以階級集團的方式去爭取，所以也就是公利：是屬於全階級的、客觀的，並不單屬於個人、主觀的。可是就是這爭取公利就函著爭取正義、公道、人權與自由。人間不能有不平，不能有被壓迫被奴役的人：壓迫、奴役、不平，是人間最大的不公道，不合天理。爭取階級的公利就是爭取公道與天理。而公道與天理不能見之於物質的生存條件，而是見之於另一源泉：道德的心靈。馬克斯不願正視此「道德的心靈」，亦不願正視出於道德心靈之公道與天理。他還進一步抹殺此道德心靈的實體性（人的實踐上的實體性），抹殺此公道與天理的實體性。他不承認人有此普遍的人性，他認為人性只是階級性，只是私利性。縱使此私利是屬於階級的，是公利，然而如不承認普遍人性中的正義性、理想性，與天理性，以作其主宰，為其調節、糾正，以使其可能，為其站住其自己的超越根據，則公利亦是私利。縱使取得了階級的公利，亦未見得是實現了正義、公道，與天理，很可以只是集團搶劫，以暴易暴，而造成另一放縱恣肆，饕餮享受，專門壓迫奴役旁人的「新階級」。如果人性只是階級性、私利性，如果階級鬥爭只是為的階級私利，則被壓迫階級之起來爭取利益與壓迫階級之維護其利益，同是一樣的自私。你沒有理由責備壓迫階級不應該，不合理，你也沒有理由說自己是應該，是合理：私利就是應該，就是合理；私利與應該，與合理，成為同一的。這樣便無所謂是非、善惡，只有有無。你有，我就眼紅；我無，我就要搶。你有，就是「非」；我無而搶，就是「是」。反過

105《道德的理想主義》，《牟宗三先生全集》，第九冊，頁九六—九七。

106 該文現為《政道與治道》一書第八章。據《政道與治道》全集本編校說明，該文原曾單獨發表，但最初刊於何處，編校人始終未能找到。因此，此文最初發表於何時，似乎如今也不可知。不過，《政道與治道》一書所收各章其他文字，全部發表於一九五四—一九五九年。該書一九六一年二月由台北廣文書局初版時，已經收入〈理性之內容的表現與外延的表現〉作為第八章。由此可以推知，該文最初發表必不晚於一九六一年，應當在二十世紀五〇年代。

來，也是一樣。如是，應該、合理，成為不可能。你所爭得的私利公利也不能站住其自己，也同樣不可能。這樣，階級鬥爭完全失掉了意義，人類歷史亦真成了漆黑一團了。這是馬克斯抹殺了普遍的人性，而只承認階級性，所必然要至的歸結。他斬斷了階級鬥爭的正義性與理想性，也斬斷了所以可能的超越根據與理性根據。[107]

這裡，與其在三〇年代對於階級鬥爭的批判有所不同的是，牟宗三已經不再對階級鬥爭持完全否定的態度，而是認為只要能夠肯定作為「道德的心靈」的普遍的人性，為包括階級鬥爭在內的所有的人類實踐活動建立一種「超越根據與理性根據」，階級鬥爭也可以具有「正義性與理想性」。而如果否定這一作為「超越根據與理性根據」的「道德心靈」、「人性」，則階級鬥爭只會成為出於「自私」的「以暴易暴」和「集團搶劫」。回顧中國共產黨的歷史以及一九四九年以來中華人民共和國的歷史，對照上引牟宗三所說，尤其是他一針見血的所謂「如不承認普遍人性中的正義性、理想性，與天理性，以作其主宰，為其調節、糾正，以使其可能，為其站住其自己的超越根據，則公利亦是私利。縱使取得了階級的公利，亦未見得是實現了正義、公道，與天理，很可以只是集團搶劫，以暴易暴，而造成另一放縱恣肆，饕餮享受，專門壓迫奴役旁人的『新階級』。如果人性只是階級性、私利性，如果階級鬥爭只是為的階級私利，則被壓迫階級之起來爭取利益與壓迫階級之維護其利益，同是一樣的自私。」真可謂觸目驚心，令人不勝唏噓[108]！

正是在這個意義上，牟宗三提出了四點主張：一、私利不能與應該、合理、是非、善惡，化為同一。二、普遍的人性不能抹殺。三、階級鬥爭為的是正義、公道，為的是實現應該與天理。四、鬥爭所以可能的超越根據、理性根據，乃在具有理想、正義、天理的道德心靈這普遍的人性[109]。在他看來，只有首先肯定這四點，階級鬥爭才能有其意義和價值。

事實上，馬克思、恩格斯、列寧等創立馬克思主義的理論家，都不屬於無產階級，也無一出身

---

107 《政道與治道》，《牟宗三先生全集》，第一〇冊，頁一六〇—一六一。

108 對於共產黨必然走向一黨專制和個人獨裁，牟宗三在二十世紀三〇年代中即已看到。在一九三五年發表於《再生雜誌》第三卷第八期的〈國內兩大思潮之對比〉一文中，他在對比「共產主義」和「國家社會主義」時明確指出：「無論人獨裁、黨獨裁或階級獨裁，吾人皆絕對反對；而此三者亦實一而三、三而一者也，名雖異而實則同。階級獨裁，騙人之辭也，故循而必至於黨獨裁；黨獨裁亦不可能之事，故循而必至人獨裁。國家事至於人獨裁，則是非利害不亦曉然可諭乎？今請論共產黨之所謂階級獨裁。何以言階級獨裁也？曰：此仍本其經濟文化觀而來也。彼輩以為國家法律皆統治階級壓迫被統治階級之工具。資產階級之國家法律於資產階級有利，於無產階級有害，故無產階級欲奪取政權，必須盡毀資產階級之國家與法律。既得政權，必須使國家與法律盡為無產階級所有，使其於無產階級絕對有利，於資產階級絕對有害。欲作至此，又捨無產階級獨裁莫由。故無產階級欲維護其利益非獨裁不可。且其所謂無產階級又特指勞工階級而言。是以，除勞工無產階級而外，其他一切皆不得享有政治之權利，即農民亦在內，不特資產階級然也。復次，不能全階級出而獨裁也，必有代之者矣。代者為何？共產黨是矣。共產黨常罵民主政治為虛偽之代議，今竟躬身自蹈，又將何說？此猶不足論。共產黨亦不能全出而獨裁，只不過一二人獨裁而已。由階級代全體，由黨代階級，由人代黨，朕即天下，以一人之私見強作天下之公見，是剛愎獨夫而已！吾故曰此三者名異而實同。凡云獨裁，未有不致人獨裁者也。」見《牟宗三先生早期文集》（下），《牟宗三先生全集》，第二六冊，頁八三二—八三三。

109 參見《政道與治道》，《牟宗三先生全集》，第一〇冊，頁一六一—一六二。

於無產階級家庭。而他們在當時批判資本主義制度，是出於對貧苦的勞工階級的同情心。這一同情心，正是人類普遍具有的「道德的心靈」的反映。可是，他們建立的馬克思主義或共產主義，卻恰恰以思想學說的方式對於人類普遍的「道德心靈」予以了徹底的否定。這實在不能不說是一個莫大的諷刺。而這種徹底否定人類道德心靈、鼓吹階級鬥爭的學說一旦成為一種社會制度，其惡果會遠甚於資本主義。羅素（Bertrand A.W. Russell, 1872-1970）對社會主義者反抗貧困的鬥爭始終深表同情，但是他敏銳地看到了這一點。他在〈我何以不是一個共產主義者〉中指出：「共產主義之約束自由，尤其是思想上的自由，殊較諸任何其他制度為甚。除了法西斯主義以外，經濟的和政治的權力之全盤的統制，可以產生一種暴虐之可怖的發動機。在這種局面中，將沒有一條逃避的路可以倖免。在這樣的一種制度之下，勢必無進步可言，因為官僚階級的本質，除了增加他們自己的權力以外，必不顧有任何變更。」[110] 證諸歷史，不能不說羅素的判斷是一語中的。

總之，回顧前文牟宗三對於唯物史觀的批判，我們可以看到，牟宗三認為唯物史觀既誤用了唯物論，又誤用了辯證法。對牟宗三來說，唯物史觀的根本癥結在於，無論是經濟基礎和上層建築的區分，還是生產力與生產關係的矛盾，二者都忽略了滲透其中的人的意識活動。事實上，在〈社會根本原則之確立〉一文中，牟宗三還對馬克思《資本論》中的貨幣學說進行了分析和批判。就如同他指出「經濟基礎」並非完全排除人的意識活動一樣，牟宗三認為貨幣的出現或者說貨幣的根本性質，也不是與人的意識活動無關的。在牟宗三看來，貨幣雖有客觀性和公共性，卻是「人類賦予的」，所謂「貨幣雖為客觀、普遍與公共，但其獲得絕不同於自然律之獲得。我們可以樸素地說，自然律是由經驗之發見，而貨幣不是經由經驗之發見，貨幣成立之根本特性在乎人定。即是說，那個等價形態或標準形態其所以稱為標準純由人定。」[111]因此，「『經濟生活』『經濟現象』、『政治生活』『政治現象』，以及『精神生活』『精神現象』，這三種過程乃是互相滲透、互相為命，互不可缺，誰缺誰就不成為一個整個的網狀組織之整體。」[112]

通過對階級鬥爭學說的批判，牟宗三更進一步指出，唯物史觀所抹殺的還不是人類一般的意識活動，而是作為人類意識活動根本的道德理性，即「道德的心靈」。「否認了人性人道與道德價值，意識只是狡猾，理智只是惡智。」[113]而是否能夠肯定人類具有普遍的作為道德心靈的人性，正是區別牟宗三自己所持的儒家立場與馬克思主義的最為關鍵的所在。也正是這一價值立場上的天壤之別，使得批判共產主義成為牟宗三貫徹一生的一條鮮明線索。就在一九四九年九月中共即將建國的前夕，牟宗三在給唐君毅的信中仍說：「弟終信儒家的道德理想主義，將代替馬克司的歷史唯物論，領導人類社會的實踐。」[114]牟宗三曾自謂其「一生可以說是『為人類價值之標準與文化之方向

---

110 張東蓀編，《唯物辯證法論戰》，附錄一，頁二。

111 參見《牟宗三先生早期文集》（下），《牟宗三先生全集》，第二六冊，頁六六二—六六六。

112 《牟宗三先生早期文集》（下），《牟宗三先生全集》，第二六冊，頁六七三。

113 〈闢共產主義者的《實踐論》〉，《道德的理想主義》，《牟宗三先生全集》，第九冊，頁一三八。該文一九五二年九月一日最初刊於《民主評論》第三卷第一八期時作〈闢毛澤東的《實踐論》〉。

114 見牟宗三一九四九年九月二十九日給唐君毅的信。黎漢基編《唐君毅書信檔案．三》〈牟宗三部分〉，No. 1。

而奮鬥以伸展理性』之經過。」[115]只有在這條線索上，其一生的學術工作才能獲得進一步相應的理解[116]。

如今來看，牟宗三對於唯物辯證法和唯物史觀的批判，實有其堅強的理據。不過，自馬克思主義傳入中國伊始，當時中國相當一部分知識人視之為世界上最先進的理論，不加反省地接受。同時，更把馬克思主義做為解決中國問題的萬靈藥，將其運用於分析中國歷史、社會以及中國最為重要的農村問題。無論怎樣的眾說紛紜，在以馬克思主義尤其唯物史觀為理論前提和解釋框架這一點上，那些知識人又是百慮一致的。二十世紀初中國廣大知識人對於馬克思主義這種近乎盲目的信奉，在牟宗三看來正是一種「觀念的災害」。而在二十世紀三〇年代，牟宗三不僅對馬克思主義的核心思想唯物辯證法和唯物史觀進行了批判性的回應，對於那些以唯物史觀來解釋中國歷史、社會發展形態以及農村問題的種種論說，也同樣進行了批判性的回應，在中國歷史、社會發展形態以及農村問題這些當時引發知識界廣泛論戰的領域，提出了他自己的看法。

115《時代與感受》，〈自序〉，《牟宗三先生全集》，第二三冊，頁（四）。

116 牟宗三曾經自己指出五〇年代之後所作的純學術工作，特別是關於中國傳統思想包括儒釋道三家哲學思想的詮釋，是要為解決外王問題奠定根基。所謂「欲本中國內聖之學解決外王問題，則所本之內聖之學不可不予以全部展露。」見其一九六二年為《歷史哲學》增訂版所撰自序，《牟宗三先生全集》，第九冊，頁（一六）。

第二章

中國社會形態發展史論

一、引言

馬克思主義尤其唯物史觀被當時不少知識人接收後，首先被用來作為分析中國社會歷史發展的工具。二十世紀三〇年代中國知識界爆發的中國社會史論戰，正是這一方面的反映[1]。當時史學界的正統雖然是以胡適、顧頡剛、傅斯年等以繼承中國乾嘉學派傳統並結合西方實證史學的「史料」學派[2]，但受馬克思主義尤其唯物史觀影響而興起的「史觀」學派，也顯然成為一股新興的勢力[3]。那時以「讀書雜誌社」為中心、以《讀書雜誌》為陣地的一些知識人，絕大部分是唯物史觀的信徒，都試圖用他們各自理解的唯物史觀去解釋中國的歷史與社會。而牟宗三在批判唯物辯證法和唯物史觀的同時，也對當時中國社會史論戰的諸家之言進行了回應。論戰諸家雖聚訟不已、各有異同，但在以唯物史觀為理論前提和分析框架這一點上，卻是百慮一致的。因此，牟宗三對於中國社會史論戰諸家的批評，可以視為他批判馬克思主義尤其唯物史觀的進一步具體化。

在一九三四年一月一日和二月一日印行的《再生》雜誌第二卷第四、五期，分兩次刊登了牟宗三〈從社會形態的發展方面改造現社會〉的長文。這篇文章，可以說是牟宗三對於中國社會史論戰的全面檢討。當時在《讀書雜誌》上發表文章、參與論戰的代表人物，包括陶希聖（一八九九—一九八八）、郭沫若（一八九二—一九七八）、王宜昌（生卒不詳）、李季（一八九二—一九六七）、王禮錫（一九〇一—一九三九）、胡秋原（一九一〇—二〇〇四）、朱其華（一九〇七—一九四五）等，牟宗三在文中都有論及。可以說正是在分析批評《讀書雜誌》上論戰諸家觀點的基礎上，牟宗三提出了他自己對於中國歷史與社會的分析與觀察。可惜的是，無論是在當時，還是後來對於中國社會史論戰的回顧，牟宗三的分析與觀察都沒有進入研究者的視野。

1 廣義的中國社會史論戰也包括中國農村性質的論戰，狹義的中國社會史論戰就是二十世紀三〇年代初以《讀書雜誌》為主要陣地的關於中國歷史分期和中國社會性質的論戰。關於中國社會史論戰的研究著作，中文世界最早有李季的《中國社會史論戰批判》（上海：神州國光社，一九三六）、何干之的《中國社會史問題論戰》（上海：生活書店，一九三七），後來的研究有鄭學稼的《社會史論戰簡史》（台北：黎明文化事業公司，一九七八）、周子東等編的《三十年代中國社會性質論戰》（北京：知識出版社，一九八七）、趙慶河的《讀書雜誌與中國社會史論戰（一九三一—一九三三）》（台北：稻禾出版社，一九九五）以及溫樂群、黃冬婭合著的《二三十年代中國社會性質和社會史論戰》（南昌：百花洲文藝出版社，二〇〇四），晚近最新的研究的則有陳峰的《民國史學的轉折：中國社會史論戰研究（一九二七—一九三七）》（濟南：山東大學出版社，二〇一〇）。英語世界中最有代表性的研究是德里克（Arif Dirlik）的 *Revolution and History: Origins of Marxist Historiography in China 1919-1937* (University of California Press, 1978)。該書有翁賀凱譯，《革命與歷史——中國馬克思主義歷史學的起源（一九一九—一九三七）》（南京：江蘇人民出版社，二〇〇五）。

2 當時在北大讀書，受教於陶希聖的何茲全，在回憶二十世紀三〇年代中國的社會史研究狀況時，就曾經把當時中國史學界以胡適為代表的正統史學稱為「清代考證學與美國實證主義之結晶」，見其〈我所經歷的中國社會史研究〉，《史學理論研究》（二〇〇三年第二期），頁三五。

3 對於當時以唯物史觀為理論工具參與中國社會史論戰的諸家，德里克的研究堪稱經典，見其 *Revolution and History: Origins of Marxist Historiography in China 1919-1937* (University of California Press, 1978)，尤其是第二部分"The Social History Controversy and Marxist Analysis of Chinese History"第六章"The Periodization of Chinese History"。其中以表格方式列出了三十幾位中外學者關於中國歷史分期的主張及其理論來源。中文世界對於唯物史觀學派整體狀況的

當時以《讀書雜誌》為主要陣地的中國社會史論戰，主要圍繞兩個方面：一是中國歷史的分期問題；一是中國社會的性質問題。而這兩個問題討論的緣起或者說歸宿，又在於中國的社會經濟應該走什麼樣的道路這一當時廣大知識人最為關注的問題。因此，牟宗三的回應，也主要圍繞這兩個方面，並在其分析與判斷的基礎上，指出了他認為中國應該走的道路。

二、中國歷史的分期與各期社會的性質

在〈從社會形態的發展方面改造社會〉開篇不久，牟宗三即指出當時論戰的焦點「不過中國社會之分期問題，與中國社會之性質問題」[4]。這裡所謂「中國社會之分期問題」，是根據不同社會形態來劃分整個中國歷史不同階段的問題，所以實際上是中國歷史的分期問題。

在文章第一部分，牟宗三首先列舉了郭沫若、李季、陳邦國等人的看法，認為除了陳邦國與王伯平將秦漢以前分為原始共產社會、氏族共產社會和封建社會的分期較為合理之外，諸人對於秦漢以下中國歷史的各種分期，可謂「無一而可」。隨後，牟宗三指出了論戰各方之所以產生各種「紛歧」的「弊見」的七條緣由，他稱之為「蔽原」：

（一）社會根本原則有缺陷，即他們所尊奉的唯物史觀有缺陷，此吾在已登過的那篇文章中已經指摘了。

（二）搬弄字眼掉花槍，而對於字眼與花槍卻並未消化過，而只是生呑活剝的亂用，不加以精確的界說。

（三）拘守已成的格式來鑄造中國社會史，並不從中國社會史來發現如實的格式，各鑄其所鑄，各據其所據。

（四）經濟方面、政治法律方面，並未界說清楚。所謂封建，所謂奴隸，所謂商業資本，所謂半封建半資本，這究竟是指那方面而言？究竟以什麼為標準？關於此點，完全沒有規定。

（五）看社會形態，究竟是從那方面決定？從經濟方面呢？還是從政治法律方面呢？還是從社會意識方面呢？如果從經濟方面，則當完全以經濟來決定，不當涉及政治，更不當涉及人類意識。推之政治法律等，亦復如此。立論線索要一貫，要一致。可是諸戰士們完全忽略了這個。

4　研究，可參考王學典，〈唯物史觀派的學術重塑〉（《歷史研究》，二〇〇七年第一期，頁一二一一八）以及陳峰的《民國史學的轉折：中國社會史論戰研究（一九二七—一九三七）》。當然，也有人認為史料學派代表五四時期的史學主流，而唯物史觀派代表北伐時期史學的主流，後者可以視為一種「新史學」。如此則將二者視為前後兩個不同的階段了。這一看法參見齊思和的〈近百年來中國史學的發展〉（《燕京社會科學》，一九四九年第二期）。而一九四九年中共建國之後，在政治權力和意識形態的支持之下，以唯物史觀解析中國歷史，更是一變而成了新中國史學的主導。在中國社會史論戰中運用唯物史觀解釋中國歷史的郭沫若在一九四九年之後成為中國史學界的至高權威，就是馬克思主義的「史觀」派假中共政權之力徹底取代「史料」派成為史學界主導的明證。《牟宗三先生早期文集》（下），《牟宗三先生全集》，第二六冊，頁六八一。

（六）諸戰士們皆是謂是馬克司的信徒，皆以唯物史觀為觀點，以唯物辯證法為方法；然而王禮錫、胡秋原之引出專制主義來作為理解秦漢以後社會之秘匙，這最足以自亂其步驟，最足以自潰其範圍。他們都是互罵為馬克司的叛徒、馬克司的曲解者，我想在我們第三者看來，最好把那個「互」字去了，他們都是了吧！

（七）此外，如個人的政治背景也足以淆亂真理的障礙。史達林派與托羅斯基派，因為要為其戰略找理論的根據，所以不得不各持成見。[5]

而這七條其中的核心，在牟宗三看來，就在於所運用的唯物史觀本身有缺陷，同時將馬克思主義關於人類社會歷史發展的五階段論，生搬硬套於中國歷史，所謂「拘守已成的格式來鑄造中國社會史，並不從中國社會史來發現如實的格式。」至於他所認為的唯物史觀的缺陷，我們前一章已有專門的考察。簡單來說，對牟宗三而言，就是在抽象區分經濟基礎與上層建築的基礎上，忽視人類的精神活動尤其政治因素，單純從經濟的因素解析社會的發展變動。這一點，他在一九三三年三月二十二日刊於《再生半月刊》第一卷第一一期的〈社會根本原則之確立〉一文的最後部分，已經提到。而其直接的針對，就是在他眼中那些「犯了這個毛病的」「《讀書雜誌》諸君子」[6]。上引第一條中所謂「此吾在已登過的那篇文章中已經指摘了」，說的就是在〈社會根本原則之確立〉一文最後部分對於在《讀書雜誌》進行中國社會史論戰的諸人的批評。只是那篇文章中，牟宗三的著眼點主要仍在於指出唯物史觀的缺陷，提出自己觀察和分析社會的根本原則，尚未涉及中國社會史分期以及中國社會性質的討論[7]。

對於觀察和分析中國社會的根本原則，牟宗三在批評《讀書雜誌》論戰諸君之後，正式提出自己關於中國歷史分期的看法之前，曾有簡明的交代，可以說是對其〈社會根本原則之確立〉一文最後部分的概括。他說：

> 我在〈社會根本原則之確立〉一文上，曾立下了這麼一個原則，即一個社會之組織，與其形態之完成，是不能單靠經濟的。當然，你可以從經濟方面來論社會時代的進展與不同；但若從整個社會的形態看起來，則這個看法即為不夠。從整個社會說來，我們曾以政治法律為各時代

5 《牟宗三先生早期文集》（下），《牟宗三先生全集》，第二六冊，頁六八三—六八四。

6 《牟宗三先生早期文集》（下），《牟宗三先生全集》，第二六冊，頁六七八。

7 儘管在這篇文章的最後部分，牟宗三也提到了一般性的歷史分期，所謂「（一）原始共產時代；（二）到現在為止的資本主義時代；及（三）將來未到的共產主義時代。」但他並沒有說明這就是他對於中國歷史的分期，更不意味著他相信將來最終人類歷史會是共產主義。事實上，他主要還是針對人類有史以來直到二十世紀的歷史分期問題，尤其是要指出《讀書雜誌》論戰諸人的問題所在，所以他緊接著說「第（一）階段無什麼大問題，第（三）階段還未到；所以只有第（二）階段成問題。當然你可以把它分成若干期，你若從政治法律各方面說，而未把握住根本原則，則你也可以分出些因人而異的形態來。然而這都是混淆之論。《讀書雜誌》社諸君子就是犯了這個毛病。」見《牟宗三先生早期文集》（下），《牟宗三先生全集》，第二六冊，頁六七八。

的社會之模型或法式。既然如此，則整個社會的形態的標識當在政治法律而不在經濟。但是，其經濟也必須與那政治法律相適合，即每一政治形態下必有與之相應的一種經濟形態。政治、經濟合而為一，則形成一個時代的社會形態。8

牟宗三即以這種政治形態為主並結合經濟形態的社會原則，對於整個中國歷史的分期，提出了他自己的看法。在具體論述各個時期整個社會形態以及經濟、政治方面各自的特點時，他時時順帶對當時參與中國社會史論戰諸人的相關論點，做出相應的批評。可以說，牟宗三對於中國歷史分期以及中國社會性質的看法，是在參與中國社會史論戰的過程中，通過批判那些唯物史觀的信奉者而論證並建立的。

（一）上古：現物交換的古代共產社會

牟宗三將整個中國歷史從遠古時代直到他所身處的二十世紀三〇年代劃分為三個歷史階段：西周以前是「現物交換時代的古代社會」，周代包括春秋戰國時期是「現物租稅制的封建主義社會」，秦漢以降一直到二十世紀初的民國是「專制主義下的商業資本主義社會」。其中，「現物交換時代的古代社會」又包括「原始共產社會」和「氏族共產社會」兩個階段；「現物租稅制的封建主義社會」以「公田制」或「井田制」為其經濟形態，而從魯國魯宣公十五年（西元前五九三年）實行初稅畝和晉國晉惠公六年（西元前六四五年）推行「爰田制」開始，標誌著公田制開始解體，中國社會隨著秦的統一，進入到了漫長的「專制主義下的商業資本主義社會」。當然，遠古時代的情況缺乏史料的證據，大體只能是推測和想像。牟宗三對此也很清楚，所謂：「對於古代社會，無史可徵，文獻不足考，我們只須做一簡單的推想就夠了。」[9]他所著重論述的，在於對周代以來中國歷史和社會的解析，並在此基礎上對於中國應該向何處去或者說走什麼樣的道路這一問題提出他自己的看法。正如他自己在文章開始即指出的：「本文的目的是在追溯以往，認識現在而規定將來。」[10]這也證實了我在前文引言所說，在解析中國歷史和社會的基礎上思考中國向何處去或走什麼樣的道路，可以說是當時中國幾乎所有知識人的一個最為核心的問題意識。

對於原始共產社會的特點，牟宗三概括為以下幾點：

（一）在經濟形態方面是採取經濟；

（二）在工具方面說是石器；

（三）在社會形態方面說是(a)原始部落，聚生群處；(b)性的關係是雜交，知有母而不知有

8《牟宗三先生早期文集》（下），《牟宗三先生全集》，第二六冊，頁六八四—六八五。

9《牟宗三先生早期文集》（下），《牟宗三先生全集》，第二六冊，頁六八四。

10《牟宗三先生早期文集》（下），《牟宗三先生全集》，第二六冊，頁六八一。

父，無親戚、兄弟、夫婦、男女之別；(c)無私有的恆產。[11]

牟宗三指出，「原始共產」是這一歷史時期「社會的總形態」，在這種形態下，與之相應的經濟形態可以稱之為「採取經濟時代」，或者簡稱為「採取形態」、「徒手時代」、「徒手形態」。儘管原始共產社會還談不上政治形態，牟宗三仍然強調，作為一個社會形態的原始共產社會，並不只是由當時採取形態或徒手形態的這種經濟生活的獲得方式所決定的，並且，那時的「經濟」，也和「政治」一樣，還只是一種萌芽的胚子狀態，彼此都尚未明顯分化成型。他說：

> 我們所以叫它是採取形態或徒手形態，是因為我們注意於其經濟生活的獲得之方式。這個獲得的經濟方式雖然與原始共產社會這個社會形態相適應，但這個社會形態卻不只為那獲得方式所決定。只是「徒手獲得」這一概念，不能決定出原始共產社會形態；而那時代我們如果可以社會二字名之，則它即有政治法律的影像存在。既然如此，則原始共產這個社會形態即不單是徒手獲得一概念所能規定出。須知那時候，各方面都是渺茫，政治法律固然渺茫，即經濟也是渺茫。徒手獲得也並不是我們所謂經濟，說到經濟，並不含有政治法律的成分在其內。所以，那時只是一個渾然一體；然而既稱為一個社會形態，則各方面雖然渺茫，而各方面在其中都有其胚子。[12]

顯然，牟宗三強調原始共產社會不能單純由「徒手」或「採取」的經濟方式所決定[13]，正是他注重政治形態而反對唯物史觀單純經濟決定論的表現。

原始共產社會之後，即是氏族共產社會。對於這一歷史階段，牟宗三認為其社會形態的特點有以下幾點特徵：

（一）從組織形態方面說：(a)聯繫於一個血統之下的集團；(b)共出一祖，同敬一神，公一姓氏；(c)民事刑事共同負責；(d)若干近親氏族結合為近親族，若干近親族結合為部族，若干部族聯合為部族聯合；(e)由民族會議共推一酋長，全民族服從之，部族聯合亦是如此。酋長卻不必世襲，但有世襲的可能，這個可能就是封建制度的胚芽。在氏族社會裡不一定就是世襲了；(f)氏族社會內性的關係可以雜交。一夫一妻，一夫多妻，多夫一妻，皆有可能。但是女性中心的時代卻不必存在了。男性本位自此而立。

11 《牟宗三先生早期文集》（下），《牟宗三先生全集》，第二六冊，頁六八六—六八七。

12 《牟宗三先生早期文集》（下），《牟宗三先生全集》，第二六冊，頁六八五—六八六。

13 牟宗三對「徒手」和「採取」的涵義做出了界定。所謂：「在此所謂採取形態或徒手形態，並不必指純用兩隻手而言。當然，他們也會採取簡單的工具。最重要的特性是這時的人類只是採取天然的物件做經濟的生活，而不知加以生產或泡製。所以名之曰『採取形態』，其採取時所用的工具，最簡單而可考的即是石器。」見《牟宗三先生早期文集》（下），《牟宗三先生全集》，第二六冊，頁六八六。

（二）從經濟形態方面說：(a)共有財產；(b)生產經濟，共生合作；(c)由石器轉變成銅器；(d)交換發生，但是現物交換。[14]

從原始共產社會到氏族共產社會，牟宗三認為是一個非常重要的轉變。在他看來，原始共產社會還談不上「組織」，人類生活從群居野處發展到真正有組織的社會關係，尤其是人類加入一定的關係而從事社會生產，恰恰始於氏族社會。只有到了氏族社會，社會才真正成為一個組織。在這一組織中新出現的三種形態：（一）氏族的共產社會形態；（二）生產的經濟形態；（三）男性中心的確立，牟宗三認為是「奠定人類社會之三支棟梁」[15]。

如果說原始共產社會和氏族共產社會這兩個階段合稱「古代共產社會」，那麼，在牟宗三看來，在此古代共產社會的形態下，經濟方面最後的發展，是由生產經濟而發生現物的交換形態，而氏族社會、生產經濟和交換形態，可以說就是古代共產社會發展的最後形態。這些形態再不斷擴大，中國歷史又發生了一個大的轉變，即逐漸進入到了「現物租稅的封建社會」。

需要指出的是，牟宗三對於原始共產社會的描述，似乎可以並不僅限於中國的遠古社會。因此在其論述當中，牟宗三也往往多用「人類」社會，而沒有刻意限制在「中國」社會，似乎在人類歷史上具有一定的普遍性。但是，當他說人類社會發生大的轉變，開始由氏族共產社會進入到現物租稅的封建社會時，接下來描述的對象，就無形中只限於中國社會了。也正是從這一階段開始，中國社會史顯示出與西方社會史不同的發展特徵。以唯物史觀解析中國社會史而來的各種對於中國歷史的分期，在牟宗三看來才不免「削足適履」而需要予以批判。

（二）周代：現物租稅的封建主義社會

對於遠古時代的原始社會，在二十世紀三〇年代運用馬克思主義唯物史觀來解析中國社會史的知識人之間，並無多少分歧。從周代開始，中國歷史如何分期，不同時期的社會性質為何，才開始眾說紛紜。當然，無論對於中國歷史不同時期的劃分如何不同，以及對於各個時期中國社會性質的理解如何相異。馬克思主義所謂原始社會、奴隸社會、封建主義社會、資本主義社會以及未來的共產主義社會這五個階段，則是當時在《讀書雜誌》進行中國社會史論戰的諸位參與者所共同奉為前提的。而牟宗三從周代開始對於中國歷史的分期以及各個不同時期中國社會性質的理解，正是由批評唯物史觀信奉者諸家之說而提出的。其中一些具體的問題與討論，包括中國歷史上有無奴隸制和奴隸社會？馬克思所謂亞細亞生產方式與中國的封建制是何關係？如何理解中國歷史上的封建制和封建社會？中國歷史的「封建專制主義」一說能否成立？如何理解中國歷史上的所謂反復與循環？下一節會有專門的分析。這裡，讓我們先了解牟宗三對於周代（西周和春秋戰國時期）所謂「現物租稅的封建主義社會」這一社會形態性質判定的涵義。

14《牟宗三先生早期文集》（下），《牟宗三先生全集》，第二六冊，頁六八九—六九〇。

15《牟宗三先生早期文集》（下），《牟宗三先生全集》，第二六冊，頁六九〇。

首先要說明的是，就所謂「現物租稅的封建社會」這一名詞而言，「封建」是指一種政治形態或政治制度，「現物租稅」是一種經濟形態。這裡，再次表明牟宗三是貫徹了其觀察和分析社會的「根本原則」，即結合政治形態與經濟形態去判斷一個社會的整體性質。

前文已經提到，牟宗三認為周代封建社會的「公田制」或「井田制」是其經濟形態。在解釋什麼是「公田制」或「井田制」之前，牟宗三首先交代了什麼是封建制。他說：

封建制是氏族共產社會發展到最後階段的一種政治方面的制度。由氏族共產社會的發展，至統一國家的需要，結果必隨之是一種政治需要的分封。[16]

並且，在牟宗三看來，正是由於「封建」這一政治制度的確立，才隨之產生了「公田」或「井田」這樣一種經濟形態。需要說明的是，政治制度上的分封建制，雖然有封建領主與社員的區分，也隨之而有奴隸現象，但有兩點需要注意。首先，封建領主只是一種政治上的身分，可以享受不勞而獲的特權。但他只是食采邑，並不能說他的獲封的領地即是其私有財產。在封建制度之下，「普天之下，莫非王土」（《詩經．小雅》），封建領主並不能宣稱領地的私有權。其次，奴隸現象的存在也並不意味著中國歷史上可以有一個獨立的奴隸制度或奴隸社會。關於這一點，我們在下一節會有專門的討論。此處暫且不贅。

錢穆先生曾經在《燕京學報》第一一期發表〈《周官》著作時代考〉，其中有專門論公田制的一段。牟宗三對於公田制的分析，即以錢先生對於公田制的描述為據。牟宗三自己也在文中提到了這一點。典型的公田制是封建領主將九百畝土地以井字狀劃分為九塊，中間一塊百畝為公田，其餘八塊百畝分給八家耕戶。這八家耕戶在耕種各自百畝田地的同時，共同耕種中央的一塊百畝土地，所得回報給封建領主。正因為此，這種公田制也稱為井田制。不過，公田制或井田制的關鍵，並不在於一定是九百畝土地劃分為八百畝私田和一百畝公田，公田也不必一定位於中央。對於公田制或井田製作為一種經濟形態或制度的這樣一種特點，錢先生是這樣解釋的：

這種制度的精神，不在八家與百畝的數字規定，而在其立公田與私田的區分。貴族大地主們，劃分著一整塊土地，賜給幾家耕戶，為之墾治。各家分得同量的一區，為各家的私業。而同時合力來墾治另一區的公田，作為對地主的報償。公田不必定在中央，一井（即一組）不必定是八家。盡可有五、六家一井的，也盡可有十一、二家為一井的。那一家的公田也可在百畝以上或以下。所謂「八家同井，井九百畝，中為公田」者，乃是公田制最像樣最整齊的模範制。而所謂私田者，只是耕戶私其當年百畝墾治之收穫，並不是私其田畝之所有權。[17]

16《牟宗三先生早期文集》（下），《牟宗三先生全集》，第二六冊，頁七〇六。

17 錢穆，〈《周官》著作時代考〉，《燕京學報》，頁二二四七—二二四八。

由此可見，耕戶的所謂「私田」，並不是擁有土地的所有權，只是享有耕種該土地所得的收成。對於這種描述，牟宗三進一步補充說，「不但耕戶不能私其田畝之所有權，即是領主也不能私其所有權。」在這個意義上，引文中錢先生所謂「地主」的稱呼，嚴格來說並不準確，因為封建領主也並不能夠對其所獲封的領地宣稱土地的所有權。

而在這種土地公有的情形下，各耕戶共同耕種一區，將該區（公田）的實物收成奉獻給其封建領主，作為封建領主賜其土地（私田）耕種並得享耕種所得的回報。這樣一種耕戶與封建領主之間的經濟生活的關係，被稱為「助法」。《孟子》中所謂「惟助為有公田」，說的正是公田制下的助法這樣一種經濟形態。對於這種助法的特點，牟宗三概括為三點：「（一）共耕田一區；（二）以此公田之所得獻給領主；（三）現物交納，即《穀梁傳》所謂『藉而不稅』者是；『藉而不稅』即是『藉此公田而收其入，言不稅民』。所以此時的階級關係間的經濟生活即是藉而不稅的現物交納形態。」[18]

因此，牟宗三首先即將公田制的特點概括為「土地公有」和「實行助法」這兩點。此外，牟宗三認為，這種制度下生產是為了所需而非商品，所以是一種「自然經濟」或者說「自足經濟」。再加上這一點的話，典型的公田制或封建社會的特點，就被牟宗三進一步概括為「土地公有」、「藉而不稅」和「自足經濟」這三點了。

但是，隨著歷史的發展，公田制逐漸解體，中國歷史也開始逐漸進入另一種社會形態，即秦漢以後一直到二十世紀初這一牟宗三所謂的「專制主義下的商業資本主義社會」。而在牟宗三看來，直接導致公田制解體的因素，來自於政治制度方面的改變，標誌是魯宣公十五年「初稅畝」和晉惠公六年「爰田制」這兩種新的稅法的實行及推廣。

「稅畝」制的核心，是用「貢法」取代「助法」，即取消公田，耕戶不再以共同耕種公田並交納收成的方式供奉封建領主，而是在各自耕種土地的收成裡抽取一定的份額上交，這就是所謂的「貢法」。對於這一演變過程的具體內容及其意義，牟宗三總結為如下的幾點：

（一）把九區中的一區公田消除了，分給八家。

（二）從「藉而不稅」改成「稅畝」，即不以公區之所得為稅，而在耕戶們各自耕種的田地上，抽一宗定額的租稅，此即為稅畝，也即是所謂「貢法」。

（三）還仍是繼續著現物租稅，即是說，稅法的形態變了，而稅物不變。可是，稅物的變化也將起於此了。

（四）仍是自足經濟；可是商品經濟也即於此種稅法的改變下開始有其源泉了，有其可能了。

（五）土地仍是共有；可是私有財產也將萌芽於此了。[19]

18《牟宗三先生早期文集》（下），《牟宗三先生全集》，第二六冊，頁六九八。

19《牟宗三先生早期文集》（下），《牟宗三先生全集》，第二六冊，頁七〇一。

較之魯國的初稅畝，晉國首先實行的「爰田制」尚早五十年。而在由典型的公田或井田到爰田制之間，還有一個「三年一易居」的階段。在典型的公田制之下，每個耕戶得田百畝，永不更換。但是，每戶最初分得的田地，其肥沃與貧瘠程度各不相同，如此有的耕戶吃虧，有的耕戶得便宜，並不公平合理。為了解決這一問題，將田地分為上中下三等，各耕戶根據其所得田地的品質等級，三年輪換一次。上田不易，中田一易，下田再易。這就是所謂的「三年一易居」。

不過，這種三年一換的辦法，畢竟麻煩，爰田制就是對這種辦法的進一步改革。那麼，什麼是爰田制？這種制度的好處以及在經濟形態方面所連帶產生的後果又在哪裡？牟宗三曾引錢穆先生的文字解說如下：

然而三年爰土易居，究是件麻煩事，無論田廬改易，紛擾已甚，而且也不一定有嚴密的分配。先耕上地的，未必定易到下田；先耕次地的，未必定換到上田。然而地主們肯給農民三年一易主換土的機會，究竟已是好意。若改行爰田制，受上田的百畝，受中田的二百畝，受下田的三百畝。苦樂既均，又免易居的紛擾，自然更是在上者的美意。〔……〕惟此制一行，八家同井的公田制，便須根本動搖。不僅是八家百畝的數字，絕不符合。尤其重要的，在其田地所有權的無形轉移。在公田井制的時代，公田是一區耕地中間最主要的一部。幾家耕戶，為封地主盡其墾治公田之力，而暫時享受到公田旁的一帶棄地（即私田）的使用利益。所以說：「雨我公田，遂及我私。」這不盡是耕戶們對地主的忠誠心理之表現，實是當時關於田地的權力和義務的關係上應該如此。一輩耕戶，常常的可以易主換居，這並不是耕戶們的自由，實是他們所耕的田地全沒有主權。一旦爰田制推行，耕戶們可以自爰其處，不復易居換土，這一來，那土地的所有權，雖未明白規定轉歸耕戶自有，而其田地之為永業，實漸漸從此載根。所以爰田的推行，無疑的有幾點重要的變化。一是各家授地均等的制度破了。上地授百畝的，中地、下地可以授二百畝。二是三年易土換居的制度廢了。耕者對其所墾治的田地，可以永遠繼續，不再紛更。三是耕戶們對田地的關係變了。因其自爰其處，不復易居，漸成永業，而田地所有權，無形中移歸耕者所有。田地所有權的觀念變了，公田為助的稅法無形中也自隨之而變。[20]

顯然，爰田制作為一種稅法制度，其結果帶來的是社會經濟形態的變革。就此而言，無論是稅畝制還是爰田制，對牟宗三來說，都是政治形態變化導致經濟形態變化的例證。所以他再次強調說：

政治關係的複雜，社會關係的繁密，在在都足以引起經濟形態的變化。並且，經濟形態總是與政治形態社會組織相適應的。舊社會形態之崩潰是由於在整個社會的發展中，經濟形態與政

20　錢穆，〈《周官》著作時代考〉，《燕京學報》，頁二二五八—二二五九。《牟宗三先生早期文集》（下），《牟宗三先生全集》，第二六冊，頁七〇六—七〇七。

治格式之不相容，而新社會形態之出生是由政治格式之新規定而決定經濟形態。這是我一貫的原則。這才真是從動的、具體的、關聯的、全的方面看社會哩！[21]

不是經濟形態決定政治形態，倒是政治形態規定經濟形態了。政治、經濟有適應的關係，經濟史觀不過是從經濟方面看社會發展就是了，豈真是有上層、下層之分乎？[22]

這裡，牟宗三重申其觀察和分析社會歷史發展的根本原則是政治為主，是再次批判唯物史觀經濟基礎與上層建築的抽象區分以及前者決定後者的原則。而所謂「這才真是從動的、具體的、關聯的、全的方面看社會哩」，則是針對唯物辯證法自詡「從動的、具體的、關聯的、全的方面看社會」而發。當然，無論是初稅畝還是爰田制的實行，除了客觀方面的原因之外，背後無疑還有人性中「私」的因素，即人們在自己的私田與供奉領主的公田之間，不免會更加盡力於前者，即牟宗三所謂「不肯盡力於公田」。耕戶們的這一心理動機，既非經濟因素，也與生產力的發展無關，卻無疑是貢法取代助法的內在緣由。我們在本書第一章的考察中已經看到，在批判唯物史觀時，牟宗三強調人類心靈和意識活動對於人類社會發展變動所扮演的重要角色。顯然，「不肯盡力於公田」的心理動機引發租稅制度的變革，可以說恰好為牟宗三的這一看法提供了支持。

（三）秦漢以降：專制主義下的商業資本主義社會

晉國實行「爰田制」之後，魏國隨即效法。魏國之後，秦國也跟著實行，尤其商鞅變法，最能夠體現這一新的社會形態發展的動向。而推行爰田制的直接後果，就是「開阡陌」與「廢封疆」。同樣是以錢穆的研究成果為據，牟宗三指出，「開阡陌」與「廢封疆」的結果就是井田制的徹底廢除。隨之而來的則是「廢封建」和「置郡縣」這一政治形態的變化。於是，隨著秦滅六國，統一天下，整個中國社會進入到了一個新的政治和經濟形態之中。

這一新的社會形態的變化過程，用一句話來概括，可以說是「由封建制度的瓦解，變而為專制主義；由井田制的瓦解，變而為商業資本主義」[23]。前者說的是政治形態的變化，後者說的是經濟形態的變化。二者一道，構成了整個社會形態的演變。對於推動這一社會形態變化的原因，如前所述，牟宗三認為首先是政治制度的變革，而非唯物史觀所謂的生產力與生產關係的衝突所致。對此，我們不妨再引他的一段話以為說明。在考察了從封建制到郡縣制的變化過程之後，牟宗三指出：

> 所以從封建到郡縣，乃實是基於整個社會關係的發展而起的政治制度上的革命。由於政治制度的改革，經濟形態也隨之起了大變化，而社會的整個組織也趨於一種新形態了。我們從轉變

21《牟宗三先生早期文集》（下），《牟宗三先生全集》，第二六冊，頁七〇二。
22《牟宗三先生早期文集》（下），《牟宗三先生全集》，第二六冊，頁六九七。
23《牟宗三先生早期文集》（下），《牟宗三先生全集》，第二六冊，頁七二二。

的整個發展過程看來，我們很難以說這種轉變是由於生產力的發展與生產結構的衝突。從稅法的發展，以及爰田制的實行，完全不是生產力與生產關係的問題，而純是在整個社會演進之下政治制度的問題。政治制度的改變，我們必須要認清楚也不是生產力與生產關係的衝突。在井田制度之下，我們可說生產力與生產關係是沒有什麼發展與變化的。但是政治制度卻也不隨著它而竟變動起來，並且它的變動，倒反而影響了經濟的生產力與生產關係了。[24]

至於這種新的社會形態的特點，牟宗三將其總結為以下九點：

（一）世襲封主的取消，爵位俸祿的興起，中央集權之成立。

（二）法律之前的萬民平等。犯了法，雖閥閱亦難倖免。

（三）私有財產的確定。

（四）現物租稅的改變。

（五）自然經濟之改變，為商品而生產的情形逐漸發展。

（六）貨幣交換的成立。

（七）貨幣資本、高利貸資本，與商業資本的出現。

（八）獨立生產者的存在。

（九）地主階級的存在。[25]

他認為，「由這九種特性便凝固了一個新時代即專制主義下的商業資本主義社會。秦始皇即居在這個承上啟下的轉關之中。他負了新形態的鑄成之重責。」[26]

這九條是在一般的意義上對新的社會形態的整體描述，除此之外，牟宗三還分別從政治、經濟、社會階層和思想這四個方面，更為細緻地描述了這一新的社會形態的變化趨勢與特點。他說：

（一）在政治方面，兼併日盛，政權日日集中。一個方格式的畫疆自保，便日日見少而至於消滅。由萬而至千，由千而至百，由百而至十，最終剩了七國，而結果歸於一統。這在政治制度方面起了多大變化？在這種政治制度變化之下，人民的意識又起了多大的變化？

（二）經濟關係與形態隨之也複雜起來，改變起來。從前自足經濟，現在成了生產經濟。由生產經濟可以分化出從事生產的經濟方面的階級關係，即有農業與手工業的結合之生產，有獨立生產者即手藝工人之生產，有商人兼工人的生產，有專恃著商品交換而生存的（此即所謂商業資本），有專恃著放利而生存的（此即所謂高利貸資本）。而所以有這樣的分化，有兩個基本形態在那裡限制著，支配著：（一）農業與手工業的直接結合；（二）商人兼工人的生產關

24《牟宗三先生早期文集》（下），《牟宗三先生全集》，第二六冊，頁七一一。
25《牟宗三先生早期文集》（下），《牟宗三先生全集》，第二六冊，頁七一二。
26《牟宗三先生早期文集》（下），《牟宗三先生全集》，第二六冊，頁七一二。

係。由這兩個基本形態，如果遇見了機會或條件或無阻礙，它便慢慢的也可以發展到工業資本主義時代。中國之所以未到資本主義時代，其原因有二：（一）專制主義的壓抑；（二）大陸地理的自然封疆。它並不是由於沒有機器，也不是由於商業資本之本性不能到工業資本。

（三）由於生產關係之分化出各種階級，其中就不免有給地主種地的佃戶或農奴，給貴族、官僚、紳商、大賈作支使的丫頭、奴僕或奴隸的存在。這類人如果投降了商人，便替商人做工從事生產；如果投降地主，便替地主耕地；如果鑽進了貴族、官僚、紳商、大賈中，便是狗仗人勢的奴才；如果無一而可，便是不務正業的流氓。不要看不起這一類人，他們在中國社會裡占重要的位置。起革命是他們，鋌而走險也是他們，搗亂也是他們，倒楣是他們，做皇帝也是他們。這種階級我們姑稱之曰流氓游離分子。游離分子與士大夫互相為用而造成一個連環性，這個連環性我們說他是政治方面的連環。中國的政治，自封建社會崩潰後，完全建基於這個連環之上。……

（四）開阡陌，提封疆，在政治經濟上都是一種解放的開明的運動，猶如河水從龍門向下流一樣，猶如出幽谷而遷喬木一樣。思想方面亦復如此。所以春秋戰國時代，各家蜂起。學術界開一光明燦爛之花。因為在政治方面，需要政治制度的改善，所以出了很多的政治家、法律家；因為那時人民剛從幽谷跳出來，昏亂現象自所不免，弒父弒君，幾無國不有，所以就有很多倫理學家出現。厭煩這個昏亂狀態的，就有厭世的返古派出生；無所謂的，就在那裡談玄論理，做堅白異同之辯。[27]

總而言之，如果從政治、經濟和思想三個方面來說的話，在牟宗三看來，這樣一種「專制主義之下的商業資本主義社會」，可以稱之為「政治方面集中獨裁」、「經濟方面私有獨占」以及「思想方面自成體系」[28]。

至於政治形態方面所謂的「專制主義」究竟是怎樣的意思，牟宗三在批判了當時郭沫若、王宜昌、朱其華的「封建」論、胡秋原的「封建專制」論以及王禮錫的「循環或反復」論之後，另外又有總結。牟宗三對這幾位運用唯物史觀來解析中國社會史的批判，下一節我們再另作討論。這裡，先看一看牟宗三如何理解秦漢以降中國社會在政治形態方面的專制主義。他總結的幾點如下：

（一）它是一人之下，萬民平等；
（二）有平權而無自由；
（三）無為而治，安居樂業；
（四）保守性大，進取性小，禁止的而非放任的；
（五）在某種程度下，允許你的自由，但不能無限，自己不為，也不許人家為。[29]

27《牟宗三先生早期文集》（下），《牟宗三先生全集》，第二六冊，頁七一四—七一六。
28《牟宗三先生早期文集》（下），《牟宗三先生全集》，第二六冊，頁七一六。
29《牟宗三先生早期文集》（下），《牟宗三先生全集》，第二六冊，頁七三四—七三五。

在牟宗三看來，正是這種專制主義，再加上自然地理條件方面的限制，使得中國秦漢以後長期處於商業資本主義的狀態，而無法發展到工業資本主義的階段。當然，這就涉及牟宗三為什麼將秦漢以降漫長的中國社會稱之為「專制主義下的商業資本主義」的理由問題了。事實上，無論是將秦漢以降的中國社會稱為「專制主義下的商業資本主義」，還是將周代社會稱為「現物租稅的封建主義社會」，牟宗三都有其論證的理由。

三、中國社會史論戰中幾個問題的駁論

以上，我們主要考察了牟宗三參與中國社會史論戰時對於中國歷史的分期以及各期社會性質的主張。這一部分，我們要考察牟宗三特別對於中國社會史論戰中唯物史觀學者所提出的幾個問題的回應和批判。這幾個問題，同時也大都是當時中國社會史論戰中的焦點問題。牟宗三劃分中國歷史三大階段以及對各歷史階段中國社會性質的判斷，正是在回應和批判這幾個重要問題的過程中提出的。換言之，其所「立」者，是在對唯物史觀學者諸說之「破」的基礎上形成的。

（一）中國有無奴隸社會和奴隸制的問題

首先，是中國有無奴隸社會和奴隸制的問題。在中國社會史論戰的唯物史觀諸家之中，以郭沫若和王宜昌為代表，肯定中國歷史上存在奴隸社會和奴隸制，儘管他們所認為的奴隸社會在中國歷

史上所處的階段不同。對於這兩位的奴隸制和奴隸社會說，牟宗三都予以了批駁。

郭沫若在其《中國古代社會研究》中，曾經通過對古代經典如《尚書》、《詩經》的詮釋來論證中國存在奴隸社會，並認為西周時代就是中國實行奴隸制的奴隸社會。他說：

那所完成了新的社會是什麼呢？我們在《書經》、《詩經》裡面不可以看見他使用著多量奴隸來大興土木，開闢土地，供徭役征戰嗎？[30]

《周書》的十七篇中有八篇便是專門對付殷人說的話，我們看那周公罵殷人是「蠢殷」、「戎殷」、「庶殷」，或曰「殷之頑民」，而且把那些「庶殷」徵發來作洛邑，用種種嚴厲的話去恫嚇他們，那不完全是表示著把被征服了的民族當奴隸使用嗎？[31]

分別針對以上兩段，牟宗三的回應是：

如果這就是奴隸制，則他所謂完成了封建制的秦始皇時代也是奴隸制，隋煬帝也是奴隸制，

30　《中國古代社會研究》（上海：聯合書店，一九三〇），頁一五。
31　《中國古代社會研究》，頁一五—一六。

並且行徵兵制度的也成了奴隸制了。這豈非笑話？[32]

如果這就是奴隸制，那更是笑話。現代的世界，現代的中國也完全成了奴隸制了。軍閥拉夫時也可以是奴隸制，發通電討賊討逆也成了奴隸制。這真是豈有此理了。[33]

郭沫若還有一段話說：

本來當時的階級的構成是分成君子和小人的。君子又叫做百姓，便是當時的貴族。小人又叫做民、庶民、黎民、群黎，實際就是當時的奴隸。[34]

對於這種明顯的錯誤，牟宗三當然一眼看出，他對此毫不客氣地批評道：

這也是完全不明白中國人對於君子、小人等名詞所意味的意義。從這方面證明奴隸制，真是胡鬧。中國人階級身分是有的，但階級身分卻不就是奴隸。郭先生說君子是百姓，其實恰恰相反，庶民、黎民才真是百姓。至於《三百篇》中所歌詠的，完全是傷時之詩。百姓之命處在亂世真是一文不值，現在不也如此嗎？然則現在也是奴隸制？[35]

總而言之，對於郭沫若的中國奴隸社會一說，牟宗三認為是觀念不清、流於皮相所致。他進一步指出：

郭沫若以奴隸制名一社會時代，其所用的奴隸意義，既不是政治的，又不是經濟的，完全是社會階級間的不平意識，或情感上的怨恨之意義。試想，以這種意義來分社會發展階段，這是多麼流俗皮相隨便，這是多麼背棄他們的老祖宗馬克司？他名秦漢以後為封建制度，其意義也是如此。這種毛病即是我們所說的觀點不一致。忽而從政治方面看，忽而從經濟方面看，忽而又從社會意識方面看。分歧出入完全從此發生。[36]

事實上，即便當時在《讀書雜誌》參與中國社會史論戰的諸人都是以馬克思主義的唯物史觀和社會發展五階段論的模式來觀察中國歷史，對於郭沫若的奴隸社會與奴隸制一說，至少在其《中國古代社會研究》一書出版之初，還是贊同者寡而批評者多[37]。在這一點上，牟宗三對郭沫若的批評

32《牟宗三先生早期文集》（下），《牟宗三先生全集》，第二六冊，頁六八八。
33《牟宗三先生早期文集》（下），《牟宗三先生全集》，第二六冊，頁六八八—六八九。
34《中國古代社會研究》，頁一六。
35《牟宗三先生早期文集》（下），《牟宗三先生全集》，第二六冊，頁六八九。
36《牟宗三先生早期文集》（下），《牟宗三先生全集》，第二六冊，頁六八九。
37 當時諸家對於郭沫若的批評，德里克在其 *Revolution and History: Origins of Marxist Historiography in China 1919-1937*

倒不是獨唱。不過，值得指出的是，牟宗三對郭沫若奴隸社會和奴隸制的批駁，不在於不能接受郭沫若將奴隸制和奴隸社會劃分到西周時期，而是認為中國歷史上根本不存在一個實行奴隸制度的奴隸社會，因而馬克思主義觀察西方社會發展史所提出的奴隸社會這一形態，並不適應於中國的社會發展史。也正是在這個意義上，對於王宜昌的奴隸社會說，牟宗三同樣進行了批駁。

在刊於《讀書雜誌》第二卷第七—八期的〈中國奴隸社會史〉中，王宜昌提出，中國從有史以來到西晉都是奴隸社會。其論證有兩個方面，一方面是以秦始皇修建長城、咸陽、阿房宮和馳道使用大量奴隸這一類的社會現象為據；另一方面以當時世家大族擁有大批奴僕這一類的例證為據。對此，牟宗三的批駁是這樣的：

> 王宜昌先生以中國自有史以來直至西晉都是奴隸社會。秦漢以前且不論，因為已有明顯的封建制度在那裡擺著，用不著多說。至於以秦漢至西晉亦為奴隸社會，也是同樣地望文生義。在公的方面，他以秦始皇的築長城、造咸陽、建阿房、修馳道為奴隸社會；在私的方面，他以「不韋家童萬人」、「嫪毒家童數千人」、「張良家童三百人」為奴隸社會。這實在是豈有此理的胡鬧！以這種情形為奴隸社會，這好像西晉而後，國家沒有大興土木，私人沒有家童奴婢一樣！王先生將何以處此？[38]

在牟宗三看來，王宜昌的問題和郭沫若同樣，都是思想觀念不清、簡單和生硬地套用馬克思觀察西方社會歷史發展所總結的模式所致。並且，這可以說是當時幾乎所有唯物史觀學者的通病。因此，他在批駁郭沫若之後，緊接著就說：「不但郭沫若如此，即參加諸戰士沒有不如此的。這是最幼稚最可笑的表現。不然，同一社會，怎麼能有說它是封建社會，又有說它是資本主義社會，又有說它既是封建社會又是資本主義社會的，而有這樣的絕對不同的呢？」[39]

（二）亞細亞生產方式與社會的問題

馬克思曾經通過對古代印度小公社的觀察和分析，提出了他所謂的「亞細亞生產方式」與該生產方式下的社會形態——「亞細亞社會」的觀念。對於東方社會發展史與形態，馬克思直接的分析只限於此。但由於普列漢諾夫強調亞細亞生產方式之下的社會形態構成有別於歐洲社會的一種社會形態，加之一些蘇聯學者直接認為中國就是亞細亞社會，因而在二十世紀三〇年代初的中國社會史論戰中，中國歷史上是否存在一個亞細亞生產方式之下的亞細亞社會，也構成討論的焦點之一。對於這一問題，牟宗三當時也提出過自己的看法。

一書第二部分"The Social History Controversy and Marxist Analysis of Chinese History"第五章"Kuo Mo-jo and Slavery in Chinese History"中曾有較為系統的概括和分析。何剛在其〈郭沫若與中國社會史論戰——側重於學術視野下的敘述〉（《江淮論壇》，二〇〇九年第一期，頁一五八—一六四）一文中對此也有介紹，但大體沿襲了德里克的敘述。

38 《牟宗三先生早期文集》（下），《牟宗三先生全集》，第二六冊，頁七二五。

39 《牟宗三先生早期文集》（下），《牟宗三先生全集》，第二六冊，頁六八九。

當時最早討論亞細亞生產方式的是郭沫若，他在一九二八年撰寫的〈詩書時代的社會變革與其思想上之反映〉中，認為亞細亞社會是奴隸制之前的一個階段，而西周以前就是「亞細亞的原始共產社會」。此外，明確主張中國歷史上存在一個亞細亞社會並予以專門討論的，以李季和胡秋原為代表。李季認為亞細亞社會是封建社會之前的一個階段，而盤庚遷殷至殷末就是中國的亞細亞社會[40]。後來在《中國社會史論戰批判》中，他又將亞細亞社會的開始提前到了夏代。胡秋原則將亞細亞生產方式與專制主義相配合，主張秦漢以後的中國社會整個是亞細亞專制主義的社會[41]。

在《讀書雜誌》「中國社會史論戰」第二輯中的〈對於中國社會史論戰的貢獻與批評〉一文中，李季曾經引了考茨基注釋的《資本論》中相關的一段對於亞細亞生產方式和亞細亞社會的描述。牟宗三也特別轉引了這段話，將其作為中國是否存在亞細亞社會這一階段的討論基礎[42]。在此基礎上，牟宗三將馬克思所描繪的亞細亞生產方式及其之下的社會形態與中國的井田制相對照，提出了十點觀察，其中包含對於那種認為中國歷史上存在所謂亞細亞社會的批評。他的十點觀察和評判如下：

（一）土地公有，農業與手工業的直接結合。
（二）固定的分工。
（三）在一生產區域成一自足的生產整體。
（四）生產物是為供給公社的直接需要，不是為商品而生產。

（五）此即所謂自然經濟，不是商品經濟。
（六）現物租稅即以自然地租送給國家。
（七）每社社員皆一律平等共同耕種土地作勞動工作。
（八）領主與社員的經濟關係，雖可以剝削名之，但不同與資本家與勞動階級之剝削。故不可以資本主義名之，復不可以此為標準而名秦漢以後的社會亦為封建社會（國翔按：這是批判胡秋原）。如果秦漢以後的社會可以為封建社會，則此時的社會亦可為資本主義社會，意見之分歧大半皆由此出，此不可以不察。
（九）除去領主與社員而外，還有些專門人才似的專司各種專門職業。
（十）這種公社時常能反復出現，亞洲社會的不變，據說就是這種原因，而國家的解體與新建之更替循環也即恰恰與此相對照。政治的更換，未影響到經濟的結構。不過，讀者須知，這層意思是錯的。中國社會的發展，並不只是這種小公社的形態所能解析的。這種小公社只是占

40 李季，〈對於中國社會史論戰的貢獻與批評〉，〈中國社會史的論戰第二輯〉，《讀書雜誌》，一九三二年第二卷，第二、三期合刊。
41 胡秋原，〈略覆孫倬章君並略論中國社會之性質〉，〈中國社會史的論戰第二輯〉，《讀書雜誌》，一九三二年第二卷，第二、三期合刊；胡秋原，〈亞細亞生產方式與專制主義〉，〈中國社會史的論戰第三輯〉，《讀書雜誌》，一九三二年第二卷，第七、八期合刊。
42《牟宗三先生早期文集》（下），《牟宗三先生全集》，第二六冊，頁六九二—六九三。

住一個時代，解體而後，在經濟政治方面，其形態都截然改觀了。說是中國的經濟形態永遠是這種公社的循環，而根本結構並未改變，這是錯的。馬克司並未了解中國社會的發展。胡秋原的亞細亞生產方法與專制主義，恐怕即根據這個意思以及列寧的意見而製成的。可是，馬克司的見解是錯的，而列寧的講演也不過是望文生義，郭沫若封建論之流亞，並非科學之談。[43]

由此可見，在牟宗三看來，亞細亞社會並不能構成中國歷史上一個特定的歷史階段。所謂「既不能如李季之移於前，復不能如胡秋原之移於後，他只是與封建社會有一種巧合。這種巧合，馬克司不知道，列寧也未想到。只是中國的信徒也看不出，未免可憐。」[44]

更為準確地說，牟宗三認為，馬克思描述的這種亞細亞社會，與中國的封建社會有近似之處，但更接近中國氏族社會的末期，既不同於周代的封建制與井田制，更不同於秦漢以後的郡縣制和商業資本主義。當然，純粹就時間段來說，牟宗三對於亞細亞社會的理解與郭沫若類似，都認為這是一個可以用來描述西周之前中國社會的歷史階段。也許正因為此，在亞細亞生產方式和亞細亞社會的問題上，牟宗三僅以李季和胡秋原為例提出了批評，對於最早討論亞細亞社會的郭沫若，反倒未有針對。

（三）中國「封建社會」的問題

當時關於封建社會的問題，也是爭論的一個焦點。不過，與奴隸社會的問題不同。論戰諸方所爭論者，不在於中國有無封建社會，而在於中國歷史上的封建社會應該是什麼時期以及如何理解封建的涵義。在這個問題上，牟宗三主要是在批評郭沫若、王宜昌和朱其華的基礎上，表達了自己的看法。

郭沫若認為中國的封建社會始於秦而終於鴉片戰爭，他的這一觀點在當時已經遭到很多人的批評。這裡關鍵在於，郭沫若對於封建的理解與中國傳統原本的封建不同。在中國傳統固有的觀念與文字系統中，封建指的是一種政治制度，並非一種社會意識。而秦漢以後，中國政治制度的主體是郡縣制而非封建制。對於當時的批評，郭沫若的回應是：

> 我們不要為文字所拘泥了。周室在古時雖號稱為封建，但事實上在《周官》有鄉、遂、郡、鄙之分，並不是全無郡縣。秦以後雖號稱為郡縣制，但漢有諸王，唐有藩鎮，明初有諸王，清初有三藩及年羹堯，就是一般的行省總督，都號稱為封疆天子，並不是就不是封建制度。[45]

而對於郭沫若的這種辯解，牟宗三有如下的反駁：

43《牟宗三先生早期文集》（下），《牟宗三先生全集》，第二六冊，頁六九四—六九五。
44《牟宗三先生早期文集》（下），《牟宗三先生全集》，第二六冊，頁六九五。
45《中國古代社會研究》，頁一八。

照這樣說，中國社會史都當為封建史，周朝之號稱封建，當然也是封建社會，但郭先生卻叫它是奴隸社會！這是按照什麼標準而立論？此非頭腦昏昏望文生義而何？郭先生以《周官》為證，但《周官》一書，若照今文家的說法是漢劉歆偽造，此故未免太甚。可是，就據錢穆先生有力的考證，此書也是戰國末年的產品，正在公田制崩潰以後，爰田制實行時創造出來。怎見得周朝有郡縣？又怎麼能以《周官》證明周之不為封建？至於以諸王、藩鎮、三藩、年羹堯、行省督軍為封建社會之證據，這又是望文生義得可笑了。如果照這樣推起來，省主席是封建，縣長也是封建，資本主義社會裡資本家各有其市場也是封建！這還成什麼說法？[46]

王宜昌則認為五胡十六國以迄當時都是封建社會，他曾經將中國社會與歐洲歷史對比，而有如下的看法：

中國的封建制度，由於異族的侵入中原，和中原人民的南遷，士族制度在奴隸經濟廢墟上，重新組織著經濟，於是建立起來了，這好似羅馬帝國的衰亡，日爾曼蠻族移入南歐，以其氏族制度在奴隸經濟廢墟上建立起歐西底封建制度一樣，〔……〕更可怪的，中國和西歐封建制度起源底都是在第四世紀。[47]

對此，牟宗三指出，這不過是將中國社會的發展比附西歐歷史演變的曲解。他反駁說：

其實這完全不足怪，乃是你王先生曲解歷史胡湊附的。不然，在古代也有氏族社會，也有奴隸經濟，為什麼不能建立起封建制度？而特經以五胡亂華，就算是封建制度？難道五胡亂華，重新組織，氏族南遷，是封建制度的必然條件嗎？這猶之乎說一個人在此校為教授，到了彼校教書，即不為教授，一樣地不通。以後王先生即以僧侶、寺院、門閥、莊園、行會等現象為封建之論據，其望文生義與郭沫若同。所以他們這種分期，不用從積極方面加以批駁，即從消極方面加以質問，亦足自亂其步驟，自潰其藩籬。[48]

此外，朱其華也認為秦漢以後是封建社會。不過，他立論的依據是從經濟關係而非表面的社會形態。對此，牟宗三一方面予以肯定，一方面也依據馬克思在《資本論》中的相關論述，指出從經濟方面來看的話，秦漢以後的中國社會也並非馬克思意義上的「封建社會」。他針對朱其華的看法是這樣回應的：

46《牟宗三先生早期文集》（下），《牟宗三先生全集》，第二六冊，頁七二四。

47 王宜昌，〈中國封建社會史〉，《中國社會史的論戰》，第四輯，《讀書雜誌》第三卷，第三、四期合刊，一九三三年四月版。

48《牟宗三先生早期文集》（下），《牟宗三先生全集》，第二六冊，頁七二五。

朱其華先生從剝削方法而不從社會表面形態上斷定秦漢而後為封建社會。此觀點已比郭、王的望文生義好多了。但觀點雖對，而事實卻不同。秦漢以後的剝削方法完全不同於封建井田制時代的剝削方法。讀者只要細讀以往的討論，便可明白。官僚不是封主，地主也不是封主。其為剝削同，而所以剝削則不同。我們不能割去社會的有機之整體，而單抽表面上的一點以概括全體。我們當從生產關係、生產結構之整體，以及政治制度之形態上，合觀社會之形態。如其不然，不但秦漢以後可以為封建，即資本主義也可為封建，這又犯望文生義之病了。本來，從這種剝削方法或生產關係上看社會形態，是本之於馬克司的意見的。據馬氏的意見是，表示社會形態的諸種發展階段之決定的目標，是生產方法及作為其結果的階段之根本關係，而不是剝削之現在的形態。馬氏用這種觀點規定封建的剝削關係說：「這種所有關係，同時必致表現為直接支配與隸屬的關係，因而直接生產者又必致表現為非自由者。這是明顯的事。這裡所謂非自由，是包含從徭役勞動的農奴制到漸次低緩了的單只貢賦義務而言〔……〕他作為一個獨立的生產者，以經營其農業以及附屬於農業之下的農村家庭工業。〔……〕在這種條件之下，為的使他們替名義上的地主作剩餘勞動，無論是怎樣的形態，都不外是用超經濟的強制。」（《資本論》第三卷第二分）又說：「力役地租向實物地租之轉化，在經濟學上沒有引起地租本質上的什麼變化。」（同上）這個界說與我們前面所論的封建井田制並不違背，他這段話，我們所注意的是：（一）非自由的獨立生產者，此所謂「非自由」其實就是一種自由農；（二）封主的超經濟之剝削，此所謂「超經濟」即指不參加生產關係而言。這是封建井田制的妥當的認識。至

> 於他說力役地租與實物地租沒有本質上的變化，這也是對的。不過就是如此，也不足以證明秦漢以後是封建社會，也不足以證明秦漢而後的剝削方法同於秦漢以前的封建井田制。秦漢以後的剝削形態在本質上起了變化的，不能以力役地租與實物地租之無異，而證明此亦可無異。[49]

顯然，從這裡牟宗三對於朱其華的回應我們可以看到，牟宗三對於一種社會形態的判斷，貫徹的仍然是其主張結合政治與經濟並以政治形態為主的觀點。具體就中國的封建社會這一問題而言，牟宗三認為即便單從經濟形態的角度來看，秦漢以後的經濟形態已經發生了重要的變化，與之前的井田制有了實質的區別。因此，如果按照「封建」一詞的本意而判定周代為封建制，那麼，秦漢以後就不能夠稱之為封建社會了。

一九四九年之後，隨著馬克思主義成為一種官方的國家意識形態，以秦漢以後為「封建社會」的說法長期被奉為史學界的定論，並通過中學歷史教材被廣為接受。但究竟中國歷史上的「封建」是什麼涵義，反倒隱晦不明。直到改革開放以來，學界開始檢討馬克思主義的教條史觀，對於「封建」與「封建社會」的涵義才重新反省[50]。在一定意義上，可以說回到了牟宗三當時對於郭沫若等唯物史觀的批評。

49《牟宗三先生早期文集》（下），《牟宗三先生全集》，第二六冊，頁七二五—七二七。

50 這方面的成果目前以馮天瑜的《「封建」考論》（武漢大學出版社，二〇〇六）一書最為詳盡。

（四）中國「封建專制主義社會」的問題

當時中國運用唯物史觀對中國歷史予以分期並對各期中國社會的形態進行判斷的學者，很多其實是受到蘇聯學者的影響甚至完全依賴蘇聯學者的看法[51]。一個典型的例子，就是胡秋原等人關於封建專制主義的說法。在二十世紀三〇年代初的中國社會史論戰中，胡秋原曾根據波克諾夫斯基（Pokrovsky）的觀點，認為中國秦漢以後的社會是所謂封建專制主義社會，而這一社會形態是封建主義到資本主義之間的過渡環節[52]。鄭學稼（一九〇六—一九八七）曾經將胡秋原關於中國專制主義的看法總結為以下六點：

（一）專制主義之發生，由於封建主義與商業資本主義之結合；因商品經濟之發展，破壞封建政權之孤立性與分散性，促進政權之集中化，形成專制主義君主制。

（二）這種專制主義君主制，維持封建主及商人之利益，調和他們之間的鬥爭，但這並不排除國家的階級性。

（三）這種新政權的最大任務，在鎮壓因剝削之加深而反抗的農民，這更明顯地加強了這政權的階級性。

（四）因貨幣的發展，增加了統治者的蓄積的欲望與無度的奢侈，使得剝削益加殘酷，因而發生了貨幣租稅。

（五）為鞏固並完善這個政體，官僚與雇傭軍隊就應運而生。

（六）專制主義政權為鎮壓農民而益加發揮其專制性，然而農民暴動常常顛覆了專制政權；因為農民的散漫、幼稚以及政治意識低下，勝利為專制主義下失意的地主或流氓所利用，於是他們又借地主、商人、官僚之援助，從事於專制主義之再組織，這樣便造成中國歷史上王朝的起伏。[53]

對於胡秋原的封建專制主義一說的批評，牟宗三主要針對胡秋原發表於《讀書雜誌》的〈亞細亞生產方式與專制主義〉一文。對於胡秋原在文中援引列寧的〈國家論演講〉和〈民粹主義經濟內容與司徒福（Struve）氏著書之批評〉的文字，牟宗三同樣徵引列寧的文獻回應說：

胡先生引列寧是證明亞細亞生產方式為一種封建專制主義。但列寧的話卻並不足以證明秦漢

---

51 這一點德里克曾有詳細的說明，參見其*Revolution and History: Origins of Marxist Historiography in China 1919-1937*, chapter 6，尤其是頁一八七—一九〇的表格。

52 胡秋原關於中國專制主義的論述，見其〈專制主義——專制主義論與中國專制主義之事實〉一文，載《讀書雜誌》第二卷第一一—一二期，一九三二年十二月。

53 鄭學稼，《社會史論戰的起因和內容》（台北：中華雜誌社，一九六五），頁七六—七七。按：該書後來作為《社會史論戰簡史》的上卷由台北黎明文化事業公司一九七八年出版。

以後為封建專制主義，並為亞細亞生產方式。列寧說：「只要莫斯科公國時代，有土地國有，則其經濟基礎是亞細亞生產方式。」（《列寧全集》第二版第九卷）列寧所謂亞細亞生產方式，即指中國的井田制或印度的小公社而言。胡秋原說他並不主張有什麼特殊亞細亞生產方式，這當然是對的，但他卻並不主張農奴制崩潰後，商業資本亦為封建制，亦為土地國有，亦為亞細亞生產方法。這個亞細亞是指某時某地的，並不是指一切時一切空的亞細亞而言。列寧又說：「領主為其支配及權力之維持，必須在對於他的服從上結合莫大的人群，有使他們服從一定法律規則的機構，以維持領主對於隸農之權力。這實在是在俄國，在至今日農奴制所支配的完全落後的亞細亞諸國，所存在的農奴制的國家。」但是，中國社會至秦漢，農奴制已經隨著商業資本的發達而崩潰了，並不是農奴制所支配的國家了。須知列寧所謂奴隸，所謂農奴，即指封建時代的耕戶而言。名之曰奴隸或農奴，不過是無產階級的怨恨，並不足為法，與郭沫若等人之望文生義，同一作用。所以由這段話，也不足證明秦漢以後為封建專制主義，為亞細亞生產方式。[54]

當時，牟宗三已經看到胡秋原的立場是根據波克諾夫斯基。對此，牟宗三非常不以為然，提出了如下的質疑：

胡秋原完全本坡克諾夫斯基（國翔按：即波克諾夫斯基）的見解而立論。坡氏以為商業資本不能有其特殊生產方法，它必須在農奴制上找其體系或組織；但它又與專制主義相應，所以名之曰封建專制主義。這完全是名詞的瞎湊合。試問你以農奴制代表封建是什麼意思？是指封建時代的生產工具而言呢？還是指那時代的經濟關係而言呢？是指政治制度而言呢？如果純指生產工具而言，則吾前面已經說過，社會發展到某程度，不能純以工具決定社會形態。如果指經濟關係而言則商業發達後的經濟關係完全不同於封建時代的經濟關係。這樣，坡氏所謂農奴，所謂封建，也完全是捕風捉影，不足為據的了。然則，封建專制主義還有意義嗎？如是，胡秋原的結論完全倒塌了。[55]

胡氏說：「所以，如果要應用亞細亞生產方式這名詞，那麼就是指中國或印度之先資本主義制的複合方法（農村公社與封建農奴制之結合），就是指亞洲的專制主義。」可是，如果我們證明了列寧的話與胡先生的意見脫離關係，則這個結論完全無用。又說：「中國東周的封建主義，因商品經濟之分解，發生變質而為專制主義，自秦至清末，就在這一階段。因此，中國現在社會是帝國主義統治下的先資本主義社會，殖民地化的專制主義社會，而這社會的基礎剝削是封建式的榨取形態。因此中國社會現在是半殖民地化的封建專制主義社會。」可是，如果坡克諾夫斯基錯了，這個結論當然也是錯的。所以，胡先生的見解仍是封建論者的濫調。不過有

54《牟宗三先生早期文集》（下），《牟宗三先生全集》，第二六冊，頁七三〇—七三一。
55《牟宗三先生早期文集》（下），《牟宗三先生全集》，第二六冊，頁七三一。

一點我們同意，即他不承認現在是資本主義社會。但是，我們也不贊成他所謂「先資本主義」這個名詞。如果我們認清中國社會是有機的發展，則即不當用「先」字、「半」字等給西洋史做奴隸的名詞。[56]

在這兩段對於將中國秦漢以來稱為「封建專制主義社會」的質疑和批評中，牟宗三唯一肯定的只是不能將當時的中國稱為資本主義社會，而他反對用「先資本主義」和「半殖民地化的封建專制主義」，其歸結在於不能簡單地以西洋史的標準來衡量中國歷史。前者涉及牟宗三對於秦漢以來一直到當時中國社會形態的看法，後者則涉及牟宗三對於如何看待中國歷史所持的根本立場。

（五）中國歷史的「反復循環」問題

除了前面的幾個問題之外，在當時中國社會史論戰的語境中，牟宗三還特別針對所謂中國歷史的反復循環問題，提出了自己的看法。關於秦漢以後中國社會長期停滯的問題，在當時的社會史論戰中，也是一個眾說紛紜的議題。最早提出該問題並加以反省的是陶希聖。除了中國的幾位學者之外，蘇聯學者如坎托羅維亞和洛馬金等，也參與了該議題的討論，並對中國學者產生了一定的影響。在這個問題上，牟宗三所針對的持論者是王禮錫。

在當時的《新中華》第一卷第五、六期中，王禮錫發表了〈中國社會形態史上兩個反復現象〉一文。其中，他認為中國歷史上秦漢以後有兩次大的反復，而這種反復使得中國歷史長久不變，只是循環。這就是所謂中國歷史「反復循環」的問題。王禮錫說：

秦廢封建，成集權專制主義後，商業資本發達。直至五胡亂華，恢復了現物交換而造成了封建之回光。是為第一反復，是為秦漢專制主義之第一段。自五胡十六國的北朝至宋末為一段，此亦為商業資本主義發達時之專制主義。到遼金元之侵入，在中國形成奴隸制度的大帝國，是為第二反復。一直至清鴉片戰爭，是第三段。中國竟沒有走上純資本主義社會的道路。[57]

對於王禮錫的這種觀察與判斷，牟宗三的批評和回應是這樣的：

（一）王先生所說的是現象，不是原因。

（二）所謂反復，其實就不是反復，乃實是混亂，一切暫入停頓狀態、無政府狀態。

（三）因此，五胡亂華並沒有恢復了封建制，乃只是混亂而已。戰事熾然，萬事卻步，徒有現物交換，不足以證明其為反復為封建。封建也是望文生義的想當然耳。

（四）遼金元之侵入也不能算是奴隸制之反復。奴隸制根本不能成立。名元之侵入為奴隸時

56《牟宗三先生早期文集》（下），《牟宗三先生全集》，第二六冊，頁七三二—七三三。

57《牟宗三先生早期文集》（下），《牟宗三先生全集》，第二六冊，頁七三二。

代也是秦始皇築長城之類的奴隸論。（五）混亂可以阻礙社會之進步，野蠻民族之混亂更足以阻礙社會之進步，但不能說這是反復。反復是某種制度之重新出現。五胡亂華與元之侵入實在不能說是他們在組織著什麼制度，王莽如果成功了，我們可說他是井田制的反復，此外則未之見。（六）所以，中國之所以停滯不前，決不是由於反復，乃是由於專制主義之壓抑及大陸地理之自然封建。在這種閉關自守的亞洲天下內，在這種無為而治的專制主義下，社會的經濟生活是笨牛式的演化著。經過一次混亂，則即卻步一次，豈止五胡亂華、遼金元之侵入而已哉？近數十年來，中國社會並未見進步，混亂故耳。帝國主義之文明，雖遠勝於游牧民族；但他們並不以文明來化你，卻以商品來吸你的血。都市肉化，而鄉村破產，這並不是中國社會的進步。[58]

王禮錫提出反復循環一說，是為了解答秦漢以後中國歷史為何長期停滯不變的問題。但是，正如牟宗三所說，反復循環只是一種現象，並非原因。並且，在牟宗三看來，除了專制主義一說之外，王禮錫並未恰當地指出作為政治形態的專制主義與經濟形態的關係。所謂「除了專制主義以外，再也不見得有什麼了不起的見解；而對於專制主義與其經濟形態之出生關係及特徵，亦並未指出。」[59]不過，對於秦漢以後中國社會在政治形態上的專制主義，牟宗三是充分肯定的。由以上引文也可以看到，牟宗三也認為專制主義是導致中國停滯不前的一個重要原因。如前所述，他還曾對秦漢以至清末中國專制主義的五點特徵進行過總結。

王禮錫從專制主義的角度觀察秦漢以降中國歷史的停滯不前，與胡秋原的看法有很多類似之處，大體也是受到了波克羅夫斯基的影響[60]。事實上，由牟宗三對專制主義的表述可見，在肯定秦漢以後中國的政治形態是專制主義這一點上，牟宗三並沒有反對胡秋原和王禮錫。此外，如前所述，在牟宗三自己對於中國歷史的分期中，他判定秦漢以後的中國是所謂「專制主義下的商業資本主義社會」，亦非與胡秋原和王禮錫的觀察截然不同。這裡的關鍵在於，格外注重政治的因素以及強調必須結合政治與經濟兩方面來判斷一個社會的形態，是牟宗三的基本立場。從這一立場出發，對於馬克思主義唯物史觀尤其史達林欽定的社會發展五階段論之下對於中國歷史發展形態的任何一種整體判斷，牟宗三都無法接受，即便他可以肯定其中個別具體的合理之處，比如他肯定胡秋原不以當時的中國社會為資本主義，以及肯定王禮錫等人從商業資本的角度來看待秦漢以來中國社會的經濟狀況。而牟宗三為什麼會在不以當時的中國社會為資本主義這一點上肯定胡秋原的看法，則與其判定秦漢以降的中國社會為「專制主義下的商業資本主義社會」有關。

58《牟宗三先生早期文集》（下），《牟宗三先生全集》，第二六冊，頁七三三。

59《牟宗三先生早期文集》（下），《牟宗三先生全集》，第二六冊，頁七三二。

60 關於王禮錫與胡秋原的異同以及所受波克羅夫斯基的影響，參見德里克 *Revolution and History: Origins of Marxist Historiography in China 1919-1937* 一書，頁二〇七—二一二。

（六）駁論的關鍵：中國歷史與社會的特殊性

上述牟宗三針對中國社會史論戰中一些議題的駁論，中心在於如何看待中國歷史的發展以及不同歷史階段的社會形態這一問題。正是在這個問題上，反映了牟宗三對於認識中國社會發展史所持的基本立場。而牟宗三的基本立場，就是認為中國的社會和歷史作為一個有機的整體，有其自身的特性，不能簡單地套用馬克思主義的唯物史觀尤其史達林欽定的「歷史五階段論」來加以解析。對此，牟宗三有以下三點明確的表示：

（一）我們必須把中國社會看成一個有機體的發展。中國社會絕不是一個死板的循環的木乃伊，它有它自己發展的道路。縱然遲慢迂迴，但也必是一個有機的活動物，而不是同一形態的反復出現停在那裡。

（二）我們必須尋著社會本身的發展階段而區分，決不可配製馬克司所製造的那幾個名詞。我們當以中國社會為主，以參考人家的理論或格式，絕不應以那幾個格式為主，以配合中國的社會分期。須知社會形態是有時間性的因果發展，並不是幾個符號式的字眼之任意配合所能解析的。

（三）復次，我們必須承認一個社會形態是政治、法律、經濟及其他的一個有機的結構。每一形態之認識，全在這幾個因子的結構關係上。我們不能隨便去取，望文生義的胡來比附，這幾個因子的關係總是相應的一致的。[61]

牟宗三這裡提出的三點，他自己也曾經用一句話來加以概括，那就是：

我們研究中國社會必須把中國社會看成是一個活的有機體，它有它自己的發展不能以西洋社會史為標準，也不能以西洋的社會形態之名目的意義來解析中國社會。[62]

對此，如今從事中國史研究的學者幾乎無人會反對。最近，榮獲首屆唐獎漢學獎的余英時先生也再次強調，將馬克思基於歐洲經驗而提出的歷史分期用於中國社會發展史不過是「西方中心論」之下的一種「比附」（forced analogy），世界上並沒有一條「放之四海而皆準」的「歷史規律」[63]。不過，在唯物史觀盛行的二十世紀三〇年代，能夠指出其局限，強調研究中國歷史時「必須把中國社會看成是一個活的有機體」、「不能以西洋的社會形態之名目的意義來解析中國社會」，不能不說

61《牟宗三先生早期文集》（下），《牟宗三先生全集》，第二六冊，頁六九六。

62《牟宗三先生早期文集》（下），《牟宗三先生全集》，第二六冊，頁七三五。

63 見余英時先生二〇一四年九月十九日在台北國際會議中心發表的〈中國史研究的自我反思〉演講文。其中，余先生也援引西方史學家Richard J. Evans、Joyce Appleby、Lynn Hunt以及Margaret Jacob為同調，說明並不存在一條「放之四海而皆準」的「歷史規律」。

是極為難能可貴的。但可惜的是，牟宗三的清醒之見，在當時作為不合時尚的聲音，完全被淹沒於馬克思主義的洪流之中了。

總而言之，牟宗三通過對當時中國社會史論戰諸人一些論點的批判，強調中國社會發展史的特性，可以說是他的唯物史觀批判在中國社會發展史這一領域的進一步和具體的反映。事實上，他對唯物史觀的批判，還表現在他關於當時中國農村問題的一整套看法之中。因為當時馬克思主義不僅被用來作為分析中國社會發展史的理論前提，也被當作了分析和解決中國農村問題的無上法寶。對此，牟宗三同樣認為是忽視了中國社會的特殊性，並提出了自己的主張，儘管他在一定程度上也肯定了馬克思主義對於社會經濟因素的注重。這一方面，我們在下一章考察牟宗三二十世紀三〇年代關於中國農村問題的研究時，會有專門的探討。

四、中國社會的未來展望：國家社會主義的理想

牟宗三對於中國歷史的分期以及對於各期中國社會性質的認識，構成了他的中國社會發展形態史論的主體。當然，除此之外，牟宗三還對中國接下來應該走何種道路的問題提出了他的主張。如他自己所所謂，前者是「追溯以往、認識現在」，後者是「規定將來」。

對於中國未來社會的發展方向，牟宗三在二十世紀三〇年代的主張非常明確，就是要走國家社會主義的道路。對於這一綱領，他有非常明確的說明，甚至用黑體字標識了他自己認為關鍵的語

句。他說：

數十年的混亂不是無益的，因著它，中國不走資本主義之路，因而也用不著無產革命。而唯一的出路即是國家社會主義，以國家冠之，即是縱的衝破橫的。現在的國家無一不以民族或國家為單位，即蘇俄亦莫能例外。無祖國，無國界，雖成為無產階級之心理，但此心理亦必為有條件的，這種心理是抵不過民族心理的；雖或在遙遠的將來許為高明的理想世界，但現在的事實——尤其是中國的事實——不允許這種有害無益的言論出現。

因為中國未走資本主義之路，所以產業落後，當前的急務在造產，而造產又非資本主義的造產，乃是國家的力量進而免去資本主義的流毒；即是說，乃公造非私造，這就是國家社會主義的必然性。即按之蘇俄，亦何嘗不是國家社會主義，不過他是一黨專政罷了，所以，凡產業落後的國家而不走資本主義之路的，則必然是走國家社會主義之路。中國不欲擺脫次殖民地的地位則已，欲要脫離，則此為必然之路。[64]

當時，牟宗三將國家社會主義視為中國社會未來的理想，應該主要是受到了張君勱（一八八七

64《牟宗三先生早期文集》（下），《牟宗三先生全集》，第二六冊，頁七三六。

—一九六九）和張東蓀（一八八六—一九七三）的影響[65]。在發表〈從社會形態的發展方面改造現社會〉這篇文章的次年（一九三四），牟宗三即由張東蓀介紹，加入了張君勱擔任黨魁的中國國家社會黨。然而，牟宗三雖列名國家社會黨，並一度在北平、重慶主編《再生》，但一九三九年避難昆明時即與張君勱不睦。一九四〇—一九四一年牟宗三在大理張氏創辦的民族文化書院任講師時，與張氏關係實即已疏離。一九四一年民族文化書院停辦，牟宗三離開大理，轉赴重慶北碚金剛碑「勉仁書院」熊十力處，與張氏和國社黨的關係即已名存實亡。一九四五年抗戰勝利後，國社黨改名民社黨，牟宗三即正式退出[66]。

不過，牟宗三在二十世紀三〇年代將國家社會主義作為自己的理想，也並非完全是來自於張君勱和張東蓀。即便是在四〇年代初與張君勱和國社黨脫離關係之後，牟宗三依然堅持國家社會主義的一些主張。這是因為他所理解的國家社會主義，原本來自於他自己的思考，並非全然是對張君勱等人的國家社會主義的背書（endorsement）。這在牟宗三有關「計劃經濟」、「政治系統」以及「革命問題」的主張中，都有明確的表示。而牟宗三當時國家社會主義思想的具體表述，也正是分別著眼於「計劃經濟」、「政治系統」和「革命問題」這三個方面。無論如何，他在這三個方面的主張，反映了那個時候他對於中國未來社會的展望。

（一）非馬克思主義的計劃經濟

在牟宗三看來，二十世紀三〇年代，「中國到了這步田地，必須有一種大智慧、大計劃、大人工來改造，決不能純任其自然。這個大智慧即是建國的有機的大系統，在這個有機的系統之下，一切都有其中的一個內在因子。」[67]因此，他主張以國家的力量組織生產，即所謂「公造」。這種經濟形態，牟宗三稱之為「計劃經濟」。具體來說，牟宗三當時設想的計劃經濟，其形態包括以下幾點：

（一）大規模的產業，非個人所能辦者，由國家經營，免去資本主義的剝削形態。

（二）在某種制度之下，承認土地私有，耕者有其田。反對一切收為國有，不然，則與封建井田制有何差別？

65 張君勱和張東蓀當時在《再生》第一卷諸期發表了幾篇文章，專門闡述其國家社會主義的理念。張君勱在創刊號（第一卷第一期）上，曾以編者的身分發表過〈我們所要說的話〉；在第二期和第三期上，曾經連載過〈國家民主政治與國家社會主義〉。張東蓀則在第二期發表〈生產計劃與生產動員〉，在第三期發表〈黨的問題〉，在第四期發表〈階級問題〉。這些文章尤其〈我們所要說的話〉和〈國家民主政治與國家社會主義〉二文，可以說反映了張君勱關於國家社會主義的綱領性主張。

66 關於與張君勱和國社黨的這一段關係，牟宗三自己在其《五十自述》中有明確的交代，參見《五十自述》，《牟宗三先生全集》，第三二冊，頁八五—九〇。同樣文字亦收入其〈我與熊十力先生〉一文，見牟宗三，《生命的學問》（台北：三民書局，一九七〇），頁一五九—一六四。《生命的學問》一書惜未能收入《牟宗三先生全集》。

67 《牟宗三先生早期文集》（下），《牟宗三先生全集》，第二六冊，頁七三七。

（三）在某種程度下，承認自由營業。

（四）取締不造產的游離分子，此游離分子包括流氓、僧侶、鄉紳、紈絝子弟等而言。[68]

張東蓀在《再生》第一卷第二期中發表的〈生產計劃與生產動員〉，專門闡發了計劃經濟的主張。牟宗三在列舉以上四點之前，特別提到張東蓀的文章，可見在計劃經濟的觀念上後者當時對牟宗三的影響[69]。不過，由這幾點主張，我們可以看到，牟宗三的「計劃經濟」，與馬克思主義的計劃經濟以及一九四九年中共建國以後到一九八〇年代改革開放之前所進行的「計劃經濟」，並不相同。他所謂「承認土地私有，耕者有其田」、「反對一切收歸國有」以及「承認自由營業」的主張，既不是正統馬克思主義計劃經濟理論所包含的，更不是一九四九—一九八〇年代中共實際進行的計劃經濟所允許的。因此，從牟宗三肯定私產、承認自由營業的思想來看，他的計劃經濟，目的在於通過國家的力量來實現個人所無法完成的經濟生產，並不意味著以國家的名義將個人的私有財產和自由經營權利完全剝奪。他之所以反對「一切收歸國有」，認為否則的話勢必與封建井田制無異，原因正在於此。而這一點，也正是牟宗三的計劃經濟區別於馬克思主義計劃經濟的關鍵所在。

後來，在一九三四年八月一日《再生半月刊》第二卷第一一、一二期合刊的〈復興農村的出路何在？〉一文中，牟宗三又將他所理解的計劃經濟的特性概括為六條。鑒於那是在牟宗三關於中國農村問題的論述脈絡之中，我們在下一章的相關部分再予徵引。事實上，正如那六條的核心是要將資本主義與社會主義各自的合理性結合起來，這裡同樣，如果說私有制、自由營業更多地與資本主義有關而並非社會主義的內涵，牟宗三並未對資本主義的所有成分一概批判，而是能夠肯定其中的合理因素，這在當時全球普遍批判資本主義尤其其「剝削形態」的潮流之下，是難能可貴的。

（二）有別於歐美式的民主政治

在政治方面，牟宗三國家社會主義的主張主要反映在以下的論述之中。他說：

這種經濟形態完全是一個整個的政治系統中的產物。這種政治形態不是一黨專政，但並非不承認政黨之存在。政黨與階級不同。中國的階級根本不清楚，尤其從經濟方面分化不出顯明的階級來。產業落後的中國，根本找不出階級政黨來，亦找不出階級革命來。所以現在需要的還是一種民主政治，但不同於近代歐洲所流行的民主政治。民主政治的本性即是自由平等，但結果卻適得其反。所以現在必須免去此病。中國的現狀非需要一種整（國翔按：疑為「鄭」字之誤）重嚴肅偉大猛進的政治系統不為功，歐美式的那種浪漫個人肉麻的風氣完全用不著。此計

68《牟宗三先生早期文集》（下），《牟宗三先生全集》，第二六冊，頁七三七。

69 牟宗三並未直接寫出〈生產計劃與生產動員〉這篇文章的名字，但從關於計劃經濟的語脈來看，只能是張東蓀的該文。不過，張東蓀此文發表在《再生》第一卷第二期，牟宗三誤記為第一期了。

劃經濟、政治系統之所由來也。[70]

這段話中，牟宗三首先說明，他所謂的計劃經濟是「一個整個的政治系統中的產物」。前已多次指出，牟宗三認為決定社會形態的因素除了經濟之外還有政治，而且政治比經濟更重要。這可以說是他社會史觀的基本立場。顯然，這裡他的表述與其基本立場是一致的。而在政治形態方面，我們可以看到，牟宗三此處的表達有兩個要點。首先，他肯定民主政治，反對一黨專政。並且，他認為當時的中國並不存在階級政黨和階級革命。如此一來，中國共產黨宣稱自己是中國無產階級政黨的代表，在牟宗三看來根本就難以成立。其次，當時的牟宗三對於歐美的民主政治有所保留，他所希望在中國建立的民主政治是一種有別於歐美式的民主政治。

牟宗三當時之所以會批評歐美的民主政治，視之為帶有一種「浪漫個人肉麻的風氣」，一方面是受到張君勱的影響，因為他在表達上述的看法時特別提請讀者參看「張先生」的文章[71]。另一方面，也可以說是當時世界思想潮流的整體氛圍使然。在二十世紀初西方資本主義的經濟體系出現嚴重問題以及蘇聯的成立頗能蠱惑世人的情況下，知識人由經濟問題而檢討政治系統的弊端，是很自然不過的。尤其對於認為經濟形態是政治系統之「產物」的牟宗三來說，恐怕更是如此。更為關鍵的是，那種帶有「浪漫個人肉麻的風氣」的歐美式的民主政治的弊端究竟在哪裡？他心目中作為「一種鄭重嚴肅偉大猛進的政治系統」，那種「不同於近代歐洲所流行的民主政治」又是怎樣的一種具體形態？至少在當時牟宗三國家社會主義的理想中，似乎還並未有明確的呈現。但是，如果撇開

「國家社會主義」這一牟宗三二十世紀三〇年代初的理想，在其政治思想的整體脈絡與歷程之中，牟宗三對於作為一種政治理念和制度的民主政治，可以說是有其深思熟慮的。也正是因為這一點，即使四〇年代之後，在似乎已不再將「國家社會主義」奉為其政治與社會理想的情況下，牟宗三對於民主政治仍然一直有所討論並且予以充分的肯定。同時，雖然已經不再使用「浪漫個人肉麻的風氣」這種用語，對於民主政治局限性的反省，牟宗三卻也似乎益發的深入和明確了。關於牟宗三對於民主政治的肯定和反省，本書第六章會有專門的探討，此處暫且按下不表。

（三）非無產階級的社會革命

二十世紀上半葉的中國，可以說是一個革命的時代，所有知識人的思考都無法迴避「革命」這一時代課題。在有關中國未來的國家社會主義的理想中，牟宗三也提出了他對於革命問題的看法。尤其對於中國共產黨宣稱的所謂「無產階級革命」，牟宗三當時的觀察與判斷，如今看來即便不是「孤明先發」，也毫無疑問稱得上是「洞燭機先」。

70《牟宗三先生早期文集》（下），《牟宗三先生全集》，第二六冊，頁七三七—七三八。

71 這裡，在牟宗三的敘述中，並未明確「張先生」是張君勱還是張東蓀。但是，從牟宗三論述的語脈以及張君勱和張東蓀兩人各自發表的文章來看，顯然只能是張君勱於《再生》第二期和第三期連載的〈國家民主政治與國家社會主義〉一文。

牟宗三明確指出：

> 現在國民黨的政治之壞是無容否認的，國家不統一也是顯然的。革命的舉動當然也不能反對，但怎樣革法倒是問題。敵對最顯然的是共產黨，共產黨在反對政府上我們並不反對；但（一）他們的革命是否就是無產階級革命？（二）他們這種革命是否能成功？這兩個疑問，我們都以否定答之，即（一）不是無產階級革命，乃不過是陳涉、吳廣之流亞耳。這種革命之發生，半由於政治不良及天災人禍為其原因，這是機會好，革命的對象並不像資本家那麼顯然。因此（二）革命就不一定能成功，即便成功也不過是政權的取得，步蘇俄的後塵，步國民黨的後塵，或甚至步劉邦、朱元璋的後塵也都可能，而決不是革資本家的命的勞工階級專政；因為中國這種機會造出的流氓革命是很有轉變的可能的，假若機會一失，他們這種革命集團便馬上成為茫然的而消散了。所以，如果他們成了功，從好的方面說，能替國家造產，不實行資本主義，而實行國家社會主義；從壞的方面說，步國民黨的後塵，投降帝國主義，無論白色或紅色，而結果仍是混亂。72

由這段話，我們可以看到牟宗三的幾點意思。首先，他並不反對革命，所謂「革命的舉動當然也不能反對」；其次，他並不是站在國民黨的立場說話，反而認為共產黨反對國民黨是值得肯定的，所謂「現在國民黨的政治之壞是無容否認的」，「共產黨在反對政府上我們並不反對」。第三，同時也是最為重要的，對於共產黨領導的革命是不是無產階級革命？這種革命的後果會是什麼？牟宗三提出了自己明確的回答。

如前所述，對牟宗三來說，「中國的階級根本不清楚，尤其從經濟方面分化不出顯明的階級來」。同樣，在這段話中，牟宗三直接表示並不認為中共發起和領導的革命是「無產階級革命」。在他看來，中共所發起並領導的革命，其性質是一種「流氓革命」，所謂「江西的紅軍其實不過是天災人禍逼出來的流氓爭天下而已，與中國以往之政變無以異，絕不是資本主義社會內的無產革命。」[73]因此，他在上引一段話中認為中共領導的革命「不是無產階級革命，乃不過是陳涉、吳廣之流亞耳。」牟宗三當時對中共未免小覷，對於其嚴密的組織性遠非中國以往歷史上的流氓革命可比這一點，也未免認識不足。不過，他判斷中共領導的革命「絕不是資本社會內的無產革命」，卻不能不說是正確的觀察。即便按照正統馬克思主義的界定，也同樣如此。因為構成中共所領導的革命力量的主體，顯然不是中國的工人階級，而是廣大的農民。

至於這種革命的後果，牟宗三講得更清楚，所謂「革命就不一定能成功，即便成功也不過是政權的取得，步蘇俄的後塵，步國民黨的後塵，或甚至步劉邦、朱元璋的後塵也都可能，而決不是革資本家的命的勞工階級專政」，「如果他們成了功，從好的方面說，能替國家造產，不實行資本主

72《牟宗三先生早期文集》（下），《牟宗三先生全集》，第二六冊，頁七三八。
73《牟宗三先生早期文集》（下），《牟宗三先生全集》，第二六冊，頁七二三。

義，而實行國家社會主義；從壞的方面說，步國民黨的後塵，投降帝國主義，無論白色或紅色，而結果仍是混亂。」

如今，回顧上引當年牟宗三所說的這段話，驗之以一九四九年之前中國共產黨領導的革命以及之後一直到一九八〇年代「改革開放」之前中華人民共和國三〇年的歷史實際，不能不說他的觀察和判斷實在具有先見之明。

由於對革命問題的這樣一種觀察，牟宗三顯然不主張在中國進行所謂的「無產階級革命」，對於他所認為的當務之急，牟宗三是這樣說的：

> 現在的急務是在求獨立的政府、健全的政府，而不在無產階級革命。無產階級革命，無論在理論上、在事實上，都是不合於中國的。一切的運動或主張，表面上無論怎樣不同，只要它是進步的、有為的，在骨子裡，它總要走到國家社會主義這條路上。74

這段話，在原文中牟宗三也是用黑體字特別標出的，由此可見至少當時他對自己這一主張的重視。不過，如何通過一種非無產階級革命的方式建立一個獨立、健全的政府，實行一種有別於歐美式的民主政治，推行一種非馬克思主義的計劃經濟，實現國家社會主義的理想，在牟宗三當時關於中國社會形態發展史的論述中，並非重點所在，而只是一種綱領的勾畫。因為在參與中國社會史論戰的過程中，牟宗三的主要問題意識，仍是就中國歷史的分期以及中國社會的性質這兩個問題，針對唯物史觀的各種解釋而提出自己的看法。

馬克思主義在中國被作為一種無往不利的理論解釋工具，在二十世紀三〇年代不僅存在於中國社會史的論戰之中，同時也存在於關於中國農村問題的爭論之中。由於無論在面積還是人口方面農村都占據中國整個國計民生的絕大部分比重，所以，如何理解和解決中國的農村問題，當時是比中國社會史論戰更為緊要的問題。圍繞中國社會發展史以及中國農村社會性質這兩個問題的討論，可以說構成二十世紀三〇年代中國知識界和思想界的中心。事實上，這兩個問題又是密切相關的。在一定意義上，回顧中國的社會發展史，也是要進一步理解當時中國的農村。牟宗三在積極參與中國社會史論戰的同時，更對中國的農村問題提出了自己獨特的觀察和思考。這一方面，也是其政治尤其社會思想的重要組成部分。接下來，就讓我們對牟宗三有關中國農村問題的思想主張進行專門的考察。

74《牟宗三先生早期文集》（下），《牟宗三先生全集》，第二六冊，頁七三八—七三九。

第三章

中國農村問題的研究

一、引言

二十世紀三〇年代前期，中國的農村問題成為關係國計民生的核心和社會各階層普遍關注的對象。如何在正確認識中國農村性質的基礎上解決農村的問題，不僅是各個政治黨派最為主要的考慮，更首先成為廣大知識人的焦點意識。例如，陶直夫在作於一九三五年八月的〈中國農村社會性質與農業改造〉一文中便指出：「中國的農業改造問題或農民問題，在整個民族的國民經濟的改造運動之中，應當占首要的地位；同時這個農業改造或農民問題的任務與性質，在規定中國整個改造運動的任務與性質的時候，是有決定的作用的。」[1]而發生於三〇年代有關中國農村社會經濟性質的論戰以及鄉村建設運動，可以說正是這一焦點意識的兩大表現。牟宗三一九三三年北大哲學系畢業後曾返山東任教於魯西壽張鄉村師範，一九三四年秋至一九三五年秋在天津社會科學研究所。正是在這一段時間，和參與中國農村社會經濟性質論戰以及從事鄉村建設運動的許多知識人一樣，牟宗三發表了一系列的文章，提出了他對於中國農村問題的一整套看法，成為三〇年代關注並探討中國農村問題的知識人群體中的一員。可惜的是，八〇年代以來，無論在牟宗三研究的領域還是在有關三〇年代中國農村問題研究的領域，這些文章都未進入研究者的視野。因此，考察牟宗三三〇年代對於中國農村問題的研究，既可以使我們了解牟宗三思想歷程的一個重要環節，從而認識牟宗三在哲學之外的社會關懷與思考，還可以擴展我們對於三〇年代中國農村研究及其相關問題的認識。

牟宗三二十世紀三〇年代對於中國農村問題的分析基於其對當時中國社會形態的認識，而他對當時中國社會形態的認識，又屬於他的整個中國社會發展史觀的一個有機組成部分。牟宗三二十世紀三〇年代時的中國社會發展史觀及其對於中國社會不同歷史階段的認識與分析，我們已在上一章進行了專門的考察。以下，我們就根據牟宗三的有關文獻，具體考察牟宗三在二十世紀三〇年代對於中國農村問題的研究，包括他對於中國農村經濟局面和社會形態的基本判斷以及解決農村問題的具體方案這兩個方面。

二、對三〇年代中國農村經濟與社會的基本判斷

一九三五年三月十五日，牟宗三在《再生》第三卷第一期發表了〈中國土地分配與人口分配之原則〉，提出了他對於認識中國農村土地分配和人口分配的基本原則。一九三五年五月十五日，牟宗三又在《再生雜誌》第三卷第三期發表了〈中國農村生產方式〉[2]，提出了他對於當時中國農村

1 中國農村經濟研究會編，《中國農村社會性質論戰》，《民國叢書》，第四編，第一三冊，頁二—三。該書於一九三五年九月由新知書店初版。民國叢書所收者乃據新知書店一九三六年版影印。

2 一九三五年五月十五日刊於《再生雜誌》第三卷第三期的〈中國農村生產方式〉以及一九三五年七月十五日刊於《再生雜誌》第三卷第四、五期合刊的〈中國農村經濟局面與社會形態〉兩文，蔡仁厚先生在其編撰的《牟宗三先生學思年譜》中將其繫於一九三四年條下，參見蔡仁厚，《牟宗三先生學思年譜》，頁五—六。或此二文撰於一九三四年，而正式發表於一九三五年，則不得而知。

生產方式的觀察。正是基於對於中國農村生產方式、土地分配和人口分配的認識，牟宗三在一九三五年七月十五日刊於《再生雜誌》第三卷第四、五期合刊的〈中國農村經濟局面與社會形態〉這篇文章中，具體通過對「自給自足」經濟涵義的分析，在當時所謂「資本主義」與「封建主義」的爭辯之間，提出了他自己對於中國農村經濟和社會形態的基本判斷。

（一）土地分配與人口分配

牟宗三認為，中國農村的土地分配遵循五個原則。第一，是「家庭單純的對於土地發生關係」。牟宗三指出，「組織社會的基本團體是家庭」[3]，「每一個繼承其祖先遺產的家庭便是組織社會的基本單位。這個基本單位可以說就是經濟關係中的組織細胞。」[4]而所謂「家庭單純的對於土地發生關係」，是指這樣一種情況：

> 在經濟關係不複雜、生產力生產方法不擴張的時候，這些組織細胞（國翔按：指家庭）間的經濟關係是十分外在的、表面的。他們只與自然的土地發生密切的關係，以期達到生產收穫的目的。目的一達，他們便可以掩柴扉，不出頭，各掃門前雪，老死不相往來。這是簡單的農業社會必有的現象。[5]

至於這種情況在中國的地域差別，牟宗三也有所意識。所以他緊接著又說：「這種現象在黃河流域更其顯然持久。所以黃河流域與長江珠江流域其經濟狀況是有顯著差別的。這差別將就在這個單純的與土地發生關係，以及不只單純的與土地發生關係，這方面去認識。」[6]

第二，是「土地的自然分配」。在牟宗三看來，這種分配是指在生產力不發達的較為原始的社會中，每個家庭彼此占有差不多的土地，於是在分給其子孫後代時，結果也相差無幾。對此，牟宗三的解釋是這樣的：

> 土地的供給，於人們是公的、無偏向的：只是經過了各家庭的祖先的占有開墾的勞動的施與，它才成了私的、特屬的。各家庭的祖先將其由所變成的、私的、特屬的土地，按其子孫之多少，均勻的分配之。勞動力大的祖先，耕種力廣的祖先，其所屬的土地將也比較的多。但是，人們的勞動力（國翔按：此處疑缺一「是」字）[7]有限度的並且是相若的，其耕種力也是有限度的並且是相若的。超過了他的勞動力，超過了他的耕種力，那土地便成為無用的。因此在原始土地的占有將是不差上下的。以此不差上下的土地均勻地分給他的子孫，將也是不相上

3　《牟宗三先生早期文集》（下），《牟宗三先生全集》，第二六冊，頁七七七。
4　《牟宗三先生早期文集》（下），《牟宗三先生全集》，第二六冊，頁七七七。
5　《牟宗三先生早期文集》（下），《牟宗三先生全集》，第二六冊，頁七七七。
6　《牟宗三先生早期文集》（下），《牟宗三先生全集》，第二六冊，頁七七七。
7　原稿此處無「是」字。但依文義，當有此字，當係作者書寫或於《再生》排印時即遺漏。

下的。這叫做自然的分配。[8]

第三，是「土地的盛衰分配」。牟宗三認為，這種分配是在「自然分配」的基礎上發生的。在接著上引說明什麼是「自然的分配」的那段話之後，牟宗三說：

只是在有些子孫只消費不生產的時候，才有懸殊的情形發生。只消費不生產的子孫，雖有地租的供給，也會坐吃山空的。窮了，把祖宗的遺產轉賣給另一部分人。另一部分人富了，其子孫也會給他坐吃山空的消解了，而另轉賣他人。這種轉來轉去的分配法便叫做盛衰的分配法。[9]

在牟宗三看來，「盛衰的分配法與自然的分配法結合起來，即造成現在的土地分配的局面」[10]。不過，除了自然的分配法和盛衰的分配法之外，牟宗三指出，還有兩種屬於社會範圍內的影響土地分配的因素，即社會力的分配和政治力的分配。

第四，是「社會力的分配」。牟宗三指出，所謂社會力的分配，是指社會變亂造成的分配。對此，牟宗三引用了武仙卿發表在《食貨》半月刊第一卷第二期〈魏晉時期社會經濟的轉變〉一文來加以說明。在該文「莊園的形成」一段中，武仙卿具體分析了魏晉時期大集團形成的三種原因和四種形式：

這時大集團的形成，有三種原因：一是因為稅役煩重，自由農民離村避役，離村以後成為流民，流民或自相屯聚而成部落，或投靠豪強以作佃客。二是奴隸欲得身體的解放，脫逃主人而為流民，再依庇於豪強保護之下。三是因為社會的紛亂，弱小的地主，自己不能防禦暴亂以保護自己的財產，不得不依大族與有力集團的庇護，同時無地可耕的農民，也願向大土地所有者要求土地耕種，有力者之得到貧弱的依附，遂形成大集團組織的形式。這集團的組織，造出貧弱對富強的附屬關係，在身分一方面成為部曲或佃客，在生產一方面，小土地歸於大地主支配之下。依附的人民由自由的地位淪為半自由的農奴，被依附的豪強就變成了封建領主。所謂大集團的形成，不外四種形式：（一）流民之相聚，（二）宗族之相聚，（三）部曲之招引，（四）貧弱之依附。[11]

在牟宗三看來，「這四種形式所形成的大集團即表示土地權的集中，而耕種權的分散。」[12]並且，雖然「這種形成的方式在現在不必能發生，但遺留下來的土地分配的現狀，由這種形式卻很能說明其

8《牟宗三先生早期文集》（下），《牟宗三先生全集》，第二六冊，頁七七八。
9《牟宗三先生早期文集》（下），《牟宗三先生全集》，第二六冊，頁七七八。
10《牟宗三先生早期文集》（下），《牟宗三先生全集》，第二六冊，頁七七八。
11《牟宗三先生早期文集》（下），《牟宗三先生全集》，第二六冊，頁七七八—七七九。
12《牟宗三先生早期文集》（下），《牟宗三先生全集》，第二六冊，頁七七九。

形成的原委。」[13]因此，牟宗三認為，這也是支配中國土地分配的原則之一。

第五、是「政治力的分配」。關於政治作用造成的土地分配，牟宗三認為也可以有四種形式，即「（一）帝子神孫的皇莊，（二）官僚的食田，（三）宗教的寺院（譬如佛）與祭田（譬如孔），（四）行軍時的屯田」[14]。對於這四種政治力的作用所造成的土地分配，牟宗三都具體進行了說明。譬如，他引用鞠清遠在《中國經濟》第二卷第七期發表的〈皇莊起源論〉，說明了第一種形式帶來的土地分配。他還聯繫當時的局勢，指出雖然革命導致了寺院廟產的減少，但由於「戴院長的修廟念佛」、「近年來的尊孔」等因素，寺院廟產和孔子後裔祭田又都重新獲得了保障。在牟宗三看來，「這四種政治力造成的土地分配，在現在還是或多或少或變形的繼續存在著。所以這種政治力的分配不但是過去，就是現在也可適用。」[15]

對於這五種土地分配原則各自所造成的後果，牟宗三進行了如下的概括：

（一）家庭單純的對於土地的關係：因此關係，不易有其他經濟上的條件使窮富過於懸殊，使土地分配超於極端。

（二）土地的自然分配原則：按此原則，無窮富之懸殊。

（三）土地的盛衰分配原則：按此原則，有窮富之懸殊。

（四）土地的社會力的分配原則：按此原則，易造成私人地主與莊園。

（五）土地的政治力的分配原則：按此原則，不但能造成私人地主或莊園，而且也容易造成特殊式的公有地主或莊園。[16]

大體而言，牟宗三所概括的這五種土地分配的原則是基於對中國歷史的觀察。當然，他也明確意識到中國歷史上南北地區的差別。譬如，就社會力和政治力原則所影響的土地分配而言，牟宗三便指出：「不過歷史上華北的戰亂比較多，所以社會力的分配容易在華南出現，故華南的地主占成數比較多，而政治力的分配的（國翔按：疑此「的」為衍字）[17]中的屯田容易在華北出現，故華北私人地主占成數比較少，而國家莊園在已往卻常占比較多的成數。」[18]因此，他總結認為，「這五個原則便是認識中國（尤其是華北）的農村經濟的主要關鍵。」[19]

對於牟宗三來說，家庭不但是組織社會的基本團體，更是中國農村經濟關係的基本單位。而家庭的各種分化，直接導致人口的不同分配。在牟宗三看來，家庭的分化又可以有四種情況。

13《牟宗三先生早期文集》（下），《牟宗三先生全集》，第二六冊，頁七七九。
14《牟宗三先生早期文集》（下），《牟宗三先生全集》，第二六冊，頁七七九。
15《牟宗三先生早期文集》（下），《牟宗三先生全集》，第二六冊，頁七八〇。
16《牟宗三先生早期文集》（下），《牟宗三先生全集》，第二六冊，頁七八三。
17 原稿此處有「的」字。但有「的」此句文義難以通順，故當係作者書寫時筆誤的衍字。
18《牟宗三先生早期文集》（下），《牟宗三先生全集》，第二六冊，頁七八〇。
19《牟宗三先生早期文集》（下），《牟宗三先生全集》，第二六冊，頁七八〇。

第一、是自然的分化。牟宗三指出：

每一家庭便是以男女夫婦為中心的一個小集團。有成為夫婦的資格，便有成為家庭的資格。夫婦譬如是一個主座，環而拱之的譬如是附庸，附庸與主座的結合便是一個自足的排他的自成一系的整體。這個整體每欲自成門戶而獨立，即是說，其離心力非常之大。每自成一系而獨立的整體便是一個小家庭。因為他最容易自成一系，又因為他最富有離心力，所以中國在倫理上雖讚美大家庭，然而事實上，一關於利害的經濟關係，則又最易於分居，而小家庭幾成為普遍的事實。這種家庭的分化便叫做自然的分化。[20]

家庭自然分化的結果，是人口的分散，即每個家庭的人口不會很多。牟宗三接著說：

由自然的分化而成立的小家庭，其人口自然不能很多，平均為五口之家。然而，事實上每不如此整齊單一，四五口、五六口、七八口，總是錯綜著。然無論如何，人口總不能很多。[21]

第二、是倫理的分化。牟宗三指出：

除去家庭的自然分化而外，還有一種受禮俗影響的倫理分化。這種分化即是禮俗所讚美的大家庭的維持。大家庭即是好多自成一系的小整體的合作。支系愈多，人口亦愈多。人口增加便隨著也必須增加土地，不然便不足維持。鄉間老人常言，出生一個人便須買地一畝。[22]

按照倫理的分化，家庭會越來越大，人口也相應會越來越多，土地也會越來越集中。但是，牟宗三同時認為，這種會導致人口增多和土地集中的倫理分化往往只是表面現象。由於大家庭其實由相對獨立的小家庭構成，小家庭的離心力自然會使大家庭逐漸趨於瓦解。他說：

看起來，這一個家庭，土地很多，牛驢騾馬成群，其實它乃是好多支系的集合，它有好多支系在背後預備著來分它。所以鄉間有句俗話說：「大日子分小了，小日子分了了。」大家庭因為禮俗的關係，總是喜歡維持著這一個紙老虎，及至農場經營出入不相抵，消費多，生產少的時候，便不得不分化而成為各顧自己的小家庭。[23]

20《牟宗三先生早期文集》（下），《牟宗三先生全集》，第二六冊，頁七八一。
21《牟宗三先生早期文集》（下），《牟宗三先生全集》，第二六冊，頁七八一。
22《牟宗三先生早期文集》（下），《牟宗三先生全集》，第二六冊，頁七八一。
23《牟宗三先生早期文集》（下），《牟宗三先生全集》，第二六冊，頁七八一—七八二。

所謂「中國在倫理上雖讚美大家庭，然而事實上，一關於利害的經濟關係，則又最易於分居，而小家庭幾成為普遍的事實」，恰恰正是基於這樣一種判斷。這種判斷，大體符合中國傳統社會的家庭結構。

就人口的分配來說，自然的分化和倫理的分化都是常態之下的自然演化。除此之外，牟宗三認為，影響土地分配的社會力和政治力，也同樣會對人口的分配發生作用。因此，社會力和政治力所導致的人口分化，是人口分配的另外兩種情況。這兩種分化的原因雖然不同，但結果卻異曲同工，就是使得小家庭更為孤立。牟宗三說：

> 這兩種力把土地弄成所有權的集中與耕種權的分散，隨著也是把家庭弄得非常小，或甚至只用了些單人獨馬集合起來，耕種地主們的地。在這種情況下，各個小家庭都是對土地所有者的地主負責，並不像在倫理分化下的大家庭中的各個分子間的對立關係。並且在這種情形下，大家庭固然不易出現，即小家庭也（國翔按：此處疑缺一「不」字）[24]易健全。中國人口分配之零碎與不健全，這種情形也可解析一大半。[25]

和考察土地分配一樣，在逐一說明了不同人口分配原則之後，牟宗三也對這四種人口分配各自所造成的後果進行了總結：

（六）家庭的自然分化原則：按此原則分化，則家庭每不易大。

（七）家庭的倫理分化原則：按此原則分化，每有集合各系之大家庭出現。

（八）家庭的社會力的分化原則：按此原則分化，許多小家庭為同一地主的莊戶或佃戶。這種莊戶或佃戶在人格上亦是隸屬關係。

（九）家庭的政治力的分化原則：按此原則分化，則許多小家庭可以獨立地互不相關地同為或兼為某一寺院、某一皇莊、某一公田的耕戶。[26]

土地分配和人口分配並非彼此孤立，二者之間存在一定的關係。在總結土地分配與人口分配的不同原則及其不同後果的基礎上，牟宗三對於土地與人口之間不同的比例關係及其後果，做出了如下的兩點結論：

（十）土地與人口之正比例關係：按（六）（七）兩分化原則，則家庭小土地少，家庭大土

24 原稿無「不」字。但無「不」字，則於文意正好相反，當係作者原稿筆誤遺漏。有「不」字，前句「大家庭固然不易出現」方可與後句「即小家庭也不易健全」兩句相配。

25 《牟宗三先生早期文集》（下），《牟宗三先生全集》，第二六冊，頁七八二。

26 《牟宗三先生早期文集》（下），《牟宗三先生全集》，第二六冊，頁七八三。

地多，反之亦然。此種比例關係不易發生窮富懸殊的現象。
（十一）土地與人口之反比例關係：按此種關係，則土地多人口少，土地少人口多。前者變而為富農，為地主；後者變而為佃農，為雇農，為土棍，為流氓。兩極端階級由此關係發生。但此極端卻不必由前所云社會力及政治力而造成。[27]

（二）生產方式

在具體討論中國農村的生產方式之前，牟宗三首先進行了兩個區分。一是指出了生產方式與土地制度的不同；一是指出了生產方式與生產關係的不同。對於生產方式與土地制度的不同，牟宗三說：

生產方式就是如何去生產的問題。此又與制度稍微不同。制度可以是知識階級的理想，可以是政府的策劃，可以是關於地權分配的整頓、分配的形式，而不關於生產問題，尤其不關於生產方式問題。如是，生產方式只限於生產方面的如何生產，其範圍側狹而具體。如是，在歷史上，耦耕的藉田制，換土易居的爰田制，一畝三甽的代田制，可以表示出一種生產的方式來，而井田制（或有或無，都無須論），董仲舒的限田制，王莽的王田制，西晉的占田制，後魏的世業口分的均田制，以至宋之不能行均田藉均稅以均田，直至王安石的方田之均田制，至最近等等制度，都是關於私有下的土地分配問題的，都不能看出一種生產方式來。它們是土地制度而不是生產方式。土地制度可以愈行而愈遠，名目百出，而生產方式則常握在實際耕種的農民手裡，它總是頑固的為能力為時代所支配，急也急不得，快也快不得的。土地制度縱然當其生效時能影響了生產方式，但其對於地權的分配，人與人的關係有直接的影響，而對於生產方式卻無直接的影響；即是說，有時土地制度改變了，而生產方式卻並不能隨之而改變。同樣，生產方式改變了，土地制度也不一定隨之而變。[28]

對於生產方式與生產關係的不同，牟宗三認為：

生產方式與生產關係並不相同。生產關係是法律政治所表現的生產制度，如地權關係、僱傭關係等便是。而生產方式仍純是經濟上的範疇，它是凝固在活動的生產過程中的。我主張生產工具與生產方式不能決定社會形態，其原故就在這裡。而馬克司（國翔按：即馬克思）的經濟史觀卻恰恰正以這兩個東西決定社會形態的，吾未見其對。須知縱然有石器時代、銅器時代、鐵器時代等名稱，但是這些工具與社會形態之間究無直接的必然的因果關係。在以往如此，在

27《牟宗三先生早期文集》（下），《牟宗三先生全集》，第二六冊，頁七八三。
28《牟宗三先生早期文集》（下），《牟宗三先生全集》，第二六冊，頁八〇一。

現在亦復如此。你從這些工具來看社會形態可，你說他決定社會形態則不可。[29]

牟宗三之所以要強調生產方式與土地制度和生產關係的不同，當時主要針對的是馬克思主義的經濟史觀，正如上引文中最後部分所顯示的那樣。這也是牟宗三一開始即從學理上不接受馬克思主義的一個表現。當然，早年的牟宗三雖然不接受馬克思主義的許多基本論斷，正如在第一章可以看到的他對唯物辯證法和唯物史觀的批判，但在思考中國社會問題的著眼點或者說方式上，卻也受到了馬克思主義的影響，譬如對於土地分配、人口分配以及生產方式的重視，以及後文將會介紹的解決農村問題的方案中對於經濟因素的注重等，都無不說明了這一點。對於以儒家思想為代表的中國傳統文化與馬克思主義之間的許多根本差異，牟宗三一開始就有著高度自覺，並終其一生始終對馬克思主義進行批判和回應。可是，就連他這樣的人當時在思考中國社會問題時，都受到馬克思主義思維方式的影響，由此可見馬克思主義在當時中國知識人中影響之大。事實上，無論接受與否，馬克思主義所關注的問題及其分析社會問題的方式，二十世紀三〇年代的確幾乎成為廣大知識人普遍的問題意識。

儘管牟宗三為了回應馬克思主義的經濟史觀，從而首先對生產方式與土地制度和生產關係的不同做出了說明，但他並沒有割裂三者之間的密切關係。事實上，對於當時中國農村生產方式的特點，牟宗三恰恰是緊密關聯於土地分配制度和生產關係，採取歷史回溯的方式來加以研究的。

對於中國歷史上不同的生產方式，牟宗三概括為三種，就是前引文中所謂的「耦耕的籍田制，換土易居的爰田制，一畝三甽的代田制」。關於籍田制下耦耕的生產方式，牟宗三引用了曾謇發表於《食貨》第一卷第七期〈西周時代的生產概況〉來加以具體說明。他概括所謂「耦耕」的特點如下：

他（曾謇）說西周的農業是繼承著殷代的。這時是使用青銅器的時代，鐵尚未被使用著，器具的供給是很稀少的。他們用的耒耜是兩人用腳蹈踏而入土的。這種情形就（國翔按：此處疑缺一「叫」字）[30]做「耦耕」。「耦耕」就是兩人共用一具而耕。所謂耒耜是一器的兩部名稱，並非兩件器具。「入土曰耜，耜柄曰耒。」（韋昭《國語》注）京房云：「耜，耒下耓也。耒，耜上勾木也。」可見耜是入土的部分，耒是兩人把柄的部分。兩人蹈耒而耕，故耦耕皆從耒旁。其形似與今之鐵鍬相類。每見農夫用腳踏鍬而取土，蓋一踏則力大，力大則鐵鍬入土快而深。當年蹈耒而耕，恐亦是此種情形，不過兩人耦蹈而已。所謂藉田之「藉」，據云即係像人蹈耒而耕之形，故曰「藉田」。[31]

29《牟宗三先生早期文集》（下），《牟宗三先生全集》，第二六冊，頁八〇一—八〇二。
30 原稿有此字，當為《牟宗三先生全集》刊印時脫漏。
31《牟宗三先生早期文集》（下），《牟宗三先生全集》，第二六冊，頁八〇二。

在籍田制之後爰田制之前，牟宗三還提到了井田制。中國歷史上是否有所謂井田制，在二十世紀三〇年代的學界還是一個有爭議的問題。井田制下的生產方式如何，當時學界所知更是不多。關於井田制的問題，如上一章考察所見，牟宗三大體接受錢穆的看法，並有他自己的推斷。他的看法是這樣的：

及至人口漸漸多了，社會的組織漸漸的複雜了，鐵的使用已經普遍了，工具的種類已經繁多了。這種耦耕的籍田制，便可以消滅。繼之而起的便可謂井田制。井田制至現在還是爭論的問題：有人承認它有，有人承認它無。錢穆先生對於井田有新的解析。他以為孟子所說的「方裡為井，井九百畝，其中為公田，八家皆私百畝，同養公田」這種整齊的豆腐塊式的土地未必有，但是幾家共耕著一塊土地，並從中取出一塊來為公家耕種，這種情形卻可以存在。他這見解，我覺得很可取。籍田制可以符應著氏族社會及家族社會，即氏族共有制與家族共有制下才有籍田制的發生。井田制則符應著封建制，即由家族共有制轉化為國家公有，在這種國家公有下，共耕種一塊土地的家族或家庭便是井田制。32

至於井田制下的生產方式，牟宗三則是這樣推測的：

井田制自然有其生產方式，但因為「井田」這個名詞，乃是代表著一個政治制度，所以前邊論生產方式，並未有把它列在裡邊，而只把它當作一個土地制度看。若說這時沒有生產方式，那便錯了。這時的生產方式，工具雖然多了，耦耕雖然廢了，但恐怕還是蹈耕（一人蹈）居多數，其耕種的種類想亦不能十分多，耕種的技術想亦不能十分高明。我不知牛耕起於何時，犁之創造起於何時（當然可以考究出來），也許就在此時亦未可知。牛犁的使用是中國農業上劃時代的一個時期，因為到現在還是用牛犁呵！[33]

如果說籍田制下的生產方式是從工具的使用方面看出的，那麼，爰田制下的生產方式，牟宗三則是從耕種的方法上來加以觀察的。首先，牟宗三對於什麼是爰田制以及爰田制實行的時代進行了說明：

爰田制（亦作轅田制）是繼續著井田制而來的。井田制還算是國家公有，至爰田制乃漸成為

32《牟宗三先生早期文集》（下），《牟宗三先生全集》，第二六冊，頁八〇三。牟宗三這裡所謂錢穆對於井田和公田的解釋，當指錢穆發表於一九三二年六月《燕京學報》第一一期的〈《周官》著作時代考〉一文（現收入收入《錢賓四先生全集》第八冊，台北：聯經出版，一九九八），尤其是該文第三節〈關於田制〉的內容。事實上，牟宗三曾經在其〈從社會形態的發展方向改造現社會〉一文中詳細討論過公田制或井田制的問題。其中，他就曾經具體徵引過錢穆〈《周官》著作時代考〉文中的觀點。關於這一點，參見本書第二章。

33《牟宗三先生早期文集》（下），《牟宗三先生全集》，第二六冊，頁八〇三。

> 私有制的雛形了。爰者換也，爰田即是換田。換田制即是輪耕的辦法。在爰田制的名目之下，有兩種情形發生：（一）爰土易居，即又換土又換居的辦法。譬如地分三等，上等百畝為不易之地；中等二百畝為一易之地，即每年耕百畝，二年而遍；下等三百畝為再易之地，即年耕百畝，三年而遍；此謂爰土。爰土三年而遍，便行易居，即前耕百畝者，今易居而耕二百畝，二百畝者耕三百畝，三百畝者耕一百畝。如此易法可得其平。這種爰土易居的辦法，或在井田制之下施行，或在井田制之後施行，皆有可能。但總比爰土不易居的辦法在前。（二）爰土不易居，這種制度是成立於商鞅。爰土易居又笨又麻煩，爰土不易居便可各安其處。商鞅提封疆開阡陌，以盡地利。提者決也，開者廢也（非開建之意）。把以前井田制時代的封疆阡陌盡行提廢，使其成為可耕之地。這是商鞅的第一步工作。第二步工作便是改爰土易居為爰土不易居。爰土不易居即是只換田不易廬舍，令民自在其田不復易居。這個換田的辦法，也與爰土易居之爰土一樣；上田百畝，無須易換；中田二百畝，每年百畝，二年耕遍；下田三百畝，三年耕遍。土地之分配按地質之上下而多少之，得田者亦不必易居。這是又穩定又公平的辦法。[34]

較之以往的籍田制和井田制，爰田制最為重要的意義是以私有制取代公有制，並且，所有權的觀念隨之產生。對此，牟宗三也做了提示。但是，牟宗三的關注顯然不在於作為土地制度的爰田制，而是爰田制下所體現的生產方式。因此，他進而指出：

我所以要注意這種爰田制，就是因為他表示著一種生產的方式。這種方式就是輪流休耕的辦法。輪流休耕可以養田，這已感覺到土地的報酬遞減現象了。或許，這時還不知使用肥料，所以才換土休耕，但至人口繁多了，社會複雜了，換土休耕便不容易維持，肥料也知使用起來。所以爰田制的成立，不但私有權因之成立，即生產方式與工具也必隨之而日形繁雜了。[35]

對於籍田制和爰田制在中國歷史上具體所對應的時代，牟宗三並沒有特別明確地指出。但是，從以上的引文中，我們可以看到，在牟宗三看來，藉田而耕大體是西周時期的生產方式，爰田制下爰土易居或者爰土不易居的輪流休耕的生產方式大體上實行於戰國和秦朝。而對於所謂代田制，牟宗三則明確指出是西漢時期的產物。並且，和爰田制一樣，代田制下的生產方式也是從耕種方式上來看的。對於代田制下的生產方式，牟宗三的討論共有三個要點。一是說明什麼是代田制，二是指出代田制較之爰田制的進步，三是對代田制的歷史地位做出評價。

對於何謂「代田」，牟宗三在徵引《漢書．食貨志》和徐光啟《農政全書》卷四〈田制〉的基礎上進行了解釋。

34《牟宗三先生早期文集》（下），《牟宗三先生全集》，第二六冊，頁八〇四。

35《牟宗三先生早期文集》（下），《牟宗三先生全集》，第二六冊，頁八〇五。

代田的辦法是這樣的：「（趙）過能為代田，一畝三甽。歲代處，故曰代田。」（《漢書・食貨志》）徐光啟《農政全書》卷四〈田制〉云：「古者耜一金，兩人並發之，其隴中曰甽，甽上曰伐。伐之言發也。甽與伐高深廣各尺。一畝之中，三甽三伐，廣六尺，長三百尺。以此計畝，故曰終畝，曰競畝。」[36]

他這段話還是指古者耦耕而言，但是一畝三甽的解析可適用於代田。代田所謂一畝三甽，照徐氏的解析，即是一畝之中，三甽三伐。伐者其高陵處，甽者其低平處。甽同於畎。一畝之間，廣尺深尺曰畎，高尺曰伐。徐氏所謂「高深廣各尺」，即言高伐一尺，廣一尺，深一尺。廣深之甽為耕種之處，高陵之伐為不耕之處。歲代處，言今年耕種的甽易為明年不耕的甽，今年不耕的伐易為明年耕種的甽。這種甽伐代耕的代田亦有爰田休耕之意，但所換者乃是甽伐更換，並不是百畝更換。並且這種甽伐更換，除去休耕之意，還有一種好處，就是能耐風旱。[37]

在牟宗三看來，代田和爰田的一個共同特點就是休耕。不過，代田較之爰田的差別，關鍵在於以「甽伐更換」取代了「百畝更換」。在這種轉換之中，其進步之處在於兩個方面：一是使農作物更能夠抵禦風旱，另一個是耕種工具的進步。對此，牟宗三指出：

《漢書・食貨志》：「苗生葉以上，稍耨隴草，因隤其土，以附苗根。（……）言苗稍壯，每耨輒附根。比盛暑，隴盡而根深，能風與旱。故儗儗而盛也。」此言苗長大後，鋤去隴中之草，將其土隤下以附苗根。每鋤一次草，輒附一次根。《詩．小雅．甫田》：「或芸或芓，黍稷儗儗。」芸指除草而言，芓指附根而言，附根即指將隴伐之土隤下培植而言。這樣芸芓下去，比至盛暑，隴土已盡，而根亦深，便能耐風耐旱，故禾苗儗儗而盛。這種遞相甽伐的更代辦法實在是很進步的一種生產方式，比爰田休耕經濟得多了。[38]

至於耕種的工具也比以前大見進步：「其耕耘下種，田器皆有便巧。（……）用耦犁二，牛三，人一。歲之收常過縵田甽一斛以上。善者倍之。」（《漢書．食貨志》）「縵田謂不為甽者也。」（師古注）言代田以前之縵田決不能如現在收穫之多，而代田一興，其收穫能過縵田所收一斛以上，善者且過縵田二斛以上。生產方法進步，生產力當然也進步。收穫多，人樂為，故天下莫不耕種，但這是新興之法，故須教民耕種：「過使教田太常三輔，大農置工巧，奴與從事，為作田器。二千石譴令長、三老、力田，及里父老善田者，受田器，學耕種，養苗狀。民或苦少牛，亡以趨澤，故平都令光，教過以人輓犁。過奏光以為丞，教民相與庸輓犁。率多人者，田日三十晦，少者十三晦，以故多墾闢。過試以離宮卒，田其宮壖地。課得穀皆多。」

36《牟宗三先生早期文集》（下），《牟宗三先生全集》，第二六冊，頁八〇五—八〇六。
37《牟宗三先生早期文集》（下），《牟宗三先生全集》，第二六冊，頁八〇六。
38《牟宗三先生早期文集》（下），《牟宗三先生全集》，第二六冊，頁八〇六。

（同上——國翔按：指語出《漢書・食貨志》）[39]

依牟宗三之見，西漢時期興起的代田制，使得中國農業的生產方式趨於完備。並且，代田制下的農業生產方式，一直維繫到民國初年，並未有根本的改變。也正是在這一點上，牟宗三盛讚漢朝之偉大，認為兩千年來中國之所以為中國，無論在思想、政治還是經濟上，都定型於漢代。

作田器，教耕種，人輓犁，宮壖地，真是極一時之盛。「民皆便代田，用力少而得穀多。至昭帝時，流民稍遠，田野益闢，頗有畜積。」（同上——國翔按：指語出《漢書・食貨志》）代田一興，中國農業的生產方式便漸趨於完備，一直至今未稍變。猶如政治，自秦漢大一統後，便算成了定型，農業亦是如此。吾嘗謂漢朝最偉大，中國二千年來之所以為中國皆定於此：思想系統定於此，政治格式定於此，經濟形態定於此。[40]

以往常有人認為牟宗三重視宋明而輕視漢代，往往是僅僅讀過牟宗三中國哲學研究方面的著作所致。讀了以上牟宗三對於漢代代田制的描述尤其是對於漢代總體評價的這段話，應該會對牟宗三的思想有進一步的認識。顯然，從政治社會思想的角度來看，在中國歷史上，可以說牟宗三最推崇的恰恰是漢代而非宋明。

牟宗三以歷史回溯的方式描述並評價籍田制、爰田制以及代田制下的生產方式，為的是要說明當時中國農村生產方式的特點。在前引文中，牟宗三指出了代田制下的生產方式「一直至今未稍變」，兩千年來中國的經濟形態定於漢代。對此，牟宗三有進一步的具體論證。漢代的《四民月令》一書中對於漢代的生產狀況有詳細的說明，他總結如下：

> 正月：糞疇可種瓜，可種瓠，可種葵，可種䪥韭芥、大小蔥蒜、苜蓿及雜蒜，可種蓼，可種芋。正月盡，二月可種春麥、豍豆。
> 二月：可種藍，可種大豆，可種胡麻，謂之上時。可種稙禾，可種苴麻，可種瓜。
> 三月：可種稙禾，可種苴麻，可種瓜，可種胡麻，可種黍稷，可種梗稻。
> 四月：時雨降，可種黍禾，謂之上時，可種胡麻，可種大小豆。
> 五月：可種胡麻，可種黍，可種牡麻，可別種稻及藍。
> 六月：可種小蒜，可種冬葵，可種蕪菁。
> 七月：可種蕪菁，可種大小蔥，可種苜蓿，可種小蒜，可種芥。
> 八月：可種大小麥及穬，可種大蒜，可種芥，可種苜蓿，可種乾葵。41

39《牟宗三先生早期文集》（下），《牟宗三先生全集》，第二六冊，頁八〇六—八〇七。
40《牟宗三先生早期文集》（下），《牟宗三先生全集》，第二六冊，頁八〇七。
41《牟宗三先生早期文集》（下），《牟宗三先生全集》，第二六冊，頁八〇八。

然後，對於二十世紀三〇年代中國農村的生產方式，牟宗三概括為以下六點：

（一）春、秋兩季耕田用一個犁，一牛一驢，或一騾，或二驢，或一騾一驢，或二牛。一人扶犁，耕完以後，再用杷以扒疏，凡大土塊皆揉碎，畜工與人工與耕同。

（二）下種用漏斗，一畜拉，一人扶，一人牽引畜，不使偏斜。

（三）小農場，牲畜不便者，亦用人工挽漏斗，與漢時稍同，不過挽犁者則卻無。

（四）從下種到收穫之間的或芸或芓亦與漢時同，惟無甽伐之制就是了。

（五）收穫時或用鐮，或用小钁，或用人手。鐮割麥割穀，但有時亦用人手拔麥拔穀，此不但小農場為然，即大農場亦常見。這在吾鄉為最普遍之事。這固然由於麥根與穀根入土之淺，但也有合農民的經濟之處，即可以多得燒草是也。小□（缺字）[42]是用來拔高粱一類入土深的作物。

（六）補充地方的方法是用肥料，以人畜之排泄物為主。防旱，園地可用灌溉，耕種之地灌溉者甚少，唯有禱天降雨而已。防潦，則簡直無辦法，亦只有禱天晴霽而已。[43]

將漢代的生產方式與二十世紀三〇年代中國農村的生產方式加以對比，牟宗三認為二者之間並無根本的不同，所謂：「這就是現在的生產方式，我看不出與漢時有什麼大不同。所不同者在（一）耕種的細緻一點，（二）土地的區分零碎一點，（三）工具完備一點，三者而已。」[44]通過這種方式，對於當時中國農村的生產方式，牟宗三也做出了他自己的判斷和說明。

（三）經濟局面與社會形態

在對農村土地分配、人口分配以及生產方式研究的基礎上，牟宗三進而分別從土地分配、農業生產和副業的生產與流通三個方面勾畫出了關於中國農村經濟的大體輪廓。這是他分析中國農村經濟局面與社會形態的出發點。他認為，從土地分配方面來看，可以得出四個結論：

（一）小農場的普遍存在，
（二）土地分割的零碎，
（三）大農場經營的日見稀少，
（四）土地所有權集中，而耕種權卻分散。[45]

42 原稿無缺字，為「鐝」，當為《牟宗三先生全集》刊印時脫漏。
43《牟宗三先生早期文集》（下），《牟宗三先生全集》，第二六冊，頁八〇九。
44《牟宗三先生早期文集》（下），《牟宗三先生全集》，第二六冊，頁八〇九。
45《牟宗三先生早期文集》（下），《牟宗三先生全集》，第二六冊，頁八一一。

從農業生產方面來看，也可以得出四個結論：

（一）生產的工具還是舊式的，

（二）生產的方式與以前也無大別，

（三）生產的動力還是人工與畜工，

（四）生產的收支範圍，平均在三百元左右。[46]

至於從副業的生產與流通方面來看，則可以得出六個結論：

（一）副業的量日見其多，

（二）副業的界限效用日見重要，

（三）舊副業的範圍日見縮小，但卻不能消滅，

（四）新副業應運而生，但卻不能消滅舊副業，

（五）新副業的生產方法與工具，與舊副業同其程度，還是手工業的、零碎的，

（六）農業產品與副業產品的流通，採取兩種形式：一是牙行經濟，一是合作社，前者的勢力遠大於後者。[47]

在牟宗三看來，這三個方面一共十四點結論，構成分析中國農村經濟局面和社會形態的前提。從這些前提出發，牟宗三認為可以暗示出兩個基本問題，一個是中國經濟的程度問題，另一個則是自足自給的問題。關於當時中國農村經濟的程度問題，牟宗三有兩個判斷：

（一）中國經濟還未到充分利用自然與制裁自然的程度，還是在盡人事以聽天命的，仰望自然的狀態之下過活。

（二）農業的生產還是在舊式的工具與方法之下施行，它並未有進步。48

關於自足自給的問題，牟宗三也有兩個判斷：

（一）中國經濟的現局是破壞的，不是發展的；換言之，中國經濟並未有進步，但只是被破壞了。進步是自發的蛻變，趨於新形態；破壞是被動的割裂，攪成畸形的並存。

（二）因為這個緣故，所以中國經濟一方可說是自足自給的，一方可說又不是自足自給

46《牟宗三先生早期文集》（下），《牟宗三先生全集》，第二六冊，頁八一一。
47《牟宗三先生早期文集》（下），《牟宗三先生全集》，第二六冊，頁八一一—八一二。
48《牟宗三先生早期文集》（下），《牟宗三先生全集》，第二六冊，頁八一二。

的。[49]

不過，牟宗三並未對有關中國農村經濟程度問題的兩個判斷加以進一步的討論，他認為，那樣兩個判斷從上述作為前提的三方面的十四點結論中即可明白，不必重複。他所具體加以分析論證的，是關於自足自給問題的兩個判斷。換言之，對於究竟在什麼意義上可以說中國農村的經濟是自足自給的，在什麼意義上不能說中國農村的經濟是自給自足的，牟宗三進行了詳細的說明，提出了他自己觀察。首先，為什麼說當時中國的經濟是破壞的而不是發展的，牟宗三認為有三個原因：

（一）中國不是一個獨立的經濟體。

（二）為資本主義的商場，而資本主義並未扶助我們，使我們前進。

（三）中國內部的政府也並未維持這個遺留下來的獨立體，更說不上發展它，扶助它。[50]

由於這三方面的原因，牟宗三認為中國的經濟局面便成了一個停頓割裂的狀況，所謂「它成了周圍環境的犧牲品，並成了寄生內部之蠹的腐臭品。」[51]

其次，牟宗三還從土地分配和副業生產兩方面證明了中國農村經濟那種破壞而不發展的局面：

（一）從土地的分配上說，零碎的小農場依然是小農場，而且江河日下，從前所有的富農經營，現在日見減少；生產的工具依然是祖宗傳下來的原始工具，並未加以變化或現代化；生產方法也並未改進，也仍然是在原始的狀態下，並未合理化、組織化。

（二）從副業的生產上說，舊式與新式並存，生產工具與方式也都是手工業的、零碎的、非組織的；生產的目的，舊式的為鄉村農民日常生活所使用，新式的為資本家生產商品之原料。[52]

在以上說明的基礎上，對於中國農村經濟這種破裂不發展的局面的基本特徵和癥結，牟宗三進行了如下的總結和診斷：

> 經濟的生產與消費，並未互應起來。都市與鄉村也並未聯繫起來。停頓的農業生產，使著農民過舊式的生產與舊式的享受，自成一個局面而在那裡潛伏著。游離階級以其不勞而獲的不生產的金錢，住在都市裡作資本家的商品之消費者，這又是自成一個局面在那裡點綴繼著。產生

49《牟宗三先生早期文集》（下），《牟宗三先生全集》，第二六冊，頁八一二。
50《牟宗三先生早期文集》（下），《牟宗三先生全集》，第二六冊，頁八一二。
51《牟宗三先生早期文集》（下），《牟宗三先生全集》，第二六冊，頁八一二。
52《牟宗三先生早期文集》（下），《牟宗三先生全集》，第二六冊，頁八一二—八一三。

副業者並非為自己之消費而產生，亦並非為自己製作而產生原料，他乃為資本家而產生原料以製作商品，以備都市游離階級的享受；產生副業者卻無力來享受，縱然這種享受品的前身是出之於他們之手而且是便宜的，但現在卻不便宜，與他們無緣了。這又是自成一個局面在那裡幽禁著。這種種不統一不諧和的畸形並存，就是不發展而割裂的局面。這個局面不能不說是中國政治之腐敗與帝國主義之拘禁所造成的。53

關於當時中國農村的經濟狀況，二十世紀三〇年代的中國知識界有過一場廣泛而集中的討論，一九三五年九月中國農村經濟研究會編了一本《中國農村社會性質論戰》，其中收錄了當時有代表性的關於中國農村經濟局面和社會形態的若干論文。將這些文章與牟宗三這裡的觀察相比較，我們不能不說牟宗三的觀察較為貼近中國農村社會的現實。

在具體說明中國農村經濟「不發展而破裂的局面」之後，對於他所理解的中國農村「自足自給」的經濟狀況，牟宗三進行了解釋。他首先指出，一般所謂「自足自給」，可以有以下兩種意思：

（一）內部物產足夠自給，不必假借外人；

（二）內部物產雖不足自給，然以有易無，亦足出入相抵。54

「自足自給」最為通常的意思當然是第一種，但牟宗三以為，「隨著社會的進化，人類是在關係中存在著，閉關自守成為不可能之事，則自足自給的意義也不得不隨之擴大。如是，第二個意義現在亦可稱為自足自給。」[55]然而，對於當時中國農村的經濟狀況來說，在牟宗三看來，無論是就第一種意思還是第二種意思而言，中國的經濟都不能說是自給自足。他的理由是這樣的：

按著這兩個意思說，中國本是可以閉關自守，自足自給。但是現在並不如此，不但不足自給，而且仰賴外人；不但與外貿易，而且入超成為家常便飯，年年如此。從這方面說，中國不但不能閉得住守得住，而且出入亦不相抵。自給自足的第一個意思與第二個意思，在中國皆不存在。[56]

不過，牟宗三並沒有認為中國農村的經濟不可以被稱為「自足自給」。恰恰相反，牟宗三指出，就農村裡邊的農民生活而言，中國又的確是自足自給的。何以如此，他解釋說：

53《牟宗三先生早期文集》（下），《牟宗三先生全集》，第二六冊，頁八一三。
54《牟宗三先生早期文集》（下），《牟宗三先生全集》，第二六冊，頁八一三。
55《牟宗三先生早期文集》（下），《牟宗三先生全集》，第二六冊，頁八一三。
56《牟宗三先生早期文集》（下），《牟宗三先生全集》，第二六冊，頁八一四。

但是，從潛伏在舊式生產與舊式享受的那一個局面方面著想，則中國又是自足自給的。這個自足自給就是農村裡邊的農民生活。他們無力與資本家的商品打交道，他們不得不自成一局面。縱然這個局面，因著資本主義的商品的輸入，而範圍日形縮小，但卻不能蛻變而消滅。縱然在鄉村裡邊，靠著交通方便的地方，有幾種使用的機器是外來的製造品，然農民的日常生活、衣食住之所需，卻總是自足自給的。那種外來的製造品並不是必須的，縱然有一部分人消費資本家的舶來品，那也只是某一部分人是如此。必須或使用是相對的，農民這一範圍裡是不必須的。因為在他那個階段之下，這種外來品是可有可無，而力量不足過問，遂使之為不必須。所以這個自足自給不是如普通所謂是在將散而未散的，參雜錯綜的殘局。摻雜錯綜則有之，然而說是一個東西的將散而未散，卻未必然。因為本著不發展而破裂的局面，則這個自足自給是永遠存在著，決不會消滅而蛻變。所以中國的自足自給，是範圍並存的問題，不是消滅蛻變的問題。長此下去，也許會消滅，即所謂死亡，但決不會蛻變。若要蛻變而前進，則必須有其他條件加入。這便是一個政治問題。[57]

以上對於「自足自給」的說明應該說已經是比較清楚的了。不過，牟宗三並未僅止於此。在〈中國農村經濟局面與社會形態〉這篇文章中，對於表明他所謂的「自足自給」以及「不發展而破裂的局面」的涵義，牟宗三還加了兩個很長的附注，以具體的實例和資料來論證和支援他的觀點。在一九三四年七月十九日《大公報鄉村建設》第一四期上，楊慶堃曾經發表過一篇名為〈市集現象所表現的農村自給自足問題〉文章，以山東鄒平縣為例，對於自足自給的問題有具體的說明。牟宗三在〈中國農村經濟局面與社會形態〉的「附注一」中，在完整徵引了楊慶堃的結論之後，提出了他的兩點回應。楊慶堃的結論是這樣的：

根據上面的事實，可以觀察到在水陸交通運輸都有相當便利的鄒平縣中，許多貨物，尤其是機製品，是依靠著別的社會經濟單位去供給。而縣北每年輸出大宗的棉花，縣南輸出生絲，有時縣的北部和中部也輸出糧食，去交換外來的貨物。機械工業，和現代的運輸，令它和三百里以外的社會經濟單位發生互依的關係。自給自足的局面，可謂發生了重要的搖動。但在別的方面，在研究貨物種類的時候，我們觀察到鄒平仍然自己供給著自己大部分的衣食住和生產的工具與原料。洋布雖然開始從外輸入，而它的人口大部分在穿著土織的土布。縣北雖然輸出大量棉花，但所產的糧食，還大部分留下來供給地方上的人口。在交換的組織上，零碎分隔的活動單位，仍然保持著自給自足的結構。這是一個將散而未散的，參雜錯綜的殘局。這是魯中農村現階段的一個事實。我希望留意本問題的人，也詳盡地用客觀的眼光去觀察各國內地的事實，令本問題得到一個較清晰的解白。現在流行著的「農村自給自足已完全崩潰」，或「中國農村仍然完全地保持著自給自足的局面」等論調，祇等於哲學式的想像，而對於問題本身是不能有

57《牟宗三先生早期文集》（下），《牟宗三先生全集》，第二六冊，頁八一四。

很徹底的解決的。[58]

在前文徵引文獻中，牟宗三曾經有過對於所謂「將散而未散」、「參雜錯綜」的議論，看來是出自楊慶堃的用法。正如牟宗三對於「將散而未散」、「參雜錯綜」並非簡單地否定一樣，對於楊慶堃這裡的結論，牟宗三的回應也毋寧說是一種進一步的澄清與闡明。他的兩點回應是這樣的：

（一）他所謂自足自給是只限於一個經濟單位而言，這種自足自給的事實，我們也承認，即我前邊所說的舊式生產與舊式享受，自成一個局面，無力與資本家的商品打交道的鄉村農民生活。不過在我們看來，自足自給不必限於一個經濟單位，與三百里以外的社會經濟單位發生關係，不必不自足自給，而且與三百里以外發生經濟關係，也不自今日始。不過有一點須注意，即如果這種外來品是來自海外的資本家，便顯示出不自足自給。如果來自內部的其他經濟單位中的特產，即屬外來，也仍屬自足自給。自足自給不必限於一個經濟單位。當然，各單位本身間的自足自給，我也並不否認。

（二）他說自足自給是一個將散而未散的殘局，以反對完全自足論者與完全崩潰論者。這個見解，表面觀之，也無什麼錯處。不過，仍（國翔按：此處疑缺一「有」字）未[59]斟酌之餘地。完全的絕對論者，固然是哲學式的想像，但這種相對的殘局論者也未必恰如事實。試問這個殘局，殘到幾時？它原因在那裡？它將來的結果如何？死亡還是蛻變？在一個單位內的衣食住之自足自給，究竟是漸趨於總崩潰，還是不漸趨於總崩潰？這些疑問，殘局論者都未解答。在我們以為現在中國之地位下，這個自足自給的局面不是將散未散的殘局，它只有縮小範圍，不會趨於崩潰或蛻變，因為我們看中國經濟是割裂的，不是發展的故也。我們看自足與不自足決不同於時論，非絕對論亦非殘局論，乃是範圍論，即割裂的、畸形的範圍之並存。一方絕對的不自足，全靠外人（商品大量輸入，入超為司空見慣）；一方絕對的自足，全靠自己（停頓的舊式的生產與享受，自成一無力向外的局面）。這種自足與不自足所造成的種種現象，交互錯綜，於是便把人們的眼睛撩亂了。60

這兩點回應，應當說是牟宗三對於他所理解的「自足自給」和「不發展而破裂的局面」的涵義的進一步說明。照他的說法，楊慶堃所批評的「農村自給自足已完全崩潰」，或「中國農村仍然完全地保持著自給自足的局面」，可以說稱為「完全的絕對論」。楊慶堃自己的說法，可以稱為「相對的殘局論」。而牟宗三的看法，他自己稱之為「範圍論」，即所謂「我們看自足與不自足決不同於時

58《牟宗三先生早期文集》（下），《牟宗三先生全集》，第二六冊，頁八一五。

59 原稿無「有」字。但無「有」文意不通。此處有兩種可能，一種如筆者所謂，當缺一「有」字，而作者書寫或《再生》刊印時即脫漏了，另一種可能則是，「未」字當為「有」字，或為作者自己筆誤，抑或為《再生》刊印時有誤。

60《牟宗三先生早期文集》（下），《牟宗三先生全集》，第二六冊，頁八一六。

論，非絕對論亦非殘局論，乃是範圍論，即割裂的、畸形的範圍之並存。一方絕對的不自足，全靠外人（商品大量輸入，入超為司空見慣）；一方絕對的自足，全靠自己（停頓的舊式的生產與享受，自成一無力向外的局面）。」

為了論證他的這種「自足自給」的「範圍論」，牟宗三在〈中國農村經濟局面與社會形態〉的附注二中，還引用了《民間半月刊》第一卷第二一期李景漢的〈定縣輸入各國貨物之調查〉一文中有關國貨、英國貨、美國貨、日本貨、德國貨以及俄國煤油與印花布、法國菜品與飲料、荷蘭紅糖、瑞士鐘錶輸入的比例與具體費用[61]。在牟宗三看來，「外貨的輸入不能扶助中國經濟的發展，不能使中國經濟成一獨立體。因為中國的生產與消費，並未與資本家的生產與消費齊平起來。所以，雖有大量的輸入，並未使中國經濟消滅或蛻變或進步。」[62]並且，根據李景漢的調查統計數字，在定縣全縣，國貨占百分之八十四，其餘各國只占百分之十六。如此，牟宗三認為，「百分之十六的舶來品，其從數量種類與效用上說，皆不足以蛻變或解體中國農村之停頓的舊式的局面，與自足自給的局面。」[63]

在牟宗三看來，經濟局面與社會形態是密切相關的，所謂「要想了解中國的社會形態，非了解這個不發展而破裂的局面不可」。因此，在討論了中國農村的經濟局面之後，牟宗三接著提出了他對於中國農村社會形態的觀察和判斷。進一步來說，我們從以下的討論可以看到，牟宗三批評將中國農村社會形態判定為「封建主義」和「資本主義」這兩種不同的觀點均不能契合真相，恰恰在於牟宗三認為兩者同樣對中國農村破裂而不發展的局面缺乏全面的與深入的了解。

牟宗三對於中國農村社會形態的討論，是在對所謂「封建主義」說和「資本主義」說的批評中提出的。之所以如此，是因為當時對於中國農村社會形態，學界已經存在「封建主義」和「資本主義」這兩種不同的主流看法。牟宗三在二十世紀三〇年代對於中國農村問題的研究，決不是一個孤立的現象，而是在當時整個知識界甚至包括各黨派和政治團體在內的整個社會人士普遍關注的思想和社會的整體脈絡中發生出來的。因此，在那樣一個整體脈絡中檢討牟宗三早年對於中國農村問題的研究，實在是題中應有之義。不過，即便牟宗三對中國農村社會形態的研究是在對「封建主義」和「資本主義」這兩種說法的批評中呈現的，我們這裡還是要首先集中介紹牟宗三的研究本身。

牟宗三認為，將中國農村的社會形態視為「封建主義」，可以是兩種視角下的產物。一種是「從腦袋方面看，從生活樣式方面看」。這種意義上的「封建主義」，只是一般的流俗膚泛之見，並無可靠的理論依據。對此，牟宗三指出：

> 「封建」一詞，近人無確定的界說，用的時候，又不知何所指。然一般人心目中所指的，似乎既不是經濟，又不是政治，乃是人們的腦袋，或生活的樣式。這部分人即以這種腦袋的意

61《牟宗三先生早期文集》(下)，《牟宗三先生全集》，第二六冊，頁八一七—八一八。
62《牟宗三先生早期文集》(下)，《牟宗三先生全集》，第二六冊，頁八一七。
63《牟宗三先生早期文集》(下)，《牟宗三先生全集》，第二六冊，頁八一八。

識，生活的樣式，來規定社會的形態。這方法甚不可靠。一般說中國現在是封建社會者，大都根據時下人們的腦袋而立論，或根據時下中國因為尚在與西洋資本主義的生活相反，所以說中國社會是封建社會。根據前者而言，則軍閥是封建餘孽，腐敗官僚是封建餘孽，古籍讀經是封建餘孽，家族觀念是封建餘孽，舊禮教是封建餘孽，因此種種餘孽，所以中國是封建社會。根據後者而言，則凡不看電影而看舊劇，不穿西服而穿大褂，不穿皮鞋、高跟鞋而穿千層底，不燙髮，不跳舞，不袒胸露臂，不能不要臉等等，皆是封建意識。中國現在這般人占勢力，所以中國是封建社會。64

和「資本主義」一樣，「封建主義」一說，自然是來自於馬克思主義的社會發展五階段論。但是，上述這種意義上的「封建主義」，卻並不是馬克思主義唯物史觀的結果。由於牟宗三很熟悉馬克思主義的基本原理，因此，對於從這種意義上來說中國是「封建主義」，牟宗三便首先批判它其實有悖於唯物史觀。他說：

這種看法即是從腦袋方面看，從生活樣式方面看。但是，這種看法卻大背於看者所信奉的唯物史觀。即我們對於唯物史觀持批評態度的人們亦不能從這方面來看社會形態。其唯一原因，即是禮俗不是決定社會形態的主要特徵。從禮俗方面看，經濟史觀便變成禮俗史觀了。65

另一種視角就是從經濟方面來看，這是當時相當一部分受到馬克思主義影響的左翼知識人的看法。而牟宗三所要批評的「封建主義」，其實主要並不在於第一種視角，而恰恰在於這種馬克思主義的經濟史觀。

不從腦袋禮俗方面看，而知著眼於經濟方面的，則說凡是部落的、自封的經濟局面都是封建社會；凡勞役地租、超經濟剝削的關係的，都是封建社會。中國現在還擺脫不了這種局面，所以還是封建社會。這個看法，從農村經濟方面著想，並非不代表一部分事實，但「封建」一字卻甚不妥。並且又忽略了他方的種種事實。為正名起見，不得不予以指正。[66]

從農村經濟方面來看，著眼於勞役地租、超經濟剝削的關係等，牟宗三認為「並非不代表一部分事實」。但是，為什麼牟宗三仍然認為將中國社會視為封建社會「甚不妥」呢？在他看來，這種論斷犯了三個錯誤：

64《牟宗三先生早期文集》（下），《牟宗三先生全集》，第二六冊，頁八一八—八一九。
65《牟宗三先生早期文集》（下），《牟宗三先生全集》，第二六冊，頁八一九。
66《牟宗三先生早期文集》（下），《牟宗三先生全集》，第二六冊，頁八一九。

社會形態與經濟形態並不相同。社會形態是整個的，經濟形態是部分的，認識整個與認識部分當然不能同日而語。現在一般人第一個錯誤即在以經濟形態當作社會形態。封建是政治方面的一個範疇，是歷史上的一種政治制度，本不是指示經濟形態的。所謂封建經濟只是封建時代的經濟，或者說，與封建時代的經濟相似的經濟。與封建時代的經濟相似，但卻不必是封建社會。近人第二個錯誤即在某與某相似，遂即認某為某。政治形態與經濟形態，隨著社會的總進程，每有相應的關係。在總進程的某一階段上，它們倆相融洽，凝結而成一個特殊的時代。認識某一特殊時代的形態即是認識該時代的整個社會形態。社會形態中的政治形態與經濟形態只是巧合，並沒有必然的因果關係，也沒有上層下層決定的關係。政治形態變了，經濟形態或不變，然而卻另是一個新社會形態；經濟形態變了，政治形態或不變，然而亦不得其為另一個新社會形態。譬如，說現在為封建經濟的人們，必是以為現在的經濟有些與封建時代相像，但是封建政制卻早過去了，蛻變了。這是政治形態變，經濟形態不變，而社會形態變的證明。再如，資本主義的生產方法與工具，雖然可以在社會主義時代同樣存在，然而經濟關係已不相同，一為私有財產，一為公有財產。經濟關係雖不同，然而政治形態卻仍不礙其為民主政治。在民主政治之下，既可以建立資本主義又可以建立社會主義，縱然在轉變時期，或許需要一次革命。這是經濟形態變，政治形態不變，而社會形態變的證明。這兩個證明都足以表示政治形態與經濟形態無必然的因果關係，但只有相應巧合的關係。近人第三個錯誤即在不認識這個關係，以為經濟形態是什麼，政治形態社會形態亦必隨之是什麼。67

經濟基礎決定上層建築，這是馬克思主義唯物史觀的一個基本原理。而牟宗三卻認為，必須將社會形態與經濟形態區分開來，社會形態是整體，經濟形態與政治形態都是部分。並且，經濟形態與政治形態二者之間並無必然的決定與被決定的因果關係。這一點，與其對唯物史觀的批判是一致的，後者可以參見本書第一章，這裡不贅。具體而言，在牟宗三看來，即便當時中國農村的經濟與封建時代有些相似，也不能斷言當時是封建政治和封建社會。這是上述批評的關鍵所在。

就牟宗三而言，認為中國農村社會形態是「資本主義」，和那種「封建主義」的觀察一樣，也分為籠統的一般感覺和稍有學理根據的觀察兩種。對於第一種所謂「表面的見解」，牟宗三指出：

資本主義者以為自鴉片戰爭而後，中國已入資本主義的初期，已成為資本主義的生產方法。這見解甚屬籠統。他們也沒有指出生產方法是關於什麼的生產方法。我看，他們不過是看見中國已有了水陸商埠了，交通也發達了，也有什麼工廠、什麼機器，並也有東方的巴黎、有汽車、有電車、有舞女、有金迷紙醉、電燈的照耀、肉的鼓惑等等，遂認為是資本主義社會。不過，我以為這種看法，與以禮俗或腦袋看社會的封建論者，不相上下，同是一種表面的見解。我對於此等論調，不願多所批評。我以為這些把戲不是資本主義的生產方法，倒只不過是資本主義式的消費而已。因為這些不是我們的生產，即或是出自中國人之手，也不能認為是中國經

67《牟宗三先生早期文集》（下），《牟宗三先生全集》，第二六冊，頁八一九—八二〇。

> 濟的發展，只不過是為虎作倀而已；不是發自於自己的充實之內部，而是為人做嫁衣裳。[68]

另一種不是停留在膚泛的感覺之上，而是從農業的生產方式上斷定中國已經進入資本主義。在牟宗三看來，這種判定的根據，在於富農的經營與商品生產。持論者認為富農的經營就是大農場的經營，大農場的經營即帶有資本主義的性質在內，所謂「牛驢騾馬，僱傭勞動，都是大農場經營的唯一特徵。資本主義與商品生產，即在這裡得其朕兆。」[69]對於這種稍有學理依據的看法，牟宗三的批評有兩點。

首先，牟宗三指出，富農經營雖然可以是資本主義的一個初期的特徵，但卻不是決定資本主義之所以為資本主義的唯一要素。在其他條件並不具備和配合的情況下，中國當時即便有富農經營，其本身並不能決定整個中國農村的社會形態是資本主義的，何況當時中國農村的富農經營正在日益萎縮而不是發展。用牟宗三自己的話具體來說：

> 富農雖然可以達到資本主義的生產方法，然而現在中國的富農卻擔負不起這個責任。換言之，資本主義雖可由富農經營得其朕兆，然而現在的生產方法、生產工具至土地分配之下，卻不容易達到。在這三個條件未改變之前，富農縱然有好多馬匹、好多耕牛、好多佃農，也不能算是資本主義的生產者。在以前，騾馬成群，呼奴喚僕的富農多著哩！為何不是資本家，到現在便是資本家呢？何況近來富農日形減少，他們的使用畜，由騾變成驢，由驢變成人工（原因

是怕丘八的強占）；他們的佃農由多變少，由少變無（原因是大農場分為小農場）。這種事實，在許多農村調查裡都表現著。所以富農即便有牲畜與人工，在現在狀況之下，也不能變成資本主義的生產方法，而何況牲畜與人工日形減少？[70]

顯然，牟宗三對於農村土地分配、人口分配以及生產方式的研究，為他對中國農村社會形態的觀察提供了基礎，也是他這裡批評所謂「資本主義」說不能成立的重要依據。

其次，就農村社會而言，資本主義形態的成立，還必須具備一個前提，那就是地主、資本家和勞工相結合而形成商品生產的整體環節。這個前提，牟宗三認為當時的中國農村根本不具備。他說：

復次，農業的資本化必須地主、資本家和勞工三者結合而為商品的生產始可成立。但現在投資農村的卻還很少，謂之為絕無亦無不可。有錢的人存銀行，住租界。誰還肯冒險投資於農業生產？近來所謂銀行投資，不過是信用借貸而已。金融資本家並未投資農業作大規模的商品生

68《牟宗三先生早期文集》（下），《牟宗三先生全集》，第二六冊，頁八二一。
69《牟宗三先生早期文集》（下），《牟宗三先生全集》，第二六冊，頁八二一。
70《牟宗三先生早期文集》（下），《牟宗三先生全集》，第二六冊，頁八二一—八二二。

產。金融集中都市，為的是消費；富農日形減少，怕的是兵匪；沒有辦法的老實百姓才死守田園哩！稍有出路，便不耕種。此即所謂民不欲耕。到了民不欲耕之時，那有所謂資本主義的生產方法？[71]

這裡，牟宗三所指陳的社會現象包括農村金融枯竭以及兵災匪災等，的確是事實。當時許多知識人、社會團體從事的社會調查和研究都顯示了這種局面。

在分別批評了用「封建主義」和「資本主義」來形容中國農村的社會形態之後，對於這兩種觀點的錯誤，牟宗三進行了如下的總結：

封建主義者沒有顧到全體，而只著眼於一部農村經濟，見農村經濟有些與封建時代的經濟相似，遂斷定中國是封建社會。資本主義者也沒有顧到全體，而只著眼於一部農村經濟，見農村經濟有富農可以發展到資本主義的生產方法，遂斷定中國是資本主義社會。前者只注意了經濟的停頓，忘記了社會政治以及國外環境；後者只注意了經濟的發展，也忘記了社會政治以及國外的環境。其失同在不認識這個破裂而不發展的局面。[72]

由此可見，正如前文提到的，在牟宗三看來，了解中國農村的經濟局面，是正確認識中國農村社會形態的關鍵。「封建主義」和「資本主義」的論斷，都在於對「破裂而不發展」的經濟局面缺乏足夠的認識。

既然「封建主義」和「資本主義」都不足以形容當時中國農村的社會形態，那麼，究竟如何來判斷農村的社會形態呢？在批評「封建主義」和「資本主義」說的基礎上，牟宗三提出了自己正面的見解：

> 我們的見解則以為：本著這個破裂而不發展的局面，從政治方面說，中國究竟是民主國，所以還是民主政治式的（縱然有所謂獨裁）；因而在經濟制度方面，定義上或形式上總是自由經濟，隨之也是資本主義式的；從經濟方面說，都市的消費，表面的虛榮，是資本主義式的；而在農業生產上，如果以西洋的現存經濟為資本主義生產方法，則中國便不是資本主義生產方法。如果以前有那麼一個封建時代的經濟，倒與現在的中國農村經濟有幾分相似；那麼，也可以說中國的農村經濟是與封建時代的經濟相似的經濟，但卻不可說是封建社會或封建經濟。這是我們最後的解剖。
>
> 於是我可斷定說：中國的經濟在形式上或定義上是資本主義式的；在實際上或內容上則是與封建時代的經濟相似的經濟。如果避免「封建」一詞，則可說是原始的、自然的（不能充分利

71《牟宗三先生早期文集》（下），《牟宗三先生全集》，第二六冊，頁八二二。

72《牟宗三先生早期文集》（下），《牟宗三先生全集》，第二六冊，頁八二二。

用自然，克服自然的）經濟形態。在此，經濟形態與政治形態不必一致共變，只是相應契合。換言之，經濟形態雖然帶有原始性，但是政治形態可以是開明的。縱然現在的政治無政制可言，亦不必引以為憂。[73]

需要指出的是，牟宗三這裡的判斷顯然已經不限於農村社會，而是針對當時中國社會的整體。不過，由於當時農村構成整個中國社會的主體，關於農村社會形態的判斷以及關於中國社會形態的判斷，往往是彼此重合的。也只有對農村社會的性質有充分和深入的認識，才足以對整個中國社會的性質做出判斷。

三、解決三〇年代中國農村問題的方案

牟宗三不僅對二十世紀三〇年代中國農村的經濟局面和社會形態做出了他的基本判斷，並且，在一九三四年八月一日刊於《再生半月刊》第二卷第一一、一二期合刊的〈復興農村的出路何在？〉一文中[74]，對於如何解決中國農村的問題提出了他的一整套具體方案。

（一）批評：針對當時流行的四種方案

農村問題是當時中國各界人士關注的焦點，因而當時存在著各種不同的解決農村問題的主張。

事實上，正是從批評當時流行的幾種主要解決農村問題的主張和路線出發，牟宗三對於所謂「復興農村的出路何在？」這一問題提出了他自己的回答。牟宗三指出，當時許多的主張和路線大約可以分為四種：

（一）革命的路線。此派以革命的行動奪取政權，主根本推翻徹底改造，共產黨即為此派之代表，當年之國民黨亦走此路線。

（二）政黨的路線。此派以歐美式的政黨活動作選舉上之競爭以參加政權或奪取政權，此種路線比較是消極的，在現在的中國恐怕不易發生很大的影響。

（三）君子的路線。此派多為知識階級或士大夫階級，他們多到鄉村作實際的建設工作，作移風易俗的社會事業，例如定縣的平教會，鄒平的鄉村建設，以及風起雲湧的合作社等都是。

（四）政府路線。這是自上而下的一種舉動，年來甚囂塵上的統制經濟就是這種路線的表示。[75]

73《牟宗三先生早期文集》（下），《牟宗三先生全集》，第二六冊，頁八二三。

74 收入《全集》中的該文有若干文字缺漏。參見《牟宗三先生早期文集》（下），《牟宗三先生全集》，第二六冊，頁七四一末尾一句話，以及頁七四二末尾一句話。

75《牟宗三先生早期文集》（下），《牟宗三先生全集》，第二六冊，頁七四一。

牟宗三同時也指出，「由此四種路線，我們可以看出不論在朝在野人士都注目於這種危亡的局面了。作法雖然不同，然而目標則一」[76]。所謂「目標則一」，即是指不同的路線和主張都是要解決農村問題。不但牟宗三自己，在當時的社會各界人士看來，一旦農村的問題得到了解決，整個中國的問題也就迎刃而解了。

首先，牟宗三批評了革命的路線。在牟宗三看來，革命本來並非歷史上的常態，而革命路線者卻主張一種不斷革命或循環革命論，希望將革命變成一種歷史的常態。並且，革命也不必一定要訴諸武力和疆場厮殺，而革命路線者卻以為只有運用武力才能稱之為革命。按照革命路線的做法，只能導致內戰頻仍。牟宗三認為，這其實並不是真正的革命，而是爭權奪利，對人不對事，最終的結果是同歸於盡。同歸於盡顯然不是應當追求的結果，因此，不應當採取軍事革命的路線。對於反對軍事革命路線的理由，牟宗三從國內和國際局勢出發，舉出了以下三條：

（一）照現在中國本身的情況而論，它沒有力量再容許你們破壞下去，這是全國一致的要求。不論你主張什麼，國家的力量到了最後一著時，總不允許你們唱「由破壞而建設」的高調子。因為此時破壞已超過其限度了，再破壞就是消滅建設的可能，斬絕建設的基礎。所謂同歸於盡，就是指此而言。

（二）就革命與被革命的勢力上而論，現在的中央軍好像不是李自成時代的中央軍所可比，至少在力量上中央軍是雄厚於赤軍，操對打的勝算是有把握的。即便消滅不了赤軍，赤軍也難突圍而出。在此局面下，為赤軍著想，最好是解甲歸田，作隱而不顯的組織民眾建設鄉村的實際工作以修養斯民，培養將來作進一步的建設事業之基礎。**這是由建設而破壞，即建設即破壞的策略。**（國翔按：黑體為原文所有）如果硬著頭皮死拼下去，則唯有同歸於盡，徒苦斯民而已。社會主義的目的恐怕一變而為資本主義的宰割，亡國而後要想再作復國運動，那就更難上加難了。不要認為這是危言，試問中國有幾個東四省？

（三）就各帝國主義而論，他們為商場起見，他們不允許你長此混亂，他們雖然不允許中國成一個在政治經濟上完全獨立的國家，但是他們也不允許我們成一個無政府的混亂國家。其所以如此，目的就在使中國永遠成一個次殖民地的國家。唯其如此，所以紅軍才不容易出（以下缺字）[77]是事實總是如此。如果我們不肯認清這件事實而永遠作相持不下的混亂，作循環不息的革命，則明末時代的滿清是會進來收拾殘局的。「殷鑒不遠，其在夏後之世。」革命衝動的志士，最好是醒悟一點吧！[78]

76《牟宗三先生早期文集》（下），《牟宗三先生全集》，第二六冊，頁七四一。

77 此處原稿有如下一句話：「頭露面。你罵他帝國主義也好，你罵中國的軍閥與他勾結也好；但」。《牟宗三先生全集》脫漏，當依此補上。

78《牟宗三先生早期文集》（下），《牟宗三先生全集》，第二六冊，頁七四二—七四三。

顯然，當時的牟宗三對於紅軍的力量估計不足，也並未能夠料到，後來會發生「七七事變」，使國民黨中央軍的力量大大消耗於侵華日軍的作戰中，而經過八年抗戰，共產黨軍隊的實力獲得了巨大的發展。除此之外，第一點發自他自己希望和平建設的主觀願望，第二點則大體是對當時帝國主義在華勢力基本態度的正確判斷。另外，牟宗三這裡提出的所謂「由建設而破壞，即建設即破壞的策略」，便是其解決中國農村問題的基本原則。至於如何實現這一基本原則，牟宗三有一系列具體的主張。對此，我們後面會逐一介紹和討論。

基於以上三條理由，牟宗三進一步表達了他反對革命路線的看法，他說：

由上述三方面來論，無論是從內看，還是從外看，循環革命的路線都足以使中國同歸於盡，因此我們在現在不主張亂嚷一氣，作無理性的衝動行動。須知這種革命主義的行動，實在就是揭竿而起替天行道的心理在那裡作祟。揭竿而起在當時未始無其揭竿而起的原因；但是他起來了以後，他又種下了下次揭竿而起的種子了。揭竿而起的時候就是胡鬧混戰的時候，各人心目中都是天子，都是替天行道，都以為非我不成，於是亂殺一氣，殺到最後，剩下了誰，誰就是天子。到了這時，筋疲力盡，於是與民休息的無為政治便出現了。我常想中國這個民族從來沒有有為過，有為的時候是胡鬧的時候，無為的時候是疲倦的時候。胡鬧疲倦，倦醒了再胡鬧，這就是中國的政治史。這就是替天行道的表現史。一直到現在的革命主義還是在作繼續的這個鏈子的夢，國民黨當年是如此，現在的共產黨還是如此。須知人之好為天子，人之好替天行道，誰不如我？照此下去，不混戰胡鬧而何？胡鬧而後，不疲倦而何？我們為打斷這個胡鬧疲倦的因果鏈子，所以必須反對革命主義。須知這種革命主義還是一種野蠻行動，中國不能成為現代式國家就是為此。革命主義與人才主義正相反。只要能革命能胡鬧就是好傢伙，什麼知識、道德、學問都是無用的東西，都是資產階級的把戲，就當該打倒。然而蘇俄到了建設的時候，也知引用專門人才。似這等前後矛盾、出乎爾反乎爾的行動，都是十足的野蠻行動。所以這種革命主義實在是要不得的東西。天下事那有這麼容易、這麼簡單，以為非我幹不可？國民黨就是當年革命主義混戰時剩下來的天子，我們現在因為怕同歸於盡，所以暫且讓他一步，我們不主張直接的軍事革命行動。我們要播下即建設即破壞的種子，我們要打斷胡鬧疲倦的因果鏈子，我們要組織現代式的國家，區區不顧一切而爭一時之短長，實非智者之所為。[79]

革命的路線是牟宗三根本反對的。至於政黨的路線和政府路線，在牟宗三看來，則是缺乏現實基礎而行不通的。對於政黨路線，牟宗三說：「歐美政黨式的路線我們也不贊成，因為這種行動是有組織有基礎的國家裡面所有的現象。中國現在就根本不成為一個國家；既然不成為一個國家，則歐美式的政黨只是以小人作君子，單成了粉飾太平的東西，於內部的組織與健康毫無補益；所以這

79《牟宗三先生早期文集》（下），《牟宗三先生全集》，第二六冊，頁七四三—七四四。

種浮面的行動我們也不贊同。」[80]對於試圖實行所謂統制經濟的政府路線，牟宗三更是不以為然。他認為，「甚囂塵上的統制經濟之政府路線不過是東施效顰的出醜路線而已。」[81]所謂東施效顰，是指簡單盲目地仿效世界上一些較為發達的資本主義國家。所謂出醜，則有四點表現：（一）效法各國資本主義之所為；（二）權力欲之發達；（三）各省經濟割據之形成；（四）局促短淺的眼前應付[82]。牟宗三指出，統制經濟只有在真正先進的資本主義國家才可以實行，所謂「有物可統，起了恐慌，便來統制」[83]。而「中國根本無物可統」，因此，「所謂統制經濟只是隨波逐流，投投時好，於國家社會之根本改造沒有什麼關係的」[84]。

對於從事鄉村建設的所謂「君子路線」的批評，牟宗三的態度既不是像對待革命路線那樣堅決反對，也不是像對待政黨路線和政府路線那樣認為根本缺乏可行性。事實上，牟宗三對於從事鄉村建設的君子路線是基本肯定的。他的批評實際上是指出了當時以鄉村建設為方式的君子路線的種種不足，從而希望有所完善。因此，關於以鄉村建設為途徑的君子路線，牟宗三的批評或者說討論最為具體和充分。他所提出的一整套具體方案，其實也是一種鄉村建設的路線，只不過與當時晏陽初（一八九〇—一九九〇）、梁漱溟（一八九三—一九八八）所代表的鄉村建設有所不同而已。

首先，我們先來看牟宗三對於君子路線的總體批評。他指出：

> 那種君子式的無所謂的行動，雖然入了內部作健康的補救，但我們也認為不能有什麼積極的效果的。可是，我們承認他們的方向是對的，因為他們能實際到鄉村作即建設即破壞的工作。

現在所成問題的是在他們是否能作積極的行動。我所謂積極有兩種涵義：（一）有一貫的大聯絡；（二）有一貫的自覺政策（政治主張與經濟主張），這兩者之中尤以後者為最重要。因為有了後者才容易聯絡，不然則所謂聯絡只是社交的門面話，其效力是非常之式微的。我們看現在作鄉村運動的大半是缺乏這種足以成為積極的因素，因為缺乏這種東西，所以其行動的動機還是窮則獨善其身，在莫可奈何的情況之下作一點人生天職的事業。這種事業是發於不忍之心的慈善家的事業，因為是慈善家的事業，所以所作的事情都是那種遲緩迂闊到萬分，然而卻在某種意義上來說，又是百年大計的根本辦法。這種百年大計的根本辦法就是教育救國論。然而在我們看來，這種百年大計根本則根本矣，其如無限年不能奏效何！這種工作只能在太平時為滋養的預備事業，於處變則不足。所以這種路線到底是君子路線，其本身之精神雖可佩，然而其效果則微。85

80《牟宗三先生早期文集》（下），《牟宗三先生全集》，第二六冊，頁七四四。
81《牟宗三先生早期文集》（下），《牟宗三先生全集》，第二六冊，頁七四九。
82《牟宗三先生早期文集》（下），《牟宗三先生全集》，第二六冊，頁七四九。
83《牟宗三先生早期文集》（下），《牟宗三先生全集》，第二六冊，頁七四九—七五〇。
84《牟宗三先生早期文集》（下），《牟宗三先生全集》，第二六冊，頁七五〇。
85《牟宗三先生早期文集》（下），《牟宗三先生全集》，第二六冊，頁七四四—七四五。

從這一段話我們可以看到，在基本的方向上，牟宗三是肯定鄉村建設道路的，所謂「我們承認他們的方向是對的，因為他們能實際到鄉村作即建設即破壞的工作。」牟宗三所批評的，在於他認為當時的鄉村建設派缺乏自覺的政治與經濟主張，而僅採取一種教育救國論的方式。在牟宗三看來，教育救國論雖然可以說是「百年大計的根本辦法」，但卻「遲緩迂闊到萬分」，「只能在天下太平時為滋養的預備事業，於處變則不足」，以至於他不免發出了「這種百年大計根本則根本矣，其如無限年不能奏效何」的感慨。在一九八三年一月二十三—二十四日刊於《聯合報》的〈漢宋知識份子之規格與現時代知識份子立身處世之道〉這篇講辭中，晚年的牟宗三當提到梁漱溟的鄉村建設運動時，他仍然持這種看法，所謂「鄉村中所要求的建設是農業現代化，增加生產，使農民脫於貧困的狀態，這是需要人力、財力和專家知識的，梁先生那有這些？」[86]事實上，當時最早和最主要的兩種鄉村建設運動的模式，無論是晏陽初在河北定縣以中華平民教育促進會為組織進行的鄉村建設運動，還是梁漱溟在山東鄒平以山東鄉村建設研究院為組織進行的鄉村建設運動，其最初的理念與核心內容都是鄉村教育。只是到了後來才越來越認識到經濟和政治問題的重要性。如果說他們對經濟和政治因素重要性的意識要在一九三五年之後才日漸充分自覺的話，牟宗三在一九三四年就提出的批評，不可不謂有先見之明。

在對君子路線進行了總體批評之後，牟宗三又徵引了當時鄉村建設運動兩位最主要代表人物晏陽初和梁漱溟的一些文獻，將其對鄉村建設運動路線的批評加以進一步的展開。晏陽初曾經在《民間》第一卷第一一期發表過一篇〈農村運動的使命及其實現的方法與步驟〉的文章。在這篇文章中，晏陽初認為，要通過農村運動來實現民族再造的使命，根本途徑在於教育，所謂「中國的農村運動，要實現『民族再造』的使命，其方法非從『實驗的改造民族生活的教育』下手不可」。定縣的鄉村建設運動最初也的確就是鄉村教育運動。但是，在牟宗三看來，這種「十足的君子氣」的「教育救國論」是難以行之有效的。他指出：

這種使命與「實驗的改造民族生活的教育」的方法都是十足的君子氣，其使命方法是如此，那麼其所謂聯合當然也是向這種使命與方法去聯合的。……這種聯合的方法當然沒有什麼不可的地方。只是在這種使命與教育方法之下的農村工作的大聯合，實在也只是聯合而已，於國家社會必不能作一有力的推進。定縣諸君十年如一日的吃苦掙扎，結果還是免不了定縣農村的日趨破產。這種破產的情形可參看《民間半月刊》第一期及第七期李景漢先生的〈定縣農村經濟現狀〉及〈定縣人民出外謀生的調查〉兩文，便可明白。我們固然不能以農村破產與否為一種運動成敗之估定，但是這種農村破產卻能證明教育救國論毫不能影響或改變其環境之惡劣，並也不能阻止這種惡劣環境的固有演變，如定縣農村之破產。所以，農村破產就足以證明教育運動在推動或影響國家社會上是沒有實際效力的。……所以他的聯合也是沒有效力的；換言之，就是他走的路是沒有效力的一條君子路線。所以如果要想有效力，則君子路向必須稍微改變一

86《時代與感受》，《牟宗三先生全集》，第二三冊，頁二六九。

點。[87]

在批評了鄉村建設運動僅僅從事教育之後，牟宗三又對鄉村建設運動缺乏根本方向的認定提出了批評。梁漱溟曾經在《民間半月刊》第一卷第一一期發表過〈鄉村建設幾個當前的問題〉一文，提出了認清路向的重要性和必要性的問題。但是對於鄉村建設的路向問題，所謂「鄉村建設是要建設到那裡去呢？或鄉村建設是要建設什麼樣的社會？」梁漱溟並未給出明確的回答。牟宗三引述了梁漱溟該文中自己對這個問題的設疑，並且說：「梁先生雖說『我不想在這篇文裡作答』，然而於這段話中已含有一種政治制度與經濟制度的追求與憧憬了。」[88]不論梁漱溟當時是否已經有政治制度和經濟制度的追求與憧憬，至少牟宗三當時是的確有政治制度和經濟制度的考慮的。在他看來，沒有這兩方面的考慮，即他所謂「一貫的自覺政策（政治主張與經濟主張）」，單純從事鄉村教育的那種鄉村建設是沒有出路的。因此，牟宗三指出：

鄉村建設運動必須在政治制度與經濟制度的追求下始能發生力量，鄉村建設運動必須在一貫的政治制度與經濟制度的確定下始能發生實際的有效的聯絡。然而，現在的鄉村運動卻還沒有作到這一步，梁先生的疑問只是一個萌芽的疑問，只是一個肇端的啟示。定縣始終如一還是以平民教育為出發點，而鄒平則已有整個的實驗縣為其運用與支配，走他政教合一而最後仍歸於平民教育的路，這即是他們的殊途同歸，而為君子路線所必有的結果。在這種情形之下，梁先生的疑問若不作一個自覺的確定並將其確定作一有效的推動，則鄒平非步定縣的後塵不可。定縣的平教會不能阻止惡劣環境的固有演變，鄒平的鄉村建設也不能使鄒平破其所應破的產，環境一變，他們是乾瞪眼沒有辦法的。[89]

在〈農村運動的使命及其實現的方法與步驟〉一文中，晏陽初曾經有過這樣的慨歎，所謂「國家日日都在危急存亡之秋，國人未嘗不忙，忙學東洋，忙學西洋，忙辦這樣，忙辦那樣，結果怎樣？沒有把根本問題認清，瞎忙了幾十年，又來了一個九一八的大禍，依然是坐以待斃，束手無策。就是九一八事變，到現在也已經三年了，在這三年當中又忙了些甚麼？我看照這樣抓不著命脈，咬不定牙根，無遠大的計劃，無持久的耐力，只是一味的瞎忙下去，再過幾十年，恐怕根本就用不著你忙了。」牟宗三抓住這句話說：

可不是！這段話正好用以自警。若再沒有積極的認定，似這樣迂闊遲緩的百年大計，恐怕不用十年，根本就用不著我們來忙實驗了。這即表示要作鄉村運動，非確定積極的行動政策不

87《牟宗三先生早期文集》（下），《牟宗三先生全集》，第二六冊，頁七四五—七四六。
88《牟宗三先生早期文集》（下），《牟宗三先生全集》，第二六冊，頁七四六—七四七。
89《牟宗三先生早期文集》（下），《牟宗三先生全集》，第二六冊，頁七四七。

可。確定了以後，則你從教育出發也好，從政治出發也好，從經濟出發也好，都可以得到如身使臂，如臂使手的大聯絡。不然，則所謂聯絡只是友誼上的聯歡，沒有什麼大效果的。90

在〈鄉村建設幾個當前的問題〉一文中，梁漱溟曾經就確定積極行動政策的問題提出過三點意思：（一）關於方針路向的認定，請千萬不要逞主觀的理想，哲學的議論。因為這不是盡著我們主觀一面選擇那條路，就可以走那條路的。我們如果提出一種主張，不但要合於理想要求，更要緊的是有其客觀事實的可能。任何一件事能行不能行，都為其相關係的許多條件所規定：其相關係的各種條件自又各有其相關係者在。如是，參伍錯綜，關係重複而複雜，使其可能的路愈窄，只有我們不注意其關係的各方面，或不熟悉不周知其關係的時候，我們才看得東亦可西亦可，海闊天空，任我們走。其實是沒有這麼多的可能的。周圍的形勢所在，早已隱然限定只有一條路。所以我們要是從客觀可能的機會裡實現主觀要求，所採取的方針即是將展開的前途。那麼客觀事實的分析，歷史演變的觀察，就是頂要用心的所在了。（二）鄉村建設有無可能，誠然是嚴重的問題，然天下事常是轉變不定的，逼促地只看眼前這一段，每不免為一時情勢所蔽。要遠從過去推測未來，才能看得通。那麼，仍舊是要在客觀事實歷史演變上用心。（三）總而言之，是要有遠識定見看清前途才行。今日鄉村發達所以喧騰各處，雖大半為鄉村破壞日重日急所刺激起來的。然若就以「救濟鄉村」、「復興農村」為心，那便局促短淺，限於兩種結果：一、太偏乎應付眼前問題，沒有根本方針以事遠大企圖；眼前問題既不會應付得了，更將走錯了路，失了遠大企圖。二、繫心於眼前之得失成敗，容易短氣喪氣，失望絕望而幹不下去。老實說罷，當茲人類社會大改造時代，問題已問到深處，則計劃就要計算到遠處，有企圖便是大企圖，沒有什麼「救濟」可言，沒有什麼「復興」可言；說救濟，說復興便是錯的，今日鄉村已是救濟不了。我們現在所向前走的一步一步，其意義原不在當前而在未來。這未來不是空希望，而是看得見拿得穩的前途。牟宗三認為梁漱溟的這三點意思很重要。在他看來，梁漱溟的三點意思關鍵就是一條，即所謂「其實就是按照客觀的事實決定一條有遠大企圖的唯一可能的路向」[91]。不過，這樣一條有遠大企圖的唯一可能的路向應當是什麼，梁漱溟並未說透[92]。正是順著這一點，牟宗三繼續發揮了他認為要自覺結合政治制度與經濟制度的

90《牟宗三先生早期文集》（下），《牟宗三先生全集》，第二六冊，頁七四七。

91《牟宗三先生早期文集》（下），《牟宗三先生全集》，第二六冊，頁七四九。

92 一九三六年牟宗三由廣州返回北平，熊十力請梁漱溟安置其生活。在鄒平時關於梁漱溟主持的鄒平鄉村建設研究院，據牟宗三本人的回憶，兩人之間有如下一番照面和問答。「吾（牟宗三）即乘回家之便，過鄒平。翌日晨，晤梁先生。問曰：『來此已參觀否？』曰：『已參觀矣。』『汝見云何？』曰：『只此不夠。』彼勃然變色，曰：『云何不夠。汝只觀表面事業，不足以知其底蘊，汝不虛心也。』吾曰：『如事業不足為評，則即無從判斷。』三問三答，不辭而別。」（見《五十自述》，《牟宗三先生全集》，第三二冊，頁九一。）此事牟宗三在一九八三年一月刊於《聯合報》副刊的〈漢宋知識份子之規格與現時代知識份子立身處世之道〉一文中也有回憶。他說：「他（梁漱溟）以前在山東鄒平從事鄉村建設運動。當時我從廣州返北平，熊先生要我藉回鄉之便順道拜訪梁先生，梁先生要我參觀他的鄉村建設。我們見面之三問三答，便談不下去了。梁先生問我：『你參觀了沒有？』答：『參觀了。』又問：『你參觀後感覺怎樣？』我說：『梁先生想以這種鄉村建設的方式解決中國政治問題似乎不夠，做不到！』梁先生很詫異，又問我：『你怎麼說不夠呢？你

主張，作為批評以鄉村建設運動為代表的所謂君子路線的總結：

所以鄉村運動決不可成為「局促短淺」，眼前問題的應付，要有「根本方針」，「遠大企圖」。這種「遠大企圖」就是積極政策化的行動，就是有政治制度與經濟行動。**這種鄉村運動就是政治運動化的鄉村運動**（國翔按：黑體為原文所有）。我們很希望梁先生能早早認定大企圖的路向，並本這個路向作推廣活動，作聯絡活動。我們現在認定政治運動化的鄉村運動就是現在中國客觀事實所隱然限定的唯一可能的路，我們很希望定縣也能作到這樣的自覺與認定，不要死守著那條「實驗的改造民族生活的教育」的路向。如果作到了這一步，則鄉村運動便不算得是盲然，而政治運動也不能算得是空洞。如果這兩種運動不能結合在一起，則兩種運動都變成了局促短淺。結果小問題應付不了，而社會的大改造也歸成泡影。所以，我們現在願本這兩種運動的結合為自覺的目標，去作鄉村運動，去作大的聯結，與大的推廣。這是我們所要喚醒國人的，這也是我們所要使一切作農村運動的團體極力注意的。[93]

所謂政治化的鄉村運動，在牟宗三看來，就是結合政治制度與經濟制度的鄉村運動。牟宗三認為，這種鄉村運動有兩種使命：「（一）替政府作社會之大改造；（二）抽革命主義釜底之薪。這兩種使命結合起來，即是即建設即破壞的策略。」[94]在前文所引牟宗三文中，曾經出現過黑體字的「即建設即破壞的策略」這樣一種說法。事實上，這一表述可以說是牟宗三所主張的鄉村建設運動的基本原則。如果說對於上述當時流行的四種解決中國農村問題路線的批評是「破」的話，牟宗三所要正面「立」的，正是他所謂那種「即建設即破壞」的農村運動。並且，對牟宗三來說，這種農

表面看的不能代表我心中的理想。』我說：『鄉村建設是你的事業，你以為能代表你，才要我去參觀的，既然不能代表你，什麼能代表你呢？旁人無法判斷。』接著梁先生又把我教訓一頓，說：『你不虛心。』這樣我就告辭了。……現在讓我們客觀地想一想他的鄉村建設。鄉村建設究竟是在建設什麼東西？梁先生並沒有一個清楚的觀念，它不能把他的鄉村建設形成一個清楚的概念（clear concept）。當時他把他的鄉村建設要造成一個救國運動。有許多青年人問他參加這個工作需要什麼知識程度，他回答：『不要什麼程度，初中程度就可以，知識越多越壞！』他不要有許多知識，其意就是要別人都聽他那一套。他那一套落實下來，其實就是由明太祖開始留下來的『說聖諭』的工作。……『說聖諭』就是在農閒時把農民集合起來請一些老先生講『孝、弟、慈』的道理，以移風易俗。梁先生的工作就是這新時代的『說聖諭』。……鄉下農民『日出而作，日入而息』，忙得很，每日回到家來還得聽教訓，煩不煩？再說能教訓他們些什麼？建設些什麼？關於農業的知識梁先生實不如一個農民。故孔子說：『吾不如老農，吾不如老圃。』不如農民，還要教訓農民，結果只是騷擾農民。……農、工、商的工作都有其特別的內容與知識，『士』，知識份子，對這些工作一竅不通，還要來教訓人，做教主，行嗎？鄉村中所要求的建設是農業現代化，增加生產，使農民脫於貧困的狀態，這是需要人力、財力和專家知識的，梁先生那有這些？」（《時代與感受》，《牟宗三先生全集》，第二三冊，頁二六六—二七〇）按：牟宗三當時以晚輩的身分敢於當面指陳梁漱溟鄉村建設運動的「不夠」，實由於其此前已經發表過本文所舉的一系列的相關文章、對於中國農村問題已經形成了自己一整套的看法，而並非所謂「不虛心」所致。只是當時梁漱溟未必看過牟宗三的這一系列文章。即使看過，對於當時年僅二十七歲的牟宗三的看法，梁漱溟恐怕也未能認真對待。

93《牟宗三先生早期文集》（下），《牟宗三先生全集》，第二六冊，頁七四九。

94《牟宗三先生早期文集》（下），《牟宗三先生全集》，第二六冊，頁七五〇。

村運動是要通過一些具體的組織農民的方式來實現的。

（二）方式：從經濟方面著手，從經濟關係來組織農民

對於所謂「即建設即破壞的農村運動」，牟宗三並未只是提出一個簡單的口號。究竟什麼是「即建設即破壞的農村運動」？其基本特點是什麼？牟宗三有過明確的說明。如何具體實行這種「即建設即破壞的農村運動」？牟宗三也進行了詳細的討論。

對於如何理解他所謂的「即建設即破壞的農村運動」，牟宗三是這樣說明的：

> 即建設即破壞的農村運動，即是組織農民的運動。組織農民的資具，最具體而有效的莫若從經濟方面著手。換言之，即是從經濟關係來組織農民，聯絡農民，比較是有效果的。經濟組織是其他方面的托命線。從經濟方面聯結再擴展到文化方面的聯結，如教育等，若只從教育文化方面的宣傳來聯絡農民，則農民本身是不容易組織起來的。我們的目的是要藉著農民運動以組織農民而達到建國改造社會的企圖，並不是傳教的方式來灌輸知識宣布精神。你說中國人窮，但生計教育決不足以醫治窮。你說中國人愚，但知識階級的聰明卻只能作壞不能作好，其實農民並不一定就是愚，他心裡是雪亮，只是沒有力量來反抗，不會用文字來表達。你說中國人弱，其實農民的身體也夠強壯的了，弱只是文人的現象並不是農民的現象。你說中國人私，然公的思想決不能在教育上可以養成的，我們讀的書，受的教育，那一句話不是教我們作好，作

聖賢，作偉人，作有道德的人，結果怎樣？越受教育的人越是自私的人，然則以公的精神來教育農民是並不能去掉他們的私的。所以，窮，私，愚，弱是不能以教育能改正的。這種辦法只是道學家的教訓，聽了這個教訓，在當時未始不怦然心動，但時過境遷，仍是依然故我。所以我們認為現在的農村運動必須改個面目，決不可只從教訓式的教育方面來聯絡，我們當從經濟方面來組織他們。這是我們作農民運動者所當時時自覺的一點。[95]

這裡，牟宗三所針對的認為中國人「窮」、「愚」、「弱」、「私」的說法，是來自於晏陽初。一九三一年在平教專科學校開學典禮的講話上，晏陽初曾經提到「一般人民最感困難的」這四個方面的問題[96]。在一九三三年的「中華平民教育促進會定縣工作大概」中，他再次將「窮」、「愚」、「弱」、「私」總結為農村問題中的「四大基本問題」[97]。因此，晏陽初鄉村建設的內容，就是針對「窮」、「愚」、「弱」、「私」而實行的「四大教育」。所謂「四大教育」，就是用生計教育攻窮，培養農民的生產力；用文藝教育攻愚，培養農民的知識力；用衛生教育攻弱，培養農民的強健力；用公民教

95《牟宗三先生早期文集》（下），《牟宗三先生全集》，第二六冊，頁七五〇—七五一。
96 宋恩榮編，《晏陽初全集》（長沙：湖南教育出版社，一九八九）第一卷，頁一七五。
97 宋恩榮編，《晏陽初全集》，頁二四七。

育攻私，培養農民的團結力[98]。顯然，牟宗三上述言論後半部分的批評，正是集中指向晏陽初那種從教育入手的途徑。而牟宗三自己則認為，由於經濟組織是其他方面的托命線，因而農村運動應當首先從經濟方面著手，從經濟關係來組織農民和聯絡農民，然後再擴展到文化方面。這一點，是通過組織農民運動來解決農村問題的基本原則。如此組織農民的運動，也就是他所謂的即建設即破壞的農村運動。

至於如何從經濟方面入手，從經濟關係來組織農民，牟宗三具體提出了四種方式：（一）藉金融的流通；（二）藉商品的流通；（三）藉農業的生產；（四）藉手工業的生產。

首先，讓我們來看何為「藉金融的流通」。當時中國的經濟狀況是都市、農村普遍恐慌，工商業凋敝，只有都市的銀行業不恐慌。銀行業不恐慌的原因正是由於農村的恐慌，因為凡是稍有資產的人都將其資產集中到都市，接受他們資產的便是銀行。當時銀行充實，所謂游資集中都市，就是指的這種情況。但是，銀行業的金融繁榮必須基於農工商各實業之上，通過流通而獲得。如果農工商各實業不繁榮，只有都市的金融繁榮，那麼，這種繁榮就不是真正的繁榮，資金不得流通，淪為死板的貨幣，充其量不過專為消費帝國主義國家的商品而用，結果就像人得了血栓一樣。這種危險，銀行界很明白，因此當時全國普遍有一股投資農村的聲浪，銀行界也大肆活動。其目的正是要使從農村集中到都市的游資重新歸於農村，繁榮農業，從而實現真正的金融流通。牟宗三指出，這種辦法就叫做藉金融的流通以復興農村。而在他看來，也可以通過這種金融流通的方式來組織農民。

牟宗三詳細徵引了上海《時事新報》一九三四年一月一號、三月二十二號、三月二十四號、五月十五號、六月十八號的五條材料以及《申報》五月十九號、六月九號的兩條材料，以具體、大量的資料和實例說明了當時銀行界投資農村的運動過程和救濟農村的概況。牟宗三指出，從這些資料和實例可以看到，當時銀行界鑒於農村枯竭與銀行膨脹的局面，急於向農村輸血，其動機與熱情固然蓬勃一世，但具體的救濟方法實質上不外是貸款而已。對於都市銀行向農村貸款的各種具體方式，在《銀行週報》第一八卷第二九期〈如何使上海游資及外國餘資流入內地以為復興農村準備〉一文中，馬寅初曾經歸納為六種：（一）自設機關；（二）設立農民銀行；（三）辦理跟單押匯；（四）收買內地期票；（五）銀行委託內地著名商鋪代為收放款項；（六）組織信用合作社，並對每一種方式均以實例加以說明。在援引馬寅初總結的這六種方式的基礎上，牟宗三進一步指出：

> 以上六種方式中，前五種只是銀行方面的流通方式。唯第六種即合作社才能算是農民中的團體組織。……此種合作社的組織才是聯結農民的機會，金融是血，現在農村患貧血症，都市患腦充血，我們必須聯結銀行界，並使銀行界互相聯結，以使集中於腦中之血散布於四肢，我們就藉著這種散布的機會以組織農民，在四肢血到之處必使各細胞成一種鮮紅自覺的有力組織。各自覺的有力組織之大聯合便是整個身體之再造，便是新精神出現之基礎，改造社會，建設國

98　參見晏陽初，〈中華平民教育促進會的演進〉，《晏陽初全集》第一卷，頁四三四。

家必於此始。[99]

至於合作社的組織形式，《時事新報》曾經在記載上海銀行農業貸款的辦法時分為五種：（一）運銷合作，（二）信用合作，（三）農業倉庫，（四）農民抵押借貸所，（五）合辦事業。所謂「合辦事業」，即上海銀行與北平華洋義賑會合辦的農業貸款事業。具體方法是由上海銀行提供資金，再由北平華洋義賑會貸給農民。牟宗三也列舉了這五種合作社的形式。而由上引文字可見，在牟宗三看來，通過各種合作社的方式將農民聯結起來，即是所謂「藉金融的流通」來從經濟方面組織農民的方式。

其次，我們來看牟宗三所謂的「藉商品的流通」來組織農民的方式。牟宗三指出：「所謂商品流通，即是商品販賣或運銷之意。藉商品流通以組織農民，最顯然的表示就是現在風起雲湧的運銷合作社之組織。合作就是組織的基礎。」[100]而對於以商品流通為目的的運銷合作社，牟宗三又認為可以從兩個方面來著眼：「一為農業產品之運銷，一為商人市場之買賣。」[101]

關於農產品的運銷，牟宗三是以當時較為常見的棉運合作為例加以說明的。在他看來，「如沒有合作的組織，則許多作為運銷障礙的不方便都發生了，」「有了合作的組織，不但運銷的手續簡單，即金融的匯兌流通也簡單了，敏捷了。」[102]他一共舉了三個例子。一是山東鄒平鄉村建設研究院倡辦的梁鄒美棉運銷合作社；二是上海銀行先後與金陵大學及華洋義賑會所組織的合辦事業；三是在河北深澤縣梨元村由華北工業改進社幹事盧廣綿指導運營的西河棉運合作社。牟宗三指出，在一九三三年，與（二）有經濟關係的運銷合作社共計七處，其中屬於棉花運銷性質的有六處，分布於湖南津市、陝西永樂區、江蘇東台、江浦、浙江餘姚、安徽和縣等地。剩下的一處屬於雜糧運銷，在江蘇蕭縣。至於（三），牟宗三認為尤其值得注意。這個合作社沒有政府機構、文化機構和金融機構的指導與幫助，完全只是由盧廣綿個人促成的農民組織。因此，牟宗三覺得這種辦法是「我們所當極力仿效的，也是有為的青年所當極力注意的。」[103]他還指出，這三個合作社在一九三三年度經合作運銷的棉花一共有二萬八千餘擔，代表棉田四萬六千畝以上。基於這些資料，牟宗三認為，「這些組織如果能有一貫的自覺的大聯絡，則不但是經濟的出路，而且也是社會改造與國家建設的出路之基礎。」[104]

關於商人市場的買賣，牟宗三以中國社會古已有之的幫行制為例加以說明。牟宗三認為，雖然在幾個大都市中出現了資本主義的新式組織，但中國傳統的習慣和組織仍然在全國範圍內廣泛存在。那種傳統的組織就是幫行制。幫行制相當於基爾特制，並不是某個國家特有的現象，而在世界

99《牟宗三先生早期文集》（下），《牟宗三先生全集》，第二六冊，頁七六一。
100《牟宗三先生早期文集》（下），《牟宗三先生全集》，第二六冊，頁七六一。
101《牟宗三先生早期文集》（下），《牟宗三先生全集》，第二六冊，頁七六二。
102《牟宗三先生早期文集》（下），《牟宗三先生全集》，第二六冊，頁七六二。
103《牟宗三先生早期文集》（下），《牟宗三先生全集》，第二六冊，頁七六三。
104《牟宗三先生早期文集》（下），《牟宗三先生全集》，第二六冊，頁七六三。

各地普遍存在。他強調說：「中國現在的經濟機構，都市雖似漸入資本主義的階段，而廣大的內地經濟仍然是中世紀式的。所以這種幫行制，在社會上仍有我們注意的必要。」[105]並且，根據葉樂群在《復興月刊》第三卷第一期發表的〈我國幫行制史的發展〉一文的研究，牟宗三將幫行的組織分為六種，對其來龍去脈進行了詳細的說明：

（一）幫。幫為留居異鄉之同鄉商人團體，他們或搬運自鄉之產物賣於他鄉之市場，或自他鄉購買貨物販賣於自鄉，或在他鄉設立店鋪幫行一定的營業，從事於其所欲的業務。此等留居異鄉之同鄉商人團體便稱之曰幫，如所謂寧波幫、湖南幫、四川幫、河南幫等是；但幫不必只限於異地人之組織，異業人之組織亦稱曰幫。故幫一方為留居異鄉之同鄉商人團體，一方為同業商人團體，而職人即手工業者所組織之團體亦稱之曰幫。

（二）行。行向為「行列」之意。因之用為陳列市列之意，昔時同業商店排列於市之一定場所，不特其組合稱之曰行，即其街亦曰行；又因一定之商品列於一定之店鋪，商店亦稱之曰行。此風至今猶存。蓋亦本於「方以類聚，物以群分」之理故也。以後「行」又逐漸分而為兩種意義；（一）行家。以買賣米業者曰米行，以買賣菜業者曰菜行，他們或為他人買賣貨物，而以自己名義經營，或全為自己買賣貨物，或為客戶設備倉庫，或為客商運輸貨物，或為客商辦理通關手續，或為客商收付代金。現代的客棧、驛馬店或其他類似的莊號，即由此脫化而出。（二）牙行。牙行為媒介營業者，現在所叫做經紀人的便是。其發生甚早，因時代之推移而名稱亦各異；呼曰「駔儈」、「牙儈」、「牙行」、「牙店」、「牙紀」。駔為駿馬，儈為會員，駔儈向指以買賣馬為業之批發商，後遂用於一般批發之義。牙向指天子之居處或一般官府而言，因之「牙儈」應視為官設駔儈之意，後應用於一切事業，不必指馬而言，故曰牙行，曰牙紀，曰經紀。牙行之職務，為奉官設立以調劑商業價格之平衡，向係立於買賣兩者之間，估定貨物價格，按照其額而收牙錢。官設之意，無非欲明悉來往客商之姓氏籍貫、數目，以及貨物質量等情，免掉偷關漏稅之作弊。以後其業務逐漸擴張，不僅居間作批發事業，且兼詢問所業，或更受商人之委託自行買賣貨物，或代商人收付貨金，或搬運貨物，或代行通關手續，或設倉庫而保管貨物，或備客室而使商人寄宿；於是其所行之業務愈形廣泛，而牙行因有多數買賣寄宿，恰若為此等商人之合宿交易所。如是，牙行因盡其力之所及企圖客戶便利，不通異地情形之客商亦得安全往來各地市場而經營商業，此種職務已與第一種「行家」之意漸相合一，並與現在之運銷合作社亦一般無二。

（三）會館。此為留居異地之同鄉人以圖互相親善及救濟為目的所組織的一種基爾特。

（四）公所。此為工商業者為增進其本業之共同利益所組織的同業組合事物所，亦稱公會。

（五）公議會。為中國舊式工商業者團體之一種，會館為一都市同鄉客商之基爾特。公所為同業工商業者之基爾特，公議會為包括此兩者之一都市全工商業者的基爾特。其稱呼亦各不一

105《牟宗三先生早期文集》（下），《牟宗三先生全集》，第二六冊，頁七六三。

定，曰公議會，曰商會局，曰商務公所，大半因地而異。其組織之動機，對內作異鄉異業之聯絡，對外為維持自己之利益，譬如參加市政、干涉內政外交等。

（六）商會。即商業會議所組織的一種公法人之商政機關，與公議會之作用大略相同。106

由於這種幫行組織在中國社會尤其農村廣泛存在並發揮著巨大的作用，所以商人市場的幫行制其實是一種重要的商品流通的組織方式。正是因為這一點，牟宗三將其視為運銷合作社之外又一種藉商品流通來組織農民進而改造社會建設國家的重要途徑。恰如他所謂：「統觀以上幫行之組織實為商品運銷之聯絡線，其在各方面之效用與勢力頗大，我們要合作運動，不妨參與其中，即以之為合作組織之基礎，改組之，運用之，支配之，以成為合理的一貫的組織。他們的公議會可以干涉內政，加以堅強的聯絡，獨不可以改造社會建設國家嗎？這要看我們活動的怎樣了。」107

第三，我們來看牟宗三所謂「藉農業的生產以組織農民的方式」。在三〇年代的中國社會，事實上已經存在一定的合作社形式，但主要都是信用合作社、運銷合作社和消費合作社，生產合作社較為少見，而以農業生產為目的的合作社更是少之又少。牟宗三所謂「藉農業的生產以組織農民的方式」，其實就是要建立農村的生產合作社。農村生產合作社在當時為數甚少，關鍵在於土地的問題。在土地私有的情況下，尤其是土地分配零碎的情況下，在農民之中推行合作生產是很難做到的。這也是當時國共兩黨幾乎一致提倡平均地權以求解決農村問題的關鍵所在。牟宗三也看到了在土地私有制下合作生產的困難，但是，牟宗三對於國民黨政府推行平均地權、節制資本的民生主義是持批評態度的，他說：

國民黨以平均地權相號召；但只注目於平均，結果空嚷了一氣不兌現的平均宣傳，而未注意到生產，所以他不能藉生產合作以促成平均。平均地權、節制資本的民生主義完全是受了共產黨潮流的影響，以為共產是時髦的，所以我們也主張共產；以為打倒資本主義是時髦的，所以我們也主張節制資本。他並沒有觀察到社會的裡邊去，他並沒有認真想著去作經濟的建設以促成社會的改造。他們只想打天下奪政權而隨聲附和共產黨的經濟破壞以平均地權，節制資本，其實他何嘗作到了一點？破壞也未作，建設更談不到，只作了些殘酷的內戰，鬧成了現在的局面。[108]

在牟宗三看來，從事社會改造，必須注目於經濟建設。而要達到經濟建設，必須從生產合作入手。雖然在土地私有、土地分配零碎的情況下生產合作十分困難，但並非不可能，尤其是如果有了前述的金融合作和運銷合作，生產合作就是順理成章的。牟宗三指出：

106 《牟宗三先生早期文集》（下），《牟宗三先生全集》，第二六冊，頁七六三—七六五。
107 《牟宗三先生早期文集》（下），《牟宗三先生全集》，第二六冊，頁七六五。
108 《牟宗三先生早期文集》（下），《牟宗三先生全集》，第二六冊，頁七六五。

從另一方面著想，我們可以說，有了金融的合作、運銷的合作，不愁沒有生產的合作。只要前兩種作好了，引起了農民的興趣，則自然會引他們入生產合作的門，因為誰不願增加生產？誰不願事半功倍？而這兩種好處，又除非合作不能辦。所以生產合作並不是不能辦的。[109]

至於具體的辦法，牟宗三認為可以「由其他合作開導而轉入，其種類或由自耕農自動的組合，或與地主合作而集中佃農的組合，或承辦官產，或耕種廟產，組一以試驗，由試驗而推廣。」[110]並且，牟宗三還舉了一九三四年五月十一日《天津益世報》所載定縣通訊報導的定縣小陳村合作社的消息，作為論證其所述辦法的例證。定縣小陳村的經驗是這樣的：

本縣一區小陳村合作社，近鑒於耕種合作之利益，特召集村人集合私田，辦理集團農場，俾利用科學生產方法以增加生產，解決農村經濟之恐慌，當經村民全體同意，遂正式組織一合作農場委員會，議決耕種合作辦法，由村中租地百畝為農場根本地畝，其餘私人可自由加入。現已向中國銀行借款一千五百元，以備該農場購置生產工具之用。現該村私人參加者，已達二十餘戶，少數富庶農家，因不詳其利害，尚持觀望態度。聞該農場，先定實驗種棉，且開養豬場及粉房以為副業，苟本歲辦理有成績時，來年必有空前之擴充與發展云。[111]

這種生產合作的方式，關鍵在於集合私田，辦理集團農場，由村民組成的合作農場委員會討論決定合作耕種的辦法。對此，牟宗三十分清楚。因此，他在援引小陳村的經驗為例後當即指出：「這實在是一個可模範的辦法。農業生產的合作，就是集合農場的成立。集合農場一成立，就是建設社會主義國家的基礎。蘇俄能做到，我們獨不能做到嗎？唯於此，始可言平均，始可言經濟建設。」[112]

最後，我們再來看牟宗三所謂「藉手工業的生產以組織農民」是怎樣的一種方式。在牟宗三看來，在當時的中國農村，除農業耕種以外的一切副業都可以稱之為手工業。而提倡農村手工業的合作，目的在於「藉此以維持農村自給自足的局面，減少農村的破產性」[113]。前文曾經提到，牟宗三在〈中國農村經濟局面與社會形態〉一文中曾經引用過楊慶堃刊於一九三四年七月十九日《大公報鄉村建設》第一四期的〈市集現象所表現的農村自給自足問題〉一文，對楊慶堃的結論有所批評，認為楊慶堃的說法有未盡之處。不過，在提倡通過手工業的生產來組織農民這一語境中，牟宗三同樣引用楊文對於中國農村自給自足經濟局面的描述和判斷，則更多地是在肯定的意義上。楊慶堃的觀察僅以魯中的鄒平為例，而牟宗三則認為，「實在說來，不但魯中如此，即魯東、魯西亦莫不如

109《牟宗三先生早期文集》（下），《牟宗三先生全集》，第二六冊，頁七六六。
110《牟宗三先生早期文集》（下），《牟宗三先生全集》，第二六冊，頁七六六。
111《牟宗三先生早期文集》（下），《牟宗三先生全集》，第二六冊，頁七六六。
112《牟宗三先生早期文集》（下），《牟宗三先生全集》，第二六冊，頁七六六—七六七。
113《牟宗三先生早期文集》（下），《牟宗三先生全集》，第二六冊，頁七六七。

此。其實那種與外部的依存，遠不如自給自足的勢力占著主要的支持的地位。我想內地各省更是如此吧！」[114]但是，牟宗三畢竟沒有只看到自給自足這一面。對他來說，提倡手工業的合作以維持自給自足只是第一步。在此基礎上，進一步則是要以集團的生產從而轉化為機器化的工業為目標。這也是所謂「即建設即破壞」的整體策略的一個環節。對此，牟宗三明確指出：

> 現在中國的農村，天災人禍區不算外，大部分在衣食住的生活資料方面是可以自足自給的；那種不能自足自給的，只是表示著他是資本主義商場的消費員，並不能表示著中國經濟的日趨破產，鬧成只消費不生產的局面，並不能表示著中國社會真正到了資本主義式的物質生活。在這種局面下，第一步的自救便是發展農村手工業以維持自給自足。第二步便是作合作的組織以期達到集團的生產而成為機器化的工業。這便是即建設即破壞的過程中的蛻變政策。[115]

陳一曾經在《中國經濟》第二卷第七期上發表過一篇〈發展農村經濟提倡農村工藝概要〉的文章。其中，作者通過自己在江蘇無錫農村的調查工作，指出無錫四鄉許多農村通過農村工藝而避免了流離或破產的境況。這一事實，成為牟宗三提倡藉手工業的生產以組織農民的例證。在牟宗三看來，許多農村手工業，諸如弓弦、打席、線麻、剝燈草、裝蓑衣、削竹品、泥玩具、花邊、竹掃帚等，都可以成為農民維持生計的方式。在此基礎上，「再加以擴張與訓練，則可由自給而出售多餘，漸進為商品化，由商品的動機可以進而為集團的經營。『集合全村鄰村所有人力、經濟、信用、物質、共同合作，公社生產場，以村人的公產供村人的需要，並可使農業與工業者，以共存共榮的觀念，互相提攜，達產業復興目的。』（國翔按：這是牟宗三引陳一文中的話）由集團經營，便可以由手工業轉而為機械工業。集團經營的成立，也必須有合作的組織，始可宣導與推廣。」116這就是通過手工業的生產來組織農民的具體方式。

總之，由以上考察可見，牟宗三提出的組織農民的四種具體方式，從根本上可以說是一種經濟合作化的思路。在這種思路中，合作社是基本的組織方式。

（三）目標：結合資本主義與社會主義、建立國家社會主義的計劃經濟

就牟宗三而言，從經濟方面著手、通過各種經濟方式來組織農民，當然是為了要解決當時中國農村的問題。然而，上述種種組織農民的方式還只是手段，並不是最終的目標。對於中國農村問題乃至整個中國社會的問題來說，牟宗三其實有他更為通盤的考慮。換言之，採取多種經濟方式組織農民來解決農村問題，最終是要以中國廣大的農村社會為基礎，兼採資本主義與社會主義雙方之長而避其所短，建立一種國家社會主義的計劃經濟。牟宗三在批評鄉村建設運動時之所以一直強調要

114《牟宗三先生早期文集》（下），《牟宗三先生全集》，第二六冊，頁七六八。
115《牟宗三先生早期文集》（下），《牟宗三先生全集》，第二六冊，頁七六七。
116《牟宗三先生早期文集》（下），《牟宗三先生全集》，第二六冊，頁七六八。

有所謂「一貫的自覺政策」，關鍵就在這裡。對於社會主義和資本主義各自的合理性與問題，以及所謂「國家社會主義的計劃經濟」，牟宗三都有他自己的理解和規定。

在當時中國內憂外患的局勢下，牟宗三從經濟入手組織農民從而建立國家社會主義計劃經濟的方案是否可行，其實是需要一些條件而可以質疑的。就像對於土地私有制下組織農民合作生產的困難不無認識一樣，對於其方案可行性的疑問，牟宗三本人也有充分的自覺。他以設問的方式自己提出了兩個關鍵性的疑問，然後進行了回答。

第一個疑問，是治安問題與政權問題。當時的社會治安問題，譬如兵災、匪災的問題，對於農村社會的干擾和破壞是極其嚴重的[117]。而政權問題，對於鄉村建設的推行，也十分重要。沒有政府的支持和直接參與，僅憑各民間團體，鄉村建設運動是步履維艱的[118]。對此，牟宗三的回答是這樣的：

> 內地不安靖，國家不統一，合作的建設能作得穩嗎？政權不到手，合作的建設能作得通嗎？這固然是疑問。但我們既認為這是（國翔按：指從經濟方面組織農民）運動的策略，所以我們並不夢想這一運動就可以馬上脫民眾於苦海。我們的目的是在喚醒國人，是在使國人有自覺，是在藉著運動找得建國的本錢。我們在這種目的之下，當然希望當局能夠修明政治，永息干戈。萬一不能到此，我們也仍是埋頭作下去，自然會有民眾自覺地出來制裁他的那一天。所以統一更好，不統一我們也不必懊喪，我們自然有我們的一貫做法。至於政權問題，更不必介

意，我們不能因為得不著政權就不作事。我們的目的是在作事，是在遠大的計劃的實現，並不在一時的官欲的滿足。若只想滿足一時的官欲，則根本就說不上是一個運動。[119]

第二個疑問，就是關於革命的問題。在當時的共產黨人看來，中國當時之所以陷入困境，關鍵在於軍閥、封建勢力和帝國主義。只有打倒這三樣東西，才能從根本上解決中國農村乃至整個中國的問題。而要打倒這三樣東西，革命和暴動是唯一有效的辦法。如此看來，不走革命的路似乎是不行的。前文我們已經談到，牟宗三對於革命的路線是堅決反對的。因此，對於這種看法，他的回答也很明確。他說：

117 軍閥部隊對戰區人民的掠奪甚巨。如一九二八奉晉軍閥在河北混戰後，敗兵對定縣大肆掠奪，農民損失慘重。具體數字參見李景漢編，《定縣社會概況調查》（中華平民教育促進會，一九三三年初版，中國人民大學出版社，一九八六年重印），頁七七五。土匪給農村百姓生活帶來的災難同樣深重。一九三〇年胡漢民在《中央半月刊》第二卷第二四期的一篇演講詞中曾經慨歎土匪之猖獗說「目前國內匪患之烈，已經破了民國以來的記錄。」陳翰笙則曾經在〈難民的東北流亡〉中列舉了一些匪患給農民所造成的損失的具體數字。參見陳翰笙編，《解放前的中國農村》，第二輯，頁四六三—四六四。

118 例如，金陵大學農學院在安徽和縣烏江村設立的農業推廣實驗區由於起先未與當地政府合作，以致難以展開，甚至雙方發生衝突。參見孫友農，〈安徽和縣烏江村建設事業概況〉，章元善、許仕廉編，《鄉村建設實驗》（中華書局，一九三五），第二集，頁二一一—二一二。

119 《牟宗三先生早期文集》（下），《牟宗三先生全集》，第二六冊，頁七六九。

對此疑問，很易答覆。須知天下聰明並不盡中於共產黨。姑勿論這三種東西不必是根本問題，即便是根本問題，也未必就非對此三種東西拚命不可。譬如殺人者固然是甲，但你卻不必即以殺還之於甲，你可以訴之於法庭；私相殺殺，兩敗俱傷，訴之於法庭者我們能說他沒認清問題嗎？[120]

客觀而論，牟宗三這裡對於革命必要性的回應過於簡單。對於軍閥、封建勢力與帝國主義這三大癥結的嚴重性，牟宗三的認識不免有所不足。如其所舉訴訟之例，牟宗三是希望通過理性與和平的方式來解決問題的。但是，在當時的局勢下，強權壓倒公理，無論國內還是國際恐怕都難以找到伸張正義、理性與和平解決問題的地方。在這個問題上，牟宗三的認識與他所批評的以鄉村建設派為代表的所謂「君子的路線」其實相去不遠。雙方提供的方案之所以都未能真正解決中國農村的問題，中國社會的演變之所以並未如他們所設計和預期，不能不說是有其歷史必然性的。

如果說牟宗三解決農村問題的根本路線可以稱之為合作社道路，那麼，在對兩個可能的疑問做出了回答之後，牟宗三援引了十月革命後蘇聯合作化道路中的經驗，對其思路進行了論證。在牟宗三的援引和相關說明中，蘇聯合作社的經驗甚至成為中國農村合作化道路所當仿效的對象。這一點很有趣，對牟宗三這樣一個自始至終在學理上不能接受馬克思主義、共產主義的人來說，蘇聯經驗居然值得借鑒。這顯然說明，無論對共產主義持何種態度，蘇聯的經驗已經在無形中成為當時中國廣大知識人普遍的一個參照對象。

牟宗三所援引的蘇聯（他稱為「蘇俄」[121]）經驗，包括兩方面的內容。一是要說明合作社是使農業國逐漸發展為工業國、分散的手工業逐漸發展為有計劃的機器工業的有效和必要步驟。一是要說明合作社的最終發展不必一定導致絕對的國有化和集權式的國家管理。

根據當時世界書局出版的黃卓的《蘇俄計劃經濟》一書，牟宗三介紹了蘇俄如何通過生產合作社的組織來解決傳統手工業與發展國家計劃經濟之間的矛盾。牟宗三指出，在十月革命之前，俄國是一個農業國家，與當時的中國十分相似。農業國的特徵之一就是小規模的手工業在全國的生產制度中占有重要的地位。由於大規模工業的不發達以及交通的不便，農村中便有從事手工業的農民，城市中也有從事手工業的工匠。在十月革命以後，隨著大規模工業的發展，手工業逐漸萎縮。一九二四年手工業的生產尚在全國工業生產總值中占據百分之五十，到了一九三〇年，手工業的生產已經不到總額的百分之十。不過，雖然手工業的規模日益縮小，卻並不能完全將其消滅掉，因為日常消費品的輕工業還需依賴手工業。由於手工業的私有性質及其本身是一種不經濟的生產事業，加之手工業者多半是小資產階級或準小資產階級，因此手工業仍然構成整個計劃經濟的障礙。在這種情況下，蘇俄政府所採取的兩全其美的辦法，就是將各個獨立的手工業者聯合起來組成生產合作社，

120《牟宗三先生早期文集》（下），《牟宗三先生全集》，第二六冊，頁七六九—七七〇。

121「帝俄」與「蘇俄」是三〇年代知識人經常使用的兩個概念，前者指十月革命之前沙皇時代的俄國，後者指十月革命之後蘇維埃政權下的俄國。

使手工業由私有企業逐漸變為政府管理的國有企業。如此便不再構成計劃經濟的妨礙。在這種新的制度下，手工業的資本大部分由政府提供。隨著資本的增加，手工業就可以逐漸採用機器，改善生產方法從而進化為機器工業。如此一來，手工業方面的合作社組織和農業方面的集團農場就一道構成社會主義經濟的重要組成部分[122]。顯然，對牟宗三來說，這樣一種經驗是很值得中國的合作化道路加以借鑒的。

合作社的目的是要使傳統的小農和手工業經濟逐漸過渡到現代的社會主義經濟。但是，在合作化運動的過程中，合作社的最終發展卻不必發展成為純粹國有的性質和絕對國家管理的模式。十月革命後蘇俄社會合作化的演變過程，便說明了這一特徵。牟宗三指出，根據當時魏學智翻譯的尼亞林、哈代合作的《蘇聯的經濟組織》，蘇聯社會合作社的演化大體是這樣的：

> 在大戰和布爾什維克革命之前，合作運動在俄國已有了很深的根基。在一八六四年，中產階級已經組織了消費合作社。後來勞工也組織了消費合作社，但他們的發起人卻是雇主階級。共產黨得了政權之後，便和這些合作社立在仇視的地位。一九一八年四月十二日，蘇維埃政府公布了第一道關於合作運動的法令。這法令雖則還保持著合作社的獨立，卻將權力授予國家經濟機關，讓他利用合作社來購買和分配他們所需要的貨物，一九一八年十一月二日，又公布了一道法令，迫令各個消費者都需要加入蘇維埃商店或合作社。一九一八年十一月二十九日，又公布了法令，終於禁止一切反革命者以及中產和雇主階級被選為管理或主持合作社的人。一九一

九年，政府又決定一切合作運動都須作為無產階級整個活動中的一個輪子，不能只追尋他自己的合作的目的。以上是純粹共產主義時代的合作社，但是，到了各國武力干涉和內爭時期停止以後，合作社又逐漸的得著了獨立的、不受國家機關管轄的購買或銷售的權利。一九二一年四月七日公布的法令，雖然繼續將合作社當作國家貿易的輔助機關，雖然仍舊保留著強迫入社制；但卻把權柄授予合作社，讓他們公開地在市場上經營商業，並替政府購買定貨。最後，在一九二二年十一月十七日，政府將收歸國有的財產又歸還了他們，並且此後不許再收歸國有了。在一九二三年和一九二四年中尚有其他政策的變更，如強迫入社制的廢除，舊日的合作社的分類（消費、農業、工藝、信用）之重新採用，政府維持費的終止給付，在組織上和活動上合作社的獨立權之取得。凡此等等，皆在質上起一大變，合作社將不是純粹共產時代的合作社了。[123]

由此可見，蘇俄社會合作社的演變可以說經歷了三個階段。從一八六四年到十月革命之前，合作社在俄國社會已經自發地出現。這是第一階段。十月革命後從一九一八到一九一九年左右，蘇維埃政府一步一步改造了合作社原來私有和獨立的性質，將其強制性地納入到國有經濟的結構之中。

122　參見《牟宗三先生早期文集》（下），《牟宗三先生全集》，第二六冊，頁七七〇—七七一。
123　《牟宗三先生早期文集》（下），《牟宗三先生全集》，第二六冊，頁七七一—七七二。

所謂純粹共產主義時代的合作社，就是指這一時期的合作社。這是第二階段。外國干涉和內戰停止之後到一九二四年，合作社又逐漸恢復其私有化的性質和獨立組織與經營的權利。這是第三個階段。該階段是一個逐漸脫離純粹共產主義的時期。

就這三個階段而言，牟宗三特別強調的是第二階段到第三階段的轉變。在牟宗三看來，這是所謂「質上起一大變」。這種轉變在社會主義經濟建設中頗為重要，也是由不合於人性到漸合於人性的表現。對於這一質的轉變的重要性尤其是對於中國發展合作化道路的重要意義，牟宗三有如下的說明：

由以上的情形，我們可知合作社的組織在建設社會主義的程度中是如何的重要，並也可知蘇俄政府的合作社是怎樣的漸合於人性。其初是絕對的國家管理，後感覺到無謂的濫管，實無多大的利益，隨又予以獨立的自由，到此我們可知絕對的共產是辦不到的，而且也實在是無意義，不過是權力欲發達的無事忙而已，忙到結果也終會感覺到這種辦法實在是無謂的白費力氣，隨又恢復原來狀態。所謂蠻幹，其實就是盲動，即指此而言。此風一成，流到中國，還是不知般鑒，真是無理性之極。所以我們現在的合作運動，決不可存著這個念頭。現在中國的情形，和蘇俄革命以前的情形一樣，都是農業與手工業的國家。共產黨以無產階級為去取的標準，然而須知在農業與手工業的國家裡，根本就不易找到無產階級。普天之下，大半都是小資產階級，你把它先根本推翻了而又扶起來，這有什麼意義？所以我們決不同於共產黨，先去攪一番，然後再恢復；我們是以扶助他們造產為念頭，以指導他們去組織為動機，以漸進於生產方式的蛻變為目的，而達到最後的國家建設與社會改造的企圖，這是即建設即破壞的路向。124

中國社會的發展，並沒有能夠按照牟宗三的預期和希望。二十世紀三〇年代以後中國歷史所選擇的道路，反倒恰恰是牟宗三所最為反對的革命的道路。然而，新中國的建立或許標誌著革命道路的成功，但國家建設和社會改造的目的是否隨著革命路線而最終實現了呢？反思建國以後中國合作化的道路，尤其是改革開放之前到改革開放之後的不得不然的轉變，對照上述蘇聯的經驗，我們不能不說牟宗三所謂「不知殷鑒」的批評具有某種先見之明。事實上，如果我們進一步考察牟宗三對於資本主義和社會主義的分析以及他所規定和提倡的所謂「國家社會主義的計劃經濟」，我們就會看到，牟宗三基於結合資本主義的「自然的合理主義」與社會主義的「當然的合理主義」而提出的國家社會主義計劃經濟的構想，和我們在十年浩劫之後改革開放的過程中逐步總結出來的社會主義的市場經濟相比較，二者之間似乎不無異曲同工之處。

在二十世紀三〇年代，社會主義思潮普遍為廣大知識人接受，資本主義一時成為眾矢之的。但是，就是在那種氛圍下，牟宗三仍然能夠從學理上正視資本主義的某些內在合理性，而不是順俗浮說，做簡單和情緒化的批判。他說：

124《牟宗三先生早期文集》（下），《牟宗三先生全集》，第二六冊，頁七七二—七七三。

須知社會主義乃是為挽救資本主義的病態出的。資本主義，從根本上說，也是基於合理主義的：個人的、自由的、比賽的，各竭所能，各享所得，並沒有作土匪搶劫得來；不過比賽的結果，時有不合理的現象發生，然而所謂不合理也只是不合道德之理而已。鄉間人把日子過去了，只能忌恨人家富，並未怨恨富人把他的田產搶去了，只能埋怨自己不好好過，卻從未埋怨說人家叫他窮了。所以窮的結果只有鋌而走險去搶劫的心理，卻沒有奪回財產去復仇的心理。古人云：「匹夫無罪，懷璧其罪」，就是基於這種合理主義之上的現象。就是現在的資本家也是如此。按著道德法律說，你總不能把資本家拉來審問說：因為你是資本家，所以你犯罪，所以我要判你死罪。窮人因搶他可以打死他，法律卻不能說出他有死罪的話來。說到這裡，共產黨們又可以說：你須知道道德法律是統制階級的工具呵！但是我說，設立道德法律之本意並不是專為資本家而設，它乃是一切都可以應用的。125

出於這種理解，牟宗三對於資本主義和社會主義提出了所謂「自然的合理主義」與「當然的合理主義」的說法：

根據以上討論，我們可以說資本主義的合理主義是自然的合理主義，社會主義的合理主義是當然的合理主義。前者是合科學之理，後者是合道理之理。前者是自然的趨勢，後者是發自於不忍之心。前者是獸性，後者是神性。前者是無所謂的，後者是有所謂的。前者是放任的，後

> 者是拘束的。社會主義就是來拘束的，社會主義就是來拘束資本主義放任之流弊的。這個時代就是拘束的時代，也就是一切都要人的理想來管一管的時代。[126]

社會主義在當時是思想界的主流，這一點牟宗三並不例外。所謂「這個時代就是拘束的時代，也就是一切都要人的理想來管一管的時代」，也正說明了這一點。但由於牟宗三同時還能夠對資本主義的合理性有充分的認識，所謂「資本主義，從根本上說，也是基於合理主義的：個人的、自由的、比賽的，各竭所能，各享所得，並沒有作土匪搶劫得來；不過比賽的結果，時有不合理的現象發生，然而所謂不合理也只是不合道德之理而已。」因此，他所提出的國家社會主義的計劃經濟，其實基於一種試圖結合資本主義和社會主義雙方合理性而避免其不合理性的構想。

對於他所理解和規定的國家社會主義計劃經濟，牟宗三總結為以下六個特徵：

> （一）所謂計劃也是對付自然活動之病態而產生的。
>
> （二）因為**自然的合理主義**（國翔按：黑體為原文所有）之發於人性而不可磨滅，故確定資本主義之限度；凡在均富或均貧的狀態範圍之內而無可以造成特殊之富與特出之窮者，皆允許

125《牟宗三先生早期文集》（下），《牟宗三先生全集》，第二六冊，頁七七三。
126《牟宗三先生早期文集》（下），《牟宗三先生全集》，第二六冊，頁七七三—七七四。

其在資本主義的合理主義之下活動。

（三）因為**當然的合理主義**（國翔按：黑體為原文所有）之發於人性而不可壓抑，故確定社會主義之限度：凡在均富或均貧的狀態範圍之內，有可以造成特殊之富與特殊之窮者皆收回使其在社會主義的合理主義之下活動。

（四）凡個人所不能辦不宜辦，並足以妨礙社會公道的，皆在社會主義的範疇之下活動；凡人所能辦所宜辦而並不妨礙社會公道的，皆在資本主義的範疇之下活動。

（五）無論在資本主義之下活動，或是在社會主義之下活動，都須按照國家的一貫計劃去發展。需要計劃的當然要計劃，不需要計劃的當然也不必無事忙白費力氣。需要計劃與不需要計劃都在自覺的一貫的狀態之上活動，這便是計劃經濟的特色，這個特色總名之便即是理性的。

（六）在資本主義與社會主義兩範疇的合作情形之下，再加上國家的計劃與整理之運用，則公道的社會便即出現。至若所有權與使用權的問題，在此毫不值得注意，可以說毫不成問題。成問題的是在怎樣的運用所有權與使用權，即是說，在什麼方式之下，運用所有權與使用權給地主作奴隸與給國家作奴隸。在人類文化上說，並不見得有什麼懸殊的差別，所以我們現在並不注意「所有」與「使用」這種看不見摸不著的權利觀念之移動，而只注意於計劃方式之運用，好像物質的化合一樣。同一物質，在這樣的布置之下則是這種結果，在那樣的布置之下，則又是那種結果。我們對於經濟的計劃也是如此。不妨把所有權與使用權都賦予人民（在可以施行資本主義的範圍之內），然而把布置的方式之有利與否，這種理智上的計劃運用之權，歸之於國家，宣之於民眾。民眾明利之所歸，必樂此而興起，這又是計劃經濟之特色。[127]

顯然，這六個特徵的關鍵在於結合資本主義「自然的合理主義」與社會主義「當然的合理主義」。具有這種特色的國家社會主義的計劃經濟，便是牟宗三希望在解決農村問題的基礎上所實現的建設國家與改造社會的最終目標。

四、結語

在牟宗三看來，國家社會主義計劃經濟的建立與農民運動是密不可分的。以合作社的形式為中心的農民運動是實現國家社會主義計劃經濟的具體途徑和策略，以結合資本主義與社會主義的合理性為特徵的國家社會主義的計劃經濟是農民運動的目標與歸宿。二者合在一起，構成牟宗三解決農村問題甚至整個中國社會問題的整體方案。對此，牟宗三本人具有高度的自覺。在〈復興農村的出路何在？〉一文最後部分列舉國家社會主義計劃經濟六點特性之後，牟宗三自己對於農民運動、合作組織（合作社）以及計劃經濟之間的關係如此總結說：「實現之策略在農民運動，即組織農民之運動。組織農民之憑藉在乎經濟合作之組織。經濟合作之聯絡一貫，如輪齒之契合，即是我們建國

127《牟宗三先生早期文集》（下），《牟宗三先生全集》，第二六冊，頁七七四—七七五。

之本錢，即是計劃經濟實現之基礎。」[128]顯然，這也可以說正是對其整體方案的最為簡明扼要的說明。

當然，歷史似乎並沒有採取牟宗三的方案。不過，當初歷史對於革命路線的選擇，未必意味著牟宗三所提方案或路向的錯誤。關鍵在於，如果要實行牟宗三的方案，需要一個基本前提，即推翻軍閥、封建勢力和帝國主義尤其是後者，或者說擺脫半封建半殖民地的狀況，取得民族獨立，建立一個真正統一的主權國家。不解決這一問題，牟宗三的方案是無法實現的。正如我們前面提到的，對於這一點，牟宗三是認識不夠而有所忽視的。歷史對於革命路線的選擇，正是為了解決實行牟宗三方案的前提問題。但是，在民族獨立、統一的主權國家建立之後，國家建設和社會改造如果繼續奉行革命的路線，實行完全的公有化以及絕對的國家管理，不能充分顧及資本主義的合理性，恰如蘇聯一九一八年到一九二〇年之間所謂「純粹共產主義時代」推行的合作社路線，則勢必行不通。一九四九至一九七九年的中國歷史，在相當程度上可謂重蹈蘇聯「純粹共產主義時代」的覆轍。牟宗三在二十世紀三〇年代即指出蘇聯合作化運動的過程，強調蘇聯一九二一年之後的合作社不得不回歸於產權私有和經營獨立的狀態，並提出「不知殷鑒」的批評，不能不說是對一味革命路線的弊端有先見之明。回顧一九七九年改革開放以來中國經濟的發展方向，在一定意義上，所謂「有中國特色的社會主義」尤其是「社會主義的市場經濟」，也可以說正是採取了一條試圖結合資本主義和社會主義彼此合理性的道路，儘管這一道路上豐富和具有時代性的內容已經遠遠超出了牟宗三所總結的六點特色。

最後，前文已經提及而我需要再次指出的是，牟宗三在二十世紀三〇年代中期對於中國農村問題的研究，並不是孤立的行為，而是與當時中國農村社會性質論戰和鄉村建設運動這兩大社會思潮緊密相關的，更是在馬克思主義傳入中國成為眾多知識人觀察和分析中國社會的理論框架這一背景之下的。因此，只有將牟宗三對於中國農村問題的研究放到當時中國社會的時代背景之下與思想脈絡之中來加以檢討和定位，才可以更為明確地掌握其問題意識的來源及其主張的針對性。反過來，鑒於牟宗三對中國農村問題的研究以往並未引起研究三〇年代中國農村問題的學者的注意，他的一些獨特的看法，無論對於當時中國農村問題本身還是圍繞農村問題所展開的討論，或許都有助於我們產生進一步的認識。

128《牟宗三先生早期文集》（下），《牟宗三先生全集》，第二六冊，頁七七五。

第四章

共產主義批判

——以《全集》未收之《共產國際與中共批判》為中心

一、引言

對牟宗三思想稍有涉獵者，大概都能夠感受到其反共意識的強烈。他在一九四九年離開大陸後，幾乎終其一生沒有返回過[1]。之所以如此，一個重要原因就是他一直到暮年都不能接受大陸官方共產主義的意識形態。譬如，就在牟宗三去世的一九九五年四月，《聯合報》刊登了他的〈在中國文化危疑的時代裡〉[2]，這應當是他生前最後的講論。在這篇文字中，核心之一仍然是批判共產主義的意識形態，只不過批判的方式是指出大陸的民主人士對共產主義缺乏本質的認識，因而未能從根源上反對共產主義。但是，牟宗三從何時開始反對共產主義？他為什麼要反對共產主義？他對共產主義的理解究竟是怎樣的？總之，他為何一生始終堅持其批判共產主義的立場不變[3]？在迄今為止有關牟宗三的研究中，這一方面一直是闕如的。不能充分了解他拒絕並批判共產主義這一貫徹其思想始終的線索，就不能充分了解他一生具有的強烈的政治社會關懷。那樣的話，我們頂多只能了解其「思想世界」中的「哲學」部分，無法了解其「思想世界」的整體，更不必論進入其「歷史世界」了。如此，對於牟宗三其人其學的了解，也自然只能是片面和有欠豐厚的。在第一章的考察中，我們已經看到，牟宗三在二十世紀三〇年代已經對唯物辯證法和唯物史觀予以了學理上的批判。本章的任務，則在於以我二〇〇四年發現的一部佚失的牟宗三的著作為中心，同時結合牟宗三一生中其他的相關材料，專門探討牟宗三立足中國傳統文化尤其儒家思想對於共產主義的批判，並對其立足中國傳統文化批判共產主義的基調在其一生思想中的歷程，以及由此而發的同樣貫穿其一生的種種現實關懷，予以勾勒和提示。

我曾經聽到過這樣的傳言：牟宗三之所以反共意識強烈，是因為中共曾經在土改時處決過他的叔父。究竟是否有這樣的個人恩怨，牟宗三本人其實曾經做出過說明。二十世紀四〇年代抗戰末期，知識界普遍「左傾」，而牟宗三在華西大學師生中卻特立獨行，常有反共言論，當時就有人懷疑他是否與共產黨有個人恩怨。對此，牟宗三自己講述了這樣一個故事：

> 我的議論漸漸震動了人的耳目，有一位左傾人士，秘詢某人說：「某某何以如此反共？想是他家裡吃了共黨的什麼虧。」某人如此告吾，吾即正色請他轉達：「吾反共，正因為他那邪眼看天下。我家裡沒有吃共黨什麼虧，我個人與共黨亦無恩怨。我反它，是因為它背叛了民族生命與文化生命；民族生命與文化生命吃了他的虧。這是不容原諒饒恕的，除非他自己振拔覺悟。他認為天下人都是經濟決定的，私利決定的，沒有客觀的真理，沒有獨立的靈魂。我就是

---

1 據牟宗三的弟子回憶，唯一的例外大概是在一九九三年，為了接他的孫女到香港和他團聚，他以八十五歲的高齡兩次經過羅湖橋，探望在深圳的孫女。參見吳甿主編，《一代儒哲牟宗三》（香港：經要文化出版有限公司，二〇〇一），頁一四四。

2 該文收入《時代與感受續編》，《牟宗三先生全集》，第二四冊。

3 對牟宗三而言，「馬克思主義」和「共產主義」並無本質的區別，二者可以互換。因此，批判共產主義、批判馬克思主義和批判共產黨，在牟宗三那裡基本具有相同的所指。

反對他這邪眼邪論。我現在就給他作見證，有一個不是因吃共黨的虧而反共。」[4]

這裡，牟宗三講得很清楚，他之所以反共，是因為共產黨「背叛了民族生命與文化生命」。而牟宗三為什麼會認為共產黨背叛了民族生命和文化生命，在於他自己對共產主義的學理認識。換言之，牟宗三不能接受共產主義，首先和根本的並不是一種情感性的反應，而是基於他自己對共產主義基本思想觀念的理解和判斷。通過本書前面尤其第一章的考察，我們可以充分了解這一點。因此，在其離開大陸之後公開發表的言論中幾乎隨處可見的對於共產主義的頗具情感色彩的批判，可以說不過是他自己理性認識的感性表達而已。

牟宗三批判共產主義的言論主要集中於《道德的理想主義》、《時代與感受》、《時代與感受續編》以及《牟宗三先生早期文集》，目前均收入《牟宗三先生全集》。但是，牟宗三一九五二年出版的一本專門批判共產主義的小書《共產國際與中共批判》，卻沒有被收入《牟宗三先生全集》[5]。在迄今為止所有關於牟宗三的研究成果中，也從未見有人提及該書。經核查，此書迄今為止尚不為人所知，是一部佚失的文獻。因此，從學術研究的角度來看，對於這一散佚文獻，我們就有首先提出來加以探討的必要。據我的觀察，如果說牟宗三一生批判共產主義的立足點和依據在於中國傳統文化尤其儒家思想，那麼，在這一篇幅不長的小冊子中，對於他所理解的共產主義和儒家思想在一些基本觀念或者說思想宗旨上的對立，牟宗三進行了較為系統的歸納，足以顯示他為何會始終如一地堅持反共的思想立場。

我發現的這部《共產國際與中共批判》，現藏於哈佛大學哈佛燕京圖書館，是招商局訓練委員會一九五二年三月出版的一套系列教材之中的一本，屬於訓練教材甲種之一。全書共分為九個部分：一、把握共黨的本質之理路；二、為什麼在俄國出現？為什麼在中國出現？三、共黨如何否定家庭；四、共黨如何否定國家；五、共黨的大同是荒涼的大同；六、共黨發生魔力的地方在唯物論；七、反共只有從人文的立場上歸於大流；八、人文主義的理想主義；九、道德實踐的辯證發展。經筆者與《全集》對照，該書除第六至第九部分曾以「領導時代之積極原理」為名於一九五一年六月二十日刊於《民主評論》第二卷第二四期之外，第一至第五部分並未見諸其他已發表的文字。而該書對於共產主義否定家庭、國家及其大同觀念的批判，也主要集中於第一至第五部分。當然，《共產國際與中共批判》一書中的觀念並非在牟宗三的其他文字中完全沒有相似的表達。事實上，正如本章最後所要指出的，如果我們能夠深刻了解批判共產主義毋寧說是牟宗三貫徹一生的一條重要思想線索，那麼，《共產國際與中共批判》一書中的觀念在其各個人生階段都有不同形式和不同程度的流露，就是再自然不過的了。這一點，我在此先作提示，詳細討論見後文第四部分。需要說明的是，雖然題為「共產國際與中共批判」，但其實書中有關共產國際的討論很少，主要是針

---

4 《五十自述》，《牟宗三先生全集》，第三二冊，頁一〇六。

5 李明輝教授是《牟宗三先生全集》搜集資料和編輯工作的主要參與者，更是《全集》中「牟宗三先生著作目錄」的直接撰寫者。經筆者與他查詢，得悉《全集》編委會確實並不知道該書的存在。

對作為一種觀念的共產主義的批判。當然，對於牟宗三來說，就其核心觀念而言，共產國際和中共所奉行的共產主義並無本質上的不同。總而言之，《共產國際與中共批判》一書的重點在於首先以中國傳統文化尤其儒家思想為依據來批判共產主義在「家庭」、「國家」和「天下」（「大同」）三個基本觀念上的理念，進而歸結為以人文主義的理想主義來批判作為共產主義核心的唯物論。

這一章首先集中介紹《共產國際與中共批判》一書中牟宗三對於共產主義基本觀念的批判。在此基礎上，進一步廣泛徵引牟宗三從早年到晚年在各個不同歷史時期批判共產主義的言論，說明這部系統批判共產主義的著作在牟宗三的生命歷程中絕非偶然，而是其一貫思想的集中體現。最後指出牟宗三批判共產主義的根源和基本立場。從早年發表的第一篇文章

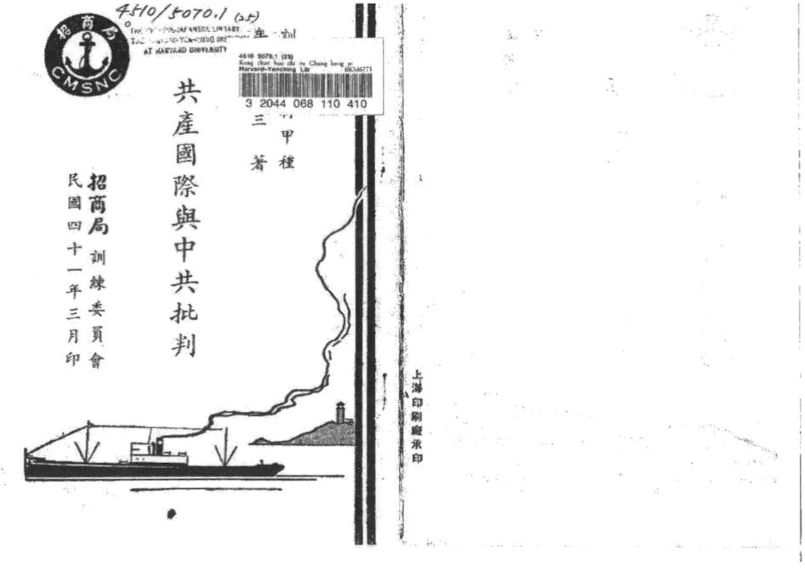

共產國際與中共批判目錄

共產國際與中共批判

牟宗三著

(一)把握共黨的本質之理路

我現在不去講世界共產黨的發展史，也沒有講的必要。我們最重要的是握住他的心理的與思想的本質而把它的罪惡性揭露出來，呈現於世人面前。

共產黨自馬克思恩格斯組織巴黎公社發表共產黨宣言開始，即以「工人無祖國」相號召，即以橫斷面的階級觀念代替縱貫線的國家觀念，即以階級剝削，壓迫，鬬爭的黑暗觀點觀歷史，而不以精神的表現，理想的實現的光明觀點觀歷史。所以它一開始即是於國家標準以外，提出階級一標準，社會主義一標準。所以它根本就是國際的，沒有界限的。二次大戰期，蘇俄被德國打的受不了，正要求英美援助的時候，英美要求它取消第三國際，它即取消。然取消是暫時，是權變，它本質上不能取消。它的國際性不能以普通的間諜看，也不能以希特勒的第五縱隊看。所以今日毛澤東的一面倒也不能以普通的漢奸看。他根本不承認國家這個標準，所以你說他是漢奸，他並無所謂。它要在敵國方面樹立起社會革命，建立起社會主義一標準，階級鬬爭一觀念，使對方的人民抹掉自己的國家。所以它的國際性是跟階級一觀念來，不能以普通的間諜滲透，希特勒的第五縱隊滲透來看。

國家這個豐富的觀念，是含藏着人道的一切，人類精神表現的一切，也與人道、人性、

〈辯證法是真理嗎？〉（一九三一）到晚年最後發表的一篇講詞〈在中國文化危疑的時代裡〉（一九九五），牟宗三的共產主義批判貫徹終生。

需要說明的是，為了呈現牟宗三批判共產主義的原貌，在不影響行文的情況下，我將盡可能徵引原始文獻，來展示牟宗三本人對於共產主義的理解和批判，以及牟宗三的共產主義批判在其一生思想中的發生歷程。

二、對共產主義「家庭」、「國家」和「大同」觀念的批判

在《共產國際與中共批判》一書中，牟宗三首先指出，共產主義的本質是一種抹殺個性的純否定性力量。這種抹殺個性的純否定性力量由於和歐美文化基本的事功精神格格不入，因而無法像經典共產主義所預期的那樣出現於高度工業化資本化的英美。他說：

> 你須知共黨不是事功性的精神。所以有事功精神的歐美文化根本不容易接受這一套，所以共黨也不容易在英美出現，在西歐文化系統下出現。何謂事功精神？我在這裡須有一點解析。一、重視經驗（因而承認現象）；二、尊重對方（在限制中相磨蕩，刮垢磨光）；三、內在的興趣（健康的生命）；四、重自由靈感與理性。總言之，一是自由，一是科學。這是西歐的文化生命，生活原理。共黨偏偏不出現於高度工業化資本化的英美，而出現於俄國和中國。你可

知共黨根本不是什麼經濟問題政治問題。因為這些都是事功性的問題。[6]

至於共產主義和共產黨為何會在中國出現，牟宗三則將其歸之於中國傳統思想內部異端思想的接引以及當時情勢的配合。他說：

> 現在的共產黨以階級觀念為標準，剷除一切，毀棄一切，而嚮往那個未來的空無內容的無階級對立的社會，也是只有普遍性，而無個體性，而除此基本一點相通之外，尤接近於法家。墨子尚講愛，老莊尚講清靜無為，佛教尚講慈悲，而共黨則發之以恨，而到處騷擾，戮辱人民。其提出未來的空無內容的無階級對立的社會，則又近似於理想而足以欺惑有浪漫性理想性之智識分子。此猶之以往佛老之足以吸引聰明才智之士。是以亂世，人不正常，在以往逃佛老，在今日即傾向於共黨。[7]

6《共產國際與中共批判》（招商局訓練委員會，民國四十一年三月印），頁三。而牟宗三對於事功精神的充分肯定，參見其《政道與治道》〈新版序〉，《牟宗三先生全集》，第一〇冊，頁一六—一七。而在《政道與治道》一書的正文中，尤其是第九章〈社會世界實體性的律則與政治世界規約性的律則〉下篇〈葉適、陳亮論有宋一代立國之格局〉部分，他也對葉適、陳亮二人的事功精神予以了相當的肯定，見《牟宗三先生全集》，第一〇冊，頁二二四—二四三。

7《共產國際與中共批判》，頁五。

然而，在牟宗三看來，儘管共產主義在當時吸引了中國大多數的知識人，但由於對「家庭」和「國家」的否定，共產主義的理想最終只能將人們引向一種荒涼虛幻的「天下大同」。而這，牟宗三認為是與中華民族的文化傳統尤其儒家思想截然異趣的。

對牟宗三而言，「家」指「家庭」，「國」指「民族國家」，「天下」是指「大同」，「家」、「國」、「天下」是人道、人性和人類精神表現中三個基本成果。所謂「這三個層次概盡人道的一切，樹立人類精神表現、價值表現的綜合骨幹」[8]。以下，我們就具體考察牟宗三所理解的共產主義在「家」、「國」和「天下」這三個思想觀念上所持的立場，以及他基於儒家思想提出批判的理據。

牟宗三指出，「家庭的內容就是父子兄弟夫婦的關係。這種關係，在以前叫做天倫。這種天倫，在以前是無人懷疑的。所以在平常的時候，是不成問題的，也很少有人來反省它的意義的。」[9]但是，這種以往看來天經地義的「天倫」，卻在當時遭到了共產主義的否定。

共產主義如何否定作為「天倫」的家庭關係，牟宗三有清晰而詳細的說明，他說：

> 依照共產黨的邪僻的理論說，家庭是可以化除的。他們自然不承認有所謂天倫。他首先否定了「天倫」這個意義，才能講化除。他積極方面如何化除呢？第一、他首先認家庭的出現是由於父家長制的成立，而父家長制是封建社會裡的東西。封建社會是社會進展中的一個形態，一個階段，所以當封建社會過去了，家庭也必須跟著過去。這樣，家庭自然不是永恆存在的東

西，它並沒有真實性。沒有真實性的東西，自然不能有被肯定的價值。第二、他用生產的經濟關係來看家庭中的天倫關係。父親在家庭內為什麼有權威，這是因為他握有財產權，所以他來統治子女。都是一樣的人，你為什麼統治我？所以他利用人人當該向無產階級看齊的一個階級觀念，來拆掉父子兄弟夫婦的關係。子女當該革父母的命，弟當該革兄的命，婦當該革夫的命。父子兄弟夫婦互相殺，這是革命，這是進步。然而這實是人類的奇變。大家都可在這裡想一想。第三、他又從經濟的觀點進而從政治的觀點來看天倫關係。既然家庭裡面都說得上統治，自然就是一個政治關係。政治關係，一方是權力欲的角逐場，一方自然無所謂情。父子兄弟夫婦都被編到某一政治小組裡，讓他們互相監視，互相站在階級鬥爭的立場上來稱同志或敵人。我們知道以政治關係來沖散家庭的，在以前，只有帝王家是如此。這因為帝王就只是一個政治的名詞，嚴格講，他不能有家庭生活。嚴整一點講，他的生命必須客觀化，普遍化，他只有理法，而無人情。低級一點講，他只是一個權力欲的充其量。權力是一個絕對首出的觀念，任何東西不能牴觸它，一觸便碎。所以任何東西在它眼前，都只是工具的、隸屬的，所以到緊要關頭，任何關係都不能顧。但是須知這一特殊的局面只限於帝王家。而帝王之施政與教仍是教人父慈子孝、兄友弟恭、夫唱婦隨、相敬如賓。從未敢拿他那個特殊局面中的原則來概括一

8《共產國際與中共批判》，頁五。
9《共產國際與中共批判》，頁五。

切，來普及到一切人身上。但是共黨卻敢公然如此。他還教人來學習。這是值得學習的嗎？這是應當學習的嗎？這樣無限制的氾濫，非毀滅即墮落，不使人歸於禽獸而何？第四、他又以生物學的觀點來看家庭，如是，父子兄弟夫婦不過只是性的關係的演變。如是，什麼叫夫婦，不過只是男女性的離合。人只有男女性，而無夫婦性，所以有「一杯水主義」出現。[10]

巴金的小說《家》，頗能反映當時青年人因接受共產主義而產生的對於家庭的完全負面的認識和相應的叛逆行為。也正是由於其中的家庭觀念符合共產主義，《家》才被奉為革命文學的代表之一，巴金也長期擔任中國文聯的主席。至於否定家庭的這一套觀念為什麼能夠吸引當時許多的青年，牟宗三也有他的看法：

青年人本具有浪漫性、生命衝動中的理性，顧前不顧後，只知其一，不知其二。他只一時覺得作父親的打罵了他，便接納了共黨的統治觀念。作兄長的可以管老弟，他覺得這是不平。妻室子女帶累了他，他覺得這是包袱。他在衝動中，感覺到這一切都是拘束我們的、限制我們的。所以他要衝破它，他便接納了共黨的所謂革命，他要革這些東西的命而求得解放。[11]

在指出共產主義的家庭觀念及其何以能夠吸引青年人之後，牟宗三直接對於共產主義否定家庭提出了反駁的理由：

我們認為天倫關係是不能化除的。一說到「天倫」，便是於形而下的「物的關係」外，還有一個超越的形而上的道理或意義。因為有這個形而上的道理或意義，所以才說天倫。依此，我們才說父慈子孝、兄友弟恭、夫婦之間相敬如賓。這種「意義」是從物的觀點看人所看不出的，所以它是超越的，即超越乎物的關係以上的意義，所以它也是形而上的。它是在人的「物性」義外的一種「天理的人性」。從這種「天理的人性」所表現出的慈、孝、友、恭，以及敬愛，都是表示在物的關係以外必然有一種「道德的精神實體」。這個實體，你只須從慈孝友恭之發於「天理的人性」即可指點出。依是，天理的人性，道德的精神實體，以及慈孝友恭等，都是最後的實在，不可化除的。你必須直下肯定它，承認它。而且你不能用任何外在的理由來解析它：它也不是可以用任何外部的概念如階級、經濟等來代替的、來消除的。這裡容不下任何詭辯，任何爭論。你可以作其他驚天動地的任何大事業，但你不能認為要作其他事業，必須把這最後的實在從原則上化除掉。這個最後的實在，表現於家庭關係中是一意義，表現於其他事業方面又是一意義。這兩方面的層次雖然不同，但並非不相容，而且作任何其他事業也必須以這個最後實在為本，丟掉這個最後實在沒有任何事業是可以有價值的。這個最後實在是一切理想、價值、意義的根源。你可以為更高的價值之實現，而不結婚，而離開了家庭，但你不能

10《共產國際與中共批判》，頁六—七。

11《共產國際與中共批判》，頁七。

造作邪僻的理論從原則上教天下人必須殺父殺兄毀滅家庭中的天倫。古今中外，任何政治運動，領導時代的思想運動，沒有人能這樣敢這樣說教的，只有共產黨能如此，敢如此，他這是教的什麼人？作的什麼解放？它能為人類作出什麼有價值的事業來？我要求普天下人都當在這裡切實認識。[12]

很明顯，牟宗三這裡對共產主義否定家庭的批判，其理據在於儒家思想。在儒家看來，家庭關係中所表現的各種情感，所謂「慈、孝、友、恭」等，都是人性源初和真實的自然流露，具有最後的不可化約性。

有一個故事可以為牟宗三這裡所表達的儒家觀念作一注腳。正德十五年（一五二〇）王陽明在江西時，接到父親海日翁病危的消息，思念心切，甚至打算「棄職逃歸」。由於陽明平時提倡自然灑落、無所執著的精神，因而當時就有門人當面提出說：「先生思歸一念，亦似著相。」陽明良久回答說「此相安能不著？」[13]陽明的回答和上引牟宗三的觀念是彼此一致的。顯然，陽明的回答表示，思念父母家人這一類的親情是人性固有的流露，是無法化解消除的所謂「最後的實在」。

不過，需要指出的是，牟宗三這裡所謂「最後的實在」、「道德的精神實體」，還不是指家庭本身，儘管家庭中的親情關係是其直接的表現，而是指人性固有的理性與情感，即孟子性善意義上的人性以及王陽明的良知。

在牟宗三看來，不僅家庭具有不可化除消解的性質，國家同樣如此。雖然民族國家是歷史演進中近代的產物，但「它表示『精神表現』到了完整客觀化的地步」。「如果說：家庭是『道德的精神實體』之『情』的表現，則國家便是此精神實體之『義』的表現。」[14]在具體說明牟宗三的國家觀之前，我們首先來看他所理解的共產主義對於國家的否定。牟宗三說：

共黨不但把家庭毀了，而且進而要毀國家。他們說：國家是階級壓迫的工具，此其一。國家在有階級對立的時候才出現，此其二。當階級對立取消了，到了無階級的社會，國家便消滅，此其三。由此三點，我們可以說：國家是階段中的東西，不是永恆的東西。凡不永恆的東西，便不真實。凡不真實的，沒有存在的道理。我們又可以說：國家不但不是真實的，而且是罪惡的，因為它是壓迫的工具。既是罪惡的，當然要取消。他們這樣看國家，最後的根據是他們在把整個的歷史看成是壓迫剝削史，毫無道理可言。他們這樣看歷史，又是根據於他們把人類活動都看成是壞的，毫無理想可言，毫無價值表現可言。他們不能把歷史看成是精神表現史。[15]

12《共產國際與中共批判》，頁八—九。

13《王陽明年譜二．順生錄之九》「正德十五年庚辰閏八月」條下，《王陽明先生全集》（下）（上海古籍出版社，一九九二），頁一二七七。

14《共產國際與中共批判》，頁九—一〇。

15《共產國際與中共批判》，頁一一。

至於國家為什麼不能予以否定，在於牟宗三對「國家」的理解與共產主義的國家觀完全不同。他的看法是：

中國以前講五倫，家庭中占有三倫，而君臣一倫便是屬於國家政治方面的。君臣以義合，這就表示「國家」是義道的表現，政治分位也是義道的表現。義道是客觀的，組織上的，它有公性。因為有公性，所以它能組織集團生活；因為有公性，所以它才有客觀性。義道的出現，是人類在歷史演進中一大進步。但是義道的表現，在以前，不必能到完整客觀化的地步。中國在以前是一個天下觀念，文化單位。這就表示他的君臣一倫中之義道，政治分位中之義道，並沒有達到完整客觀化的地步。一個近代化的民族國家之建立，它必須在政治上有表示政權屬民的制度常軌之建立，即政權不在打天下的皇帝世系，而在決之於民的制度常軌。復次，它須有通過人民的自覺而成立的法律。這兩層意義就是國家之內在的內容。所以一個近代化的民族國家就是「義道表現」到了充分客觀化的地步。所謂充分或完整的客觀化就是因「制度」與「法律」而客觀化。而制度與法律也就是精神的客觀的表現。所以國家以及其內在的內容（即制度與法律）都是精神的產物，理性的成果。[16]

道德的精神實體不但在家庭中表現，在師友中表現，在個人的道德修養中表現，而且要在國家政治法律這些客觀事業方面表現。惟有認識了這一層，我們才能給國家以「超越的證實」，國家才有被肯定的理性上的根據。它表示義道的充分客觀化的表現，它是精神表現的更擴大化，更完整化。我們如果把國家否定掉了，把政治法律抹掉了，我們的精神表現、價值的實現，都必落在枯窘貧乏卑微的地步。[17]

我們認為民族國家亦與家庭一樣，決不能化除。它固然是歷史演進到相當時候才出現，但這是由於人類的精神表現中自覺的程度，道德的精神實體經由自覺而實現到人間的程度，決不是由於階級的對立。因為顯然，即在無階級的社會，我們仍然有組織，須有客觀而公共的生活，須有制度的常軌，須有法律，這些就是國家的本質。因此，國家的出現，固有時間性，但它精神表現上的本質，一經實現出來，便是可寶貴的真實，有不磨滅的價值。因此，它有永恆的存在。它也不是罪惡。要說在歷史演進中它有流弊，什麼東西沒有流弊？[18]

一個民族，人所易見的，原是它的種族性、血統性，因此，它首先是一個生物學的觀念。但是，一個民族若只是如此，它只是存在，而無真實，我們若只見到它這一點，便不足了解民族

16《共產國際與中共批判》，頁一〇。
17《共產國際與中共批判》，頁一〇—一一。
18《共產國際與中共批判》，頁一二。

的事業表現之真義。一個民族的事業表現顯然發自人性中的理想性與價值性。所以一個民族自始就不能單從生物學的觀點去看它。它自始就是一種精神表現的活動。而它的精神表現過程，到了民族國家成立的時候，它的義道表現才到充分客觀化的地步。所以國家是精神表現的產物，是理性建設的成果。它代表精神與理性。它不是霸道，也不是侵略。帝國主義自是帝國主義，決不能歸罪於國家。若是這樣株連起來，勢必一切都否定。我們惟有認識國家是精神表現的產物，是理性建設的成果，我們才能把握國家的真實性與永恆性。[19]

嚴格而論，牟宗三在國家問題上批判共產主義的立足點與在家庭問題上並不完全一樣。如果說牟宗三的家庭觀念更多地直接來自於傳統儒家的觀念，其國家觀念則在傳統儒家思想的基礎上進一步吸收了近代以來西方民主政治的國家觀念的資源。對此，牟宗三本人有充分的自覺，他認為這是應有的進一步發展。他說：「中國的儒家，以前只從天倫上，個人的道德修養上，講仁講義，這是不夠的。仁與義必須客觀化於家庭國家，自由民主，人性個性，理想價值，歷史文化，才有它的確定意義，確定範圍，確定價值，才能大開大合，作為領導時代的積極原理。」[20]事實上，在牟宗三的觀念中，如何建立一個現代意義上的國家，與其對於民主政治的思考是密切相關的一個重要問題。而其國家的觀念，雖然受到黑格爾的很大影響，但其基礎，卻始終基於民主政治的理念，而與集權和極權無緣。這一點，是眼下不少喜歡議論當代新儒家的政治哲學者同樣缺乏認知的。在本書第六章對牟宗三民主政治思想的考察中，我們將會進一步看到這一點。

共產主義認為家庭、國家只是特定歷史階段的產物，最終都需要加以否定，而否定家庭、國家之後的目標，則是要使人類歸於大同。所謂「共產主義」，就是指人類發展最後歷史階段的「大同」社會。但是，對於共產主義的「大同」，牟宗三認為是「荒涼的大同」、「不可實踐的影子」。

在批判共產主義的「大同」之前，牟宗三首先說明了他自己對於「大同」的理解。他說：

> 「大同」就是各民族國家間諧和的大通。必須先承認各民族國家的個性與獨立性，然後才能說「大同」。「異中之同」總是一個超越的必然的原理。違背這個原理，那是清一色的同，是大私，而不是大同。大同是越乎「國家」以上的一個理想。這個高尚的理想也必在「天理的人性」中，在「道德的精神實體」之表現上，有它的「超越的根據」。國家是義道表現的充分客觀化，它是有限定的集體生活之內拱的形式，所以它是有封限性的。亦惟這個緣故，所以它才是客觀精神的成果。客觀精神，因為受集團生活的封限性之限定，它不能至大無外。即是說，在其外延上，它不能是一個無限的敞開。它就好像是「立於禮」一句所示的之意義。「禮」就是客觀精神的表現。而禮之本質的意義就是限定別異。在限定別異中，個體的獨立性可以立得起，亦惟因此，才可以保持住個性的尊嚴。國家就是一個「個體」，集體性的個體。但是各個

19《共產國際與中共批判》，頁一二—一三。

20《共產國際與中共批判》，頁一五。

體間不能不有一種共通的諧和。因為「個體」不但有它內向的自性，而且有它外向的他性。就在這外向的他性所成的複雜關係中，不能不有一個諧和之道。這個諧和之道就是「大同」一理想的超越根據。這個根據也必發自「道德的精神實體」之要求「諧和的綜合」上。就在此一「諧和的綜合」上，「大同」一層的理想才有它的真實性。[21]

在這種一方保持個體性，一方要求世界的諧和性上，天下一家是可能的。道德的精神實體之要求諧和而成為理的相通之精神表現，可以函著文化的共同綱領，共同理路之實現。在這共同綱領之實現上，黑格爾所謂「上帝實現於人間大地之上」有其意義。這也可以說世界成為一個大國家，這個國家就是上帝的具形於人間。它是一個完整的統一體，表示上帝之實現。這個國家就是大同。可是在這種大同內，各個體性的單位仍然不能消滅。一因人的現實生活範圍有限，不能沒有區域性的組織。二因民族的氣質不能全同，而氣質又為實現理、表現價值之工具，所以雖有理路上的共同綱領，而氣質之限定不能消滅，而氣質亦不但是「限定」這一消極的意義，精神表現，價值實現的豐富性與多樣性，亦有賴於氣質的不同。因為這兩個緣故，表示客觀精神的各個體性的國家總不能化除。[22]

由此可見，牟宗三所理解的「大同」，關鍵在於「諧和的綜合」，是一種必須包涵「個性」之內的「共性」、一種包涵「差別性」在內的「普遍性」。換言之，「大同」世界只是各個民族國家之間的諧和相處，並不意味著取消各個民族國家之間的差別與各自的獨立性。

在表明自己的「大同」觀之後，牟宗三接著對共產主義的「大同」進行了如下的批判：

他的那個無階級的社會，也相當於我們所說的「大同」。然在他黑暗的唯物論裡，那大同只是一個大私，毫無內容的一個荒涼的大同，一個不可實踐的影子。他不能承認人性個性，他不能肯定民族國家，歷史文化，他也不能肯定自由民主，理想價值。凡人間所有的一切，他都不能從道德的精神實體之表現上看出善與惡，價值與無價值。他只從他的黑暗的唯物論的觀點把一切都否定，把一切都看成是仇敵，都看成是他的冤家對頭，他告訴青年說：這些都是來束縛我們的，我們必須衝破它以求解放。他在這種解放的號召上，他引誘青年人好像是把握住一個「普遍性」。他號召青年們獻身於這個普遍性，客觀化他們的生命於這個普遍性。以為這是偉大的事業，神聖的事業，如是，青年們的浪漫的衝動遂以此普遍性為真正理想的所在，向之而奔馳。殊不知這不是理想，這只是一個影子。那否定一切而顯示的那個「普遍性」是一個「虛無」，不是真正的普遍性。獻身於這個虛無，不是真正的客觀化其生命，只是陽焰迷鹿，燈蛾撲火。真正的普遍性必須帶著個性的肯定才有它的意義。人必須透視到普遍性，必須客觀化他

21《共產國際與中共批判》，頁一三—一四。
22《共產國際與中共批判》，頁一四。

的生命，才能說精神表現。但這必須跟「道德的精神實體」之表現來，必須跟著肯定人性個性，民族國家，歷史文化，自由民主，理想價值來，這是我們的路向。在這艱難困苦，人類遭逢浩劫的時代，任何人必須把握這個路向才能說是這個時代的一個真正的人。[23]

由此來看，牟宗三之所以要批判共產主義的「大同」，恰恰在於在他看來，共產主義的「大同」是抹煞「個性」的「共性」、取消「差別性」的「普遍性」。且由於「個性」與「差別」在民族國家之間是不應否定也不能否定的，因此，共產主義的「大同」不能是真正的理想，只是一個「虛無」的普遍性。

一九七七年五月《鵝湖月刊》第二卷第一一期刊出了一篇牟宗三與台大學生的問答，題為〈談宗教、道德與文化——答台大中文系同學問〉。其中，當有學生問：「談到理想問題，共產黨所標示的沒有階級對立的『理想』世界，與柏拉圖的理想國是否有類似的地方？」牟宗三的回答一如他在二十五年前《共產國際與中共批判》一書中對共產主義「荒涼大同」的批判。他說：

二者根本無關。把階級消滅之後，雖然沒有階級的對立，然而連帶地人的一切質的東西也沒有了。這樣只有量的標準而沒有質的標準，不能算是理想。天國應該是表示「質」的一種理想。共產黨所標榜的根本不是理想（ideal），而僅僅是理想的影子（shadow of ideal）。[24]

事實上，這種不同歷史時期之間前後的一致性，並不僅僅表現在對於共產主義「大同」觀念的批判這一點上。我們可以發現，自從一九三一年牟宗三第一次正式發表文章批判共產主義（同時也是他第一次正式發表文章）以來，對於共產主義各個方面的批判，在牟宗三的一生中是一以貫之的。對此，我們在本章第四部分觀察牟宗三批判共產主義一生的軌跡時，會更為清楚地看到。

三、對於「唯物論」的批判及其「人文主義的理想主義」

對牟宗三來說，共產主義之所以要否定家庭、國家，將人類引向無差別的共產主義的「大同」，其根本在於唯物論。所謂「共黨發生力量不在唯物辯證法，而在唯物史觀；甚至也不在唯物史觀，而在他那種黑暗的唯物論。」[25]牟宗三對於唯物史觀的理解與批判，第一章已有專門的考察，這裡不贅。如果我們了解了牟宗三在二十世紀三〇年代對於唯物史觀和唯物辯證法的系統批判，對於牟宗三在《共產國際與中共批判》一書中關於唯物史觀的看法，就不難把握了。

在《共產國際與中共批判》中，牟宗三對於唯物史觀的看法是這樣的：

23《共產國際與中共批判》，頁一五—一六。
24《時代與感受》，《牟宗三先生全集》，第二三冊，頁二一四。
25《共產國際與中共批判》，頁一七。

共黨的唯物史觀，你也不能從經濟學的立場或做學問的人的立場去看它。你若是這樣去看它，經濟史觀亦無所謂。因為經濟畢竟是人類社會的一個重要部門，從經濟方面看歷史，有何不可。而且這樣看法也不涵教你殺父殺兄，滅絕人性。所以馬克思之講經濟史觀，不是你這樣客觀的態度，也不是你那種學術的立場。經濟史觀之作孽根本是由於他背後的那種唯物論。26

對於作為共產主義思想基礎的唯物論，它究竟有何特徵，為何會導向否定家庭、國家，為什麼要批判？牟宗三認為：

而共產黨的唯物論也不是哲學史上為一哲學系統的那種唯物論。馬克思於批評費爾巴哈時，明明指出：他的唯物論是由「理解」轉到「實踐」，由「自然」轉到「社會」。哲學史上的唯物論都是解析自然宇宙的，但是他們在人間過生活還是合乎人道。希臘的原子論者並沒有滅絕人性。現在，從理解轉到實踐，從自然轉到社會的唯物論是什麼？大家可以在這裡用點心。在社會實踐方面講唯物論，根本是一種墮落、放肆、縱情的物化，這種「物」是可以「唯」的嗎？在解析自然宇宙時，某人說原子，某人說物質，根本都無甚緊要，我們也不容易發生這種疑問。但是在實踐方面，我們就要發生這種疑問，而且我們還應當斷然拒絕這種唯物論，我們斷然地說：這種「物」是不可「唯」的。共黨就因為「唯」這種「物」，所以物化到家，毀滅一切：人性、個性、價值、理想、家庭國家、自由民主、歷史文化，他統統不能承認。總之，凡屬於「精神」的一切，他都要破壞，這就是共黨所代表的原理：純否定的原理。[27]

至於應當如何批判共產主義的唯物論，牟宗三認為不能寄希望於繞過唯心唯物的區分。在他看來，如柏格森、老莊以及羅素之流試圖避免唯心唯物問題的思想，都是人類思想的偏支，而非大流。對牟宗三而言，要反對唯物論，就必須要歸於唯心論這一人類思想的大流。他說：

你要反對共黨那一套黑暗的唯物論，你不能利用這些偏支的思想，你要歸於大流。你要領導時代，你也只有歸於大流。你不能利用柏格森的思想，你也不能利用老莊的思想，你也不能利用羅素的邏輯分析。這些都於時代的文化大糾結的解決毫無能為力的，共黨固然不贊成這些思想，但他也同樣不看重這些思想。他為什麼力反唯心論？就是因為唯心論是大流，是中外古今的大傳統。它的力量太大。若把唯心論的思想拉掉了，人類的歷史文化也所剩無幾了。所以共產黨不惜毀棄一切歷史文化。若把那些偉大的唯心論者、聖賢人物拉掉了，人性個性，理想價值，統無人尊重，無人發明，人類的光明也就沒有了。所以共產黨不惜毀滅人性個性，理想價值。若把那些尊人尊己，尊天地萬物，有熱情，有正義的理想主義者拉掉了，自由民主出不

26《共產國際與中共批判》，頁一七—一八。
27《共產國際與中共批判》，頁一八。

來，民族國家建不起。所以共產黨不惜毀棄自由民主，民族國家。

你要自救救人，你要領導時代，你為什麼不堂堂正正地立於這個大流上呢？你為什麼不從共產黨所否定的地方直接翻出來而立住你自己呢？真理與罪惡的對照這樣顯明，你不肯嚴肅地正面而視，你要往那裡躲閃回避呢？[28]

進而言之，牟宗三認為，既然共產主義是從自然轉到社會、從理解轉到實踐來講唯物論，那麼，直接反對和批判共產主義，就要從人生實踐、社會實踐，或精神表現上來講唯心論。而這種唯心論，牟宗三稱之為「人文主義的理想主義」（humanistic idealism）。這種「人文主義的理想主義」，是要從人文主義的立場來建立理想主義，從精神表現或道德實踐的立場來講辯證法。

對於牟宗三來說，「人文主義」包含一些不可化約的基本原理，包括「人性、個性、理想、價值、自由民主、民族國家、歷史文化」。這些原理既是直接反對共產主義的原理，也是建立其他一些正面價值的基礎。我們必須首先無條件地肯定它們。所謂「人性、個性、理想、價值、自由民主、民族國家、歷史文化，這些都是人文主義的堅強根據。這每一個根據都是精神上的一個原理。因此，你必須無條件地直接肯定它，方能說其他。」[29]在指出這一點之後，牟宗三對這些基本原理的內涵以及彼此之間的關係，逐一進行了解說。在他看來，從肯定人性開始到肯定個性，最後一直到肯定歷史文化，其中有其內在的必然性。

首先，我們來看他對「人性」的解說。他說：

「人性」不是邏輯定義中「人的本質不涵人的存在」那個人性，而是儒家所說的「立人極」中那個人性。前者是從「理解」來把握的，後者則是直接從道德的怵惕惻隱之心、仁義內在所見的性善來把握的。這根本是精神表現的一個最基本的原理，這須要你直下認定，毫無躲閃回避的餘地。你不能用任何詭辯來化除它。家庭中的天倫就是它最直接而親切的表現處。因此，它就是天倫的超越根據，足以使父子兄弟夫婦足以成為天倫者。因此，天倫也不能用任何外在的標準、詭辯的理由來化除。30

至於「個性」，牟宗三指出：

「個性」就是人性之在具體而現實的個人中之獨特的表現。你尊人性，就必須尊個性。尊個性，方能言文化創造，精神表現。你不能只有普遍性，而抹殺個體性。你不能用任何外在的普

28《共產國際與中共批判》，頁二一一—二一二。
29《共產國際與中共批判》，頁二一二—二一三。
30《共產國際與中共批判》，頁二一三。

遍性的標準，如階級，或其他，來消除個體性，你不能說「個性」是小資產階級的意識。你這樣說，只是你自毀毀人。普遍性必須是「內在的普遍性」。這種普遍性與個體性有一綜合的統一。整齊劃一，不能離開個性。任何外在的普遍性之整齊劃一都是毀滅之道，因此，都不是真正的普遍性，只是一個虛無，一個影子。[31]

只有肯定了個性，自由民主才有可能，其涵義才能夠得以明確。在牟宗三看來，前者是後者不可或缺的條件。他說：

尊個性，方能言自由民主。而「自由民主」的基本意義必須是通過自覺而來的「主體自由」。（必須肯定個性，方能允許人有主體自由。）而政治社會中的權利義務以及出版結社思想言論等自由，則是它的客觀形態，文化形態。民主必須在這些自由中方能有其「客觀的形式」，就是說，必須在這些自由中，方能創制立憲，共同遵守，共同約定，互相爭取，互相限制，而成為真正的民主，有制度基礎，有客觀妥實性的民主。所以自由民主是精神表現的客觀形態，它也是一個最基本的精神原理。你不能用任何曲辯來化除它。[32]

而自由民主一旦成立，同時也就意味著民族國家的成立。這是牟宗三的觀點。他說：

精神表現到了自由民主的成立，就是達到近代意義的「民族國家」的成立。從血統的種族進到民族國家方能表示精神的成果。所以民族國家是代表精神與理性，它也是精神表現的客觀形態。它既不是某一階段中不真實的東西，階級壓迫的工具，也不是代表霸道，由武力形成的。所以你不能用這些外在的理由或概念來化除它。同時，你也不能拿一個光禿禿的「大同」來作為廢除家庭國家的理由。你須知取消了家庭國家，你的那個「大同」只是一個虛無，荒涼的大同，而大同所代表的普遍性也只是一個虛無，它並不能代表更高一級的綜合或諧和。「大同」那個普遍性完全要靠人性、個性、自由民主、民族國家這些精神原理來充實它，它始有意義。所以「大同」也當該是一個內在的普遍性，而廢除家庭國家的那個大同，或共黨所嚮往的「無階級的社會」的那個大同，「純量的享受」的動物生活的那個大同，就是一個外在的普遍性，一個虛無，一個純否定的影子。[33]

這裡，牟宗三再次肯定民族國家的不可否定性，並重申否定了家庭和國家的大同是「虛無」和「影子」。因此，對牟宗三來說，共產主義所追求的那種「大同」並不是真正的「理想」。對於什麼

31《共產國際與中共批判》，頁二一三。
32《共產國際與中共批判》，頁二一三—二一四。
33《共產國際與中共批判》，頁二一四。

是作為精神原理的真正的理想，他有如下的說明：

「理想」必須根於道德的怵惕惻隱之心，必須植根於人性個性、自由民主、民族國家，始可為一精神的原理，始可以有其客觀的形式與現實上的工作性，與指導性。它不能從「純否定」來顯示，因為這樣，它便只是一個所投射的虛無、影子，而不是一個理想。依此，理想也不能只是一個外在的虛擬，而亦當有其內在性，植根於人性個性的內在性。無內在性的影子終歸可以揭穿，可以撥掉。而植根於人性個性的「理想」則是鼓舞僵化的生命，通透現實的僵局，而為精神表現之原動力。所以「理想」也是一個精神上的原理。我們必須正面而積極地認識它的意義。在共黨的純否定原理裡，是不能保持理想的。[34]

對牟宗三而言，肯定理想，始能肯定人格的價值層級，而「價值觀念」也是一個基本的精神原理。他說：

價值觀念也是精神表現上一個不可拔掉的原理。它首先由植根於人性個性的理想而確定，這是人格的價值層級之所本。這就是孟子所謂「貴於己」的天爵。其次，它再客觀化而為國家政治上的分位等級，這也是一個價值觀念，這是由精神表現的客觀形態而證成。這種價值原理決不能由外在的普遍性來代替，來化除。共黨想拿物質的階級一觀念來代替它，化除它，這只表示由他的純否定所顯的渾同，歸於純量的動物生活的一刀平。他以為這是「平等」，其實只是漆黑的渾同，不可說「平等」。[35]

在肯定包括人性、個性、自由民主、民族國家、理想和價值的不可化約性之後，牟宗三指出，這些精神原理必須通過歷史文化來表現自身，因而歷史文化也是一項根本性的精神原理。他說：

以上那些精神原理，彙歸起來，都要通於歷史文化，因而也必肯定歷史文化為一精神表現之原理。精神根本要在歷史文化中來表現，而歷史文化也就是精神表現的發展過程之成果。你的生命必須通透於古今，你才有精神表現之可言。往聖前賢的精神必須通透於你的生命中，你的精神表現才能豐富，而為更高價值之實現。因此，你必須從精神表現的發展過程之立場看歷史，你才能真正了解具體而真實的歷史。你才能有理路地了解歷史。[36]

總之，在牟宗三看來，人性、個性、自由民主、民族國家、理想、價值和歷史文化是他所謂

34《共產國際與中共批判》，頁二四—二五。
35《共產國際與中共批判》，頁二五。
36《共產國際與中共批判》，頁二五。

「人文主義的理想主義」的基本原則。並且，這些基本原則之間又存在著緊密的內在關聯。由於共產主義否定這些人類精神的基本原理，因而要批判、反對共產主義，就必須立足於這些基本原則，如此方能實現「人文主義的理想主義」。而在《共產國際與中共批判》最後的附識中，牟宗三聲稱：這種「人文主義的理想主義」，「歸到純哲學上，可以收攝一切正宗的理性主義，理想主義。純哲學上，從知識論到形上學所完成的理性主義，理想主義，若透出來，亦必回歸於這個人文主義的理想主義。」[37]

當然，牟宗三認為，在「人文主義的理想主義」的基本原則中，最基本的出發點是人性。肯定人性，自然肯定其他；否定人性，自然也就否定一切。也正因此，牟宗三一直強調共產主義最大的錯誤就是否定人性。正是基於這樣一種認識，牟宗三始終認為馬克思主義、共產主義在本質上和中國傳統文化尤其儒家思想是根本對立的。在他看來，二者之間的對立可以說是人類負面與正面、否定性與肯定性兩種基本價值的對立、人性陰暗面與光明面的對立。這一點，我們在本章第五部分再予以較為詳細的說明。

逐一說明了「人文主義的理想主義」所包含的各個基本精神原理之後，在《共產國際與中共批判》的最後部分，牟宗三指出，精神必須在那些基本原理上獲得其表現，而精神表現的過程就是一個道德實踐的辯證發展的過程。值得注意的是，在具體說明道德實踐的辯證發展時，牟宗三其實較為詳細地提出了他的「良知坎陷」的理論[38]，儘管他在論述作為「道德的精神實體」的良知轉而為「思想主體」並最後回歸自身而實現「再度諧和」這一辯證過程時，並未使用後來他所使用的「坎陷」一詞，而是將這一過程稱為一個「否定底否定」。對於牟宗三的「良知坎陷」說，雖然迄今為止仍不乏淺嘗輒止甚至道聽塗說所致的誤解，但對於真正的研究者來說，該理論基本已經較為人所了解，所以我在這裡不想浪費筆墨，再對「良知坎陷」說予以澄清了。

四、批判共產主義的一生軌跡

以上，我們以《共產國際與中共批判》這部《牟宗三先生全集》未收的佚著為根據，介紹了牟宗三立足於儒家「人文主義的理想主義」對於共產主義基本觀念的批判。需要指出的是，在牟宗三的一生中，此書的出版並不是一個孤立的偶然事件，牟宗三對於共產主義的批判也決不限於此書。

37《共產國際與中共批判》，頁三三。

38 有研究者指出，牟宗三最早表達「良知坎陷」的思想可追溯到一九五一年六月刊於《思想與革命》第一卷第六期的〈論黑格爾的辯證法〉一文，見鄭家棟，《牟宗三》（台北：東大圖書公司，二〇〇〇），頁八二。筆者對比該文與《共產國際與中共批判》一書最後「道德實踐的辯證發展」部分，發現內容頗為相似，或許由於時隔不久的緣故。但若論表述的系統性，則以「道德實踐的辯證發展」更為明確。此或已有前文為基礎之故。不過，牟宗三「良知坎陷」思想的最早表述，其實還不是〈論黑格爾的辯證法〉一文，而應當在先後刊於《歷史與文化》第三期（一九四七年八月）和《理想歷史文化》第一期（一九四八年三月）的〈王陽明致良知教〉（上、下）。——牟宗三「良知坎陷」表述的最早出處經李明輝教授提示，特此致謝。

事實上，牟宗三的共產主義批判，可以說構成貫穿其一生生命歷程的一條基本而重要的線索，而這條線索，又與整個二十世紀中國社會的巨大變遷緊密相關。

對牟宗三而言，與《共產國際與中共批判》一書在時間和內容上直接相關的還有其他一些文字。一九四九年十一月和十二月，牟宗三在《民主評論》第一卷第一〇、一一、一二、一三期連續發表了〈理性的理想主義〉（第一〇期）、〈道德的理想主義與人性論〉（第一一期）和〈理想主義的實踐之涵義〉（第一二、一三期）[39]。比較這三篇文字和《共產國際與中共批判》，我們能夠發現，前者可以視為後者的準備，後者則是前者更為凝練和系統的表達。而在一九五二年六月一日《民主評論》第三卷第一二期發表的〈闢毛澤東的《矛盾論》〉和一九五二年九月一日《民主評論》第三卷第一八期發表的〈闢毛澤東的《實踐論》〉兩篇文字[40]，則可以說是緊隨《共產國際與中共批判》之後針對毛主義的具體批判。

對於牟宗三來說，一九四九年中國大陸的政權轉移不啻為「天翻地覆」，因此，作為針對時局而發之論，一九四九到一九五二年有上述這些文字，應不難理解。不過，政權轉移只能說是促使牟宗三進一步反省的一個刺激，絕非他批判共產主義的始因和根本原因。事實上，牟宗三的共產主義批判既是其最初開始獨立思考的首要內容，也根本是立足於其文化理念而非政治立場。簡言之，牟宗三的共產主義批判是文化意義上而非政治意義上的。

牟宗三曾說：「馬克思這一套我在大學讀書的時候就非常厭惡它」[41]。前文已經提到，他生平發表的第一篇文章，是一九三一年九月七、八日刊登在《北平晨報・北晨學園》的〈辯證法是真理嗎？〉（上、下），當時他年僅二十二歲，而這篇文章直接就是針對當時流行的馬克思主義辯證法提出批判。一九三三年三月二十日，牟宗三在《再生》第一卷第一一期發表〈社會根本原則之確立〉。緊接著，在一九三四年一月一日的《再生》第二卷第四期以及二月一日《再生》第二卷第五期，他又連續發表〈從社會形態的發展方面改造現社會〉。同樣是一九三四年，在八月份北平民友書局出版的由張東蓀主編的《唯物辯證法論戰》一書中，收錄了三篇牟宗三的論文：〈辯證唯物論的制限〉、〈邏輯與辯證邏輯〉以及〈唯物史觀與經濟結構〉。在這幾篇文章中，牟宗三完全從學理的角度提出了他對於作為共產主義理論核心的「唯物辯證法」和「唯物史觀」的分析和批判。如本書第一章曾經提到的，對於自己早年在北大讀書時即通過研究馬克思主義而批判馬克思主義，牟宗三一九八三年一月三十一日在東海大學的一次演講中有這樣一段回憶：

照我個人講，當我在學校讀書時，左傾的思想滿天下。那一套ideology，我通通都讀。我不是資本家，也不是地主，只是一個鄉下人。到北平去讀書，人地生疏，一個人也不認得。那個

39 三文俱見《道德的理想主義》，《牟宗三先生全集》，第九冊。

40 二文在收入《牟宗三先生全集》第九冊《道德的理想主義》時名稱分別改為〈闢共產主義者的《矛盾論》〉和〈闢共產主義者的《實踐論》〉。另外，這兩篇文字一九五二年還以單行本的方式由人文出版社在香港出版。

41 〈平反與平正〉，《時代與感受》，《牟宗三先生全集》，第二三冊，頁八九。

時候思想絕對自由，沒有人管。……那時候我把共產主義那一套東西通通都拿來讀，他有一定的講法，我也很清楚。自由世界的標準是一套，共黨也有一套，而且是與自由世界那一套一一相對反的。講到歷史，它是唯物史觀，是經濟決定論，下層基礎決定上層建築，下層基礎一倒一變，上層建築通通垮。上層建築是國家、政治、法律、道德、宗教、藝術……。自由世界對於這些都有一定的定義，他們就一個個與你相對反，而且講的振振有辭，很吸引人、很動聽、……

這些我通通讀，可是我沒有受它的影響，讀哲學的人多得很，但是沒有人好好考慮馬克思這些話站得住站不住。我沒有偏見，我不是資本家，不是地主，也不是官僚，在社會上沒有地位，也沒有身分。我只是把他們一個個衡量，就發現沒有一個站得住的。你馬克思批評邏輯，我就把邏輯仔細地讀一讀，law of contradiction（矛盾律）、law of identity（同一律）、law of excluded middle（排中律）這三個思想律是什麼？你唯物辯證法怎樣來批駁這三個思想律？是不是相應？三個思想律能不能反駁？你的批駁對不對？若不對，就是牛頭不對馬嘴，無的放矢。這些都是運用思想，讀哲學就是要運用思想啊！從這裡開始，再把國家、政治、道德、法律、宗教、藝術……一個個拿來思考，一個個衡量，你就可以知道他們講的那一大套，沒有一個在概念上、在思想上站立得住。既然沒有道理，我何必相信？[42]

一九八一年七月十六日《聯合報》刊登過牟宗三的一篇講詞，題為〈文化建設的道路——歷史的回顧〉。其中，在對比共產主義和自由主義價值觀的根本對立時，牟宗三也說：「我老早就看出這個問題。所以三、四十年來我一直努力地把他們這些基本觀念，一個個加以批駁。」[43]就此而言，我們完全可以說，牟宗三的學術生涯是從批判馬克思主義、共產主義開始的。他對於馬克思主義、共產主義的接觸和批判，尚早於他對西方哲學、中國哲學的涉足和研究。值得注意的是，較之一九四九年之後許多演講中溢於言表的對於共產主義的厭惡，在一九三四年發表的批判馬克思主義的幾篇文章中，牟宗三的批判幾乎絕無情感的色彩，而是每一篇都通過相當的篇幅以細緻的分析和論證來展開說理。從中，我們完全可以看到，無論有無偏頗，牟宗三對於馬克思主義的了解至少是經過了自己的探索而非道聽塗說、一知半解。如果我們認真研究牟宗三最早發表的這些批判馬克思主義的學術論文，對於他反共的思想原則為何終其一生不變，我們或許就不難了解了。本書第一章的工作，就是要讓讀者了解這一方面。

從一九三一年發表第一篇文章批判共產主義開始，在其一生之中，牟宗三的共產主義批判從未間斷。一九四九年大陸政權轉移之後，牟宗三也時時基於其批判共產主義的立場，關注大陸的政

42〈哲學的用處〉，《時代與感受》，《牟宗三先生全集》，第二三冊，頁一五八——一六〇。按：演講辭最初刊於一九八三年四月《中國文化月刊》第四二期。

43《時代與感受》，《牟宗三先生全集》，第二三冊，頁三七〇。

局，在一些重要的歷史時刻每每提出其獨到的觀察和評論。在以往的牟宗三研究中，這樣一條線索和脈絡是沒有引起關注的。

牟宗三曾經說自己五十歲之前寫的東西不算數，這大概只能就其關於純粹哲學問題的思考以及中國哲學、文化的研究而言[44]。對於共產主義的理解和批判，我們可以說牟宗三自始至終是一貫的。從其生平第一篇文章批判唯物辯證法開始，牟宗三就在思想根源上不能接受共產主義。如果說一九三一年至抗日戰爭前夕，牟宗三的共產主義批判主要是從學理上剖析其問題的話，在抗日戰爭至一九四九年「左傾」成為知識界的主流時，牟宗三則不僅繼續逆勢而為，激昂慷慨，重點也轉向從民族文化的角度力陳共產主義將成為中華文化命脈的大害。

本章開頭引言中提到了牟宗三自述抗日戰爭後期在華西大學批判共產主義的故事。而在抗戰勝利後「左傾」思潮在全國知識人中趨於高潮時，牟宗三的共產主義批判在情感上也幾乎達到了頂點。在一九四七年一月《歷史與文化》第一期發表的〈大難後的反省——一個骨幹，《歷史與文化》代發刊詞〉和〈《歷史與文化》旨趣答問〉兩篇文章中[45]，我們可以真切感受到牟宗三對於中國傳統文化前途與命運的憂患意識。在當時，他立足於中國傳統文化來批判共產主義的痛切之情，幾乎無人可匹。對於共產主義在當時的得勢，連熊十力也感到無奈，因而勸牟宗三「大害之成而不可挽，挽則必決。」但牟宗三卻堅決力抗時流，即使得罪當時的張東蓀、梁漱溟等前輩，也在所不辭。這一點，牟宗三在作於一九七八年二月十二日的〈哀悼唐君毅先生〉一文中有明確的說明：

抗戰末期，共黨囂張。我目睹當時之輿情，知識份子之陋習，青年之傾向，深感大局之危殆，將有天翻地覆之大變（國翔按：此所謂天翻地覆之大變即指馬克思主義、共產主義取代中國儒家文化而成為主流）。我之情益悲，我之感益切，而一般恬嬉者不知也。我當時厭惡共黨之情（不是政治的，乃是文化的——作者自注）幾達狂熱之境，燃燒到任何差謬我皆不能容忍，故雖得罪張東蓀、梁漱溟諸先生而不辭。我當時日與青年辯談，理直氣壯，出語若從天而降。一般教授自居清高，緘口不言，且斥我從事政治活動。惟唐先生知我不如此。唐先生性涵蓄，對於時局初亦不肯直言、切言。某次，我問：我們是否要落於王船山、朱舜水之處境？唐先生答曰：不至此。然而我之感覺則甚急甚危。故勝利後，在南京，我以我之薪水獨立辦《歷史與文化》雜誌。校對、付郵皆我自任。當時唐先生在原籍家居，每期皆寄稿相助。而世人則視我之舉動渺如也。熊先生亦勸我曰：「大害已成而不可挽，挽則必決。」熊先生在老年，我時在中年，故心境不同也。不久，大陸遂全部淪陷。[46]

44「我到香港時已經五十多歲了，理解程度也比較高。……所以《才性與玄理》、《心體與性體》、《佛性與般若》這些五十歲以後寫的書都比較可靠。……至於我五十歲以前所寫的那些書，你們不要看。」《中國哲學十九講》，《牟宗三先生全集》，第二九冊，頁四〇七。從這裡的語脈來看，牟宗三顯然是指他對於中國哲學的研究，並不包括他的政論文字。

45 兩篇文字俱見《牟宗三先生早期文集》（下），《牟宗三先生全集》，第二六冊，頁九六九—一〇〇九。

46《時代與感受》，《牟宗三先生全集》，第二三冊，頁二九六。

這一段敘述與我們開頭所引牟宗三自述在華西大學的經歷若合符節。在這裡的敘述中，無論從牟宗三自注厭惡共產黨不是出於政治而是出於文化的立場，還是從牟宗三問唐君毅「我們是否要落於王船山、朱舜水之處境」的話來看，顯然，在牟宗三看來，共產主義如果變成中國社會的思想主流，無異於以夷變夏，他們這些認同中國文化尤其儒家思想的人士，就不免要落至王船山、朱舜水的處境。並且，牟宗三在抗戰末期「左傾」思潮氾濫的情況下批判共產主義和共產黨，並不僅僅停留在觀念的層面。事實上，在一九四五年抗戰勝利之時，由於國民政府官員張莘夫被蘇軍殺害的事件，牟宗三曾經參加學生遊行，抗議蘇共暴行以及對國民政府接收東北的阻撓[47]。

一九四七年十二月三日，牟宗三在無錫江南大學任教時，曾作〈自立銘〉並寄給其侄子牟北辰：

體念民艱，常感骨肉流離之痛。收斂精神，常發精誠惻怛之仁。
敬慎其事，宜思勿忝厥職。勿悖祖訓，宜念完成孝思。
理以養心，培剛大正直之氣。學以生慧，聚古今成敗之識。
閑邪存誠，勿落好行小慧言不及義之譏。
常有所思，庶免飽食終日無所用心之陋。
忠以律己，於穆不已憑實踐引生天趣。
恕以待人，團聚友朋以共業引發公心。

須自己立立人，心本歷史文化。
任憑邪說橫行，不背民族國家。48

我們可以看到，即便是在這樣一篇給自己家人的文字中，牟宗三也同樣將其立足中國傳統文化反對共產主義的宗旨表露無疑。在〈自立銘〉的最後兩句中，所謂「須自己立立人，心本歷史文化。任憑邪說橫行，不背民族國家。」尤其可以讓我們強烈地感受到這一點。

一九四九年離開大陸後，六〇年代之前，大概是由於政權轉移給中國社會帶來的巨變發生不久，牟宗三批判共產主義的文字在此期間格外集中。《共產國際與中共批判》即為這一時期的成果。此外，這一時期其他相關的文字還有〈佛老與申韓〉（一九五一年一月）、〈青年人如何表現他

47 唐君毅在其一九五五年十一月刊於《人生》的〈中國歷史之哲學的省察——讀牟宗三先生《歷史哲學》書後〉一文中說：「憶民國三十三年秋，宗三先生自成都來重慶中大任教。巴山夜雨，樂共晨夕。一日談及國事，宗三即料及來日大難，共禍必將無已，而惄焉憂之。即欲寫《歷史哲學》一書，以照明吾華族之文化精神命脈之所在，兼示其發展之理則，以貞定國人共信。越年而日本投降。河山還我，萬眾歡騰。人咸以中華之復興在望；在東北之接收，被阻於俄帝，張莘夫遇害於瀋陽。時重慶學生，群情激昂，遊行街市。然教授皆罕有參加者。而宗三獨與學生共行列、扛大旗。吾以是知宗三之志識，超軼乎世俗之教授學者之倫者遠矣。」見《歷史哲學》〈附錄一〉，《牟宗三先生全集》，第九冊，頁四三三。

48《牟宗三先生未刊遺稿》，《牟宗三先生全集》，第二六冊，頁一一。

的理想〉（一九五一年五月）、〈自由中國的遠景〉（一九五一年八月）、〈要求一個嚴肅的文化運動之時代〉（一九五二年五月）、〈反共救國中的文化意識〉（一九五三年一月）、〈理想、團結與世界國家〉（一九五三年六月）等[49]。在《共產國際與中共批判》一書最後的「附識二」，牟宗三也特別要求讀者參看〈理性的理想主義〉（一九四九年十一月）、〈平等與主體自由之三態〉（一九五一年四月）、〈青年人當該如何表現他的思想〉和〈佛老申韓與共黨〉四篇文字。這裡提到的〈青年人當該如何表現他的思想〉和〈佛老申韓與共黨〉，即上述〈青年人如何表現他的理想〉和〈佛老與申韓〉。後者是收入《全集》中的題目，對原文題目小有修改。而〈理性的理想主義〉、〈平等與主體自由〉，則曾經於一九五一年在香港由人文出版社出版過單行本[50]。有一點需要指出，《全集》第九冊《道德的理想主義》中收有〈自由與理想〉一文，對於共產主義虛幻的普遍性的批判以及對於儒家思想真實的普遍性的闡釋，該文有較為詳細的說明。在《全集》所收的各種文字中，這大概是唯一一篇文末沒有注明發表時間的文章。照我的估計，當為此一時期的作品。

二十世紀六〇年代起，牟宗三明顯逐漸轉入中國哲學、思想之深入反省和學理疏導，因而有其一系列里程碑式的學術著作。包括《才性與玄理》（一九六三）[51]、《心體與性體》（一九六八—一九六九）、《佛性與般若》（一九七七）、《從陸象山到劉蕺山》（一九七九）等，都是六〇年代之後的作品。但是，對於共產主義的批判，牟宗三卻並未停息。對於大陸政治局勢的變化，特別在一些重要的歷史時刻，牟宗三也常有他自己入木三分的獨到觀察。譬如，大陸打倒「四人幫」之後，開始給一大批在「文革」時期受迫害的人士「平反」。對此，牟宗三一九七九年九月在香港新亞研究所文化講座第一次演講會所做的〈『平反』與『平正』〉中有如下的評論：

大陸現在搞「平反」，這是好的。但是不是平反了，鄧小平的名譽恢復了，劉少奇的名譽恢復了，就完了，就交代了！你鄧小平本人在內，當年受毛澤東「四人幫」糟蹋，那種手段，不是一般人能夠受的，你自己應當有一個覺悟，從頭反省一下，何以會如此？不是一個平反就可以把問題交代了。想一想以前的罪惡何以會出現？歷次的鬥爭何以會出現？這個地方應當想一想，這些人都應當從頭想一想，想一想自己以前那一套主張、那一套意識形態、那一套思想，是不是一套「平正」的思想？只有把以前那一套拋掉，把思想歸於「平正」，你這個平反才有意義，才能平反得住。假若你不在這地方想一想，從頭到尾把思想條理一下、徹底條理一番以歸於「平正」，那麼你這個平反就沒有意義，你這個平反就平反不住。什麼叫平反不住呢？這就是你這個平反只是一個作用、一種權術、一個對付「四人幫」的手段，你照樣可以用以前的

49 除〈反共救國中的文化意識〉一文收入《道德的理想主義》外，其餘文字俱見《時代與感受續編》，《牟宗三先生全集》，第二四冊。

50〈理性的理想主義〉見《道德的理想主義》，《牟宗三先生全集》，第九冊，頁一七—三〇。〈平等與主體自由之三態〉後收入《歷史哲學》作為其中第三章，《牟宗三先生全集》，第九冊，頁六一—九四。

51 此書是一九六二年四月東海大學出版的《魏晉玄學》一書的增訂版。《才性與玄理》出版後，前書即逐漸少為人知。

老辦法壓迫老百姓，禁制人的基本自由。[52]

對照一九七九到一九八九年大陸現實政治的發展，不能不讓人感到牟宗三這裡的觀察和評論是頗具前瞻性而發人深省的。

同樣，對於一九七九年魏京生等人的人權、民主運動，牟宗三十分關注。在一九七九年六月二日刊於《聯合報》的〈肯定自由、肯定民主——聲援大陸青年人權運動〉的講詞中，牟宗三就表示積極支持，所謂「魏京生能夠在馬克思主義的格套中，自發地要求自由、民主，認識到民主、自由為一普遍真理，是相當可貴的。」[53]但是，另一方面，牟宗三也指出，以魏京生為代表的大陸青年「雖然反對共黨暴政，但對馬克思主義還有或多或少的幻想，對真正的自由、民主涵義還有那麼『一間之隔』」[54]，並再次對他所理解的馬克思主義進行了批判。他指出：「我們必須肯定自由民主是一個普遍的真理，社會共同生活的最高原則，人類共同理想的具體呈現。它與那個以極權、專制、純否定、純奴役為本質、為當然的馬克思主義之間，沒有第三條路可走。」[55]其論旨與《共產國際與中共批判》前後一致，彼此呼應。

如果說二十世紀七〇年代末是中國政治發生巨大變革的時代，八〇年代末同樣是中國政治文化史上不容忽略的一頁。正如對待一九七九年的人權民主運動一樣，對於一九八九年大陸發生的學潮和民運，牟宗三同樣表示了高度的關注。有兩篇文字集中反映了這一點。一篇是一九九〇年五月二十三日講於社會大學，刊於七月九、十日《聯合報》的〈九十年來中國人的思想活動〉；另一篇是一九九五年四月十三—十五日同樣刊於《聯合報》的〈在中國文化危疑的時代裡〉。

在〈九十年來中國人的思想活動〉中，牟宗三首先對學潮和民運予以高度肯定，所謂「這次學運的自由、民主運動雖然失敗，但對共產黨的殘暴反動而言，仍有其意義。因為他們的左傾意識已普遍地消失了。」[56]但另一方面，他再次指出，民運人士對於共產主義和共產黨的本質缺乏足夠深入的認識：

> 大陸上的民運分子，我很恭維他們，他們有共貢獻。但這些道理（按：指對共產主義本質的認識），他們根本沒有正視過，他們始終仍肯定共產黨，並不認為共產式的社會主義不對，他們根本不理解共黨的本質。
>
> 他們學運分子雖然反對貪汙、黑暗、官倒，或者反對毛澤東、四人幫，其實這並非共產黨的

52《時代與感受》，《牟宗三先生全集》，第二三冊，頁八〇。該講演詞講於一九七九年九月，正式發表於一九八〇年一月《鵝湖月刊》第五卷第七期。
53《時代與感受續編》，《牟宗三先生全集》，第二四冊，頁二八五。
54《時代與感受續編》，《牟宗三先生全集》，第二四冊，頁二七五。
55《時代與感受續編》，《牟宗三先生全集》，第二四冊，頁二九〇。
56《時代與感受續編》，《牟宗三先生全集》，第二四冊，頁四二三。

本質。57

這一篇文字去一九八九年民運不久，牟宗三對民運人士的同情和支持大概使他對於民運人士的批評較為溫和。五年之後，在〈在中國文化危疑的時代裡〉一文中，牟宗三則主要從反省的角度著重指出了民運人士的限制。在牟宗三看來，這種限制就是不能認清共產主義的本質，不能從根本上反對共產主義。他說：

這次的民主運動，使社會主義的意識消失了，使左傾的意識消失了。大陸社會上呈現的是自由民主的意識，但這意識表現在民運人士，由大學的知識分子到大學教授，再往上數到民國三十八年這些老一代知識分子如馮友蘭和費孝通，這些老、中、少三代大概都不相信左傾了，但究竟有多少覺悟卻很難說。從正面上說，他們對於從西方傳統開出近代化的自由民主能有多少了解，很有問題。民主運動的憑藉，當然在自由民主，而非馬、恩、列、史；正面是自由民主，反面當然是針對共產黨。但他們對共產黨的本質究竟能否透徹的了解，也很難說。因為他們反對的是共產黨的「官倒」、貪汙這些腐敗現象，卻不一定反對共產黨的本質。

民運人士占據天安門時，自始至終認為自己是理性的，絕非叛亂分子，也根本不反共。就像劉賓雁也是社會主義的意識，他只是反對共產黨表現出官倒等現象，卻並不反對共產黨的本質；他被共產黨開除黨籍，都仍然如此，肯定共產黨是個標準，何況是占據天安門的民運人士呢？

就從這些地方看，這些民運人士從正面上看，他們對於西方文化所開出的自由民主能有多少了解，頗成問題；從反面上看，他們對所反對的共產黨能有多少了解，也很成問題。對如此殘暴的政權，如果要反，當然是十分贊成。以前贊成，現在可以不贊成，這代表覺悟，所謂覺今是而昨非。這些民運人士的覺悟能到什麼程度，頗成問題；我看他們並沒有多少覺悟。……當以共產黨為標準而來反共產黨，這樣的反，究竟有多少覺悟？他們還是在共產黨的圈圈轉，仍然肯定共產黨是標準，證明他們沒有覺悟；那麼他們對所號召的自由民主，由西方文化傳統所開出者，也就不能深刻了解，也不能領悟。[58]

〈在中國文化危疑的時代裡〉這一篇文字由趙衛民整理，刊於牟宗三去世的第二天，應當是牟宗三晚年最後的一篇講詞。從中，就批判共產主義而言，我們顯然可以看到與《共產國際與中共批判》之間的連續性。如此看來，牟宗三的共產主義批判貫徹終生，完全是歷史材料所顯示的客觀事實。

57《時代與感受續編》，《牟宗三先生全集》，第二四冊，頁四二一。
58《時代與感受續編》，《牟宗三先生全集》，第二四冊，頁四七一—四七二。

五、批判共產主義的根源

以上，我們大略提示了牟宗三一生批判共產主義的歷史軌跡。由前文的考察可見，從一九三一年九月發表〈辯證法是真理嗎？〉，到一九九五年四月十三—十五日發表於《聯合報》的最後一次講稿〈在中國文化危疑的時代裡〉，牟宗三始終自覺站在中國傳統文化立場上批判共產主義，從未發生認識上的動搖，可以說以批判共產主義相始終。之所以如此，正如前文對於《共產國際與中共批判》的集中考察和對牟宗三共產主義批判一生線索的勾畫所顯示的，完全在於他對共產主義本質的理解。他對於民運人士的批評，關鍵也在於認為民運人士始終未能抓住共產主義的本質。我們在第一章以及本章第三部分考察《共產國際與中共批判》時已經看到，牟宗三認為，共產主義最大的錯誤就是否定普遍人性，否定普遍人性就是共產主義的本質。在此，我們不妨再引一些原始文獻予以比較充分的說明。

前面提到，在一九七九年九月香港新亞研究所發表的〈『平反』與『平正』〉中，牟宗三曾經指出，如果不能從根本上反省檢討共產主義，單純的「平反」並不能解決問題，並不能最終帶來自由和民主，結果「照樣可以用以前的老辦法壓迫老百姓，禁制人的基本自由」。在此基礎上，牟宗三明確指出：

> 馬克思主義一個基本錯誤，就是不承認有普遍的人性，這個是最壞的思想、最反動的思想。

所以說共產黨這一套並不是偶然。講道德宗教先得肯定有普遍的人性，馬克思說什麼是人性，人性就是階級性。千般罪惡、萬般罪惡都是從這句話出來。[59]

在一九八三年十二月刊於《鵝湖月刊》第九卷第六期的〈中國文化大動脈中的終極關心問題〉中，牟宗三仍然堅持這一基本看法：

共產主義，以馬克思那一套意識形態為底子，有一個基本惡，就是不承認普遍人性，只承認階級性。你給他講道德心靈，他說你這是小資產階級的奇夢幻想；你給他講兄友弟恭、父慈子孝甚至男女愛情，他說你這是小資產階級的溫情主義。把人性中屬於真、善、美的東西全抹煞了。他們只把人當作一種生物學的存在。[60]

而在九〇年代批評民運人士不能認識共產黨的本質時，牟宗三再次對共產主義進行了一如既往的批判，指出馬克思主義、共產主義之所以是個「魔道」，關鍵在於：「馬克思看歷史是個階級鬥爭史，唯物史觀是以階級作標準，所以他只承認人有階級性，沒有人性，沒有普遍的人性（human

59《時代與感受》，《牟宗三先生全集》，第二三冊，頁八八。

60《時代與感受》，《牟宗三先生全集》，第二三冊，頁四三五。

nature）」[61]。他說：

> 共產黨的魔道，就從這平等性的觀念轉來，是最違反人性與自然的魔道。《中庸》上說：「愚而好自用，賤而好自專。」這正是他們的寫照。另外如「言偽而辯，行僻而堅，記醜而博，心達而險。」這是《孔子家語》記載少正卯所以被誅的緣故。有人考據孔子實無誅少正卯之事。但如這四句話所形容的人實在是可怕的人。以集團的方式來表現這幾句話，這更為可怕。這就是共產黨的魔道性格與痞子性格，不可以常情論的。他們決不會放棄四個堅持，他們也不會放棄既得權力的利益。[62]

在牟宗三看來，康德所說的「絕對的善意」相當於儒家的所說的「怵惕惻隱之心」，說得就是人之所以為人的本善之性，而馬克思的共產主義認為人只有「物質驅動的意志」（materially motivated will，按：牟宗三譯為「物質地機動化的意志」），否定康德的「絕對的善意」和「無條件的命令」不過是一個抽象的概念，也就是否定根本的人的善性。至於為什麼不能否定人性，尤其是不能否定那根本的作為「絕對的善意」和「無條件的命令」的人性？馬克思以「物質驅動的意志」來規定人性從而否認有本善的人性為什麼是錯誤的？在一九四九年十一月十六日發表於《民主評論》的〈道德的理想主義與人性論〉一文中，牟宗三有一長段極為細緻、充分和有力的論證。他說：

但我可以指出，我們的意志活動不都是「物質地機動化的意志」之活動。絕對的善意也不只是一個抽象的概念，而確是在現實生活中呈現的。「無條件的命令」也不是幻想，亦確實是有的。一般人不常有，但不常有，並不能就說它只是抽象的概念。很少有人能奉行，但不能奉行只是因為私欲間隔。不為私欲間隔的，就能奉行。假若有能奉行者，它就不只是一個幻想，而是實際上呈現的。如果是實際上呈現的，如何便把意志普遍地定為「物質地機動化的意志」呢？「善意之為絕對的善」之有無是墮落與否的問題，不是原則上沒有，單純憑抽象能力所製造的一個虛構的概念。我們已決定其原則上有，而且是隨時呈現的。然則如何能說它不是實際的意志？譬如，見孺子入井，人皆有怵惕惻隱之心匍匐而往救之，不為要譽於鄉黨，不為討好於孺子之父母，這不是絕對的善意是什麼？你能說他為的階級的私利嗎？馬克思何不就此善反而見人性？假如你滿肚子是髒東西，見了偏不去救，那只是你個人此時失掉了人性，並不是人的性就是如此。又如曾子臨終易簀時的話，你能說這不是「絕對善意」的呈現嗎？他為的什麼私利呢？他為的什麼階級呢？只為的自己不是大夫，便不該用大夫的席，便不應躺在上面以作臨終時之飾典。這種不苟的精神，只為的理上不應如此，所以便決定不如此，並不因為自己在病困之時就可以馬虎過去，此不是無條件的命令，其本質上就是善的，是什麼？假如你自己貪

61《時代與感受續編》，《牟宗三先生全集》，第二四冊，頁四一九。
62《時代與感受續編》，《牟宗三先生全集》，第二四冊，頁四二三。

圖虛榮，裝聾作啞，混過去算了，那是你自己的私心自利，並不能因之就說無條件的命令只是一個抽象的概念。又如耶穌說：不應起誓，你們的話，是則是，非則非，過此以往，便不是純正的。這種「稱心而發」的善意豈不是人間常有的嗎？耶穌說：「你們不背起你們的十字架，便不配作我的門徒。」他開始作宗教運動時，即決定上十字架捨命，這種意志的決定，你說他為的什麼私利，為的那一階級？難道這也是一個抽象的概念嗎？當撒旦試探他說：「假如你是上帝的兒子，你可以叫石頭變成麵包。」耶穌回答說：「人活著不但為麵包，亦要靠上帝口中所說的話（即真理）。」這種服從真理的意志，為真理而活著的意志決定，不是絕對的善意是什麼？撒旦又說：「假如你是上帝的兒子，你從山上跳下來，上帝托著你，不使傷你的足。」耶穌說：「撒旦退去，不可試探主，你的上帝。」這種意志的斷然決定，一方截斷撒旦的糾纏，一方就是善意、無條件的命令的呈現：直接喝令它退去，連辯訴理由都不要，此時只是一個絕對的善的絕對意志之透體呈現，壁立千仞，停停當當擺在那裡，你看還有什麼邪魔能夠混進來？只有絕對善的絕對意志之透體呈現方能瓦解魔鬼的一切誘惑。一切次級的居間的辯論與理由俱不必要，因為這些徒惹葛藤。在葛藤之中，魔鬼就可以乘隙進來。理由的層層前進而不搖動的最後根據還是這個絕對善的絕對意志，此就是最後的理由。我們要瓦解馬克思的一切試探，最後還是這個絕對善的絕對意志之透體呈現。這個絕對善的意志，我們相信馬克思也是有的。因為撒旦只是一個象徵，不是一個現實的人。馬克思是一個現實的人。只因為他的墮落的心所成的「意見」把他的善意淹沒了。譬如他感到了無產階級的痛苦，發心動念想解決它。這最初一念就是善意的呈現。你為什麼不就此肯定你的性與人的性而見其與禽獸不同呢？我在此問馬克思，你試在此反省一下，你此時的一念是私的，還是公的？是善的，還是惡的？是有條件的，還是無條件的？假若你說：我那時的一念也是「物質地激動化了的」，也是私的，只為的保持我那個經濟學專家的聲名，只為的好宣揚我的《資本論》，增加它的銷路，我是為我的生存方式之保持與改進打算，並不為別的，我沒有絕對的善意，那麼，我說：若真如此，你這個人簡直就不是人，連禽獸都不如，因為禽獸雖無一隙之明之良知之覺，然而它並不有意地作惡，它不過只是順自然生命任運而轉，你現在既不承認你有善意，又不順自然生命任運而轉，卻有意地使壞，所以你既不是人，又不如禽獸，只合一棒打殺，給狗子吃。我不相信馬克思真地敢那麼說，真得忍得那麼說。我的「假若」只是個「假若」。我斷然敢肯定馬克思最初的那一念是個善意，是客觀的，不是主觀的，是無條件的，不是有條件的。這個善意以後漸漸埋沒了，是因為次起的念頭，紛馳下去，想到社會上，愈想愈不合理，愈思愈氣，愈想愈恨，遂以為人間沒有善意，只有私心，因而轉過來也把自己的那個善意間隔了，堵住了，埋沒了，遂以為人性不過是階級的私利性，意志不過是「物質地激動化了的意志」。造作系統，否定一切，這就叫做惡惡喪德，成為一個「純否定」（pure negation），結果連自己也否定了。這才是橫撐豎架的抽象虛構，虛構人性，不是如實的真實人性。[63]

63《道德的理想主義》，《牟宗三先生全集》，第九冊，頁三四—三六。

因此，在牟宗三看來，他對於共產主義的批判，是從根源上、原則上來的，是從共產主義和中國傳統文化的精神價值尤其儒家思想的核心價值分別作為兩套根本不同的信仰而言的。這一點，牟宗三自己有著明確的自覺：

> 但我們反共，並不是看你現實上那一點好，那一點不好，而是你那個原則根本不對。反共，就是要把你那個原則拿掉。所謂消滅，也正是要消滅你那個原則。並不是要把所有的共產黨員殺掉。那個原則拿掉了，大家都是中國人，為什麼要統統殺掉呢？我只是要拿掉你那個原則，使你封閉的社會成為開放的社會，讓大家可以過一個自由的生活。
>
> 有一次，一個學生對我講，說老師這一代反共，是宗教性的態度；年輕一代的反共，是實用主義的態度，是從現實的立場。他這話說得很老實。但反共不能只是站在現實、實用的立場上，這裡是一個價值標準的問題。[64]

正是由於從根源、原則上認清了共產主義的本質，牟宗三一開始就已經預見到，中共一旦奪取政權，必將步國民黨的後塵，走上專制獨裁的道路。他在一九三四年一月一日和二月一日發表於《再生》第二卷第四、五期的〈從社會形態的發展方面改造社會〉一文中即指出：

現在國民黨的政治之壞是無容否認的，國家不統一也是顯然的。革命的舉動當然也不能反對，但怎樣革法倒是問題。敵對最顯然的是共產黨，共產黨在反對政府上我們並不反對；但（一）他們的革命是否就是無產階級革命？（二）他們這種革命是否能成功？這兩個疑問，我們都以否定答之，即（一）不是無產階級革命，乃不過是陳涉、吳廣之流亞耳。這種革命之發生，半由於政治不良及天災人禍為其原因，這是機會好，革命的對象並不像資本家那麼顯然。因此（二）革命就不一定能成功，即便成功也不過是政權的取得，步蘇俄的後塵，步國民黨的後塵，或甚至步劉邦、步朱元璋的後塵也都可能，而決不是革資本家的命的勞工階級專政；因為中國這種機會造出的流氓革命是很有轉變的可能的，假若機會一失，他們這種革命集團便馬上成為茫然的而消散了。所以，如果他們成了功，從好的方面說，能替國家造產，不實行資本主義，而實行國家社會主義；從壞的方面說，步國民黨的後塵，投降帝國主義，無論白色或紅色，而結果仍是混亂。65

此外，在一九四九年十二月一日發表於《民主評論》第一卷第一二、一三期的〈理想主義的實踐之函義〉一文中，牟宗三更是引陳獨秀晚年〈我的根本意見〉一文為同調，指出共產主義必然導

64〈有關「美國與中共拉邦交」之談話〉，《時代與感受》，《牟宗三先生全集》，第二三冊，頁六三。
65《牟宗三先生早期文集》（下），《牟宗三先生全集》，第二六冊，頁七三八。

致一黨獨裁，而一黨獨裁也必然導致個人獨裁，完全預言了中共建國後不久即產生的毛澤東權力欲無限膨脹所導致的極端個人獨裁。他說：

> 共產黨之成為獨裁，是由無產階級專政一思想而來。他們以為無產階級起來革命，打倒資產階級，必須經過一個專政的階段。專政的目的是在排除資產階級的自由，防禦他們的參與政權。無產階級可以有自由，資產階級不能有。但須知，資產階級一旦被打倒，資本主義的社會便不存在，而此時還說無產階級專政便成為無意義的，除非革命永不成功，永在與資產階級的對立鬥爭中。但資產階級既被打倒，則他的資本家之資格被取消，而其為人之資格並不能取消。此時還要說專政，那根本是一部分人把持政權。而何況「無產階級專政根本是沒有這樣的東西」（按：語出陳獨秀〈我的根本意見〉一文），結果只有共產黨的獨裁，而『黨的獨裁結果也只能是領袖的獨裁』。不但已被打倒的資產階級沒有自由，即任何階級也沒有自由。因為他要訓練人們都成為歷史唯物論者，否則就是反動分子。你須知共黨領袖的獨裁不專是經濟的、政治的，而且是思想的、人性的。這樣地管制起，誰還能有自由？所以「無產階級專政」的思想必然流於個人獨裁，必然只是促成達於瘋狂狀態的權力欲。[66]

由此可見，牟宗三對於共產黨的危害實在可以說是「洞燭機先」。正因為這一點，唐君毅後來曾經稱讚牟宗三的「孤懷閎識」是常人所「不可及」的[67]。

客觀而論，對於中國共產黨八〇年代以來的轉變，牟宗三也有意識，並在一定程度上能夠肯定。譬如，在一九八〇年八月講於《聯合報》、刊於《中國文化月刊》第一〇期的〈中國文化的斷續問題〉最後，牟宗三加了這樣一個〈附識〉：

最近報載共產黨宣布要把北平天安門掛的馬、恩、列、史的像拉掉，但馬上又聲明這並不意味放棄共產主義。即使是如此，也值得嘉許。我們要催促他們步步覺悟，叫他們一下子變是很難的。「齊一變至於魯，魯一變至於道」，聖人也不放棄督促誘勸。[68]

但是，在根本上，牟宗三認為，由於共產主義的本質在於否定普遍的人性，因而共產主義與中

66《道德的理想主義》，《牟宗三先生全集》，第九冊，頁六三—六四。

67 唐君毅曾在其〈中國歷史之哲學的省察——讀牟宗三先生《歷史哲學書後》〉一文中指出：「此數年中（國翔按：指一九四五到一九四九年之間），熊先生（熊十力）亦常於信中，感懷國事，由士風之窳敗，文風之浮薄，謂華子孫將有萬世為奴之痛。然余素性喜作樂觀想，以為大局當不致有土崩魚爛之事。而對共黨之為害，亦殊無深切之感覺。故於大陸淪陷之前，余所著文講論者，皆及於純學術而止。比南來香江，乃有悟於中國文化，及人道尊嚴與馬列主義之勢難共存，試為文申正論，見民之憔悴於虐政，未有甚於此時。宗三十數年前之所憂者，一一見於今日。吾以是益知宗三之孤懷閎識為不可及也。」見《歷史哲學》〈附錄一〉，《牟宗三先生全集》，第九冊，頁四三四。

68《時代與感受》，《牟宗三先生全集》，第二三冊，頁一一九。

國傳統文化根本對立，二者難以相容。對此，在一九八三年十二月刊於《鵝湖月刊》第九卷第六期的〈中國文化大動脈中的終極關心問題〉中，牟宗三講得很清楚，並對共產主義和社會主義之間的區別進行了分疏：

我常遇到人問，共黨以馬列主義統治中國三十多年，中國文化實受了史無前例的摧殘與歪曲。如果在短期內大陸與台灣不能在理性的方式中得到統一，馬克思主義能不能像佛教一樣被中國文化消化成一個旁支？

我以為這要看從那個角度來看馬克思主義而定。

如果從馬克思、恩格斯、列寧、史達林這一系相傳下來的布爾什維克意識形態來說，馬克思主義一定不能成為中國文化的一個旁支，它不能像佛教一樣被中國文化消化，成為一個旁支，它與中國文化是一個絕對的對立。我們必須把它徹底消除掉，它徹底是個災禍。

如果是從單純的某種形態的社會主義來說，它當然可以像佛教一樣成為中國文化的一個旁支。中國文化中本有社會主義意識這一傾向。相當程度的社會主義是可允許的。三民主義中的民生主義就是一種相當程度的社會主義。世界各國也都有類似英國工黨的那種社會主義者。但某形態的社會主義與共產主義是完全不同的。共黨一方面最厭社會主義，一方面又利用之說共產主義的社會主義。世人無知，便易受其欺哄。某形態的社會主義是一定要承認自由經濟與某種程度的私有財產的。所以，耕者有其田、節制資本、社會保險等是社會主義，因其能創造社會福利。共產主義不是社會主義，因其只能製造災害。[69]

因此，在牟宗三看來，共產主義在理論和實踐上都不僅是對中國文化、儒家思想的顛覆和毀滅，同時也根本是對人性、人道和整個人類精神表現的顛覆和毀滅。譬如，他在一九五一年一月二十日刊於《思想與革命》第一卷第一期的〈佛老申韓與共黨〉一文中說：

我斷言它是一個大魔，並不容易對治的。我又斷言它是一個普遍的異端、「純否定」的異端。所謂「普遍的」，乃是說：它是發自人類脾性中陰暗之一面。此一面並不限於那個民族，乃是普遍於人類之全體。故它的出現是人類中一個普遍的異端。所謂「純否定」者，意即：凡否定人性、個性、價值層級、人格世界、文化理想者，即為純否定。[70]

69《時代與感受》，《牟宗三先生全集》，第二三冊，頁四三三—四三四。
70《時代與感受續編》，《牟宗三先生全集》，第二四冊，頁一—二。

而在一九八六年八月刊於《中國文化月刊》第八二期的〈理解與行動〉這篇講辭中，牟宗三更是直接將共產黨那種對人性、人道和整個人類精神表現的「純否定」稱為「根本惡」。他說：

我們要看穿馬克思主義的真面目，也就是要找出其最後的基本惡所在。共產黨的基本惡在於假藉「均等」的觀念而發出怨妒、仇恨的惡。要求平均、平等這並不是壞事，它有其正面意義，因為要求均等可以是個文化競爭上的激勵，此亦即孟子所說的「不恥不若人，何若人有」（《孟子・盡心》篇），這是就著人之進德講的，此乃鼓勵人要有羞恥之心。羞惡之心，人皆有之，好善惡惡，人皆有之。假定你不以比不過人為恥，你這個人還有什麼能比得過人家呢？你只有永遠往下墮落。孟子這句話是鼓勵人進德修業，進德修業要靠自己有羞恥心，要發憤圖強，所以《論語》中孔子亦講：「不憤不啟，不悱不發。」（《述而》篇）人必須要有憤悱之心才能啟發之。這些都是求均等之正面意義，不會有壞的影響。馬克思主義的基本觀念是要求均等，要求生活上的享受平等；同樣是人，為什麼我只能吃一個麵包，而你卻吃兩個？在某一意義下，這也可以說是「不恥不若人」，只要努力，也可以達到一樣的享受，這種要求也不見得有什麼壞處，也可以說是羞恥之心向上奮鬥。所以照康德講，這種要求均等的競爭，開始時於文化發展有激勵作用，並不見得壞。要求互相均等，也不表示就沒有互愛，互相競爭不一定就要互相敵對，仍可以作朋友，並不見得就否決了互愛。可是到了後來出現一個怪現象：我比不過你，我不承認自己不行，卻反過來也希望你不能比我好。此種禁止旁人比自己高、比自己好，而不要求自己趕上人家，光是積恨仇視人家，就引生出基本惡，這是不正常的心理順著求均等的觀念而引發出來之嫉妒仇恨。這是康德所分析的基本惡，是屬於人性（humanity）的一種惡，這種仇恨是很可怕的。當年，孫中山先生也說過馬克思主義是以恨為出發點，這是泛泛地說，我們必須了解此處所說的恨到底指何而言。共產黨所引出之嫉妒仇恨，乃是假藉平等觀念而引發出來的。所謂求均等乃是大家有相同平等的機會競爭，彼此奮發向上，並不是表示我比不過你，那麼你也不能比我好，咱們大家要窮就一起窮，一起往下拉，這在我們北方話就叫「一鍋爛」。康德稱此為「魔鬼式的惡」（devilish evil），康德這種了解最具體，實在很了不起，的確是大哲學家。而且那時候共產黨還沒出現，他就預測到人性中有這種基本惡，並且由共產黨的種種表現也確實地證明了康德對基本惡之了解的深刻。[71]

雖然三年之後，在一九八九年「六四」發生不久的「法住文化學院《法言》座談會」上，牟宗三改用康德的另一個概念「文化上的罪惡」（cultural evil）來形容共產黨對人性的否定。但從是否肯定人性的角度批判共產黨，則前後一致，並無改易。而這裡的批評，對照前文第二部分考察《共產國際與中共批判》中對共產主義基本觀念的批判，彼此是完全一致的。正是基於這種一生不變的認識，牟宗三才自始至終不渝地堅持其反共的立場。對牟宗三來說，這種對立根本不是家仇的問

71《時代與感受續編》，《牟宗三先生全集》，第二四冊，頁三三八—三三九。

題，甚至也不是國恨的問題。在他的心目中，這根本就是宇宙人生中正邪兩種力量的對立。正如牟宗三在《共產國際與中共批判》中所系統說明的那樣，中國傳統文化尤其儒家思想的主流與共產主義之間根本是肯定人性與否定人性的勢不兩立[72]。

不過，儘管牟宗三說共產主義是一個「大魔」，「並不容易對治」，但是，他同時又堅信共產主義最終必將失敗，以儒家文化為主體的中國文化最後「將在十分艱苦與高度的道德自覺中勝利」[73]。他在一九五一年八月一日刊於《明天》第三九期的〈自由中國的遠景〉中即指出：

共黨的觀念系統，在其未得到政權時，尚有迷惑有浪漫性理想的青年及知識分子。現在已握到政權，其行動足以澄清其觀念系統之全幅意義與全幅後果。大陸上的全體人民必然痛切感覺到他的觀念系統是不可實踐的。智者早已見到它必作大孽，愚者則必俟身受其禍而後悟。而歷史的發展足以證明劫難的大歪曲，一旦到全體暴露時，必很快地歸於大方大正，障百川而東之。[74]

在刊於一九五三年七月二十一日《中央日報》的〈文化途徑的抉擇〉一文中，牟宗三更是既明確指出儒家思想與共產主義的對立構成二十世紀中國社會的癥結，又再次表示了他認為共產主義終將破滅的信念：

當希特勒不可一世時，有人寫了一本小冊子，名曰《尼采？還是基督？》（著者之名已忘記，中文亦未見有中譯本）。我們現在亦可以說：究竟是馬克思還是孔子？希特勒的納粹運動與共產主義運動實含有一種文化理想爭霸的意義。即：尼采、馬克思與孔子、耶穌爭霸。這實是本世紀問題的癥結所在。現在，希特勒已被打下去了，共黨集團亦必走上同樣的命運。那就是說：人類究竟還是要走孔子、耶穌的路。[75]

顯然，在牟宗三的心目中，孔子和耶穌分別代表中西文化中正面價值的典範，二十世紀初以來征服中國的共產主義和一度征服歐洲的希特勒則分別代表中西文化中負面價值的典範，所謂「我們今日之說孔子、耶穌，乃是視之為一個象徵：這是文化的象徵，人性人道的象徵，個性、價值、自由、民主的象徵」[76]。而在《共產國際與中共批判》一書中，牟宗三甚至認為儒家的「人文主義的理想主義」可以作為古今中外普遍的理性主義、理想主義的代表。正如他在該書末尾「附識一」所

---

72 有西方研究者亦曾指出，對於基於肯定人性而發的一些基本價值如人權、自由、民主等，馬克思主義在根本上不能接受。參見Steven Lukes, *Moral Conflict and Politics*. Oxford: Clarendon Press, 1991.

73〈自由中國的遠景〉，《時代與感受續編》，《牟宗三先生全集》，第二四冊，頁四七。

74〈自由中國的遠景〉，《時代與感受續編》，《牟宗三先生全集》，第二四冊，頁四七。

75《時代與感受續編》，《牟宗三先生全集》，第二四冊，頁九三。

76《時代與感受續編》，《牟宗三先生全集》，第二四冊，頁九六。

謂「本文所講的『人文主義的理想主義』，歸到純哲學上，可以收攝一切正宗的理性主義，理想主義。純哲學上，從知識論到形上學所完成的理性主義，理想主義，若透出來，亦必會歸於這個人文主義的理想主義。」77

牟宗三從根源上、本質上一生批判共產主義，完全是站在中國傳統文化的立場，而超越了現實政治黨派之間的對立。開頭所引牟宗三自述其抗戰時期在華西大學的經歷以及前文諸多徵引材料，均可作為這一點的支援。但是在最後，還是讓我們再引用一段更為直接的證據對此加以說明。在回憶抗戰勝利前夕自己的經驗時，牟宗三有這樣一段話：

我那時的道德感特別強，正氣特別高揚，純然是客觀的，不是個人的。意識完全注在家國天下、歷史文化上。那時抗戰將居末期，英美正在苦鬥中。愈來愈艱難，亦愈近黎明，而共黨亦愈不成話。我衷心起反感。……我目睹社會人心、青年的傾向，完全為其所吸引，這完全是塌散違離的時代精神。國民黨的政治愈來愈不成話，它完全收攝不住人心，吸引不住輿論。但人們不是左倒，就是右倒。我深惡痛絕共黨的無道與不義，但我亦無法替國民黨辯護。我在一般社會人心的左右顛倒塌散中站住自己而明朗出來，是要很大的苦鬥的。我的依據不是現實中的任何一面，而是自己的國家、華族的文化生命。一切都有不是，而這個不能有不是，一切都可以放棄、反對，而這個不能放棄、反對。我能撥開一切現實的牽連而直頂著這個文化生命之大流。一切現實的汙穢、禁忌、誣蔑、咒罵，都沾染不到我身上。我可以衝破共黨那一切威脅人的咒語。旁人說話皆有吞吐委曲，我可以理直氣壯地教訓他們、指摘他們。國家、華族生命、文化生命、夷夏、人禽、義利之辯，是我那時的宗教。我那時也確有宗教的熱誠。凡違反這些而歧出的，凡否定這些而乖離的，凡不能就此盡其責以建國以盡民族自己之性的，我必斷然予以反對。……青年人的衝動左傾，我只有悲痛。中年人、老年人的昏庸趨時，我只有痛恨。環視一世，無人為華族作主。在抗戰中不能提煉新生命以建國，只落得塌散崩解而轉出共黨之魔道，此為華族之大悲，人間之大憾。我不能不痛責此時代炎黃子孫之不肖與背叛。[78]

所謂「我的依據不是現實中的任何一面，而是自己的國家、華族的文化生命。一切都有不是，而這個不能有不是，一切都可以放棄、反對，而這個不能放棄、反對」，鮮明地點出了牟宗三的立場是文化而非政治的。這一點，除了牟宗三的自述之外，由其在國民黨一方也遭受排斥而被「另眼相看」，也可以相應得到說明。譬如，牟宗三一九四九年到台灣後先在師大六年，其間訓導處的人幾乎天天打報告告狀。後來中興大學欲請其出任文學院長，亦為青年救國團壓制而未果[79]。需要指

77《共產國際與中共批判》，頁三三。
78《五十自述》，《牟宗三先生全集》，第三二冊，頁一〇五—一〇六。
79 對這兩件事的回憶，參見〈徐復觀先生的學術思想〉，《時代與感受續編》，《牟宗三先生全集》，第二四冊，頁四六四—四六五。

出的是，事實上，「國家、華族生命、文化生命、夷夏、人禽、義利之辯」，不僅是牟宗三「那時」的宗教，也委實可以視為其終生的信守。

六、結語

在迄今為止的牟宗三研究中，一個常見的觀察就是認為牟宗三只有「思想的世界」，而缺乏現實的政治社會關懷。當然，在根本上，這種似是而非的看法是由於對牟宗三缺乏全面深入的了解所致。但從另一方面來看，言及牟宗三的政治社會關懷或者說其「外王」一面時，不論批評方還是辯護方，往往只著眼於其以良知坎陷開出民主科學的理論，或者說僅僅著眼於牟宗三關於如何建立「學統」和「政統」的純理論說明，不能不說導致了共同的視覺盲點。

「良知坎陷」說的確是牟宗三外王思想的理論基礎，對其哲學內涵的了解必須深入整個牟宗三思想甚至整個中國哲學的脈絡，不是「對塔說相輪」的一些所謂批評便能夠搔到癢處的。但問題的關鍵在於，牟宗三「外王」的一面或者說其政治社會關懷是否是「良知坎陷」、「三統並建」說所能概括得了的？若其「外王」的一面或其政治社會關懷僅在於此，招致抽象之譏自然在所難免。然而，正如本章所述，牟宗三「外王」的一面其實並不限於其「良知坎陷」的理論和思辨。如果我們能夠充分注意到牟宗三立足中華傳統文化尤其儒家思想批判共產主義這一自始至終貫穿其六十餘年思想歷程的基本線索，充分注意到他圍繞這一基本線索在不同時期不同場合所發的各種針對現實的言論，從早年的批判「左傾」到晚年對大陸改革開放、民主運動的評價以及對於兩岸關係與台灣認同問題的關注，我們就可以看到，牟宗三絕非一位只談「心性」、「內聖」的現代新儒家，絕非僅僅停留在脫離了歷史的思想之中。

我這裡要鄭重指出的是，現在回頭來看，在中西文化的碰撞過程中，西方傳來的馬克思主義、共產主義整個取代了中國延續兩千餘年「全面安排人間秩序」（余英時先生語）的儒家傳統，從而改變了中國的政治社會結構。如果說這一「巨變」構成整個二十世紀中國最直接、最重大的歷史事件，或者說，馬克思主義、共產主義征服中國構成二十世紀中國最基本的現實，那麼，一向只是被作為哲學家來對待的牟宗三不僅沒有置身事外，反而恰恰與這一歷史事件相始終，對這一歷史事件及其文化意義念茲在茲，一生保持著高度的自覺，一生不斷地予以反省。

在牟宗三看來，馬克思主義、共產主義首先征服了中國的知識人，進而從政治、社會現實上征服了中國，這是中國歷史上「亙古未有的大災害」。在一九八一年七月二十日刊於《聯合報》的〈文化建設的道路——現時代文化建設的意義〉一文中，牟宗三指出：

> 我們在北平念書的時候，坊間的書店，滿坑滿谷都是左傾的書。北平在當時是最左傾的。從那個時候，共產黨那一套ideology就征服了中國；知識份子普遍的意識是肯定社會主義為先天的真理，資本主義與自由經濟是先天的罪惡；唯心論是先天的反革命，唯物論是先天的革命。

共產黨如此地征服了知識份子。[80]

在一九八三年一月二十三、二十四日刊於《聯合報》的〈漢宋知識份子之規格與現時代知識份子立身處世之道〉一文中，牟宗三說：

這種中華民族的生命底子不一定能與西方來的觀念相協調，而我們現在的知識份子在某些方面又非得接受西方的觀念不可。結果，是把自己的生命橫撐豎架，和五馬分屍一樣，這種五馬分屍的結果就是一個大虛妄的結集——知識份子完全左傾化，共產主義征服中國。

這是眼前大家都可以看出來的事實，馬克思主義征服中國就是它先征服了中國的知識份子。自己的生命虛妄分裂，致使外來馬、恩、列、史那套「意底牢結」占據了我們的生命，凝結成一個龐然大物、非理性的集團——共產黨，造成這個亙古未有的大災害。[81]

而在一九九二年東海大學舉辦的「徐復觀學術思想國際會議」的主題演講中，牟宗三再次指出了二十世紀初以來大部分中國知識人缺乏真知灼見、為共產主義所征服的現實：

這是一個大浪漫的時代，浪漫精神的表現有二個類型：一是希特勒型的，它是承尼采思想而來；另一型是共產黨，它把現實世界的種種差別、種種界限所保持的價值，通通加以「量化」，顯示一個虛幻不落實的普遍大平等。對於原先那些在差別中所保住的「質」，便運用一套文字魔咒，判定你是小資產階級意識，是封建道德……等等，而那些傳統的、古往的、本有的東西，便一律變成「反革命」了。這種浪漫的精神，最能吸引「具有原始朝氣、原始正義感」的青年人。青年的生命朝氣，加上共產黨的觀念意識，於是自由揮灑，衝破一切；貧富、貴賤、功名、利祿，乃至是非、善惡、禮義、廉恥……全部解放，對一切都不在乎，終於成為「肆無忌憚」。在這種神魔混雜之中，自由、平等、博愛，也被吞噬到裡面去了。這種情形，知識分子、學者名流，全都看不出來，看不清楚。82

綜觀牟宗三的一生，尤其他一生始終不斷批判共產主義的歷史軌跡，可謂正是對這一他所認為的「亙古未有的大災害」的關注和回應。

十九世紀中葉以來，中國文化的危機不斷加深。不同的知識人也各自以不同的方式予以回應，

80〈文化建設的道路——現時代文化建設的意義〉，《時代與感受》，《牟宗三先生全集》，第二三冊，頁三七六。
81《時代與感受》，《牟宗三先生全集》，第二三冊，頁二六三—二六四。
82《時代與感受續編》，《牟宗三先生全集》，第二四冊，頁四五六—四五七。

涉及到了文化危機的不同方面[83]。如果說共產主義征服中國構成中國文化危機最為根本的內容，根據以上的考察，牟宗三正是對這一內容最為關注的知識人之一。對這一危機保持高度的自覺和不斷的反省，以這樣一條線索構成一生思想歷程重要方面的思想家，在整個二十世紀中國思想史上並不多見。委實，二十世紀中國這一翻天覆地之變對於整個中國文化、中華文明意味著什麼？這實在是一個巨大而深邃的問題。二十世紀三〇年代，不滿三十歲的牟宗三已經意識到了這一問題的嚴重，其批判共產主義的一生，也可以說是他一生對於該問題的思考。無論其思考是否可以提供一個正確的解答或恰當的觀察視角，他的「孤明先發」和一生關注至少足以提示該問題的重要性。而本章以新發現的《共產國際與中共批判》為中心，結合牟宗三一生不同時期的相關文獻，考察其貫徹終生的共產主義批判，或許可以推動我們對該問題予以進一步的反省與檢討。

83　關於十九世紀中葉以來中國知識人與中國文化的危機，余英時先生有厚重而精闢的分析，參見余英時，《歷史人物與文化危機》（台北：三民書局，二〇〇四）。

第五章

自由主義的追求與檢討

一、引言

如果說牟宗三一生所要破斥的是共產主義及其應用於中國在理論與實踐兩方面所導致的謬誤，那麼，他一生追求的，則是在中國建立一個自由、民主的政治與社會秩序。自由與民主的政治思想在晚清以降傳入中國之後，幾乎成為廣大知識人眾口一詞所接受的理念。但是，對於自由與民主的肯定，不同的知識人之間並不完全一致。無論對於自由還是民主，牟宗三都是基於他對傳統中國思想與社會的了解，來予以肯定和反省的。而正是由於他對中國傳統的思想與社會有著深刻的了解。他才一方面既能看到自由與民主實為中國政治實現清明的必由之路，另一方面，他也基於中國的傳統尤其儒家思想，對二者在西方文化脈絡中的限制以及在中國的實現進行了反省。在這一章中，我將專門考察牟宗三對於「自由」和「自由主義」的論說。在以往學界牟宗三研究的領域中，這一方面也同樣是幾乎素未為研究者所措意的。

除了彌補牟宗三研究的一項缺失之外，本章的討論還有另外一個意義。那就是：牟宗三關於「自由」和「自由主義」的相關看法，既可以視為研究儒家傳統與自由主義之間關係的極佳素材，而檢討牟宗三關於「自由」和「自由主義」的一套論說，更可以發掘現代儒學中所蘊涵的政治思想資源。事實上，現代新儒學絕不僅僅只是所謂「心性儒學」，其政治、社會思想的蘊涵和視角深厚且獨到[1]，不僅不與自由主義相牴觸，反而可以彌補自由主義的一些缺憾。如今討論自由主義多囿於現代西方的話語脈絡，僅在政治、經濟建制的意義上立說，往往無視道德、宗教意義上的自由，更不深究道德自由與政治自由之間的關係。牟宗三論「自由」和「自由主義」，恰恰是要指出二者之間的應有關係以及顧此失彼所導致的弊端。並且，在他看來，只有始終不放棄道德和精神上的自由，如陳寅恪（一八九〇—一九六九）所謂保持「獨立之精神，自由之思想」，才能稱得上一個真正的自由主義者[2]。而這一點，如果放在整個二十世紀迄今的思想脈絡中來看，其實未嘗不可以說是那些融貫中西而同時立足或植根於儒學價值立場的一流知識人的共識。

1 關於現代儒學中政治思想的內容，目前為止稱得上深入研究的著作，中文世界以何信全和李明輝的著作為其中的代表，參見何信全，《儒學與現代民主》（台北：中央研究院中國文哲研究所，二〇〇四）；李明輝，《儒家視野下的政治思想》（台北：國立臺灣大學出版中心；北京：北京大學出版社，二〇〇五）。

2 陳寅恪在為王國維撰寫的「紀念碑銘」中所提倡的「獨立之精神、自由之思想」究竟何所指，歷來似乎都有不同的理解，最近仍有人試圖為賦新詞而別出心裁。其實，其意陳寅恪自己曾有極為詳細而清楚的說明。一九五三年郭沫若主政的科學院在最高政治權威的授意下，欲請陳寅恪擔任第二歷史研究所所長。在給中科院的答覆中，陳寅恪明確說道：「我認為研究學術，最主要的是要具有自由的意志和獨立的精神，所以我說『士之讀書治學，蓋將以脫心志於俗諦之桎梏。』『俗諦』在當時即指三民主義而言。必須脫掉『俗諦之桎梏』，真理才能發揮，受『俗諦之桎梏』，沒有自由思想，沒有獨立精神，即不能發揚真理，即不能研究學術。學說有無錯誤，這是可以商量的，我對於王國維即是如此。王國維的學說中，也有錯的，如關於蒙古史上的一些問題，我認為就可以商量。我的學說也有錯誤，也可以商量，個人之間的爭吵，不必芥蒂。我、你都應該如此。我寫王國維詩，中間罵了梁任公，給梁任公看，梁任公只笑了笑，不以為芥蒂。我對胡適也罵過。但對於獨立精神，自由思想，我認為是最重要的，所以我說『唯此獨立之精神，自由之思想，歷千萬祀，與天壤而同久，共三光而永光。』我認為王國維之死，不關與羅振玉之恩怨，不關滿清之滅亡，其一死乃以見其獨立自由之意志。獨立精神和自由意志是必須爭的，且須以生死力爭。正如詞文所示，『思想而不自由，毋寧死耳。』

在一九五四年台灣師範大學教師舉行的人文講會第二次講會中，牟宗三提出：「我們現在聚會講習，唯一與現實有牽連的，即是針對共黨的魔道，與自由世界之灰色，這是時代精神的墮落。我們只是對這墮落的末世的時風而講話，除此以外，其他瑣碎的現實，我們概不必問。……過去有聖教（按：牟宗三這裡指儒家傳統）為準繩，現在則不然，現在沒有孔子，沒有聖人，所以現在要從灰色的與魔道的當中跳出來，乃是一種大奮鬥，即是一面反共產黨，一面反現實的壞習氣。亦即由否定之否定，而轉肯定，向高級的形態走，即歸於正。我所謂儒家學術的第三期，這是必經的途徑，是中西文化非走不可的途徑，遲早必定到來。停在共產黨的是反動的，停在現實的灰色的階段上是墮落的。以上所講的魔道與灰色，這是兩條流，現成的擺在眼前，很易看出，這兩條流都不對，都要反，使歸於正。」[3]這一段話鮮明地表示了牟宗三現實關懷的兩個基本方面。「針對共黨的魔道」，即表現為其對共產主義的批判。這一方面，我們在前面第一章到第四章有充分的說明。另一個方面，即所謂「自由世界之灰色」，則表現為立足於儒家傳統來提升近代西方所發展的自由主義，肯定其價值，反省其不足。而牟宗三以儒家傳統為根據的自由精神，可以說正是其批判共產主義的思想資源。

二、道德自由與政治自由：中國傳統自由觀與西方近代以來的自由觀

在發表於一九四九年九月一日《民主評論》第一卷第六期的〈儒家學術之發展及其使命〉一文

中，牟宗三將黑格爾的「精神」與儒家的「仁」關聯起來，認為「自由」的本質在於「自我覺悟」所透露的「精神」。或者說，在他看來，自由主義的根本在於精神性的自由。他說：

> 此具有普遍性之原理，儒家名之曰「仁」。吾人現在亦可轉名之曰「絕對理性」。此絕對理性在人文的實踐的過程中彰著其自己。吾人即由此實踐而認識其為指導歷史或貫穿歷史之精神原則，即吾人上文所說孔子經由反省而顯之「意義」。黑格爾名之曰精神。黑格爾謂此精神之本質曰「自由」。此所云之「自由」與時下「自由主義」中之自由不同。下文再稍論此兩者之關係（按：即下一段引文）。此言自由乃係於精神自己而言。即人類在實踐過程中亦即歷史發展中，自我之覺悟所透露之精神之自己。[4]

這裡，牟宗三已經指出了「精神的自由」與當時西方的「自由主義」的「自由」之間有所不同，但同時他也認為二者之間不無關係。對此，我們後文再加以考察。這裡，首先要說明的是，在牟宗三

斯古今仁聖同殉之精義，夫豈庸鄙之敢望。』一切都是小事，惟此是大事。碑文中所持之宗旨，至今並未改易。」陳氏的答覆在一九五三年十二月一日，由其學生汪籛記錄，副本現存廣州中山大學檔案館。

3 《人文講習錄》，《牟宗三先生全集》，第二八冊，頁一〇一一一。

4 《道德的理想主義》，《牟宗三先生全集》，第九冊，頁一〇一一一。

看來，西方近代以來的自由主義，由於已經具體化為政治上的民主制和經濟上的資本主義，其所面臨的問題，正在於喪失了其背後的精神性。他在上引文之後進而指出：

> 今因共黨之殘暴與專制，方以「自由」相號召。故承此機略說今日之自由主義。自由主義在反共上，為一顯明之口號。此不容疑。但吾默察今日之自由主義已不復能作為領導時代之精神原則。在文藝復興時，自由之實踐具備其充分之精神性，因而下開近代之西方文明。然而演變至今日言自由，已具體化而為政治之民主制度、經濟之資本主義，而今日之自由主義，其心思亦粘著於政治經濟之範圍而不能超拔。自由主義顯然已失其精神性。自由固是必須者，自由主義固是對抗共黨之不自由之最佳口號，然而問題乃在如何能恢復其精神性。自眼前言，自由主義有其應付現實之時效性，此儼若對付特殊問題之特殊思想。然特殊思想必有普遍原則作根據。其精神性之恢復，端賴此普遍原則之建立。此普遍原則即儒家學術所代表之推動社會之精神原則也。惟精神透露，自由主義始能恢復其精神性，變為可實踐者。精神（即吾人所說之心理合一之理性或仁）之本質曰「自由」（此黑格爾所說之自由）。惟此「自由」得其呈露，現實之自由，即自由主義所函攝之自由，方能得到。[5]

在牟宗三看來，自由主義之所以為自由主義，就其根源來說在於其「精神性」，這一點在文藝復興時期是可以看到的。但後來的演變卻使自由主義具體化為政治上的民主制度和經濟上的資本主義。當然，作為一種精神價值的「自由」，必須要客觀化。現代政治上的民主制度和經濟上的資本主義，正是「自由」精神的客觀落實。現代自由主義，也主要是在客觀化的意義上來說的。但是，如果「自由」客觀化之後失落了原先的那種「精神性」，牟宗三認為問題甚至會更嚴重。這一點，我們下一部分再詳細討論。

牟宗三意識到儒家傳統的「自由」只是道德意義上的自我覺悟，他稱之為「主觀自由」，而這種主觀自由並不是現代民主政治意義上的自由。對於民主政治意義上的自由，他稱為「客觀自由」。在《人文講習錄》第二八講〈中西思想諸問題之討論〉中，牟宗三說：

> 孔、孟與理學家固亦常講覺悟，講自我作主。此當然有個性有自由。然此乃道德意義，是主觀自由，故能成人格成聖賢，而不是客觀自由，故未能開出近代化的政治意義。[6]

必須指出的是，牟宗三這裡的「主觀自由」和「客觀自由」，前者是道德意義的，後者是政治意義的，這與柏林（Isaiah Berlin, 1909-1997）區分的「積極自由」（positive liberty）與「消極自由」

5〈儒家學術之發展及其使命〉，《道德的理想主義》，《牟宗三先生全集》，第九冊，頁一四—一五。

6《人文講習錄》，《牟宗三全集》，第二八冊，頁一六五。

（negative liberty）約略相當[7]，而與黑格爾的「主觀自由」和「客觀自由」涵義有別。而牟宗三也曾經援引黑格爾的「主觀自由」和「客觀自由」說來說明自由的問題。

一九五七年五月二十九日到六月一日，《台灣日報》發表了牟宗三一篇題為〈「五四」與現代化〉的講詞，其中，牟宗三就援引黑格爾之說，明確指出中國文化缺乏西方意義上的自由，中國人所有的只是道德宗教意義上的自由，也就是他所謂的「精神的」自由。他說：

> 黑格爾認為中國文化停留在「兒童期」的理由，是因為中國沒有「主觀的自由」（subjective freedom）。所謂「主觀的自由」是相對於「客觀的自由」而言（objective freedom）。「客觀的自由」代表的是國家、法律、政治各方面的自由等等。黑格爾認為「客觀的自由」要靠「個體的自覺」來實現，沒有「個體的自覺」，國家、法律、政治等所謂「客觀的自由」就無法實現。所謂「客觀」，不是指的在「我」以外的其他「對象」；「客觀」是超越所有「個體」之上，從上一層鳥瞰所有「個體」所聯結而成的那個「結構」。國家、政治、法律的所謂「客觀自由」，應該由此去理解。如何達到這種「客觀的自由」的呢？那就要靠每一個人「個體的自覺」。這裡所謂的「個體的自覺」，就叫「主觀的自由」，是黑格爾的名詞。黑格爾認為中國人沒有「主觀的自由」，只有「合理的自由」（rational freedom）。這個 rational freedom 中國人很難了解，其意就是 substantial freedom。中國人不懂這個意思，中國人講「天民」，「天民」和「公民」不一樣；「公民」是拿權利義務來規定的，「天民」則否。中國人一向認為老百姓自由

得很，天高皇帝遠，沒有誰能給予束縛。國家的統一、政府的構造、政治的運用、法律的制定，老百姓從來也不參與，都是由大皇帝頒布下來。黑格爾認為在中國，這種經過大皇帝「合理安排」，而不是通過每一個人「個體的自覺」情形，正是中國人沒有「主觀自由」的表現。

……

但黑格爾認為這種自由是出於大皇帝「合理的安排」，而不是經由權利義務所規定的自由，隨時會受到摧殘，沒有保障。這種通過大皇帝「合理的安排」的自由，就叫做rational freedom，它不是經過「主觀自由」的實踐而來的「客觀的自由」。rational freedom就叫做substantial freedom，就是「實體上的自由」；也就等於是一種潛伏的自由，沒有經過「個體的自覺」而來的自由，這是虛的、不實的、要落空的。黑格爾在這種意義上，把中國文化歸入「兒童時期」。黑格爾的話不無道理，但是要注意，這種劃分必須有其限制，只單就政治而言，從政治立場上來看待這個問題。最初我對黑格爾的這種觀點，也不能心服。中國人怎麼會沒有「個體的自覺」？從孔子開始，中國人就一向重視個人的自覺，講修養；宋明理學家天天講「克己復禮」、「反省」、「省察」，那不都是自覺嗎？但是從某一方面看，黑格爾對中國文化的觀念與批評也是很正確的。問題很顯明，這是兩個立場，從道德宗教立場講，中國人有高度的

7 柏林關於兩種自由的區分，參見其"Two Concepts of Liberty," in his *Four Essays on Liberty*. Oxford: Oxford University Press, 1969, pp. 118-172.

自覺，這是屬於moral subjective freedom。黑格爾講的，是從政治立場來看，中國人沒有「主觀的自由」，所以是「兒童時期」的文化狀態。8

這裡，牟宗三區分得很清楚，黑格爾所謂的自由，無論是「主觀的自由」還是「客觀的自由」，都是政治意義上的，而中國文化中的「個體自覺」所表示的自由，只是道德宗教意義上的，或者說是精神意義上的。因此，牟宗三所謂的「主觀自由」就和黑格爾的「主觀自由」不同，前引牟宗三《人文講習錄》中的「主觀自由」是道德、精神意義上的主體自由，而黑格爾的自由則是就政治而言的，「客觀自由」如此，「主觀自由」也是同樣。

當然，牟宗三並不是說，中國文化中見長的只有道德宗教意義的自由，而西方文化中突出只有政治意義上的自由。在他看來，除了道德宗教意義上的自由，傳統中國文化中獲得充分發展的，還有藝術意義上的自由或曰「美的自由」。除了政治上的自由，西方文化中獲得充分發展的還有思想或理智上的自由；政治上的自由所發展出的是民主政治，思想或理智上的自由所發展出的則是科學。在一九五一年四月連載於《民主評論》第一九、二〇期的〈平等與主體自由之三態〉中9，牟宗三同樣引述了黑格爾《歷史哲學》中對於東方和中國的看法，並明確將主體的自由分為四種，包括「道德的主體自由」、「藝術的主體自由」、「思想的主體自由」和「國家政治法律一面的主體自由」，並認為中西方充分發展的分別為前兩者與後兩者，所謂：

道德的主體自由使人成為「道德的存在」（以及宗教的存在），藝術的主體自由使人成為「藝術的存在」，思想的主體自由使人成為「理智的存在」，政治的主體自由使人成為「政治的存在」。中國所充分發展的是前兩者，西方所充分發展的是後兩者。吾人由此可知中國之所短，將如何發展其自己。亦可知中西之差異，將如何會通而構成世界文化之契合與宗趣。[10]

總之，在牟宗三看來，傳統中國文化所具備的是「道德的主體自由」和「藝術性的主體自由」（「美的自由」）。這兩種主體自由，都有別於西方文化所發展出的「國家政治法律一面的主體自由」。因此，無論是道德宗教意義上的自由還是藝術意義上的自由，都仍然是一種精神意義上的「主觀自由」或「積極自由」，而非政治意義上的「客觀自由」或「消極自由」。

對於西方政治意義上的自由主義的哲學基礎，牟宗三其實很清楚。正是在〈「五四」與現代化〉這篇講辭中，牟宗三同時指出，自由主義的基本精神是個體主義（按：即個人主義）：

8《時代與感受續編》，《牟宗三先生全集》，第二四冊，頁二七〇—二七二。

9《歷史哲學》，《牟宗三先生全集》，第九冊，頁六一—九四。該文一九五一年曾經由香港人文出版社印成小冊子單獨刊行，後來收入一九五五年六月由高雄強生出版社初版《歷史哲學》第一部第三章。《全集》版中仍為第一部第三章。

10《歷史哲學》，《牟宗三先生全集》，第九冊，頁九四。表面上看，由牟宗三這裡所說，主體自由似當為四態而非三態。但是，思想的主體自由和政治的主體自由，其實根本都是基於個體性而發的一種理智的主體自由，故可歸為一種。牟宗三在〈平等與主體自由之三態〉中雖未明確表達此意，實已包含這種看法。其所謂主體自由之「三態」，蓋由此而來。

所謂自由主義（liberalism）的基本精神還是個體主義（individualism）。個體主義不是講究自私自利的個體主義。個體主義所重視的「個體」，是政治上的意義，是由權利義務來規定的「個體」。譬如國民享有國家所保障的權利，同時他也對國家負有應盡的義務，像當兵納稅就是。獨立的「個體」，才能享權利、盡義務；如果不是獨立的「個體」，也就沒有權利義務可言。這些都是政治上的觀念。因此，在這種個體主義的意義下，自然就包含了自由主義的意義。自由主義由此而來，這才是自由主義的基本精神。[11]

而對於現代西方自由主義的所指，牟宗三也很明確。在一九八三年一月二十三至二十四日刊於《聯合報》的〈漢宋知識份子之規格與現時代知識份子立身處世之道〉這篇講辭中，牟宗三指出：

自由主義自西方十七、十八、十九世紀以來是一個政治概念，它的作用要在政治上見。自由主義跟著個體主義來，個體主義、自由主義講的是人權，故要扣緊人權運動來了解。這根本是政治的。西方自由主義的表現就是如此，由之而開出了現代的文明。[12]

也正是由於對西方政治意義上的自由與中國傳統道德意義上的自由這兩者之間的差別有著明確的自覺，牟宗三表示反對生活態度上的「泛自由主義」。同樣是在〈「五四」與現代化〉這篇講辭中，牟宗三接著指出：

自由主義傳到中國以後，大家都誤解了。像胡適之先生所表現的就有問題。胡先生並不是不了解西方的自由主義，可是胡先生回國後在生活上的表現，特別是他解釋自由主義的時候，就不夠清楚。從行動上講，自由主義既是政治上的觀念，就必須從政治立場、從憲法基礎的民主政治立場來說明、來實踐。胡先生僅把自由主義表現在社會日常生活上。固然這也並非完全錯誤，但是這種表現應該有其限制。由於我們的日常生活問題，複雜的很，從日常生活中學習訓練自由主義、個體主義，仍然只能依靠政治生活達其目的。譬如我們開一個會議，就是學習民主政治的最好機會；但是我們的日常生活，並不是天天在開會。因此，自由主義表現在社會日常生活上就不免於氾濫，變成了所謂的泛自由主義（pan-liberalism）。子女抗拒父母管教，學生不服老師教導，一切不正常的社會現象，都以自由主義為藉口；而共產黨也就利用這個機會，製造了中國的動亂。我們不能不承認，這就是從五四運動以後延續而來的流弊。[13]

客觀而論，牟宗三這裡批評胡適要對自由主義泛化成一種生活態度負有責任，其實並不太公平。就胡適個人的生活而言，他大體可以說仍是傳統儒家道德價值的身體力行者。至於就政治立場

11 《時代與感受續編》，《牟宗三先生全集》，第二四冊，頁二六四—二六五。
12 《時代與感受》，《牟宗三先生全集》，第二三冊，頁二六四。
13 《時代與感受續編》，《牟宗三先生全集》，第二四冊，頁二六五。

而言，胡適則可以說是將自由主義的立場貫徹於其一生的政治實踐[14]。不過，牟宗三這裡指出自由主義泛化為社會日常生活的一般態度所造成的流弊，則是頗有所見的。正如民主泛化成日常生活的一般態度一樣，自由主義如果泛化成為一般生活態度，不免變為「掩護生活墮落的防線」[15]。

三、道德自由與政治自由之間的關係

不過，區分道德與政治兩種不同意義的自由，並不意味著二者之間沒有關係。牟宗三之所以要批評當時自由主義者喪失了精神性，正在於要指出二者之間具有密切的關係，不能採取政治歸政治，道德歸道德的方式「一刀兩斷」，彼此割裂。在他看來，道德宗教上或精神性的自由以及政治上的自由（現代自由主義所重政治經濟上的自由）這二者之間的關係，其實應當是一種體用的模式。在一九五三年刊於《幼師月刊》第一卷第一期的〈反共救國中的文化意識〉一文中，牟宗三對此有所說明：

自由民主發展到十九、二十世紀，亦不能無僵化之弊、停滯不前之弊。其弊不在自由民主本身，而在其成為制度後的時風與學風。蓋民主政治及其下之出版、言論、結社等自由，都是文藝復興後的自由主義（精神解放）之成果。那時的自由主義的「自由」是從前一個階段中的壓迫、拘束、僵化而來的解放，是人性、個性、價值觀念之覺醒，是迫切要求的呼聲。在此覺醒與呼聲中，人們是從被動僵化不自覺的物質凝結的生活中，深深反省自覺而直透到精神生命之原，直接透露出精神人格之光輝。此之謂大自由、大歡喜。故那時的「自由」是精神人格之樹立，是耳目之爽朗，是從凍結中直接透露出光與熱之本源。故精神人格中的客觀之情與意是一切要求活動的推動機：一切理想要求、價值要求，皆從此出。故帶有充分的理想性與精神性，而可以披靡一世。在此種情形下的人心及時代精神是構造的、綜合的、立體的。直接從客觀的情與意而貫注到行動之末與外，故為立體的。那時的「智」也是根據客觀的情與意之要求而發其光輝，是統於這個立體中，決不是頹墮下來而成為平面的、乾枯的、淺薄的、近視的，所以能有科學之出現。及其理想要求、價值要求，實現而為制度，成為經濟上的自由經濟、資本主義，政治上的民主政治、權利義務等，則其理想性、精神性，不能不停滯。吾人須知「精神人格之樹立」中的自由（freedom）是精神的、本原的，而其成之政治制度，以及此制度下的出版、言論、結社等自由（liberty），則是些文制的。這些文制是精神自由的客觀形態。16

在一九五四年人文友會第七次聚會的討論中，牟宗三再次表達了他的這種看法，所謂：

14 關於這一點，可參見余英時，《重尋胡適的歷程》（桂林：廣西師範大學出版社，二〇〇四）。
15 〈關於文化與中國文化〉，《道德的理想主義》，《牟宗三先生全集》，第九冊，頁三三一—三三二。
16 《道德的理想主義》，《牟宗三先生全集》，第九冊，頁三一二—三一三。

> 今之講「自由」，只下定義，認為自由是liberties（多數的），只成為外在的，不講freedom，認為freedom是抽象的。其實freedom是從人格上講，道德意義上講的。講自由，不從人格上講，而只從外在的權利上說，其自由只成了享受上的自由。[17]

簡言之，依牟宗三之見，精神性的自由是「體」，自由主義的自由包括民主政治和資本主義是「用」，前者是「內」，後者是「外」，後者是前者的客觀形態。要論輕重的話，則不得不說前者是「本」，後者是「末」。如果對自由的理解僅局限於社會制度的層面，則會有僵化之弊。這一點，也正是牟宗三對於十九、二十世紀西方自由主義發展的批評所在。正如他在一九五四年一月二十八日給唐君毅的信中所說：「蓋亦由他們的學術傳統，始終對人性無善解。故自由亦終於只落在政治上找安實處。」[18]

二十世紀五〇年代，在台灣和香港的思想界曾經發生過圍繞自由民主的辯論[19]。當時自由主義的代表張佛泉（一九〇八—一九九四）、殷海光（一九一九—一九六九）等人，明確反對道德自由、精神自由應該為政治自由提供價值基礎一說。例如，張佛泉雖然先於柏林提出了「消極自由」和「積極自由」的區分[20]，這與牟宗三區分政治自由和道德自由也基本一致，但是，他卻明確站在「消極自由」的立場反對「積極自由」[21]。鑒於當時自由主義者對道德意義上的精神自由的忽略，牟宗三講得很清楚：

至於自由世界雖講自由民主，但這民主自由，早已客觀化，成了制度，已失掉其理想性，不能吸引青年為之奮鬥，現在還是在現實生活上過其寡頭的自由民主生活，再加上科學唯物論，當然沒有理想，不能號召了。我們現在要使自由民主成為理想，恢復其號召性，必須在這寡頭的自由民主與科學唯物論以外，加上一個東西。[22]

17《人文講習錄》，《牟宗三先生全集》，第二八冊，頁三八。

18 黎漢基編《唐君毅書信檔案・三》〈牟宗三部分〉，No. 29。

19 對於這場論辯的檢討，參見李明輝，〈徐復觀與殷海光〉，收入其《當代儒學之自我轉化》（台北：中央研究院中國文哲研究所，一九九四），頁八九—一二七；簡體字版（北京：中國社會科學出版社，二〇〇一），頁八一—一一七；李明輝，〈陽明學與民主政治〉，《儒家視野下的政治思想》，頁二一一—二九。

20 參見張佛泉，《自由與人權》（台北：台灣商務印書館重印，一九九三），該書是張佛泉的代表作，被視為中國自由主義的經典文獻，二〇一〇年收入北京清華大學出版社出版的張佛泉文集《自由與權利：憲政的中國言說》第三部分。《自由與權利：憲政的中國言說》共分三部分，第一部分收錄一九三〇年代張佛泉發表在《國聞周報》、《獨立評論》等雜誌上的幾乎所有文章，第二部分收錄他赴台後出版的兩個集子《民主與選舉》、《無法出讓的權利》中的大部分文章，第三部分即《自由與人權》。

21 殷海光、張佛泉之後，下一代的自由主義者如林毓生、張灝等，已經開始意識到不能只講消極自由。例如，林毓生曾說「不能完全談消極自由，也要談積極自由」。當然，他的重點仍是消極自由，所謂「在消極自由的前提下談積極自由」。參見林毓生，《冷靜與熱烈》（上海：上海文藝出版社，一九九八），頁二七二。

22《人文講習錄》，《牟宗三先生全集》，第二八冊，頁四二。

必須指出的是，牟宗三顯然並不是反對制度化的民主自由，而是要指出僅有作為制度的民主自由的不足。當然，之所以要恢復自由民主的理想性，從牟宗三的這段話中顯然可見，是要對抗馬克思的唯物論，號召青年人為自由民主的理想而奮鬥。正如他在《道德的理想主義》一書〈序〉中所說，馬克思主義正是將自由民主的限制進一步極端化的惡果，所謂：

> 自由民主之實現固是政體上之佳事，然於一般生活上亦易使人之心思益趨於社會（泛化）、庸俗化，而流於真實個性、真實主觀性之喪失，真實人格、創造靈感之喪失，則亦是時代精神下低沉之徵象。此後兩者所轉生之時代病，吾人名之曰人類精神之量化，亦曰外在化。馬克思順西方階級鬥爭之歷史，認為近代之成就皆是第三階級之成就，而於其流弊，則集中其觀察於資本主義以及帝國主義之罪惡。因此順第三階級推進一步提出第四階級之解放問題，而有共產主義之宣言，因而有共產黨之組織，與無產階級之革命。而其基本精神，則順先在之量的精神而更推進一步，徹底以唯物論為立場，此為量的精神之極端化。量的精神之極端化，在政治上表現為極權，在社會上表現為集體農場、人民公社，視人民如螞蟻，如螺絲釘，結果為徹底之虛無主義，將人間投置於漆黑之深淵。此為此時代大病之所在，演成今日極權與自由兩世界之對立。此大病之來臨，將侵蝕任何細胞而毀滅之。[23]

在一九九〇年十一月八日刊於《聯合報》的〈中國文化的發展與現代化〉這篇書面講辭中，時年八十二歲的牟宗三再次重申了人文教育與作為政治制度的自由之間相輔相成的關係以及人文教育的特別意義。他說：

文化文明必本乎自由，則文化文明不是虛文；自由必要求於文化而創制文明，則自由不蹈空，亦不放縱。……從西方來的「正視自由與民主政治」固有貢獻於自由與文制，然而必須有人文教育以培養其理性生命，然後自由方能成其為自由，文制方能成其為文制，否則兩方皆可以惡化而成為其自身之否定——自由惡化而為放縱無度，民主亦可以惡化而為暴民混亂。[24]

由這段話可見，在牟宗三看來，人文教育可以說是自由和民主得以真正落實的保障。早在一九七八年十二月，牟宗三在批評美國與中共拉邦交時，他就曾在討論索忍尼辛（Aleksandr I. Solzhenitsyn, 1918-2008）對美國的批評時指出：

自由、人權，是個民主政治的體制問題；在有自由、有權利之下，如何能夠運用我的自由，如何能夠充分實現我的權利，這是另一個問題，是「文化問題」，是個「教養問題」。[25]

23《道德的理想主義》，《牟宗三先生全集》，第九冊，頁（六）。
24《時代與感受續編》，《牟宗三先生全集》，第二四冊，頁四三二—四三三。
25〈從索忍尼辛批評美國說起〉，《時代與感受續編》，《牟宗三先生全集》，第二四冊，頁二三八。

政治自有它的限制性，它不能無所不管。這裡一定要分清楚。而在此也顯出民主政治的可貴，這是近代文明可貴的地方。民主政治這個體制，就是要盡量限制政府的權力，不使它無所不管。假如你把一切事情一切責任都推給政府，就表示你的頭腦是一個沒有近代化的頭腦。須知政府只是保障你的權利，如何運用權利是個人自己的事情。不是給了你自由，你馬上就能付之於恰當的運用。這不是政治的問題。是什麼問題呢？這裡是文化的問題。說得具體一點，就是教育問題，是教育、學術、文化的問題。這是政治管不著的。[26]

換言之，牟宗三認為，即便在自由的政治制度得以建立的情況下，如果沒有「文化」和「教養」，一個人也是不懂得如何去充分實現其自由和權力的。所謂「自由惡化而為放縱無度，民主亦可以惡化而為暴民混亂。」說的就是在缺乏文化教養的情況下，自由和民主可能的變質與惡化。牟宗三強調道德自由、精神自由的意義所在，正是要指出這一點。

當時中國的自由主義者反對積極自由的理由，或許是擔心積極自由所可能帶來的極權主義。但是，積極自由與極權主義之間，並無必然的邏輯關聯。事實上，西方自由主義在二十世紀八〇年代以來的發展，尤其是社群主義對於以往英美自由主義傳統的反省，關鍵恰恰也是指出消極自由與積極自由需要互相配合。換言之，政治自由雖然與道德、精神的自由各有其獨立的領域，不容彼此化約，但後者卻是前者價值基礎方面的必要條件。例如，泰勒（Charles Taylor）曾專門發表〈消極自由何錯？〉（What's Wrong with Negative Liberty?）一文[27]，肯定積極自由，就是為了指出積極自由與極權之間並無必然關係，而消極自由也需要積極自由為其提供價值的基礎。這一點，與牟宗三的看法可謂不謀而合。

四、自由主義的根本精神與真正的自由主義者

在區分自由的根本精神（道德自由）及其外在和客觀的表現形態（政治自由）並指出二者之間關係的同時，牟宗三進一步討論了儒家道德意義上的自由與西方政治意義上的自由兩者之間的關係。一方面，他指出了儒家傳統與西方近代以來「自由主義」在起源上的不同，另一方面，他則認為，儒家傳統與自由主義不僅是相通的，而且更能反映自由主義的基本精神。這一點，在一九六二年六月發表於《人生雜誌》第二四卷第三期〈觀念的災害〉一文中，牟宗三有明確的說明：

> 說到寬容與了解，中國的儒家傳統是最具備這種通達的智慧與雅量的。所以我常說自由主義

26〈有關「美國與中國拉邦交」之談話〉，《時代與感受》，《牟宗三先生全集》，第二三冊，頁五七。

27 Charles Taylor: "What's Wrong with Negative Liberty?" in A. Ryan (ed.), *The Idea of Freedom* (Oxford: Oxford University Press, 1979); later in Charles Taylor, *Philosophy and the Human Sciences: Philosophical Papers 2* (Cambridge: Cambridge University Press, 1985)。該文中譯見達巍等編，《消極自由有什麼錯？》（北京：文化藝術出版社，二〇〇一），頁六八—九一。

精神的老祖宗當該是孔子，真正能表現寬容精神的，最早的也當該是孔子，是儒家傳統。我們當然不能說孔子或儒家是現在的所謂「自由主義」，但他的確能表現自由主義的寬容的精神。自由主義只是一種態度，它本身無內容。來自西方近代的這個特定的自由主義，其提出是有它的特定背景的。它是在人權運動下產生下（國翔按：此「下」當為衍字，或當為「的」之誤）。它是對宗教信仰上的迫害而產生，對階級制度而產生，對專制暴君而產生。儒家傳統所表現的寬容精神不是這樣產生的，所以在中國以前也無「自由主義」這一個名稱。儒家所表現的寬容精神是跟據克己、慎獨、明明德而來的，是他們的道德修養所達到的一種通達的智慧與雅量或德量。不是從社會上對某一客觀問題，如宗教、如階級、如專制、而發的一種運動。此其與西方近代所出現的自由主義不同之處。它是由克己慎獨而來的智慧與德量，但卻與從根本上對客觀問題而發出的自由主義相契合，而且可以說這是更根本的、更真實的，比特定的自由主義更高一層。它可以使那從社會上而發出的自由主義更真實化、更充實化、更能提得住而站得住。28

在此基礎上，牟宗三接著表達了他對西方近代所產生的「自由主義」根本精神以及一個真正自由主義者的理解。他說：

「自由主義」在西方之產生是從社會上對宗教信仰而發、對階級而發、對專制暴君而發，總之，是在人權運動下而產生。它是從社會上對那些拘禁、限制、不合理的既成勢力而逼出的一種寬容、開明的態度，它本身並無特定的內容，它不是一個思想系統。從正面說，它是在一切基層學問或思想系統之上的一種超然的態度或寬容、開明的精神。從反面說，它反對並拆穿一切政治的、思想的，或宗教的「立理以限事」的意底牢結（國翔按：牟譯「ideology」）之拘禁與封閉。照此正反兩面所表現的寬容與開明的態度說，自由主義這個超然的態度也可以有其態度上的一定內容或特性，那就是：一、尊重個性；二、尊重人格價值；三、寬容；四、理性。一個具有這四點內容的健康的自由主義者，他可以相信某種宗教，但不反對旁人相信另一種宗教，卻必反對以某一種宗教拘禁或封閉人民的信仰。他也可以不相信任何宗教，但不反對旁人相信，也不抹殺宗教本身的價值。他可以相信某種哲學系統，但必寬容其他系統的存在與價值，但卻不能寬容成為意底牢結的某種系統以封閉社會。他可以研究某種學問，但不抹殺旁人所研究的學問。他可以肯定科學，但不是獨斷的科學主義。他當然要肯定自由民主，但不因而抹殺一個國家的歷史文化與道德宗教。他願使一切基層的學問，如科學、藝術、道德、宗教皆各歸於其自己而並存；他願使一切思想系統，如哲學上的各種立場，皆有其存在的價值。它唯一反對的就是拘禁與封閉：政治的、思想的，或宗教的。[29]

28《時代與感受》，《牟宗三先生全集》，第二三冊，頁三五—三六。
29《時代與感受》，《牟宗三先生全集》，第二三冊，頁三六—三七。

在牟宗三看來，自由主義的根本精神首先是「一種寬容、開明的態度」。這種態度可以從正反兩方面來說，所謂「從正面說，它是在一切基層學問或思想系統之上的一種超然的態度或寬容、開明的精神。從反面說，它反對並拆穿一切政治的、思想的，或宗教的『立理以限事』的意底牢結之拘禁與封閉。」在這種根本精神之下，一個真正的自由主義者必須具備四點特徵，即「一、尊重個性；二、尊重人格價值；三、寬容；四、理性」。如果我們可以將牟宗三視為一個自由主義者，那麼，以上這一段話可以說正是牟宗三對其自由主義的最好的表白。在精神實質上，我們的確可以說，牟宗三上述這段話與西方自由主義的根本精神是完全可以彼此唱和的。例如，晚近在史珂拉（Judith N. Shklar, 1928-1992）關於自由主義的相關討論中，尤其是她對於道德傳統和個人品格的強調以及對於限制惡行（vices）而非凸顯權利（rights）的注重[30]，和牟宗三對於自由主義的理解就不乏相當的共鳴。而這一點，現代中國的自由主義知識人，相較之下反倒缺乏足夠的自覺。

正是基於對自由主義的這種理解，牟宗三甚至對「自由主義」一詞的譯法提出了自己的看法。在〈觀念的災害〉一文的「附識」中，牟宗三說：

> liberalism譯為「自由主義」是不甚恰當的。到中國來，譯成這四個中國字，很易令人望文生義，而喪失其原來的應有之意。所以「自由主義」一詞在中國生出許多誤會與流弊。（以在中國無發生此詞的社會背景之故。）以自由主義自居或藉口自由主義說話的人無一能表現出這詞的應有的原意，亦無一能有liberal的精神。西方人使用此詞的主要函義是寬容。為甚麼以寬容

為其主要的特徵？正是因為有宗教信仰上的不寬容，干涉人的信仰、干涉人的學術思想；有階級制度的不平等、有特權；有專制暴君的侵害與壓迫。到處是拘禁、是封閉，所以才有人權運動、才有民主政治、才有個體主義，亦因而有liberalism一詞之出現，這都是相連而生的。就liberalism一詞說，首先當看其所反對的是甚麼。這也是遮顯。由其所遮，看其所顯。它所遮的是不寬容，它所顯的就是要求寬容；它所遮的是封閉拘禁，它所顯的就是敞開，一無禁忌。所以這詞的表意首先就是寬簡、解放、敞開、不專斷、尊重對方、體任自然。但是這些表意，在此詞，都是自社會上對客觀問題而發，不是自德性的修養上而顯，如中國儒家傳統之所至。所以此詞的那些表意是外在形態，而德性修養之所顯則是內在形態。一個人在內在德性上很可以達不到這種境界，但在liberalism一詞之下，很可以想到在以前不寬容的災害，我既要求寬容，所以我現在也應當表現一點寬容精神。所以在此詞之下，和一個人爭講寬容，你不能和他講「明明德」那一套，你只能和他對證人權運動那一套。這就是此詞的那些表意之所以為外在形態之故。譬如「寬簡」一詞就很好。寬者寬容，簡者簡易。但中國說這些字時，則不說寬

30 史珂拉自由主義的論說主要見於其論文集*Ordinary Vices*（Cambridge, MA: Harvard University Press, 1984），尤其是"Putting Cruelty First", "The Liberalism of Fear"和"Bad Character for Good Liberals"這三篇。中文世界目前對史珂拉的自由主義尚缺乏足夠的認識，目前較為全面的介紹參見楊貞德，〈以殘酷為首惡——恐懼、自由主義與普世倫理〉，收入鄭宗義、林月惠合編，《全球與本土之間的哲學探索——劉述先先生八秩壽慶論文集》（台北：臺灣學生書局，二〇一四），頁六六九—七一〇。

容，容忍（這是西來語意），而說寬和、寬弘、寬平、寬恕、寬簡有度。容則說「休休然若有容」、「容乃公」。「簡易」對苛煩支離而言。這些字都是德性字眼，直承德性而發，並不是自社會上對客觀問題而發。「體任自然」尤好，是對矜持拘謹而言。……但在西方liberalism一詞之下，敞開是對外在的封閉、拘禁（不是拘謹）而言。若由一個人的不專斷、無禁忌，而想到「體任自然」，說這人是liberal，則必須就人權運動那一套想其外在的意義。（在此，「體任自然」太中國式，不易用得上。）說到寬簡時亦如此（其實寬簡、寬簡有度，亦太中國式，亦不易用得上。）比較還是寬容、容忍、忍任，能合原義。所以此詞譯為「寬容主義」、「寬任主義」或「寬忍主義」，也許比譯為「自由主義」較妥。至於中國那些德性字眼，則根本屬於另一套。西方人權運動下的「寬容主義」比較是外在的、形式的、社會的，而中國儒家傳統中那些德性字眼、則是內在的、真實的、實體性的、個人德性的，是更高一層的。[31]

在這一段關於「自由主義的」譯法的說明中，牟宗三再次交代了他所理解的儒家傳統和西方近代自由主義中「自由」的不同。在他看來，儒家傳統中的自由主要是一種德性修養的結果，是一種主體的精神境界和人生態度，而由於起源於反對外在的束縛，西方近代自由主義的自由則主要體現為一種社會制度上客觀的形式架構。所謂「內在形態」與「外在形態」，就是要對比二者的差異。不過，牟宗三同時也指出，西方近代那種客觀的、外在的、形式的自由主義背後根本的精神，仍然不外於精神的自由。也正是在這個意義上，他才可說儒家傳統的寬簡、寬容、寬任、寬忍，較之自由主義是「更高一層的」。至於他所謂「實體性的」中的「實體」，應當是「真實體證」的涵義，並不是指西方哲學傳統中的「實體主義」中的「實體」（substance）。如今人們大都習於西方話語，對中文中一些詞彙的本來涵義反而遺忘。這裡是要提請讀者注意的。

由於他自己對自由主義的理解，對於什麼是真正的自由主義者，牟宗三也有相應的表達。除了前引文中他所表達的一個自由主義者當具的四點特徵之外，牟宗三還曾經因金岳霖的例子對於什麼是一個真正的自由主義者有進一步的說明。

一九五〇年代初，大陸正在進行所謂「思想改造」運動，許多以往的知識人紛紛自我檢討。當時，牟宗三聽到了金岳霖的檢討詞。在一九五二年一月二日刊於《自由人》的〈一個真正的自由人〉這篇文章中，牟宗三即針對金岳霖的自我檢討，反省當時中國知識人的問題，表達了他對於什麼是一個真正的自由主義者的看法。他說：

> 真正自由的人，都有極強的生命內蘊，都有極豐富的理想主義的情調。儘管他注重於抽象的分析、技術的訓練，這是他的理智興趣所發的理智工作，人不能不有工作，但在他所發在外面的工作背後的生命內蘊，理想主義的情調中，有些基本信念不能搖動。個性尊嚴不能搖動，人格價值不能搖動，不為階級所決定的客觀而普遍的真理不能搖動，家庭生活內的父子兄弟夫婦

31《時代與感受》，《牟宗三先生全集》，第二三冊，頁三九—四〇。

的倫常不能搖動。這些基本信念，正是一個自由人所萬死不肯放棄的。[32]

這裡所謂「個性尊嚴不能搖動，人格價值不能搖動，不為階級所決定的客觀而普遍的真理不能搖動，家庭生活內的父子兄弟夫婦的倫常不能搖動。這些基本信念，正是一個自由人所萬死不肯放棄的。」不由人不想到孟子所謂「富貴不能淫，貧賤不能移，威武不能屈」（《孟子．滕文公下》）的所謂「大丈夫」精神。儘管這種主體的精神自由並不是政治意義上的自由，但正如牟宗三所說，即便是政治意義上的自由主義，其背後的精神也仍然不外這種道德意義上的主體的精神自由。

總之，由本章的考察我們可以看到，對於自由和自由主義在中西文化脈絡中的不同涵義，牟宗三十分清楚並進行了仔細的分疏。他一方面指出政治制度意義上的自由是中國現代化發展必須追求的，一方面也完全看到了現代西方自由主義所導致的問題。也正是因為這一點，他反覆強調自由主義不能喪失背後的精神性，而這一面，中國的文化傳統尤其儒家有其獨特的價值和意義。當然，無論是肯定政治制度意義上的自由還是道德精神意義上的自由，都勢必無法接受專制與極權。在這個意義上，牟宗三一生批判共產主義的立場，與其對自由民主的肯定可以說是一體兩面的。

32《時代與感受續編》，《牟宗三先生全集》，第二四冊，頁五一。

第六章

民主政治的肯定與反省

一、引言

牟宗三對待自由主義如此，對待民主政治也是一樣。如果說本書其他各章對於牟宗三政治與社會思想各個方面的探討在以往的研究中都是缺失的，那麼，牟宗三關於民主政治的思想，以往的研究倒不乏涉及。但是，目前幾乎所有關於牟宗三民主政治的研究，大都集中於其所謂民主的「開出」一說[1]，且不免囿於所謂「政治哲學」（political philosophy）的範疇[2]，在西方政治哲學的一些話語中攀援牽纏。事實上，牟宗三對於民主政治的一套看法，不論是肯定民主政治作為中國徹底擺脫君主專制的必由之路，還是指出民主政治必須以文化教養作為價值的支撐方可避免其局限，都無不與其對於中國傳統政治的觀察與判斷有關，絕非只是抽象的觀念思辨。因此，本章我願意詳人所略而略人所詳，對於以往較少研究的問題，包括牟宗三為什麼肯定民主政治？他對民主政治的肯定與他對於中國傳統政治的觀察有無關係？他怎樣理解中國傳統政治的結構與性質？他對於西方民主政治的局限是否有相當的認識？等等，力求予以較為充分的檢討，彌補以往研究的不足，呈現牟宗三關於民主政治思想的完整面貌。這些問題，在單純政治「哲學」的範疇之內與視角之下，是無法得到充分探討的。

我在這裡順帶要特別說明的是，本書特意以牟宗三的「政治」與「社會」「思想」（thought）為題，就是表明本書的研究既不以「政治哲學」的領域為限，亦不以「哲學」（philosophy）為唯一的研究方法，而是要充分展示牟宗三的「思想」而非僅僅「哲學」在「政治」（political）與「社會」（social）領域的諸多面相與豐富內涵。

總的來說，基於對中國傳統政治的觀察與判斷，一方面，牟宗三對民主政治予以了高度的肯定，認為民主是中國政治走出專制而趨於完善的必由之路；另一方面，對於民主政治的限制，以及如何才能真正落實民主政治的精神，他也有高度的自覺和深入的反省，並未對民主政治尤其自由主義的民主政治（Liberal Democracy）無條件地全盤接受。

1　關於牟宗三從儒家思想中「開出」民主和科學一說，學界迄今仍不免普遍存在誤解，甚至連個別以新儒家代表自居的學者，亦實未能明了牟宗三「開出」一說的涵義。迄今為止，對於牟宗三開出說最為明晰的說明以及對於諸多誤解的回應與澄清，參見李明輝，〈儒學如何開出民主與科學？〉一文，參見李明輝，《儒學與現代意識》（台北：文津出版社，一九九一），頁一—一八。

2　英語世界中涉及牟宗三與民主政治的專業文字，最近較有代表性的有Stephen C. Angle和David Elstein的著作。Stephen C. Angle的*Contemporary Confucian Political Philosophy: Toward Progressive Confucianism*（Polity Press, 2012）作為政治哲學的討論，涉及牟宗三的部分嚴格而論並非是對牟宗三政治哲學的研究，而是作者以牟宗三為對話方，或者說在牟宗三的啟發之下，自己所嘗試從事的某種政治哲學的建構。即如作者所謂，建立一種「Progressive Confucianism」。相較而言，David Elstein的論文“Mou Zongsan's New Confucian Democracy,” *Contemporary Political Theory*（2012）11, pp.192-210，對牟宗三關於民主政治更能有同情與相應的理解。中文世界中尤其大陸關於牟宗三民主政治的論述，往往缺乏準確與全面的理解，有的甚至不免道聽塗說。專業學者的論著中，較有代表性的有湯忠鋼，《德性與政治：牟宗三新儒家政治哲學研究》（中國言實出版社，二〇〇八）。該書算是迄今為止對於牟宗三的政治哲學較為專門的研究，理解也能大體相應，但是在對牟宗三政治哲學的分析和評價方面，有時也不能免俗而沿襲了以往似是而非的皮相之見。

二、傳統中國政治的觀察與判斷

（一）君、士、民的結構

「五四」以來，中國知識人的主流幾乎無不肯定科學與民主，這是因為這些知識人都是由中國傳統孕育而出，深知中國傳統的個中三昧。牟宗三認為中國必須實行民主政治，正是源於他對中國傳統政治的深入觀察與判斷。

牟宗三認為，秦漢以後中國政治的基本結構是由君、士、民這三部分構成的。在一九四九年十二月一日刊於《民主評論》第一卷第一二、一三期的〈理想主義的實踐之函義〉一文中，牟宗三指出：

> 在以往，政治的中樞在聖君賢相。君是國家社會的一個常數，相所代表的那一個系統是變數。變數的出身，從漢朝起，由徵辟、選舉，漸漸演變成唐朝的進士及明經，終至於明清的科甲。這一個系統就是士。士的家庭背景無論是農或工商，皆無關係。一成為士，便套於相的那個系統中，這就是知識階級。這一部分，或從政，或講學，而兩者皆是緊密相連的。這本由於儒家的精神所貫注，故以往的讀書人皆集中其心力於政治社會的實踐。范仲淹為秀才，即以天下為己任，這是相的系統中的一個典型。這一個系統既是變數，故無政治上的特權階級。君所

代表的那一個系統，自取得政權以後，便常是外戚宦官宗室的一個大集團。這個集團常是腐敗的中心。惟賴相的系統代表一點光明。聖君賢相是治世，昏君奸相是亂世。君是常而不常，此為改朝換代；相不常而實常，此即相的系統總是持續下去而為社會之中堅。然政治的實權既在相的系統，而這個系統也是一個固定的士的階級，即無異於政治的運用專限於這個階級上，而農工商便是民，民與政治是相忘於江湖的。依此，儒家的政治社會的實踐，在以往的形態下，是治民安民愛民，視民如赤子。尚未進至興發民，使其成為一「公民」，積極地與政治生關係。這就是儒家的理想主義之實踐尚未進至充實的境地。我常說，儒家在以往，對於君與民這兩端是無積極的辦法的，由此，你可以了解以往的歷史何以是那樣。[3]

這種「君、士、民」所形成的政治結構，在一九七三年五月刊於《明報月刊》第八卷第五期〈中國文化的問題〉一文中，牟宗三說得更為明確。並且。牟宗三認為，秦漢以降直到晚清的所謂君主專制，其實就是這種政治格局。他說：

在秦漢大一統中所構成的政治局面，是三種成分，即君、士、民。君所代表的大集團是有勢力者，亦即是當權派，複雜的很。另一端即為民，民在貴族社會中，無大轉動之自由。……中

3《道德的理想主義》，《牟宗三先生全集》，第九冊，頁六一——六二。

間還另有一部分人，即為士。士在春秋戰國時期已經出現，他很有伸縮性，下與民很接近，上亦可升為貴族。不過上升的等級很有限，如以管仲而言，他的功勞有多大，但他是士，雖是宰相，而爵位很低，不能列於貴族之林，僅可以接近貴族而已。孔夫子亦為士。（貴族是沒有用的，《左傳》中所謂「肉食者鄙」。）故在春秋戰國，士為社會之中堅分子。到秦漢大一統，士當然亦解脫出來，士為國家之士，民為國家之民，君是對全國而為君。……自秦漢以後，一直維持到辛亥革命，二千年來，就是這君、士、民三者構成了這一結構。這一結構，是謂君主專制。[4]

牟宗三認為，在這種政治格局下，君、士、民都無法得到合理的安頓。在接著以上引文不久，他說：

> 這制度一直維持了二千多年，這不是儒家所理想之制度，儒家從孔夫子起，即不贊成此制度，而後宋明儒亦無一贊成此制度。但中國人對如何安排君，就是想不出好辦法，可以說中國人之頭腦，至此而窮。在想不出辦法迫不得已之情況下，儒家怎樣來對付大皇帝呢？後來之儒家就順著你是個無限體來安排。你既是一個無限體，就要法天；天是一個無限體，你要和天一樣。而天是無為而治，無心而成化，它創造天地萬物，是順應著天地萬物之自然而來；法天就要具天之德。以此觀念來規範君，這能有力量嗎？沒有多大力量。……儒家以法天來安排君這個無限體，無限體是神，以神來限制皇帝，當然是一很大的束縛；皇帝是人，怎麼受得了？宋

代程伊川曾作宋哲宗的老師，即完全以法天來教導這小皇帝，宋哲宗正是小孩子好玩的時候，如何教他法天？但程伊川是書呆子，偏要教他非如此做不可，故當春天宋哲宗折下發芽的柳枝時，程伊川便教訓了他一頓，以此為摧殘生機，有傷天道，哲宗受不了，告到宰相司馬光處，司馬光以程伊川不通人情，革了職。……所以這種方法，究竟有多大效用，很難說，是沒有辦法的辦法。我稱它為以道德宗教來限制皇帝，這是安排皇帝的道德宗教的形態，非政治的形態。如果皇帝遵從，就是好皇帝；如果他不聽這一套，則儒家一點也沒有辦法。

再說民這一面，民自井田制解脫出來後，雖有獨立性，但對政治以及國家組織沒有起作用。將民擺在一邊，自由流動，故君仍高高在上，民浮動在下。與政治以及國家組織似乎不相干，即是所謂義皇上人：「日出而作，日入而息，帝力於我何有哉！」

君與民是這種情況，在中間的士，就很難處了。在君主專制下，士是宰相系統，相當於現在的內閣，但沒有內閣的權力與地位。宰相系統隸屬於此一架構中，便只可幫閒而不能幫忙。別人把天下打來，你只可幫他治理治理。治天下當然亦需要，所謂「馬上得天下，不能馬上治天下」。但宰相下面沒有人民支持，因人民是義皇上人；宰相後面只有皇帝，皇帝今天用你，明天可以不用你，你完全是被動的，即宰相之地位，沒有取得保障。而君主專制之所以為專制，即此三端沒有得到充分的客觀化。君無法安排，是一無限體；人民是義皇上人；而知識份子的

4《時代與感受續編》，《牟宗三先生全集》，第二四冊，頁一九一－一九二。

> 宰相，完全處於被動的地位，沒有保障。[5]

由於沒有「公民」，實際參與政治的只有「君」和「相」這兩個系統。而這兩個系統，前者是外戚宦官宗室集團，後者是儒家士人集團。真正負責「行政」，即承擔治理國家責任的，只有士人，而士人拿「君」和「民」都沒有辦法。對於「君」的沒辦法，是「管不了」；對於「民」的沒辦法，是「管不著」。總而言之，在牟宗三看來，傳統中國政治格局的癥結就在於君權約束無力、人民無法參與政治以及知識人參政沒有保證這三個彼此相關的方面。這一點，他認為可以說是「民族文化之大病」。

對於這一根本癥結，他認同並發揮黑格爾之說，而有如下的說明：

> 德國哲學家黑格爾了解中國歷史，稱此為「虛浮的統一」。黑格爾雖未到過中國，亦不能看中國書，但他一眼就看到此問題，他稱那最高的無限體為大實體（great substance），此大實體表面上有絕對自由，但此自由是隨意揮灑的自由（arbitrary will），其實是放縱恣肆，沒有束縛，此非真正的自由，因沒有通過理性來安排他自己。在放縱恣肆中，有兩形態：一是硬性的，一是柔性的。柔性的放縱恣肆，表現為好皇帝，有婦人之仁；硬性的放縱恣肆，則表現為暴君，如雍正、朱元璋之類。而無論柔性硬性，都是放縱恣肆。那麼為何會造成這樣的結果呢？即我剛才所說這大實體沒有理性化，民沒有興發起來給它一個限制。所以黑格爾說，要那

統一是硬打下來的；有民參與的政治，才是真實的組織（real organization），才是真實的統一（real unity）；沒有民參與的，便是虛浮的統一，不成其有機的組織。故中國的民，雖是羲皇上人，但沒有主體自由（subjective freedom），即沒有自覺到自己是個獨立的個體。用現代話說，你是天民，但你沒有達到公民；即通過你的自覺，肯定自己是個獨立的個體。我有我的權利，我有我的義務，一定要爭取參與國家的政治，我的權利，才能得到保障；但光取權利也不行，還得盡義務，故我是權利的主體，同時也是義務的主體。必須有此自覺，才是一個近代化的公民。但中國人民，沒有達到此地步，故所謂羲皇上人，也沒有真正的自由。[6]

在牟宗三看來，傳統中國只有作為「羲皇上人」的「天民」，沒有作為權力和義務主體的「公民」，百姓無法真正參與到政治生活之中，無法對皇帝這一無限的大實體予以限制，所以君權無約束、人民不能參政，士人參政無保證的問題終究無法解決。

這一「君、士、民」的基本結構，是牟宗三對中國傳統政治的總體觀察和判斷。在一九七五年九月講於香港新亞研究所的〈中國文化之問題〉這篇講辭中，牟宗三同樣持這樣的看法[7]。而在一

5《時代與感受續編》，《牟宗三先生全集》，第二四冊，頁一九三—一九五。
6《時代與感受續編》，《牟宗三先生全集》，第二四冊，頁一九六—一九七。
7《時代與感受》，《牟宗三先生全集》，第二三冊，頁三一八—三一九。

九八三年十二月刊於《鵝湖月刊》的〈中國文化大動脈中的現實關心問題〉這篇講辭中[8]，牟宗三再次詳細分析了這種「君、士、民」的傳統中國的基本政治結構，並指出民主政治是迄今為止人類文明「最後的政治形態」，是中國現代化「一條必然要走、非走不可的路」。對於這一點，我們在後面再予以詳細的討論。

（二）政治人物的三種類型與命命相革（人治）的循環史

在「君、士、民」這樣一種政治格局之下，牟宗三認為，政治人物只有革命家、官宦家和政治家三種類型。早在一九三七年三月一日刊於《再生》第四卷第一期的〈政治家如何養成〉一文中，牟宗三就說到：

> 《中庸》有云：「非天子不議禮，不制度，不考文。今天下車同軌，書同文，行同倫。雖有其位。苟無其德，不敢作禮樂焉；雖有其德，苟無其位，亦不敢作禮樂焉。」偶讀及此，頗有所悟。有位無德，仁智不至也；有德無位，權勢不加也。而興禮作樂乃國家之大典，非德位兼全者難語于興創。德位兼全，可為哲王。儒者固以哲人政治為理想，世必有哲王，乃可制禮作樂。然哲王每不易得，有位無德之昏君比比皆是，有德無位之儒生亦比比皆是。諸此不齊，將何以為？泛觀歷史，不出以下三種：
>
> （一）爭奪權位之革命家；

（二）投機而行之官宦家；

（三）獨立特行之政治家；

中國之歷史，蓋無所謂德位兼備之哲王，故每朝之政治制度大半皆非哲王之興創，只混亂而後與民休息時所沿習之成風。故二千年來之歷史只道古之歷史。零星之處，非無各異，然根本精神，究無二致。其故何哉？革命家、官宦家多，政治家少故也。[9]

這裡，牟宗三不僅將中國歷史上的政治人物分為三種類型，同時還將歷史上中國的政治不能上軌道的原因歸結為「革命家、官宦家多，政治家少」的緣故。以「爭奪權位」、「投機而行」和「獨立特行」來分別形容所謂「革命家」、「官宦家」和「政治家」，我們已然可見其中的價值判斷。不過，在了解牟宗三如何以「革命家、官宦家多，政治家少」來分析傳統政治的問題之前，我們有必要先進一步明確牟宗三心目中的「革命家」、「官宦家」和「政治家」是怎樣的。

那麼，什麼是中國歷史上的革命家呢？牟宗三指出：

何謂革命家？陳涉、吳廣、劉邦、項羽、朱元璋等皆是。其發也由於天災人禍，其動也由於

8《時代與感受》，《牟宗三先生全集》，第二三冊，頁三九三—四一八。

9《牟宗三先生早期文集》，《牟宗三先生全集》，第二六冊，頁八六一。

衝動亂為，其成也由於機會命運。故革命家大都皆為無理性、神經質之冒險家。此等人自然無所謂社會國家。其動機只在逃禍，其目的只在奪位，此外蓋非其所知：知識、學問、文化、一無所有。故此等人皆目之為時代之幸運兒。一幸運兒而已，何知與禮作樂與夫國家之大典乎？推之社會之進化，經濟之推進，政治之光明，風俗道德之向上，更非其所能問。其所問者，如何保持權位而已，如何遺留子孫而已。[10]

至於什麼是官宦家，牟宗三說：

官宦家雖貌似政治家而實非政治家。在革命家淫威之下，此等官宦家皆為祿位之食客，主人之奴才，太子太孫之傭僕。其理智之運用，行為之措施皆以主人之目的為目的，非敢越此有所興創也。[11]

顯然，至少在這裡的語脈（context）當中，「革命家」和「官宦家」對牟宗三來說都是負面的字眼。在牟宗三看來，在中國歷史上，真正在政治上發揮積極正面作用的只有政治家。他說：

革命家與官宦家造成之局面，為時日久，不免弊生。若不至生出第二革命家以革其命，則此時亦不乏悲天憫人之政治家出現。在革命家與官宦家昏濁之下（革命家昏，官宦家濁），政治家欲一顯其身手，此誠難事。然天生聖人，其性格，其理智，其學問，皆足使其不為革命家、官宦家，而又為時勢所迫，又不得不出而為政治家。孔子、管子、諸葛亮、王安石等皆是也。此四人可為典型之政治家，其他不免駁雜，故可不提。[12]

對比革命家與政治家，牟宗三指出：「革命家目的在權位，政治家目的在任事。」正是由於這三種政治人物的存在，尤其是革命家和官宦家的始終存在，使得中國傳統政治構成一部不斷革命的循環史。當然，對於上述被牟宗三視為政治家典型之一的王安石，牟宗三的看法後來有所改變，從這裡的充分肯定到有所批評[13]。但是，這並不意味著牟宗三對於任事的事功精神的肯定有所改變。這一點，本章後文會有專門的討論。

在牟宗三看來，正是由於革命家和官宦家的存在，結果造成了中國傳統政治的根本癥結。這一根本癥結，就是「命命相革」的不斷循環。他說：

10《牟宗三先生早期文集》，《牟宗三先生全集》，第二六冊，頁八六一—八六二。

11《牟宗三先生早期文集》，《牟宗三先生全集》，第二六冊，頁八六二。

12《牟宗三先生早期文集》，《牟宗三先生全集》，第二六冊，頁八六二—八六三。

13 在一九五五年初版的《歷史哲學》中，牟宗三對王安石的態度已經有所轉變，參見《牟宗三先生全集》，第九冊，頁二三一—二三二。而在一九八三年一月二十三—二十四日刊於《聯合報》的〈漢、宋知識份子之規格與現時代知識份子立身處世之道〉一文中，牟宗三對王安石的評價就更低了。見《時代與感受》，《全集》，第二三冊，頁二五九—二六〇。

中國之歷史乃革命家、官宦家狼狽為奸之歷史。革命家一無所知，官宦家將其所知責於革命家而填補之；革命家毫無理智，官宦家將其理智受用於革命家而為其工具。革命家之下，只能有官宦家。革命家與官宦家所造之歷史，最易發生其他革命家與官宦家。如是反覆，遂造成中國歷史之循環。而國計民生之改造與建設，遂永消沉而無人過問。[14]

在中國歷史上，革命家與官宦家狼狽為奸的不斷循環之所以沒有導致政治的徹底瓦解而得以維持，不過是由於少數政治家在其中發揮作用罷了。但是，如果傳統政治的基本結構沒有根本的改變，少數政治家所能夠發揮的作用是非常有限的。在一九三五年十二月十五日刊於《宇宙旬刊》第三卷第一〇期的〈中國政治家之兩種典型〉一文中，牟宗三就曾對比王安石和司馬光、文彥博等所謂「元祐君子」，以前者為「事功主義的政治家」的代表，以後者為「無為主義的道學家」的代表。牟宗三指出，在傳統的政治結構之下，像王安石那樣的政治家「皆不得好結果：或自身遭殘禍，或身後遭殘禍，或不遭殘禍而被人唾罵」[15]。為此，他感慨說「諸作事的政治家之遭際如此，其故蓋可思矣！」[16]

（三）政道與治道

對於中國傳統政治「君、士、民」的基本結構，以及這一結構之下的癥結，牟宗三最終用「政道與治道」這一對概念來加以概括和分析。對於其根本癥結，牟宗三則歸之於「有治道無政道」。

而這一癥結的結果，就是無法產生民主政治。

對於這一對概念的涵義以及以之來解析中國傳統政治所得出的結論，牟宗三曾在一九五四年七月二十日和八月五日《民主評論》第五卷第一四、一五期發表〈政道與治道〉一文加以說明。後來，該文連同其他一系列相關文章，於一九六一年二月由台北廣文書局出版了《政道與治道》一書[17]。因此，牟宗三對於中國傳統政治的觀察、分析、判斷和主張，當以該書最為集中。不過，除了《政道與治道》一書之外，牟宗三的這一思想，在他一九五四—一九五六年於台北組織的人文友會中，也曾經專門有所表達。他說：

14《牟宗三先生早期文集》，《牟宗三先生全集》，第二六冊，頁八六二。

15《牟宗三先生早期文集》，《牟宗三先生全集》，第二六冊，頁八四六。

16《牟宗三先生早期文集》，《牟宗三先生全集》，第二六冊，頁八四六。

17 一九六一年廣文書局出版《政道與治道》一書中，除了作為第一章的〈政道與治道〉之外，還有第二章〈論中國的治道〉、第三章〈理性之運用表現與架構表現〉、第四章〈論政治神話之根源〉、第五章〈論政治神話之形態〉、第六章〈論政治神話與命運及預言〉、第七章〈政治如何能從神話轉為理性的〉、第八章〈理性之內容的表現與外延的表現〉、第九章〈社會世界實體性的律則與政治世界規約性的律則〉和第十章〈道德判斷與歷史判斷〉。各章都是牟宗三一九五四—一九五九年間分別發表於不同出版物的專論。一九八〇年四月該書改由台灣學生書局出版時，加入〈從儒家的當前使命說中國文化的現代意義〉一文作為序言。該書今全集版內容即如此。

吾常言中國傳統政治只有治道，而無政道。所謂政道、治道乃相應中山先生政權、治權而言。在中國以往君主專制之政治形態中，政權之行使未有一常道。故治亂相循，而打天下（即革命），乃為政權更替唯一方式。儒家於此亦始終未能有一妥善之辦法。[18]

扣緊政治講，則中國只有治道而無政道。治道是運用的，政道是架構的。中國在治道上的成就有儒家的德化的治道，道家的道化的治道，與法家的物化的治道。物化的治道今不講。德化的治道與道化的治道，都是超政治的境界。……故近代意義的國家政治法律，中國一直未出現。中國在以前是一文化單位，不是一個國家單位，它是一天下觀念。其法律亦只維持五倫。法之本身無獨立的意義，又因是聖君賢相的政治形態，故只有吏治，而無政治。政治則必具有客觀精神以顯出對列之局方可，故吾人說中國只有治道而無政道。[19]

所謂「有治道而無政道」，結果就是民主政治無法建立，只能流於君主專制一途。對於西方為什麼可以發展出民主政治，而中國歷史上只有君主專制，牟宗三在其《歷史哲學》中，曾經專門用了整整一節的文字，專門加以說明[20]。而其關鍵，仍在於那種「君、士、民」的政治與社會結構。

在牟宗三所描述的意義上，一個只有治道而無政道的政治體制，當然就是君主專制的政體。這一政體的問題，就是君權無法約束、百姓不能參政和士人參政沒有保證這三個方面。對此，牟宗三在一九三〇—一九五〇年代已經多次指出。而到了後來，對於這一君主專制的根本癥結，牟宗三又從另外的角度進一步有所說明。

（四）君主專制的三大癥結

在一九八三年十二月刊於《鵝湖月刊》的〈中國文化大動脈中的現實關心問題〉這篇講辭中[21]，牟宗三再次分析了傳統政治「君、士、民」這「三端」的基本結構。對他來說，所謂「君主專制」，其實就是指這一基本結構。在這篇文字中，對於這一基本結構的根本問題，他歸結為以下三點：

這種君主專制，在中國一直維持二千多年。它的問題，也就是它的毛病，始終集中在幾個特定點上，不得解決。

第一、是政權轉移沒有辦法解決。殷、周就是如此，秦、漢之後更嚴重。在君主專制政體中，政權的轉移，不是「革命」，便是篡奪，根本沒有和平而合法轉移的可能。所以，中國的歷史看來只是一治一亂的相互交替。篡奪頻仍，無所不用其極。規模大一點的就講「革命」，

18《人文講習錄》，第二三講，〈通向新外王的道路（三）〉，《牟宗三先生全集》，第二八冊，頁一三二。
19《人文講習錄》，第二四講，〈理性的運用表現與架構表現〉，《牟宗三先生全集》，第二八冊，頁一三六。
20 參見《歷史哲學》第二部〈楚漢相爭：綜論天才時代〉的第二章〈綜合的盡理之精神之歷史文化的意義〉第四節〈階級對立與道德價值觀念所引生之平等及英雄盡氣所引生之打天下：中國過去所以不出現民主政治之故，所以未出現近代化的國家政治法律之故〉，《牟宗三先生全集》，第九冊，頁二〇八—二一五。
21《時代與感受》，《牟宗三先生全集》，第二三冊，頁三九三—四一八。

「效法」湯、武。湯、武怎麼可以隨便「效法」呢？湯、武革命，「弔民伐罪」，雖也使用武力，但基本上乃依「理」而起，此即所謂「順乎天而應乎人」，故被尊為聖人。所以李淵不敢隨便比附，並斥唐儉不自重，根本瞧不起李密。後世假借革命名義只憑「力」不憑「理」。國家沒有一個共同遵守具有客觀性的「大法」，所以政權便根本沒有「合法」轉移的可能。

第二，皇位世襲沒法解決。這是君主專制中一個極麻煩的問題。皇位的世襲，依西周制宗法制度的常軌，應是嫡長子、嫡長孫一系直線相傳的。這樣，無論如何，也總算是一個具有確定性的秩序，故為後世歷代所遵奉。但是，在每一個王朝的開始，甫自憑武力打天下得來政權之時，很少能遵從這一制度的。所以，在我國因王位之繼承便出了許多的慘劇。在我國歷史上數一數二的好皇帝唐太宗李世民，他的天下就是殺掉兄、弟，流自己的手足骨肉之血硬爭來的。依照宗法制度的常軌，他根本是沒有這皇位繼承權的。其他如隋之煬帝、明之燕王、清之雍正，也都是如此。

第三，因皇位繼承、政權轉移，無合法之安排與解決，於是革命、篡奪、弒父、殺兄這些非理性的事情，便在歷史上層出不窮。在中原民族鬧得不成樣子的時候，邊疆民族自然乘隙而入，君臨華夏。這也是一個問題。在以前人來說，就是所謂夷狄問題。大致說來，在中原民族鼎盛之時，對邊疆民族都是相當客氣的；一旦邊疆民族大軍侵入，尤其君臨中國，便是劫難非常。所以，它才能構成一個問題。顧亭林、王船山在此都有他們「亡天下」的切膚之痛。

至於我們前面已說過宰相難處與人民無法客觀化而為國家公民參與國家政事的問題，都是因為君主專制之政體而必然產生的。這些，都是中國文化大動脈中政治層面具有關鍵性問題之所在，也是病根癥結之所在。我們是不能不注意的。

我們不願再見揚州十日、嘉定三屠和文字獄的殺戮，不願再見隋煬帝、唐太宗、明燕王、清雍正那樣的爭攘，不願再見王莽、曹丕、司馬炎、朱溫那樣的篡奪，也不願在今後的歷史中常常鬧「革命」；我們願見中華民族各宗族都能和平而有序地共同生活在一個具有高度理性化制度化的政治體系中，我們願見在國家政治中，政權的轉移，各級政府負責人的繼承，都有一個和平而理性的法律制度來安排。這，就今天來說，非靠 constitutional democracy 出現不可。[22]

牟宗三這裡所說的三點，最為核心的就是家天下的君主專制之下，政權的轉移無法得到妥善的解決，他以前所謂「命命相革的循環不已」，以及這裡所謂「革命、篡奪、弑父、殺兄這些非理性的事情，便在歷史上層出不窮」，都可以說是家天下的君主專制的必然結果。而要解決這三大難題，如牟宗三所說，使得「中華民族各宗族都能和平而有序地共同生活在一個具有高度理性化制度化的政治體系中」，「政權的轉移，各級政府負責人的繼承，都有一個和平而理性的法律制度來安排」，在牟宗三看來，只有靠民主政治的建立才能實現，所謂「這，就今天來說，非靠 constitutional democracy 出現不可」。今日中國大陸一些人士重提所謂「儒家憲政民主」的口號，其實早已在牟宗

22《時代與感受》，《牟宗三先生全集》，第二三冊，頁四〇九—四一一。

三的深思熟慮之中。如今的這些論調未能溫故，其所知之新，也就可想而知了。

三、民主政治的肯定

（一）民主政治的「本義」與必要

既然牟宗三認為，在由革命家、官宦家和政治家這三種人物所構成的中國傳統政治格局中，只能形成命命相革的循環史，政治家在其中發揮的作用相當有限。於是，他很自然地進而思考如下的問題：「政治家於何制度下始可常久乎？興禮作樂、建設制度之哲王如何而可產生乎？典章文物，一切措施，如何而可日進合理不為保持權位遺留子孫計乎？」這些問題，在牟宗三看來，都只有依賴於民主政治，才能最終獲得根本的解決。

在前引一九三七年三月的〈政治家如何養成〉一文中，牟宗三已經指出，只有消滅產生革命家、官宦家的政治制度，才能終結命命相革的歷史循環。他說：

故欲使實際之哲王成為明朗之哲王，必消滅產生革命家、官宦家之政治制度而後可，亦即必剷除專制主義以斷絕革命家之來源而後可。革命家之路斬，反覆之循環史始可停止其前進。[23]

鑒於當時國內的革命風潮，牟宗三緊接著又指出：

今也自肇造共和已二十餘年矣，二千年來積習固難期於二十年內改絕淨盡。然此種種轉變實為千載難逢之良機，時勢所趨而致此，吾人決不可輕使其復返於故轍。此則有理智有思想之知識階級所必認定而固執之者也。中國自效法蘇俄以來，成為一黨專政，今復捨蘇俄而效法德、意。辛亥所啟發之大路，將有不可終日之勢。吾將見革命家與官宦家又接踵而來也，且尤甚於古昔。吾認此弊而為此懼。故深願國內之輿論家立定腳跟以呵斥之。只要知識階級此心不死，則革命家與官宦家必無由常久存在，此式微之光明必可得其擴大。吾人時下之責任，即在保持此點光明。

此光雖微，然再造歷史端賴乎此。此光維何？民主政治是也。政治家如能常久存在，必賴乎此種制度。蓋在此種制度下，政治家始可保險，始可放心作事，實現其以任事為目的之宿願。且又在此種制度之下，孔子有德無位之歎始可不再發生。故世之欲作政治家者，必保持此點微光，始可大展驥足也。[24]

23《牟宗三先生早期文集》，《牟宗三先生全集》，第二六冊，頁八六五。
24《牟宗三先生早期文集》，《牟宗三先生全集》，第二六冊，頁八六五。

在當時，英美的政治制度是牟宗三所欣賞的，而英美之所以為其所欣賞，在牟宗三看來，正是由於英美所實行的民主制度能夠給人民帶來福利。所謂「吾何以嚮往英、美乎？以其近民主也。吾何以嚮往民主乎？以其近於開明且足以福利民生也。」[25]那麼，為什麼民主政治「近於開明且足以福利民生」呢？牟宗三認為，這取決於民主政治自身的基本特徵。在一九七九年六月二日刊於《聯合報》的〈肯定自由、肯定民主──聲援大陸青年人權運動〉一文中，牟宗三如下一段話精練地表達了他對於民主政治「本義」的理解：

自由、民主之所以是超然的，即是說，不論你信什麼主義，民主政治乃是實現人權的一個條件，嚴格地說，即是一個實現人權的形式條件（formal condition）。民主政治是個架子，超然而不可和任何特殊的政黨、特殊的政策同一化。我們可以舞台為例來說明其超然的意義。舞台是公共的，不能和任何戲班子同一化，也不能和任何角色同一化；亦即沒有那一個班子，或那一個人可以定然而必然地獨占這個舞台。民主政治必得保持它這個超越的性格，才能成為實現人權的一個形式條件。民主政治之所以能稱為一個形式條件，乃因為它是一個政體，是靠著憲法而構成的。在中國以往的歷史中，雖然皇帝世襲是在國家政治中一個被公認為常數（constant），並以之為定常、為中心，但其實它並不足以成為一個定常，因為現實上它總是不能萬世一系。由於以打天下為取得政權的方式，社會遂落於一治一亂的循環中，社會遂亦在此循環中受到摧殘。欲解決這種以（國翔按：當脫漏一「打」字）天下為唯一取得政權的方式而造成的動亂，即必有賴於民主政治的實現。民主政治即是把那定於一家、一個個體的常數轉而定在一個形式上、一個空架子上，亦即定在憲法上。把此常數轉成憲法，此即是民主政治的本義。憲法不在你那兒，也不在我這兒，它乃是一個超然的制度，所以民主政治一定要求由具體的頭腦轉為抽象的構成頭腦。西漢時期醞釀禪讓的人就說：「天下者乃天下人之天下。」這句話並不能代表民主。「天下者，天下人之天下」，此話一般地看是沒錯，但若以具體的頭腦來了解，便成了今天你做皇帝，明天我做皇帝，你可當皇帝，我也可當皇帝。這就不行了。我們必得把這句話總持地轉成憲法，保障人民的選舉權與被選舉權。社會的定常不寄託在具體的個人上，而寄託在形式的憲法上。[26]

這裡，牟宗三不僅說明了他所理解的民主政治的基本特徵，即他所謂「本義」，同時，他也再次強調了從根本上解決中國歷史治亂循環癥結必須有賴於民主政治。更為值得注意的是，牟宗三在此明確指出，諸如「天下者乃天下人之天下」這類在中國歷史上看似具有民主政治意識的話頭，其實並不就是民主政治意識的反映。在制度尤其憲法意義上的民主政治，確實是中國歷史上一直缺乏的東西。較之那一些認為民主政治「古已有之」的守舊派，牟宗三的這一觀察顯然是頗為深刻的。

25《牟宗三先生早期文集》，《牟宗三先生全集》，第二六冊，頁八六六。
26《時代與感受續編》，《牟宗三先生全集》，第二四冊，頁二八〇—二八一。

（二）民主政治的普遍性

不過，牟宗三認為，儘管民主政治源於西方，但並不意味著它屬於西方，只能在西方運用。在牟宗三看來，民主政治一經產生，就有其普遍性，是儒家所必然要肯定的。或者說，儒家的實踐在現代社會必須承認民主政治。在一九四九年十二月發表的〈理想主義的實踐之函義〉一文中，牟宗三就已經指出：

無論我們運用的方式及所作到的程度為如何，然民主政治的切實內容，如思想、言論、集會、結社、宗教、信仰等之自由，及其依憲法而施行的制度基礎（此制度基礎保障那些自由），卻為普遍而永久的真理。這個真理，在儒家的理想主義之實踐上，必然要肯定。它若不肯定這個政治制度，則人的尊嚴，價值的實現，即不能保存。即用共黨的名詞說，無論是資產階級作主的社會或無產階級作主的社會，民主制度皆必須肯定。此誠如陳獨秀所說的：「無產階級民主不是一個空洞名詞，其具體內容也和資產階級民主同樣要求一切公民都有集會、結社、言論、出版、罷工之自由。特別重要的是反對黨派之自由，沒有這些，議會或蘇維埃同樣一文不值。」他又說：「政治上的民主主義和經濟上的社會主義是相成而非相反的東西。民主主義並非和資產階級及資本主義是不可分離的。無產政黨若因反對資產階級及資本主義，遂並民主主義而亦反對之，即令各國所謂無產階級革命出現了，而沒有民主制做官僚制之消毒素，也只是在世界上出現了一些史大林式的官僚政權：殘暴、貪汙、欺騙、腐化、墮落，決不能夠創造什麼社會主義。所謂無產階級獨裁，根本沒有這樣的東西，即黨的獨裁；結果也只能是領袖獨裁。任何獨裁制都和殘暴、蒙蔽、欺騙、貪汙、腐化的官僚政治是不能分離的。」（陳氏〈我的根本意見〉一文）[27]

後來在一九七九年七月講於東海大學「中國文化研討會」上的〈從儒家的當前使命說中國文化的現代意義〉這篇講辭中，牟宗三再次重申民主政治的普遍性並指出應該將其實現出來。這篇講辭由朱建民記錄，後來由牟宗三本人作為《政道與治道》一書的新版序。他說：

現代化雖先發自於西方，但是只要它一旦出現，它就沒有地方性；只要它是個真理，它就有普遍性；只要有普遍性，任何一個民族都當該承認它。中國的老名詞是王道、藏天下於天下，新名詞則是開放的社會、民主政治，所以，這是個共同的理想。故而民主政治雖先發自於西方，但是我們也應該根據我們生命的要求，把它實現出來，這就是新外王的中心工作。[28]

27《道德理想主義》，《牟宗三先生全集》，第九冊，頁六二一—六二三。

28《政道與治道》〈新版序〉，《牟宗三先生全集》，第一〇冊，頁（二四）；亦見《時代與感受》，《牟宗三先生全集》，第二三冊，頁三四四。

牟宗三曾經提出過「儒學第三期發展」的課題，在他看來，儒學第三期開展的使命是開新外王。同樣是在《政道與治道》的新版序中，他說：

儒家學術第三期的發展，所應負的責任即是要開這個時代所需要的外王，亦即開新的外王。「新外王」是什麼意義呢？外王即是外而在政治上行王道。[29]

那麼，什麼是「新的外王」，如何在新的時代「在政治上行王道」呢，牟宗三認為，新外王和行王道，就是要實現在以往中國歷史上不曾出現過的民主政治。他說：

民主政治能夠表現一些「藏天下於天下」的理想。儒家學術最內部的要求亦一向在於此，但是從未在現實上出現，而今天之現代化亦主要在要求此一理想的出現。此亦即是儒家當前使命所要求的「新外王」。民主政治是新外王的「形式條件」，事功在此形式條件的保障下才能充分實現，在民主政治下才有事功，才能讓你做事。[30]

由於對民主政治普遍性的肯定，牟宗三甚至認為民主政治是人類歷史上最後的政治形態，在一九八三年十二月刊於《鵝湖月刊》的〈中國文化大動脈中的現實關心問題〉這篇講辭中，他說：

從人類歷史的發展中，我們可以知道，政治的進步過程可分為三個階段：初是貴族政治，再是君主專制，終是民主政治。只有這三個形態，再沒有其他別的了。就政治形態來說，民主政治是最後的（final）形態。在這民主政治架構中，民主集體生活各方面皆當在無窮的進步中日新又新，但那只是社會內容的改革、充實與更合理化，不是政治形態本身的改變。

所以，假定在人類集體生活中還需要政治，這種憲政民主式的政治形態便是最後的（final）形態了：如果說我們根本不需要政治，那自然另當別論。在人類歷史上，確有些人是主張不要政治的，認為凡是屬於政治性的建構都應該撤銷、打倒。這就是所謂無政府主義（anarchism），夢想把人間當天國。這種無政府主義，我認為是行不通的。原因就在於他們根本不了解人間之所以為人間而絕不同於天國的道理。人間自是人間，天國自是天國：人間是永遠不能同於天國的。[31]

二十世紀以來，民主化日益成為全世界的主流思潮與實踐運動。關於民主政治的普遍性，在當今西方一些一流的思想家那裡，也有強烈的共鳴。例如，印度裔的諾貝爾獎得主阿瑪蒂亞・森

29《牟宗三先生全集》，第一〇冊，頁（一四）；亦見《時代與感受》，《牟宗三先生全集》，第二三冊，頁三三四。
30《牟宗三先生全集》，第一〇冊，頁（二三）；亦見《時代與感受》，《牟宗三先生全集》，第二三冊，頁三四三。
31《時代與感受》，《牟宗三先生全集》，第二三冊，頁四〇八。

（Amartya Sen）在二十世紀末就曾經專門討論過民主作為一種普遍的價值，並以印度的經驗為民主政治的普遍性進行論證[32]。不過，同樣是在晚近的西方，也出現了反省和檢討現行民主政治不足的理論動態。在這一背景之下，中國的知識界的一些人士「聞風而起」、轉而開始批評民主政治。

較之「五四」以來中國絕大部分知識人對於民主政治的肯定，這似乎是一種新的方向。不過，照我看來，此種論調大體不出兩點：其一，是在西方知識界反思民主政治局限的背景之下，未明究竟地跟風鼓譟。其二，是國情論的翻版，鼓吹中國如何的特殊，聲稱民主政治不適合中國。總之是要否認民主政治的普遍性，認為中國不適合建立民主政治。事實上，這種似是而非的對於民主政治的批評，可以說是「未蒙其利，先議其弊」。還沒有真正切實享用民主政治帶來的好處，卻漫然跟著西方人士議論民主政治的弊端。民主政治當然有其弊端，世界上就沒有任何一種制度完美無缺。西方在民主政治發展了好幾百年之後，自然積累了一些問題，西方的知識人來反省這些積弊，從而自我檢討，提出內部的批判，這是很自然的事情。但是中國的一些所謂學者批評民主政治，卻是毫無頭腦的。表面上看是為了強調不可盲從西方，其實還是拾人牙慧、步人後塵，拿西方知識人反省、批評民主政治的話頭裝點門面。究其實，則既不知西方知識人反省民主政治的來龍去脈，也不知中國現實政治敗壞的根源。李澤厚認為在西方談社群主義是有意義的，在中國談社群主義則是危險的，所謂「在中國卻容易導致某種危險傾向，即重蹈以大小『社群』名義來控制、主宰、踐踏個體權益的『群眾專政』、『公眾意志』的覆轍。」[33]我對此深以為然。同時，我願意指出：在西方批評民主政治是有意義，因為那本身就是在享用民主政治的成果；而在當前的中國批評民主政治，則恐怕不是愚蠢就是「別有用心」了。

至於中國是否適合建立民主政治，我有兩點回應：其一，以民主的精神為原則，在中國建立民主的政體，與照搬西方某一種民主政治的具體制度，完全是兩個不同的概念。第二，有人以為，就算目前中國的政治體制改了，建立了民主制，也不見得能解決諸多社會問題。對此，我的回應是，在積重難返的情況下，中國諸多社會問題當然不會因為民主政治的建立而一下子得到解決，自然需要一個過程，而且解決問題的過程中很可能還會出現反復，因為民主政治本來就需要各方意見的反復磋商，以「公議」（public reasoning）的方式謀求共識，原本就不如集權專制的政治更有效率。但是，從長遠來看，如果不建立民主政治，諸多的社會問題，恐怕是永遠不會解決的。簡言之，在民主政治之下，社會問題的解決是早晚的問題，而在專制極權的政體之下，社會問題的解決則是可能與否的問題。這裡涉及的問題相當複雜，鑒於無論本書還是本章，都是意在「呈現」牟宗三的政治與社會思想，不在於表達我自己的意見，所以，我對相關問題的看法，只能點到為止，無法詳論。而之所以在此提出我的看法，也是因為我相信，我這裡的相關看法應當是牟宗三關於民主政治思想的題中之義，我只是在解讀其文本的過程中將其「表而出之」。這一點，是需要特別加以說明

---

32 參見Amartya Sen, "Democracy as a Universal Value," *Journal of Democracy*, 10.3（1999）, pp.3-17; *The Argumentative Indian: Writings on Indian History, Culture and Identity*, Farrar, Straus and Giroux, 2005.

33 李澤厚，《歷史本體論：己卯五說》（增訂本）（北京：生活．讀書．新知 三聯書店，二〇〇六），頁一五〇。

的。

當然，認為民主政治不適合於中國，還有一種論證的理由是中國人民智未開，習慣於寄望於聖君賢相，不容易接受民主政治的觀念。對於這種持論的依據，牟宗三也很清楚。他在一九五六年一月〈中國數十年來的政治意識——壽張君勱先生七十大慶〉一文中就已經指出：

> 辛亥革命，改專制為共和，此為國體之一變。然民主共和國之國體之充分實現，不能不靠民主政治之政體之充分實現。否則，雖名曰民國，實仍同專制。且為「名不正則言不順」之專制。以前的君主專制是名正言順之專制。「名不正則言不順」之專制，實等於混亂，是則表示國家仍未建立起，政治仍未上軌道。故國家之建立，政治之上軌道，相應民主共和之國體而言，惟賴民主政治之充分實現。然民主政體之充分實現，談何容易。民主政體之出現，在西方，有其歷史文化之長期醞釀，其本身亦有其一定之觀念、意識，與夫一定之軌道。而這一套正是所謂「近代的」。中國辛亥革命，根據這一套而改變國體與政體，其對國人為完全是新的，是毫無疑問的。正因為完全是新的，其難了解與難實行，也是毫無疑問的。這一套要在中國知識分子的意識裡生根而成為習慣，好像是從自家的生命裡發出來，是很難的，一般的人民更不用說。[34]

但是，牟宗三並未因為民主政治的觀念難以為中國人所接受，即認為民主政治不適合於中國。恰恰相反，如前所述，牟宗三始終堅持民主政治是中國政治發展的必由之路。事實上，在〈中國數十年來的政治意識——壽張君勱先生七十大慶〉這篇文章中，他強調的也正是這一點，所謂「數十年來中國之主要課題仍當是民主政體建國之政治問題，此為一中心之所在。故政治意識離乎此者為歧出，相應乎此者為正宗。」[35]在我看來，那種以中國人民智未開，不習慣於接受民主政治觀念，從而認為民主政治不適於中國的論調，實在是「倒果為因」。為什麼如此說呢？很簡單，民主政治的意識不足，甚至根本難以了解民主政治的理念，都不是問題。只要真正希望百姓當家作主，願意走民主政治的道路，可以逐漸培養百姓民主政治的意識，讓百姓逐漸了解民主政治的涵義。假以時日，百姓對民主政治有了足夠的理解，實行民主政治也就是水到渠成之事了。但是，如果以百姓不解為由，益發箝制思想、阻塞言路，將民主政治說成是只適合西方人的政治體制，那樣的話，民主政治的觀念當然永遠無法深入人心。這種論點，假如不是觀念錯亂的話，顯然是別有用心，根本無意於百姓真正當家作主。

另外，關於儒學與民主的關係，或者說儒學傳統能否與民主政治相容的問題，學術界一直爭論

34　沈雲龍編，《張君勱先生七十壽慶紀念論文集》（台北：文海出版社，一九五六），頁二八。此文也收入牟宗三，《生命的學問》（台北：三民書局），頁四六—四七。

35　沈雲龍編，《張君勱先生七十壽慶紀念論文集》（台北：文海出版社，一九五六），頁三〇。此文也收入牟宗三，《生命的學問》（台北：三民書局），頁四四。

不斷[36]。事實上，這一問題從四〇年代的胡適到九〇年代以來的余英時先生，都有專門的討論，二人都一致指出了儒家的政治思想在精神方向上與民主政治的精神並無違逆而實有相通之處[37]。有趣的是，如前一章已經指出的，二十世紀五〇年代，台灣的自由主義者殷海光、張佛泉等人，在和新儒家包括唐君毅、牟宗三尤其是徐復觀等人關於儒學與自由民主的關係進行辯論時[38]，卻否認儒學可以與民主政治相容，不認為儒學可以而且應該為民主政治提供道德與價值的基礎。這一點，顯然與胡適和余英時先生的立場不同[39]。而較之胡適和余英時先生的立場，牟宗三雖然明確指出民主政

---

36 中文世界專業儒家學者對於該問題的澄清，以李明輝為代表，參見其〈性善說與民主政治〉，該文最早收入劉述先主編，《當代儒學論集：挑戰與回應》（台北：中央研究院中國文哲研究所，一九九五），頁一五九—一九七；後來亦收入李明輝，《孟子重探》（台北：聯經出版，二〇〇一），頁一三三—一六八；李明輝，《儒家視野下的政治思想》，頁三三—六九。在英語世界中，對於儒學與民主政治可否相容的問題，一般性的否定以Samuel P. Huntington為代表，參見其“Democracy's Third Wave,” *Journal of Democracy* 2（Spring 1991）: 24。一般性的肯定則以Francis Fukuyama為代表，參見其“Confucianism and Democracy,” *Journal of Democracy*, Vol. 6, No. 2（1995）, pp20-33。而專業哲學學者的討論，較有代表的是陳素芬（Sor-Hoon Tan）的英文論文“Why Confucian Democracy?”，該文修正並進一步發展了其最初 *Confucian Democracy: A Deweyan Reconstruction*（SUNY, 2004）一書中的觀點，對儒家與民主的相容有較為合理的論證。該文正式發表的是中譯版〈為什麼是儒家式的民主？〉收入《中外人文精神研究》，第四輯，（北京：中國大百科全書出版社，二〇一一），頁二七三—二八八。

37 參見Hu Shih（胡適），“Historical Foundations for a Democratic China,” *Edmund J. James Lectures on Government*, Second Series, Urbana, University of Illinois Press, 1941, pp. 1-12; *Proceedings of the World Affairs, Problem of the Peace*, Vol. 21, Los

Angeles, 1944-1945, pp. 54-63. Also in C.P. Chou (ed.), *Writings of Hu Shih: Chinese Philosophy and Intellectual History* (Vol. 2), Foreign Language Teaching and Research Publishing Co., Ltd., and Springer-Verlag Berlin Heidelberg 2013, chapter 15, pp. 169-179; Yu Ying-shih（余英時）, "The Idea of Democracy and the Twilight of the Elite Culture in Modern China," in Ron Bontekoe and Marietta Stepaniants (ed.), *Justice and Democracy: Cross-Cultural Perspectives*, University of Hawaii Press, 1997, pp. 199-215.

38　這場論辯中牟宗三雖然也不無參與，但新儒家一方的主要代表卻是徐復觀。原因或許在於牟宗三其實並不屑與殷海光等人爭論。這一點，由牟宗三一九五五年六月一日給唐君毅的書信可見。其中有云：「提到殷海光，真是難說難講。朱子說陳同甫『才大心粗，心地不清和』；殷則只是『才小心詭，心地不清和』，完全失掉讀書人之單純。他初寫文章罵弟，及聞李定一說弟亦承認他有理路，他便來道歉，亦曾往返幾次，弟亦懇切勸說疏導。他也曾來信謂『現在只這麼幾個能想的人，當該互相啟發，或各說各的。』弟回信大加讚賞。只從去年《自由中國》論到政治自由與道德自由時，他拉上了張佛泉，要撐門戶，據說又與美國Church通了信，遂以東方邏輯代表人自居（邏輯在他只成政治攻勢，並不下實功），如是便凶了起來。蓋不如此，便不足以撐門戶。說起來，可憐可悲！偏又有個徐復觀要出來和他們爭，正是得其所哉！」而之前一九五四年八月二十六日給徐復觀的信中，牟宗三也曾對張佛泉有所批評，所謂「張佛泉只學得一點拉斯基論調，便橫掃一切，亦如殷海光只學得一點維也納派，便橫掃一切。苦難時代仍未打動他們書齋中八股習氣，只是個人自私要創立一個門戶，遂假藉一先生之言，橫衝直撞。拉斯基向不解鮑桑奎與黑格爾等人的論題，張佛泉拾人牙慧，更無法解，亦不願求解。至於反對本質主義，那是近代唯物論以及英美經驗主義、唯名論、實用主義反傳統哲學的一個支流趨勢。哲學方面且不說，落在人生方面，便表現為反對定然而普遍之人性。馬克司如此，杜威亦如此，現在存在主義的剎特利亦如此。張佛泉復用之以講『自由即人權』來隔絕道德，釘死自由，沒落殆哉，實在令人洩氣。」

39　中國自由主義的這一線索發展到林毓生、張灝，情況又有所改變，林、張兩人都已經承認儒家思想與民主政治並非水火不容，而是包含一些與民主政治相通的思想因素，經過創造性的轉化之後，可以助成民主政治的建立和發展。當然，據殷海光的弟子們所說，殷氏晚年已經向這一立場轉化。參見李明輝，《儒家視野下的政治思想》，頁三六—三七。

治是西方文化的產物，與「民本」、「仁政」的思想不能相提並論，但是，當他在強調民主的普遍性以及儒家的理想主義必然肯定民主政治時，其實也已經隱含了儒家的政治理念與民主政治不相矛盾的意涵，儘管他似乎沒有多少直接從這一角度談論的文字。

（三）民主政治是科學和法治的保障

當然，牟宗三所謂的「新外王」，除了民主政治之外還有科學知識。對他來說，民主政治是「形式條件」，科學知識是「材質條件」。不過，如果說現代化包涵民主政治和科學知識這兩個方面，那麼，在牟宗三看來，現代化的本質在於民主政治，而且首先在於民主政治。這一點，牟宗三在《政道與治道》的新版序中也有明確的表示：

> 要求民主政治乃是「新外王」的第一義，此乃新外王的形式意義、形式條件，事功得靠此解決，此處才是真正的理想主義。而民主政治即為理性主義所蘊涵；在民主政治下行事功，這也是理性主義的正當表現，這是儒家自內在要求所透顯的理想主義。40
>
> 科學知識是新外王中的一個材質條件，但是必得套在民主政治下，這個新外王中的材質條件才能充分實現。否則，缺乏民主政治的形式條件而孤離地講中性的科學，亦不足稱為真正的現代化。一般人只從科技的層面去了解現代化，殊不知現代化之所以為現代化的關鍵不在科學，而是在民主政治；民主政治所涵攝的自由、平等、人權運動，才是現代化的本質意義之所在。41

這裡，牟宗三講得很清楚，他認為科學知識必須以民主政治為前提方可充分實現，以自由、平等、人權為內容的民主政治「才是現代化的本質意義之所在」。也正是在這個意義上，他將民主政治稱為「新外王」的「第一義」。

牟宗三認為，不僅科學知識需要民主政治才能夠得以充分實現，甚至「法治」也只有在民主政治之下才能成其為真正的法治，不流於一般法家所說的賞罰必信的法治。換言之，「法治」也必須以民主政治為保證。早在一九三五年十二月的〈中國政治家之兩種典型〉一文中，牟宗三即指出了此點：

> 所謂法治，並不純指法家所說的賞罰必信的法治。這種法治只是一種奉公守法的精神。守法奉公是行政官吏的基本道德，是必須的條件。不只是法家能作到，儒家也可以作到；不守法奉公，不只是法家厭恨，儒家也何嘗不厭恨？所以守法奉公的法治還只是一種政治比較修明的現象，算不得一種主張或學派，更算不得一種制度。42
>
> 我們現在所要求的法治乃是於守法奉公而外，還需要一個制度的基礎，法律的典型。在這種

40《牟宗三先生全集》，第一〇冊，頁（一八）；亦見《時代與感受》，《牟宗三先生全集》，第二三冊，頁三三八。

41《牟宗三先生全集》，第一〇冊，頁（一九）；亦見《時代與感受》，《牟宗三先生全集》，第二三冊，頁三三九。

42《牟宗三先生早期文集》（下），《牟宗三先生全集》，第二六冊，頁八五五—八五六。

制度的基礎與法律的典型上，運用統一的政治，施行守法的精神。人可換，此基礎與典型不可變；運用的手術與步驟可以因人而異，而此基礎與典型不能因人而異。……這種基礎與典型確立了才是真正的法治，在這種法治之下，那種流俗的人治、法治之爭才可以消滅，才可以成為無意義。[43]

這種基礎與典型在什麼樣的政治形態之下才能確立呢？曰：惟有在國家民主政治之下才能確立。……人治與專制或獨裁相適應；法治與民主相適應。[44]

（四）民主政治是事功的保障

一般人不免認為儒家輕視事功，這其實也是對儒家傳統並不全面的一種認識。非但以良知為宗旨，格外重視心性之學的陽明學在事功方面有多方面的建樹[45]，牟宗三其實也非常肯定事功精神。他不但反省了中國傳統中缺乏事功精神的緣由，甚至一度對道學家輕視事功進行了批評。最為關鍵的是，牟宗三指出，事功精神的落實以及事功的真正實現，也要靠民主政治的保證。

在一九三五年十二月十五日刊於《宇宙旬刊》第三卷第一〇期的〈中國政治家之兩種典型〉中，牟宗三曾以商鞅、王安石和張居正為事功主義的代表，肯定他們所代表的事功精神，並指出為什麼中國傳統社會中發展不出事功的精神。他說：

事功主義者在精神上必綜核名實，賞罰果信，在作事上必多所更張，多所興創。然這兩點都不利於中國人之脾性。前者不利於中國人之馬虎與講面子，後者不利於中國人之懶散與無為。如商鞅是中國史上一個劃時代的人物，他的設施與作為足以使古舊的社會入於一個新時代。廢封建，置郡縣，是政治上的一個轉變；提封疆，開阡陌，是經濟上的一個轉變。把封建的政治形態改成專政政治，而形成秦漢的大一統；由經濟上的一個轉變，把封建時代的自然經濟、公有經濟，改成自由經濟、私有經濟。這個轉變實在是社會形態的轉變，不只是政治現象的起伏而已，內包含著政治制度與經濟制度的大改革，一味因循懶散的人如何不討厭？有大改革必有大刺激，有真成就必有真行動，馬虎講面子的官僚政客如何不恨他？所以一有機會，馬上便把他殺掉，而後人的評論還說他刻薄寡恩。其實這是作事，如何講得情面？這是辦公，如何可行私恩？「恩情」兩字不是政治上的事情，如何能說他刻薄寡恩？須知辦政治不是交朋友，政治關係不是朋友關係。政治關係是寄託在事與事的關係上，朋友的關係是寄託在性格情感的契合上。後人不明此理（原文為：明此不理。疑誤植。），將政治同於朋友，遂認真正之政治家為

43《牟宗三先生早期文集》（下），《牟宗三先生全集》，第二六冊，頁八五六。
44《牟宗三先生早期文集》（下），《牟宗三先生全集》，第二六冊，頁八五六—八五七。
45 參見我的〈陽明學者的「實學」辨正〉，收入我的《近世儒學史的辯正與鉤沉》（台北：允晨文化實業公司，二〇一三），頁六九—七八。

不近人情之大奸慝，浸假而使人專以因循馬虎為能事，曲順人情為賢吏，敷衍無為為聖治，抑何其不思之甚也？這話並不是教人不近人情。須知人情有可以近有可以不近者，「食色性也」是人情，吾人固不能專以「餓死事小，失節事大」相號召；但自私自利亦人情，吾人豈能皆順之乎？所謂近人情，必以道德之制裁為條件。有道德者必能做公事，辦政治，而專以曲順人情為能事者，始真為不道德，大奸慝之尤者也。說者謂中國政治道德化，吾則謂非道德化，乃鄉原化，此不可不辨。

等而下之若王安石，亦有為之人，宋神宗亦大有為之君。君臣性格甚相融，皆欲以事功易天下。然而君臣二人的命運太壞！宋朝的社會不容許這兩個怪物出現，宋朝的所謂君子，也不允許他們有所作為。君臣際遇雖好，然社會勢力不扶助他，民性的懶散看不慣他，臭名士的風雅卑視他。這種種都足以使著他一籌莫展，抑鬱而終！

青苗法是農村經濟之救濟，然韓琦、司馬光、文彥博、蘇軾、蘇轍，因循無為，竭力反對，一任其自然之消長。募役法是差役法之改革，利民順情，莫過於是，而迂腐秀才亦必反對。均輸法、市易法是商業政策之改進，而俗濫聖人說是與民爭利，非天子所宜為。農田水利是農業之救濟，而三家村學究說是騷擾生民，荼毒天下。此外如保甲保馬，外交用兵，一有設施，必遭反對。而反對者亦復無理由可說，只是懶散無為，反對振作有為而已。反對之結果一無所成，而元祐諸秀才可以彈冠相慶矣。然不復知天下國家竟致誤於是也。明人章袞〈《王荊公集》序〉有云：「諸臣若能原其心以議其法，因其得以救其失，推廣以究未明之義，損益以矯偏勝之情，務在協心一德，博求賢才，以行新法，宋室未必不尚有利也。而乃一令方下，一謗隨之。今日鬨然而攻者安石也；明日譁然而議者新法也。台諫借此以賈敢言之名，公卿借此以邀恤民之譽。遠方下吏，隨聲附和，以自托於廷臣之黨，而政事之堂，幾為交惡之地。」讀者試思，新法之不行，天下之塗毒，宋室之覆亡，誤國家，誤生民，誤天下後世，誤當時皇上，在安石乎？在元祐諸君子乎？後之論者，其不可以已乎？總之，中國民性不允許事功主義之存在。王安石之失敗，是事功主義之失敗。一切爭論皆有為與無為之衝突也。安石不幸生而為中國人，若生於西洋，不亦早被歌功誦德為大政治家乎？

安石因事功主義而失敗，是牴觸民性之懶散與無為；張居正因綜核名實而失敗，是牴觸民性之馬虎與講情面。張居正知道變法是最刺激人的事情，所以他以遵守祖訓為原則；他也知道講事功，盡地利是最費手腳的事情，所以他不走安石的出力不討好的路子。他的目光轉向于吏治。他的大業是安內攘外。安內不是安內之蠢蠢者氓，而是安內之議論秀才。這一點是他的政治手段高于安石處。安石的目光是注意於經濟，他沒有法子運用或制裁當時的士大夫，所以他一令方下，一謗隨之。居正是很有縱橫捭闔的手段，他的事功之表現完全在對付官僚間的傾軋。所以他所做的事情是綜核名實，賞罰必果，統一號令，期其必行。他是挾天子以令諸侯，實行其總攬內外之大權。他是黨派鬥爭的最後勝利者，然而他的禍機也即伏於此。他之得禍與商鞅之得禍同一原因。就是太認真了！認真與馬虎講情面是不相容的。所以他死後不到三月便遭了炒家削職的慘禍。王安石因為注意經濟問題，在事上用力，雖遭反對，然還不是專對付人，所以尚不致有殺身之禍。若張居正之吏治政策，便在人上用力，其得罪人處自然不少，人之報復他自然也更甚。王安石是事功主義之失敗，張居正是法治主義之失敗。這是有為主義中的兩個形態。這兩個形態皆不容於中國。[46]

同樣是在〈中國政治家之兩種類型〉一文中，牟宗三還曾舉文彥博與宋神宗的問答與司馬光欲棄熙河路的例子，來批評道學家的「無為主義」（不辨事），同時肯定王安石的變法是事功主義的典型[47]。

彥博曰：「祖宗法制俱在，不須更張，以失人心。」神宗曰：「更張法制，於士大夫誠多不悅，然於百姓何所不便？」真是好皇上，一針見血！然文彥博卻牛唇不對馬口，離題而言他曰：「為與士大夫治天下，非與百姓治天下也。」此何言哉！神宗說是于百姓有利，何嘗說是與百姓治天下？彥博何糊塗無識一至於此！像這種反對直是無理取鬧，精明老鍊之安石，如何不以流俗目之？然後人竟以君子加之，君子固當如是乎？又如司馬光更屬意氣得可恨。「元祐初，司馬溫公更新法殆盡，遂欲弃棄熙河路。」熙河路是王安石打出來的，為國家恢復失地，有何不可？而司馬光竟因安石之故而弃棄之，何私人之意氣，一至如此！今有人將東四省收回，若如司馬光其人者，因個人之故，復將東四省送給日本，此成何心腸？豈止漢奸而已乎？君子固當如是耶？吾欲無言！[48]

牟宗三認為，中國歷史上一直有要求事功的傳統，但是事功的精神卻並沒有發展出來。在一九五五年人文友會的第十四次聚會中，他就指出：

中國在事功的精神上本是欠缺的。（中國人有道德精神與藝術精神，而缺乏事功精神。）儒家講內聖外王，內聖講得非常透，但外王卻始終不夠，亦即是事功精神不夠。中國從墨子起即講事功，後來法家亦講事功（實則法家亦不代表事功）。南宋的浙東學派很注重事功，明末王船山、顧亭林，以及顏習齋等皆反王學、講事功。乾嘉以後的考據，亦是要求事功的變形。民國以來，如胡適之等，重科學方法，科學精神亦是要求事功的。但是從墨子到胡適之，始終沒有表現事功。這是由於中國文化中客觀精神不曾出現，故事功出不來。[49]

46 《牟宗三先生早期文集》（下），《牟宗三先生全集》，第二六冊，頁八四六—八四九。

47 雖然後來的《政道與治道》一書中，在討論陳亮與朱熹的「王霸之辯」時，牟宗三已經轉而對朱熹所代表的道學家有更多的肯定，但是對於陳亮所提倡的事功精神，他還是頗能予以肯定的。參見《政道與治道》，第十章〈道德判斷與歷史判斷〉，《牟宗三先生全集》，第一〇冊，頁二四五—二九五。按，《政道與治道》一書一九六一年二月由廣文書局初版，第十章〈道德判斷與歷史判斷〉則最初於一九五九年六月刊於《東海學報》第一卷第一期。

48 《牟宗三先生早期文集》（下），《牟宗三先生全集》，第二六冊，頁八五〇—八五一。

49 《人文講習錄》，《牟宗三先生全集》，第二八冊，頁八〇。

而牟宗三認為，應該充分肯定事功的精神。在一九七九年十一月一日刊於《中國文化月刊》的〈從儒家的當前使命說中國文化的現代意義〉這篇講辭中，他再次指出：

中國人傳統的風氣，尤其是知識份子，不欣賞事功的精神，乃是反映中華民族的浪漫性格太強，而事功的精神不夠。事功的精神是個散文的精神，平庸、老實，無甚精采出奇。蕭何即屬事功的精神，劉邦、張良皆非事功的精神，可是中國人欣賞的就是後者。蕭何的功勞很大，所謂「關中事業蕭丞相」，但因其屬事功精神，顯得平庸，故不使人欣賞。漢朝的桑弘羊、唐朝的劉晏皆為財政專家，屬事功精神，然而中國人對這一類人，在人格的品鑒上總不覺有趣味。事功的精神在中國一直沒有被正視，也沒有從學問的立場上予以正視、證成。中國人喜歡英雄、打天下、縱橫捭闔，皆能使人擊節稱賞。由於中國人在性格上有這種傾向，所以毛澤東才能投這個機，就是因為他不守規矩、亂七八糟，而帶有浪漫的性格。再高一層，中國人欣賞聖賢人物，不論是儒家式的或道家式的。中國人的文化生命正視於聖賢、英雄，在此狀態下，事功的精神是開不出來的。事功的精神即是商人的精神，這種精神卑之無甚高論，境界平庸不高，但是敬業樂群，做事仔細精密、步步扎實。英美民族是個事功精神的民族，歐陸的德國則表現悲劇英雄的性格，瞧不起英美民族，但是兩次大戰戰勝的卻是這些卑之無甚高論的英美民族。所以這種事功精神是不能不正視的。[50]

至於如何發展出事功精神並真正實現事功，牟宗三認為也必須要靠民主政治來保障。他說：

> 事實上，中國以前所要求的事功，亦只在民主政治的形態下，才能夠充分的實現，才能夠充分的被正視。在古老的政治形態、社會形態下，瞧不起事功，故而亦無法充分實現。這種事功的精神要充分地使之實現，而且在精神上、學問上能充分地證成之，使它有根據，則必得靠民主政治。民主政治出現，事功才能出現。若永停在打天下取得政權的方式中，中國的事功亦只能永停在老的形態中，而無法向前開展。這句話請諸位深長思之。
>
> 要求民主政治乃是「新外王」的第一義，此乃新外王的形式意義、形式條件，事功得靠此解決，此處才是真正的理想主義。而民主政治即為理性主義所涵蘊；在民主政治下行事功，這也是理性主義的正當表現。這是儒家自內在要求所透顯的理想主義。[51]

這篇一九七九年七月講於東海大學的〈從儒家的當前使命說中國文化的現代意義〉，除了當年

50 《時代與感受》，《牟宗三先生全集》，第二三冊，頁三三六—三三七。亦見《政道與治道》，《牟宗三先生全集》，第一〇冊，〈新版序〉，頁（一六）—（一七）。

51 《時代與感受》，《牟宗三先生全集》，第二三冊，頁三三七—三三八。亦見《政道與治道》，《牟宗三先生全集》，第一〇冊，〈新版序〉，頁（一七）—（一八）。

十一月一日刊於《中國文化月刊》之外，一九八〇年四月學生書局再版其《政道與治道》一書時，即被作為新版序言。如果我們意識到《政道與治道》一書初版於一九六一年，那麼，可以說牟宗三肯定事功的態度至少在二十年之間是一以貫之的。

（五）民主政治的基礎在於多元的政黨政治

既然民主政治如此重要，那麼，對於究竟如何建立民主政治，如何才能真正實現民主政治，牟宗三有無進一步明確的說明呢？同樣是早在一九三五年的〈中國政治家之兩種典型〉這篇文章中，牟宗三已經提出了他的看法：

> 民治形態下的法治，其制度基礎與法律典型表現在什麼地方呢？曰：政黨政治。國家先得承認國事由國人管，此其一；並須承認國人有自由發表意見的權利，此其二；並承認其有宣傳其意見、實現其意見的運動權利，此其三；最後，並得承認有施行其意見的選舉權與被選舉權。表現這四點權利的中樞或樞紐在乎政黨。政黨一方帶來了人民的權利，一方鼓動了民眾的運動。人民能夠自動的運動（當然有運動的、有不運動的，此不必問），並能有那四種權利，則便是法治下的制度基礎與法律典型，也就是真正的民治，真正的法治。
>
> 而且政黨的運動又必須是多元的。因為社會生產的分工，各階級皆有其特殊的利益，是以其實際意見也並不能盡同。所以多元的競爭與比賽也是免不了的。今日風行一時之獨裁，是以黨

治國，黨在國上，不允許他人的存在，是直不知有國，更不知有民矣。這種政治是變相的君主專制，是變相的朕即天下；是黨治，不是政黨政治。黨治不知有國，政黨政治必須先有國；黨治不知有民，政黨政治根本是發自於民。[52]

牟宗三所謂「民治形態下的法治」中的「民治」，就是指民主政治。而由這一段引文可見，對牟宗三來說，民主政治的制度基礎和法律典型又在於多元的政黨政治（按：即「多黨制」）。沒有多元的政黨政治，只有一個政黨執政，結果只能導致獨裁。所謂「這種政治是變相的君主專制，是變相的朕即天下；是黨治，不是政黨政治」。當然，這裡直接的批評，在一九三五年的當時，自然是指向國民黨的專制獨裁統治。此外，有一點我覺得需要予以說明。正如我們在本書第四章已經看到的，牟宗三對於如何建立一個現代意義上的國家非常重視。而對牟宗三來說，現代民族國家的建立與民主政治的建立，可以說是一而二、二而一的關係。所謂「故國家之建立，政治之上軌道，相應民主共和之國體而言，惟賴民主政治之充分實現。」

前文已經指出，對於牟宗三來說，肯定民主政治，首先是要解決中國歷史上治亂循環不已的政治格局。但除此之外，牟宗三還有另外的理由，即一方面保障所有人尤其天才在文化上的發展，另一方面禁止政治權力欲的無限發展。

52《牟宗三先生早期文集》（下），《牟宗三先生全集》，第二六冊，頁八五七—八五八。

在一九四九年十二月刊於《民主評論》的〈理想主義的實踐之函義〉一文中，他說：

我現在所要特別重視的一點，就是：在理想主義的實踐中，我們肯定民主主義，是為的保障天才而卻不許有獨裁。民主制度保障一般人民的集會、結社、言論、出版、罷工等自由，是廣度地說，保障天才是深度地說。[53]

政治必不可言獨裁，必須是民主主義的。惟民主政治可以保障天才。這是什麼意思？一、人的天才不能以作政治領袖為唯一的出路。天才的充分發展可以讓其轉為科學、哲學、藝術、宗教方面的，即轉為文化的，此是在社會文化上以追求真理而充分發展其天才，而實現其對於人類之貢獻。而這種天才之能在社會上得其充分的發展，惟有民主制度的政治始能允許之保障之。如果人的天才在文化上不得其出路，則只有集中於政治權力之爭奪。此絕非人類之福。自馬克思主義出，本哲學以從事政治，而又以政治生活為蓋盡一切者，莫過於共黨。故一方面必流於獨裁，一方面又消滅了文化的獨立價值，否定了追求真理者之獨立的人格，將一切人俱牽連於階級鬥爭之私利與鬥爭中。吾不知其於人類究有何貢獻。此是毀滅之道，不可以為法。惟民主政治方能保住人類及文化。二、民主政治不但保住社會上天才之文化的發展，而且在政治上亦不許有以天才英雄自居而得以充分發揮其權力欲者。這句話的意思是說：「天才」二字直不許用於政治領袖或政治家，而只許用於科學、哲學、宗教、藝術家等方面。普通說，某人有政治天才，可以作政治家。但是有可以作政治家的天才，卻不同於那種以超人自居的獨裁者之為天才。主張獨裁的人，始把天才用於政治上。然而吾人說於政治上必不可說獨裁。故天才亦不可用於政治上。這是因為政治的本質限制了他。天才的性格是孤峭獨特的，此最易於向文化學術方面發展，亦最易於在這方面表現。而政治家不能孤峭獨特的，他必須順俗從眾，謀及庶人。他必須為公共利益而守法尊制度，依法而退，依法而進。他的境界不能太高。政治不能不講法度，法度就限制了他不能為天才。他有政治的天才，只能說他有適應法度運用法度的本事，他是在限制中運用他的才具的。只有獨裁者才毀棄一切法度，而自認他本人就是法度。依是，他必超過政治的範圍。……民主政治就是一方面讓天才轉為文化的，一方面禁止政治權力欲之無限的發展。此其所以獨為可貴也。[54]

在一九五三年七月二十六日刊於《中央日報》的〈文化途徑的抉擇〉一文中，他又說：

民主政治這個政治形態，既可以保障天才的個性與價值，也可以保障一般人的個性與價值，使他們生息於這個架子中而相忘，藉以盡量表現其自己所欲表現者。依是，民主政治也是代表

53 《道德理想主義》，《牟宗三先生全集》，第九冊，頁六三。

54 《道德理想主義》，《牟宗三先生全集》，第九冊，頁六六—六七。

理性的一個架子。道德宗教方面之以道德理性來節約生命強度以立人道之尊，亦猶政治方面之以民主政治這個架子來節約政治權力之氾濫以保障人權。是以凡道德教化方面之以道德理性而重人道、尊人性，未有不歡迎民主政治者。民主政治究竟也代表了一點王道。我們很可以鼓勵人自尊自強，健行以成德，但這只是道德宗教之從人品的完成上說，這並不能藉以為反民主。反之，民主政治倒更可以保障人的自尊自強以完成其品性。55

由此可見，牟宗三認為，在積極的意義上，民主政治是包括天才人物和一般人在內所有人的個性與價值的保障。尤其可以保障天才人物文化上的多元發展，即在政治之外的科學、哲學、藝術、宗教等方面充分發揮，實現獨立的價值，不至於變成只有政治一條出路，結果集中於政治權力的爭奪；在消極的意義上，民主政治可以限制政治人物任意與放縱的天才發揮，從而避免獨裁。在人類現代社會的歷史中，希特勒、史達林、毛澤東等等，可以說都是政治人物在沒有民主政治的約束之下任意放縱自己權力欲的鮮明例證。牟宗三就曾經以希特勒為例，具體分析了天才人物在沒有民主政治約束的情況下如何魔性大發而終至毀滅。當然，另一方面，以多元政黨政治為基礎的民主政治，也可以保障政治人物的平庸不會導致國家政治運作的癱瘓。

四、民主政治的局限與反省

當然，作為一種政治制度的民主政治並非沒有局限甚至弊端，正如前文提到的，西方知識界已有對於民主政治局限的檢討和反省。時下也有人藉此認為中國不需要民主政治。而對於民主政治的局限，牟宗三也有清楚和深入的了解，並非不加反省的完全肯定，更不是認為民主政治能夠解決所有的社會問題。其實，他很早就指出了民主政治的局限。

（一）民主政治無法負責社會風氣的改善

在一九七四年四月香港《明報月刊》第九卷第四期曾經刊登一篇題為〈中國傳統思想與西方民主精神之滙通與相濟問題〉的訪談，由問者陳特以錄音的方式提出幾個問題，牟宗三筆答而成。在問者的問題中，有一個問題是這樣的：

> 當前西方民主資本主義的國家，舊道德崩潰，新道德未立，社會混亂，罪惡頻生，人心無所安頓和歸趨。有些國人目睹這種現象，就藉此攻擊西方民主，認為這是「民主自由」的必然結果，他們因而聲稱：「這樣的民主自由，我們不要。」請問這種看法和態度對不對呢？西方的

55《時代與感受續編》，《牟宗三先生全集》，第二四冊，頁九五。

民主自由是否是當前西方社會「敗壞」的必然原因呢？[56]

對於這個問題，牟宗三的回答如下：

民主制度只是一個政治制度，它不能擔負一切責任。社會敗壞只是人性之放縱。學術文化教育宗教都應負責。若因此而責怪民主自由，則是因噎廢食。若必廢棄民主自由，而讓極權專制來鞭策奴役，則一方是自甘卑賤，一方是泛政治主義，其敗壞更有甚者。[57]

這裡，陳特所提的問題其實也並不只是「有些國人」的看法，西方世界內部也有不少人由於看到許多社會問題從而批判自由民主。譬如，索忍尼辛在七〇年代就曾經批評過美國的自由民主，其講辭也在全世界風行一時。對此，牟宗三也有同樣的回應，在一九七八年十二月二十六日台灣大學文學院大講堂的〈從索忍尼辛批評美國說起〉的演講辭中（該講辭刊於一九七九年一月十四、十五日的《聯合報》），他就認為索氏也是混淆了自由民主與社會風氣之間的分際：

他（指索氏）現在既不要蘇俄這一套，又不要英、美自由民主這一套，那麼他要那一套呢？他不是落空了嗎？現在沒有第三條路。既然沒有第三條路，那麼他對美國的批評有沒有意義呢？有，他只是沒分辨清楚。

他的迷惘，第一，在他對近代西方文化發展史沒有相應的了解，一如前述；第二，在他沒有鑑別開自由民主與社會風氣間的分際。

自由民主是個政治的體制，政治的體制不能夠負太多的責任。自由民主的本質，就是把政府的權力盡量予以制衡，不流於極權。所謂力爭自由，就是保障你的人權，給你自由。至於社會風氣，自由民主這個體制，就其為一政治體制而言，是不能負這責任的。[58]

顯然，在牟宗三看來，如果藉口民主政治的流弊，或根本是將諸多本來不是民主政治所導致的問題一概歸之於民主政治的名下，由此反對民主政治的建立，其後果恐怕不能不如牟宗三所說，結果實際落入「敗壞更有甚者」的境地。就如今中國大陸的情況而言，牟宗三的回答，仍值得深思。

當然，從以上的引文也可以看到，對於民主政治的局限，牟宗三是很清楚的。同樣是在〈從索忍尼辛批評美國說起〉這篇講辭中，牟宗三即指出，作為政治體制的自由民主並不能保證人們可以運用自己的自由、實現自己的權利、履行自己的責任。至於如何運用自己的自由和權利，不是政治的問題，而是關乎道德教養的問題。他說：

56《時代與感受續編》，《牟宗三先生全集》，第二四冊，頁二〇二。
57《時代與感受續編》，《牟宗三先生全集》，第二四冊，頁二〇六。
58《時代與感受續編》，《牟宗三先生全集》，第二四冊，頁二三二—二三三。

> 但你有了自由、有了人權，至於你如何運用你這個自由、如何運用你這個權利，那是你個人的事情，那就是另一個問題了。這是政治管不了的。負這個責任的是什麼東西呢？是教育，說籠統一點是文化，說得再具體一點是教養。這個「教養」是屬於教育的問題，在家庭裡面是屬於父母的，到了社會上來在學校裡是屬於師長的事。這在主觀方面培養你的道德理性，在客觀方面培養你的文化意識，進而培養你通此主、客觀而為一的智慧與至大至剛、沛然莫之能禦以實現此道德理想的勇氣。這，通泛說來，就是道德。現在的美國，依索忍尼辛所批評的，就是這一方面出問題了。道德是教養的問題，不是作為政治體制的自由民主的問題。索氏在這方面沒有分辨開來，就把它和自由民主攪在一起罵了。……所以，這個地方要分辨清楚，有沒有道德是「教養」的問題，不是自由民主政治體制的問題。[59]

這裡所謂「文化問題」、「教養問題」，其實也就是牟宗三在別處反復強調的，自由主義不能僅限於制度的層面，更要立足於、歸本於其背後的「精神性的自由」。這一點本書前一章已有專門的探討，此處不贅。而這個道理，對於民主政治是同樣的。民主政治背後也一樣需要文化和教養的支援。不然的話，民主同樣會產生非預期的流弊。

事實上，早在二十世紀五〇年代，牟宗三已經指出了作為「理性之外延表現」的民主政治在西方社會的局限。他說：

最後，理性之外延表現本在成就民主政體上那些形式概念。現在，民主政體已成矣，形式的自由與權利上的平等已取得矣，然則個人自己又如何？西方的理性途徑沒有在這裡用。形式的自由與權利上的平等並過問不著個人主觀生命之如何順適調暢其自己。如是，人們乃在此外在的綱維網中，熙熙攘攘，各為利來，各為利往，盡量地鬆弛，盡量地散亂，盡量地紛馳追逐，玩弄巧慧，盡量地庸俗浮淺，虛無迷茫。不復見理性在哪裡，理想之根在哪裡，人生宇宙之本源在哪裡。一方外在地極端技巧與文明，一方內在地又極端虛無與野蠻。此即近時存在主義者所目擊而深以為憂慮者。在此情形下，原始粗野的生命隨時可以爆炸。人類社會世界的理性律則究竟在哪裡？如此，遂迫使卡西勒（國翔按：即德國哲學家Ernst Cassirer，一八七四—一九四五）說：「在政治學裡，我們還未找到堅實可靠的基礎。這裡似乎沒有清楚建立的宇宙秩序。我們永為一個突然地重回到老的混亂狀態所脅迫。我們正在建造高而可傲的大廈，但我們忘記使他的基礎穩固。」理性之外延的表現所表現之經緯（脈絡與關節），超越的平等性與內在的平等性，以及民主政體中那些形式概念所成的綱維網，反不能使西方的思想家見到社會世界的理性律則與政治世界的堅實可靠的基礎，則我以上所說的外延表現之缺處與不足處並非無故矣。此不可不深長思也。[60]

59《時代與感受續編》，《牟宗三先生全集》，第二四冊，頁二三三—二三四。
60《政道與治道》，《牟宗三先生全集》，第一〇冊，頁一七四—一七五。

從這段話可見，牟宗三的反思甚至已經不僅僅限於民主政治，而是針對整個西方的現代性所帶來的問題了。

（二）民主政治需要文化教養和道德理性的支撐

民主政治不能解決文化和教養的問題，雖然足以表明二者各自有其相對獨立的領域，但並不意味著兩者之間沒有關係。在牟宗三看來，前者恰恰需要後者作為基礎和支援。對於民主政治與文化的關係，或者更為明確地說，以文化和教養為民主政治提供價值方面的支援和支持。在一九四九年十二月的〈理想主義的實踐之函義〉一文中，牟宗三即一方面指出前者是後者的制度保障，另一方面也指出，民主主義必須受文化之指導與鼓舞，否則即不免流於暴民政治。他說：

> 民主主義保障文化，亦返而必受文化之指導與鼓舞。民主主義若不能作到含有保障文化、受教於文化之理性成分，則必成為暴民政治，成為虛偽欺騙、苟且頹墮、結黨營私的政治。故民主主義之內在的本質：一、允許人們有思想、言論、出版、結社等之自由；二、依憲法而施行的制度基礎之確立。然除此內在的本質，還當有外在的開明之德量，此即是保障文化而且受教於文化之理性的成分。此內在的本質與外在的德量合，始能形成健全的民主主義。這個健全的民主主義，從其外在的德量方面說，必須歸結到文化的，而「文化的」不能離開精神生活之自由。[61]

這裡，與其對「自由」的認識一樣，牟宗三認為民主也不能泛化為一般社會日常生活的態度，而必須是政治的，否則必將從「政治上對權力的大防」「轉而為掩護生活墮落的防線」。在一九五三年八月刊於《中國文化月刊》第一卷第五期的〈關於文化與中國文化〉這篇文章中，牟宗三指出：

西方社會裡有明顯的階級間之對立。階級間集團地互相爭取其權利而訂立憲章，因而產生民主政治。他們的爭取，一、目標具體而顯明，在某階級裡爭取某些權利，我要什麼，你對方當給什麼，都是很具體的；二、其爭取是集團地行為，代表整個階級，並不是散漫的個人單獨行動，故其爭自由爭民主易於是政治的，限於其所當，而不下散流走。……但是民國以來的知識分子一直不能相應這個新的政治形態而用心，一直在這裡不能出人才，而只是太學生的老習氣，隨著時機而起哄。哄的結果，把民主脫離其政治形態中心而轉為社會上日常生活的。師生之間講民主，則先生無法教學生。父子之間講民主，則父兄不能管教其子弟。夫婦之間講民主，則夫妻之恩情薄。民主氾濫於社會日常生活，則人與人間無真正的師友，無真正之人品，只是你不能管我，我不能管你，一句話是「你管不著」。民主本是政治上對權力的大防，現在則轉而為掩護生活墮落的防線。[62]

61《道德的理想主義》，《牟宗三先生全集》，第九冊，頁七三。

62《道德的理想主義》，《牟宗三先生全集》，第九冊，頁三三一—三三二。

顯然，在牟宗三看來，「光科學、民主、專門技術學術，並不足以創造文化，維繫人群。此吾人所以既言民主政治，又言文化本源之故。」[63]

而在一九九〇年十一月八日刊於《聯合報》的〈中國文化的發展與現代化〉這篇書面講辭中，時年八十一歲的牟宗三重申了人文教育與作為制度的民主政治之間相輔相成的關係以及人文教育的特別意義。他說：

> 文化文明必本乎自由，則文化文明不是虛文；自由必要求於文化而創制文明，則自由不蹈空，亦不放縱。……從西方來的「正視自由與民主政治」固有貢獻於自由與文制，然而必須有人文教育以培養其理性生命，然後自由方能成其為自由，文制方能成其為文制，否則兩方皆可以惡化而成為其自身之否定——自由惡化而為放縱無度，民主亦可以惡化而為暴民混亂。[64]

對於如何解決教養問題，牟宗三則提出了建立組織化的「儒教」甚至教會的構想。這一點，在其人文友會第一講「友會之基本精神與展望」中有明確的說明。而這一點，當時也是唐君毅的同調。在「友會之基本精神與展望」後面所附的〈唐君毅先生覆牟宗三先生書〉中，唐君毅也有明確的表示。不過，關於儒教的問題已經超出了牟宗三政治社會思想的範圍，是另外一個極為重要的問題，需要專門處理，在此就不作討論了[65]。

牟宗三意識到儒家傳統的「自由」只是道德意義上的自我覺悟，他稱之為「主觀自由」，而這種主觀自由並不是現代民主政治意義上的自由。對於民主政治意義上的自由，他稱為「客觀自由」。在《人文講習錄》第二八講〈中西思想諸問題之討論〉中，他說：

孔、孟與理學家固亦常講覺悟，講自我作主。此當然有個性有自由。然此乃道德意義，是主觀自由，故能成人格成聖賢，而不是客觀自由，故未能開出近代化的政治意義。[66]

需要說明的是，牟宗三這裡的「主觀自由」是指道德意義上的「個體自覺」，並不等同於黑格爾意在政治意義上的「主觀自由」。而他所謂的「客觀自由」，則是政治意義上的自由，兼具黑格爾「主觀的自由」與「客觀的自由」兩重涵義。這一點，本書前一章已有專門的討論，此處不贅。

不過，他同時也指出，只講「客觀自由」而不講「主觀自出」，也不能充分反映民主政治所應有的涵義。換言之，他認為，真正的民主政治必須結合主觀自由與客觀自由兩個方面。正如他在回

---

63 這是一九五五年三月九日牟宗三給徐復觀信中的最後一句話。

64《時代與感受續編》，《牟宗三先生全集》，第二四冊，頁四三二—四三三。

65 關於儒家傳統宗教性的相關問題，參見彭國翔，《儒家傳統：宗教與人文主義之間》（北京：北京大學出版社，二〇〇七）。關於唐君毅的宗教觀，參見彭國翔，〈唐君毅論宗教精神〉，見其《儒家傳統的詮釋與思辨：從先秦儒學、宋明理學到現代新儒學》（武漢：武漢大學出版社，二〇一二），頁二九五—三六七。

66《牟宗三先生全集》，第二八冊，頁一六五。

答學生的提問時所說：

> 凡自覺尚未到法律制度之創建，則只有主觀自由而無客觀自由，有法律制度而未經過自覺，則只有客觀自由無主觀自由。此皆不足言民主政治。[67]

余英時先生曾經有「精神自由」與「社會自由」的區分[68]，牟宗三這裡所謂「主觀自由」與「客觀自由」之說，與余先生之說大體相當。

事實上，對牟宗三來說，結合主觀自由與客觀自由，實際上就是將民主政治與道德理性關聯起來。對於二者的關係以及如何將二者關聯起來，在《人文講習錄》第二五講〈民主政治與道德理性〉一文中，牟宗三指出：

> 民主政治乃是「公道」的實踐，當該有其道德性。但在這裡何以說與道德不相干？此有個緣故。現在人一般了解自由平等權利義務，是純政治學的講法。張佛泉先生即說「自由即人權」。他們是將自由一概念散開的說，故說人有言論、出版、信仰、集會、結社、居住、遷徙等權利，即是有此種自由，故自由即人權。這是科學的態度，此種說法限於政法學的立場是對的。但他不該反對道德自由與意志自由。他們以此為抽象的玄虛，形而上學的爭論問題。故他們講自由乃截斷而只散開地講、科學地講、列舉地講，不准通著道德理性意志自由講。此種講

法是純政治學的講法。政治學是一門獨立的科學，政治本身也成一獨立領域。故可與道德宗教劃開。但因他們不知民主政治乃實踐的事，不能不與道德理性意志自由有關。從政治學的立場似無關，然從實踐的立場，則不能無關。他們認為一有關，通著講，便是泛道德主義，有助於極權獨裁。須知此中大有委曲。豈可如此操切割截？在西方中世紀神權政治下，政治統攝於宗教，無獨立性，西方之講道德也是從上帝講（中國則從心性講）。到文藝復興後，民主政治出來了，政治乃與道德宗教分開。故純政治學的講法亦因而成立。因政治乃一獨立性之科學，所以民主政治內部諸成分以及其關係，皆可用邏輯理性來講解。此「自由即人權」一說之由來。他們不贊成貫通著講。因為他們所意指之貫是直貫。故以為以道德貫政治，即失去政治之獨立性。因此一提到道德與政治有關，他們即以為是泛道德主義、教條主義，有助於極權獨裁。其實民主政治既實現公道，如何能不與道德理性有關？問題乃是他們只知有直貫，不知有曲貫而已。[69]

67《人文講習錄》，《牟宗三先生全集》，第二八冊，頁一六六—一六七。
68 參見余英時，《自由與平等》（台中：漢新出版社，一九八四）。按：該書最早名為《自由與平等之間》，一九五五年由香港自由出版社出版。
69《牟宗三先生全集》，第二八冊，頁一四五—一四六。

在牟宗三看來，道德理性與民主政治的關係不能割斷，尤其從實踐的角度來看，講民主政治必須與道德理性貫通起來，只不過這並不意味著取消政治領域的獨立性而已。

五、結語

在這一章的最後部分，我想說明的是，牟宗三對於民主政治的肯定，與其對馬克思主義、共產黨的批判又是緊密相關的。換言之，在牟宗三看來，「要求民主政治就必須要徹底揚棄馬克思主義，絕不能再對它存有任何的幻想，那裡才是三十年來中國人民所受到來自共黨荼毒與災難的根源，那裡才是共產黨人極權專制、罪惡禍亂的根源。」[70]「我們必須肯定自由民主是一個普遍的真理，社會共同生活的最高原則，人類共同理想的具體呈現。它與那個以極權、專制、純否定、純奴役為本質、為當然的馬克思主義之間，沒有第三條路可走。無論在任何橫逆之中，我們都沒有任何其他的選擇。造次必於是，顛沛必於是，真能『有守』就真能『有為』，真能『貞固』就真能『幹事』。」[71]這兩段話出自於一九七九年六月二日牟宗三發表於《聯合報》的〈肯定自由、肯定民主——聲援大陸青年人權運動〉這篇講辭。該講辭是由於當時大陸民主人士魏京生向中共當局要求人權、平等與民主這一事件而發。所謂「聲援大陸青年人權運動」，也就是聲援魏京生所代表的大陸民主人士。正是在這篇講辭中，牟宗三重申他對共產黨、共產主義的批判，認為民主政治與共產黨的統治根本上是彼此相悖、無法相容的。正如前文所示，在牟宗三看來，沒有多元的政黨政治，一黨專制的「黨天下」之下是絕難實現民主政治的。或許有人認為牟宗三的批判只是時代的產物。但是，從一九七〇年代魏京生時期的「民主牆」事件到一九八九年的「六四」天安門事件，再到目前儘管「經濟放鬆」而「政治抓緊」的依然如故[72]，牟宗三的批判是否只是時代的產物而失去了其現實的針對性呢？反思中國大陸一九四九年到目前的歷史，如果能夠真正做到以史為鑒的話，對於牟宗三之所以一生堅持不懈的共產主義批判，世人又當如何看待呢？一個深邃透闢的哲學家一生的始終一貫，只是其個人的主觀固執？還是其中確有深刻不移的道理存焉呢？事實上。牟宗三的這種批判意識決不是政治對立的產物，更不能膚淺地理解為冷戰思維。因為牟宗三終其一生的共產主義批判說到底其實都始終不是出於某種特定的政治立場，而是發自於其深厚的文化意識和價值理性。如果論者所以為的所謂「冷戰思維」事實上是正義與邪惡的，或者如牟宗三本人所說，是肯定人性與否定人性之間的差別，那麼，這種衝突和對立將是永遠存在的。正邪之間，是無法「仇必和而解的」。因為「仇必鬥到底」恰恰是「邪」的一個基本原則。若放棄此項原則，「邪」也就不成其為

70《時代與感受續編》，《牟宗三先生全集》，第二四冊，頁二八四—二八五。

71《時代與感受續編》，《牟宗三先生全集》，第二四冊，頁二九〇。

72 對於中國大陸目前政治與經濟之間這種背道而馳的緊張，余英時先生有深刻的觀察和分析，參見其〈經濟放鬆與政治加緊：試說「黨天下」的解體過程〉。該文原是為陳彥《中國之覺醒：文革後中國思想演變歷程》（香港：田園書屋，二〇〇六）一書所作的序，後收入余先生的《會友集：余英時序文集》（增訂版）（下）（台北：三民書局，二〇一〇），頁四〇七—四三〇。

「邪」而「改邪歸正」了。

也正是由於對此具有高度的自覺，認同中國文化、服膺儒家之道而又一生堅持批判共產主義的牟宗三，對於共產主義征服中國所造成的最直接和重大的後果——大陸與台灣的兩岸分治以及相關的問題，也曾提出了他自己的看法。本書最後一章，就是要專門梳理牟宗三對於兩岸關係與台灣認同的看法。當今之世，他的看法在海峽兩岸或許都不是能夠為大眾所能理解和接受的。不過，智者之所以為智者，或許就在於他們能夠不為種種情緒左右，而能以深沉與清明的理性審時度勢、高瞻遠矚吧。

六、附：對大陸民主運動的看法

對於中國大陸一九四九年之後的民主運動，無論是一九七九年魏京生所代表的民主運動還是一九八九年「六四」所代表的民主運動，牟宗三都很關注。在一九七九和一九八九這兩個重要的歷史時期，牟宗三都有直接關於大陸民主運動的文字，表達了他對大陸民主運動的看法。

對於大陸的民主運動和民主人士，牟宗三的基本態度包括兩個方面：首先，充分肯定大陸民主運動的意義和民主人士對於推動自由民主的意義；另一方面，批評大陸民運人士一直未能認清共產黨的本質。在牟宗三看來，大陸民運之所以失敗，固然原因很多，但不能認清共產黨和共產主義的本質，不能不說是根本原因。這一點，在對待一九七九年以魏京生為代表的大陸人權運動的有關言論中，即有明確的反映。

一九七九年六月二日的《聯合報》刊登了朱建民記錄的牟宗三聲援大陸人權運動的一篇講辭〈肯定自由、肯定民主——聲援大陸青年人權運動〉，文章一開頭，牟宗三即說：

> 前些時《聯合報》轉載了一個大陸青年魏京生向中共當局要人權、平等與民主的文章，後來其他報刊也陸續轉載了類似的文章。這確是一個很好的信息，這代表大陸青年的覺醒。「亡共在共」，這些青年就是未來的「亡共」之人。但是我們發現他們雖然反對共黨暴政，但對馬克思主義總還有或多或少的幻想，對真正的自由、民主涵義總還有那麼「一間之隔」——當然，在大陸那政治環境中能有這樣的覺悟也是很不容易的——現在，我們就以魏京生那篇〈再續第五個現代化〉為例，在思想意識上點化他們、疏導他們，也就是聲援他們。[73]

一九八九年「六四」不久，香港法住文化學院《法言》召開座談會，參加者有牟宗三、霍韜晦、李天命、唐端正、陳榮灼。座談內容以〈談世運、論時局〉為題，刊於七月《法言》第二期。其中，牟宗三也首先肯定「六四」民運人士，並對其犧牲表示了惋惜。他說：

73《時代與感受續編》，《牟宗三先生全集》，第二四冊，頁二七五。

首先，我們看到學生是自發的對當前社會、政治不滿，要求改革，打倒貪污，後來才要求民主。他們是很單純的、很真誠的，不能說他們有預謀。但到上百萬人上街遊行，學生們自己指揮交通、維持秩序，這便形成一股力量。共產黨要鎮壓，便是把他們看成一股現實的反對力量。結果這麼多學生、市民被壓死在坦克車下，不是太悲慘了嗎？血肉之軀怎能擋得住坦克車呢？照一般人看法，中國現代化要流血，但流血只是工具價值，不能要流就流。這亦反映了學生本身的單純性，不知道共產黨人是不講人性的、不講道理的，聚成一股現實力量以招他們之忌。結果共產黨用軍隊把天安門廣場包圍起來，對學生聚而殲之，這種事只有鄧小平等人才能做出來，太悲慘了。在中國民主化的進程，我們肯定學運的價值，肯定學生的道德勇氣。但這麼多優秀份子死去，太不幸了。[74]

不過，牟宗三同時也表示，民運人士對於共產黨的本質認識不足。在一九九〇年五月二十三日講於社會大學、刊於七月九—十日《聯合報》的〈九十年來中國人的思想活動〉這篇講辭中，牟宗三就批評民運人士沒有認清共產黨的本質：

大陸上的民運分子，我很恭維他們，他們有其貢獻。但這些道理（國翔按：指從人性的基本惡、文化上的惡來了解共產黨），他們根本沒有正視過，他們始終仍肯定共產黨，並不認為共產式的社會主義不對，他們根本不理解共黨的本質。這就是知識份子的「陋」——淺陋。[75]

譬如，他認為，民運人士占據天安門而沒有進行革命是「迂腐」，是喪失了難得的機會：

他們學運分子雖然反對貪污、黑暗、官倒，或者反對毛澤東、四人幫，其實這並非共產黨的本質，但共產黨即使對於這種反對也絲毫不讓步，真是十分可惡。這些青年人犯了什麼罪呢？就給坦克車輾成肉醬！當時連共產黨幹部也參加了，有幾百萬人，共產黨當時是真的駭怕。中南海的要人們，全都躲到北平西山的秘密軍事基地中，準備逃跑。他們害怕學運會「打」到中南海去，當時沒有打進去，真是「秀才造反，十年不成」。當理性的力量發展到那麼大時，應該打到中南海去，就像法國大革命一樣去劫牢，怎能在那裡等死，這不是迂腐嗎？占著天安門兩個月，不進也不退，這不算理性；理性發展到相當程度，就要革命。當時沒有政治人物來指導這股政治力量，以致白白犧牲。發動幾百萬人，並不是一件容易的事，以後什麼時候才有這種機會呢？[76]

〈在中國文化危疑的時代裡〉是牟宗三晚年最後一篇講辭，刊於一九九五年四月十三—十五日，

74《時代與感受續編》，《牟宗三先生全集》，第二四冊，頁三九〇。
75《時代與感受續編》，《牟宗三先生全集》，第二四冊，頁四二一。
76《時代與感受續編》，《牟宗三先生全集》，第二四冊，頁四二一—四二二。

也就是他辭世的第二天。其中，他再次表達了對於大陸「六四」民運的看法：

> 大陸上相信馬、恩、列、史，馬、恩、列、史怎麼能統治中國呢？這是中華民族大悲劇。馬、恩、列、史是個魔道，這不是中華民族應走的道路，這是最不幸的一步歪曲，但這個浪潮也快要過去。東歐在變，共產黨的老祖宗——蘇聯也在變；單單是大陸不變，而社會上的民心也已經變了；鄧小平不變，就像毛澤東說的「死不悔改」，死不信邪，所以有天安門事件。
>
> 六四以後的民運分子有許多逃到海外。這次的民主運動，使社會主義的意識消失了，使左傾的意識消失了。大陸社會上呈現的是自由民主的意識，但這意識表現在民運人士，由大學的知識分子到大學教授，再往上數到民國三十八年這些老一代的知識分子如馮友蘭和費孝通，這些老、中、少三代大概都不相信左傾了，但究竟有多少覺悟卻很難說。從正面上說，他們對於從西方傳統開出近代化的自由民主能有多少了解，很有問題。民主運動的憑藉，當然在自由民主，而非馬、恩、列、史；正面是自由民主，反面當然是針對共產黨。但他們對共產黨的本質究竟能否透徹的了解，也很難說。因為他們反對的是共產黨的「官倒」、貪污這些腐敗的現象，卻不一定反對共產黨的本質。
>
> 民運人士占據天安門時，自始至終認自己是理性的，絕非叛亂分子，也根本不反共。就像劉賓雁也是社會主義的意識，他只是反對共產黨表現出官倒等現象，卻並不反對共產黨的本質；他被共產黨開除黨籍，都仍然如此，肯定共產黨是個標準，何況是占據天安門的民運人士呢？

就從這些地方看，這些民運人士從正面上來看，他們對於西方文化所開出的自由民主能有多少了解，頗成問題；從反面上看，他們對所反對的共產黨能有多少了解，也很成問題。對如此殘暴的政權，如果要反，當然是十分贊成。以前贊成，現在可以不贊成，這代表覺悟，所謂覺今是而昨非。這些民運人士的覺悟能到什麼程度，頗成問題；我看他們並沒有多少覺悟。香港的左傾報如《大公報》或《文匯報》，當然是肯定共產黨是正統和標準，金庸所創辦的《明報》，也還是以共產黨為標準；只有《香港時報》和《快報》是以台灣為標準；《華僑日報》則在左右之間。當以共產黨為標準而來反共產黨，這樣的反，究竟有多少覺悟？他們還是在共產黨的圈圈轉，仍然肯定共產黨是個標準，證明他們沒有覺悟；那麼他們對所號召的自由民主，由西方文化傳統所開出者，也就不能深刻了解，也不能領悟。開出自由民主的西方文化傳統，並不容易了解，並非一個時髦的玩意，而是有思想、有文化內容的價值。潮流可以東流西蕩，但真理不可以。就從大陸上的問題來看，這是個危疑的時代。[77]

在牟宗三看來，對馬克思主義不能抱任何幻想，在自由民主和馬克思主義之間沒有中間道路，在一九七九年的〈肯定自由、肯定民主——聲援大陸青年人權運動〉中，他就明確指出：

77《時代與感受續編》，《牟宗三先生全集》，第二四冊，頁四七一—四七三。

我們必須肯定自由民主是一個普遍的真理，社會共同生活的最高原則，人類共同理想的具體呈現。它與那個以極權、專制、純否定、純奴役為本質、為當然的馬克思主義之間，沒有第三條道路可走。[78]

當有人說西方世界制裁中國只會苦了中國的老百姓時，牟宗三的回答是：

此說迂腐，即宋襄公的假仁假義。劉賓雁已指出：外資及經援並不直接對老百姓有好處，因這些錢並不直接在社會上發生作用，而是經貪官、官倒吸啜之後，才讓老百姓分點殘羹剩飯。這與開明的民主社會是不同的。[79]

不過，無論如何，牟宗三總體上對民運是充分肯定的。他說：

但這次學運的自由、民主運動雖然失敗，但對共產黨的殘暴反動而言，仍有其意義。因為他們的左傾意識已普遍地消失了。[80]

牟宗三認為，自由世界要和共產政權進行道德競賽。他說：

和共產黨競賽，除原子彈外，最重要的就是道德競賽。道德是籠統的說法，其實就是理氣問題。不要以為他們是瘋子，實際上他們狡猾得很。他有ideology（意識形態），並以此為共領導原則（leading principle），只是時顯時隱。對這次學運，他便感到很危險，動搖了他的國本，影響了他的命脈，是要革共產黨的命。故他定要說你反動，以維持共黨專制。但他的理論現在沒有人相信了，只能靠軍隊來維持。過去共產黨的理論是左傾知識分子相信的，這是左傾知識分子要負的責任，所以我最討厭左傾。他們過去種下之禍因現在得嚐苦果。他們現在醒悟了，左傾意識沒有了，但接著來的是信心危機。他們現在的理是空的，故已淪落至無理可講，亦無理想可立。剛才說道德，廣義的道德就是理想性。你的理想性強，就能夠把共產黨比下去。自由世界之所以吃虧，就是因為理想性不夠強，不夠明顯。因為自由世界講多元化，包袱太多，空隙亦太多。共產黨乘虛而出，把你承認的各種界限抹掉，讓他自己一個凸顯出來。本來在小資產階級的矜持中，仍保留一些人性、人道，但在鬥爭時，便變成包袱。共產黨便抓住這一點，把你吃掉。因此要永遠保持警覺，不能睡覺；你一睡覺，他就出來把你吃掉。這是長期的鬥爭。這些話我從前在《民主評論》講過多少次，但那時沒人聽。現在悲劇來了，流血了，才

78《時代與感受續編》，《牟宗三先生全集》，第二四冊，頁二九〇。
79《時代與感受續編》，《牟宗三先生全集》，第二四冊，頁三九二。
80《時代與感受續編》，《牟宗三先生全集》，第二四冊，頁四二三。

有人注意。當然，現在是個好時機，因為共產黨的理想性已經完全破產了。[81]

對治共產黨要靠理想性，恢復人性、常道。而共產黨的基本錯誤，即在於把經驗的東西看成是先天，在經驗世界中找絕對。例如趙紫陽的路線、方向是根據鄧小平而來；政策是現實的東西，誰能十全十美呢？平常大家都會犯錯誤，問題出現了，改一改，或下台便算了。但這在共產黨不行，非要徹底鬥垮不可。他沒有一個常道，也沒有人性之常。所以無論任何事情，都要由頭開始，搞革命也是一樣，就是文字也要拉丁化。政策本來是經驗界的事情，但他又要把它看成是先天絕對。現實上那裡有絕對呢？絕對只能在上帝處。這正好應了《老子》的一句話：「不知常，妄作凶。」共產黨所搞的都是無知妄作，甚麼大躍進，土法煉鋼，不正是妄作的典型嗎？他的妄作不是因一時的衝動而來，他時時刻刻都要大顛倒，所以鬥爭是不會完的。在自由世界，我犯了錯，下台就罷了，你不能把我全家都殺掉。由於這兩者後面的精神不同。自由世界不會這樣做，國民黨也不會這樣做，因為他們至少有些人性之常、自然之常。共產黨卻是變態的，現實社會上也有這種人。這亦合《中庸》所說的「愚而好自用，賤而好自專」這兩句話。……

中共四個堅持之一，堅持馬、恩、列、史、毛澤東思想，連蘇聯的戈爾巴喬夫也不如，因為戈爾巴喬夫對史大林的覺悟深。中國經過文革十年這麼悲慘的事，我看社會上的人沒有什麼感覺。也許只有魏京生一人真有感覺。現在的青年學生如吾爾開希等亦有些覺悟；反觀香港的知識分子，對鄧小平一往情深，以為鄧很有本領。有本領算什麼呢？社會上多得很。有些人見過鄧，便受寵若驚。總之，共產黨的問題跟中華民族過去的封建沒有關係，這即我常說的共產黨歸共產黨，中國文化歸中國文化，兩者不要攪混在一起。

社會上又有些人以為共產黨那些人不好，共產主義是好的；劉賓雁也是這個看法。因為他們以為共產主義代表理想，其實他們怎能代表理想呢？他的理想是空的，他的理想在天國才有意義。但人間是人間，不是天國；社會主義不是現實世界的，落在現實上共產黨只是埃及的法老，法老是天下都屬於他個人的，天下其他的人都被他奴役，你受得了嗎？那樣算是甚麼平等呢？所以我說，他不是理想，只是理想的影子，是虛幻的、假的。[82]

從「六四」的民主運動，再根據自己對共產黨的認識，牟宗三認為，大陸巨變的種子已經埋下，遲早會到來。他說：

鄧小平比毛澤東還壞，因為毛還有一套意識形態，而鄧則不成格，只會權術，顛倒是非。這次鎮壓學運，招致全球譴責，鄧小平卻說美國當年打越戰，學生反對，與警察衝突，也打死了學生，也流了血，所以你們沒有資格來批評我。我們沒殺學生，我們只打反革命分子。共產黨

81《時代與感受續編》，《牟宗三先生全集》，第二四冊，頁三九四。
82《時代與感受續編》，《牟宗三先生全集》，第二四冊，頁三九五—三九六。

人便是這樣，有勇氣睜眼瞎說。你以為證據確鑿，拍有記錄；他說沒有這回事，完全顛倒過來。現在鄧小平還說繼續開放，但又要四個堅持，殊不知這兩者是互相衝突的。鄧小平以為可以用辯證法統一，但這兩者不是辯證的關係，而是矛盾關係。矛盾命題不能同真，也不能同假。如果是辯證關係，則兩者可以相生，可以統一，但矛盾關係卻是相剋。鄧小平以為一國兩制可以把資本主義與社會主義的好處兼容並收，其實這兩種制度是相剋，將來必起巨變。不過巨變何時發生就很難說，這沒有時間上的一定。法國人研究蘇聯學，結論說：這個政權可以在明天醒來，發現一夜中已倒下；但亦可以繼續存在幾百年，這其中有些偶然因素。不過我們亦不必悲觀，這巨變的種子已經埋下，巨變就有一日會到來。[83]

事實上，早在一九五一年八月一日刊於《明天》的〈自由中國的遠景〉這篇文章中，牟宗三就曾經表達了他自己的觀察和信念：

共黨的觀念系統，在其未得到政權時，尚有迷惑有浪漫性理想的青年即知識分子。現在已握到政權，其行動足以澄清其觀念系統之全幅意義與全幅後果。大陸上的全體人民必然痛切感覺到他的觀念系統是不可實踐的。智者早已見到它必作大孽，愚者則必俟身受其禍而後悟。而歷史的進展足以證明劫難的大歪曲，一旦到全體暴露時，必很快地歸於大方大正，障百川而東之。[84]

因此，牟宗三滿懷信心地指出：「自由中國將在十分艱苦與高度的道德自覺中勝利。」[85]

時至今日，距離一九八九年的民主運動已經二十五年過去了，距離牟宗三自信地表示「自由中國將在十分艱苦與高度的道德自覺中勝利」的一九五一年，更是六十三年過去了。弔詭的是，九〇年代尤其二十一世紀伊始迄今，中共雖然仍擎住馬克思主義的大旗不放，以示其政權道統的連續性，但在意識形態領域用以鞏固政權的策略，已轉而開始日益利用儒學的話語。儒學已不再是昔日徹底批判的對象，一變而成了顯學。這一點，恐怕是牟宗三始料未及的。儘管這種「內多欲而外施仁義」的「緣飾」之術在中國歷史上屢屢發生[86]，並不新鮮。但在當今中國，這種儒學的政治化以及商業化，對於儒家傳統核心價值的真正復興，卻是具有極大的殺傷力，堪稱「死亡之吻」。甚至可以說，儒學正在面臨著一場遠比「五四」更為嚴峻的挑戰[87]。

那麼，牟宗三所展望的遠景或者說他的期盼與信念，是否就落空了呢？表面看來，牟宗三的期望不僅尚未實現，似乎更加遙遙無期。但改革開放至今，中國社會經歷了深刻的變化，中共曾經奉

83 《時代與感受續編》，《牟宗三先生全集》，第二四冊，頁三九一。
84 《時代與感受續編》，《牟宗三先生全集》，第二四冊，頁四七。
85 《時代與感受續編》，《牟宗三先生全集》，第二四冊，頁四七。
86 「內多欲而外施仁義」是汲黯當面批評漢武帝的話，見《史記．汲鄭列傳第六十》。
87 儒學傳統在當今中國所面臨的挑戰與問題，我從本世紀初即不斷有所反省、檢討和呼籲，參見我的《重建斯文：儒學與當今世界》（北京：北京大學出版社，二〇一三）。

行的馬克思主義實際上已經全面破產，「共產主義」一詞也幾乎從中共的話語中悄悄地消失了。在人類歷史上，數十年也不過如白駒過隙。極權政治悖逆人性，違反人道，終將為人類歷史所淘汰。這不僅在價值的意義上是牟宗三的信念，在事實的意義上，也是人類歷史發展的必然。

第七章

兩岸關係與台灣認同

一、引言

在本書前言的一開始，我已經提到，在其《朱熹的歷史世界》中，余英時先生曾經精闢地以「內聖外王連續體」來概括宋代儒家知識人的整體規劃。在我看來，「內聖外王連續體」一語不僅適用於宋代儒學，也適用於整個儒家傳統。從孔、孟到余先生本人，每一位真正的儒家知識人身上都無不體現了這種精神。只不過不同人物在「內聖」與「外王」這兩個方面的輕重與表現方式因時因地各有不同而已。

牟宗三也是同樣，由前面幾章的考察可見，牟宗三雖然以「哲學家」名世，但其實具有強烈的政治與社會關懷，有些方面是針對特定歷史境遇下的問題，如二十世紀三〇年代對唯物史觀和唯物辯證法的批判、對中國農村問題的研究、以及對中國社會發展史與形態的判斷等；有些方面則貫徹終生，如對於共產主義的批判和對自由與民主的肯定與反省等。

牟宗三一九四九年來台，一九九五年去世，在台灣（包括香港）生活的時間超過大陸。因此，對於兩岸關係與台灣認同問題的關注，也構成其政治關懷和思想的一部分。可惜這一面之前也從未有人探究。哲人的智慧結晶未必都是真理，但至少有因之以觸發進一步思考的意義。尤其對於兩岸關係與台灣認同這一「此亦一是非，彼亦一是非」的「難題」，仔細品味一下牟氏的看法，或可收「溫故知新」和「舉一反三」之效。

首先需要說明的是，在以下的討論中，我將一如既往地貫徹本書的一個論述原則，即盡量徵引原文，以便如實反映牟宗三本人的看法。

二、論兩岸關係

對於兩岸關係，牟宗三所論始終是原則性的問題，並非具體技術上的各種措置。對他來說，首先需要明確處理兩岸關係的基本原則，然後才可以在此前提下考慮各種具體的措置。那麼，處理兩岸關係的基本原則是什麼呢？牟宗三在一九八一年十月曾經指出：

最近，大陸要和台灣和談，期達到中國的和平統一。和談是個好事情，但和談要有和談的根據，要有共同的原則。這個和談不像美蘇之間的和談。美蘇之談是談外交上的問題，是談技術上的問題。但中共與台灣和談必須接觸到原則問題，既沒有共同的原則，這怎麼能談呢？此中有很多迷惑，也就是說這裡面有很多可能的幻想。若離開了原則問題，一切想法便都只是迷惑。最近海內外就有很多迷惑，這是我們要留意的。

中共的和談建議說，只要台灣把中華民國的國號取消，其他的我都讓步。可是既爭著熱烈紀念慶祝辛亥革命，尊崇孫中山，你為什麼不放棄馬列主義，取消中華人民共和國的國號呢？好，一談到這裡，就不能談下去了，這個算得什麼和談呢？這叫做吞併，吞併不是和談。

還有一種想法，說是這樣好了，兩方面一半一半，各讓一步，這就等於是不分青紅皂白各打五十大板一樣。現在社會上有很多人就是這個想法。諸位在此想一想，這個對等的看法行不行，有沒有問題。

其實稍微想一想，就知道這個看法是不通。舉例來說，有兩個人，一個專欺負人，一個堅持不欺負人，我們可以叫那專欺負人的人讓一步，變得稍為不欺負人。但是我們不能又叫那不欺負人的人也讓一步，變得稍為欺負人一點。這個說法是不通的，……亦如美蘇的和談，我們只能叫蘇聯變得自由一點，不能叫美國變得極權一點。凡是這種把極權與自由看成是對等，把欺負人與不欺負人看成是對等，或把惡與善看成是對等，要兩方各讓一步，這種辦法就是等於各打五十大板，完全不分青紅皂白，不知道這裡有一個標準的問題，有善惡是非的問題！

……堅持四個原則，不和別人講理，這就像以前打天下一般。天下是老子打來的，這個政權的根源你不能問。……如此，怎能和談呢？不能和談，就是僵持，僵持到最後或是翻然悔悟，皆大歡喜，或是終不醒悟，訴諸戰爭。……說到這裡，我想問題可真困難，中共大叫和談，這只是吞併，只是招降。……戰爭是我們所不希望的。但要達到真正的和談，而不是吞併或投降，這需要把僻執放棄，從非理性轉成理性。那個各打五十大板的態度是不行的，因為這態度本身就是非理性的。

現在大陸要和台灣和談，要真能達到和平，那也得先放棄那四個原則。你要讓開一步，讓人家存在，讓人家過得去。大家都過得去，這才是和平，這才算理性。一定要堅持四個原則，那是討便宜，讓人家過不去，這是非理性的。你不要迫害人，將來也不會迫害你自己，這樣大家

> 都過得去。如此一來，就顯出一種超然性的原則，這樣的超然性的原則正是現代化所嚮往的，所要求的。[1]

這裡，我們可以看到，牟宗三所論兩岸關係的原則包含兩個要點。對台灣方面來說，是要堅持中華民國的國號；對大陸方面而言，是要放棄馬列主義，尤其是放棄中共所謂的四項基本原則，即「第一，必須堅持社會主義道路；第二，必須堅持無產階級專政；第三，必須堅持共產黨的領導；第四，必須堅持馬列主義、毛澤東思想」。不過，在上引文字中，牟宗三主要的是針對大陸，即強調大陸方面中共應該放棄「四個原則」。

牟宗三說這幾段話時，還是在蔣經國時代。在蔣經國之後，台灣進入了一個新的政局。蔣經國去世李登輝繼任之後不久，牟宗三於一九八八年四月再次談到了處理兩岸關係所當遵從的基本原則，他說：

> 自從蔣經國先生過世，台灣處在一個時代的轉關上，這關鍵是什麼呢？我用簡單的兩句話來表示，即是：台灣看李登輝總統領導的國民黨如何來頂，大陸就看共產黨如何來變——台灣能

1 這幾段話出自一九八一年十月十七日牟宗三講於新亞研究所的〈僻執、理性與坦途〉一文，該文最初刊於香港《百姓》半月刊第一一、一三期，後收入《時代與感受》，見《牟宗三先生全集》，第二三冊，頁一二二—一三三。

> 頂得好，頂得住，順民族文化的要求方向，一方面配合經濟的成就充分完成民主憲政，給大陸做個模範，催促它變；一方面要放開眼界，對大陸有所承擔有所承諾，那怕是口頭上的承諾，不要忘了復國建國，以自由民主統一中國，這個方向是文化意識所要求的。不但是台灣要有這樣的眼光氣魄，即使大陸上的十億人口也都如此期待，這是不可推卸逃避的使命。這兩方面都做得好，則我們影響大陸，促成他的改變，不只是經濟改革，而且使他必然地要放棄他的意識型態，改變他的政治體制，使馬克思主義完全垮台；馬克思主義一垮台，不統一也算統一了。要不然，憑什麼統一呢？你一放棄自己的擔當，就注定要被吃掉。從來沒有人能跟共產黨和談，他不放棄四個堅持，所謂和談就是他把你吃掉。所以我常說若台灣大陸要和談，則非共產黨降格不可，所謂降格就是拿掉他的一黨專政四個堅持。他不僅要經濟學台灣，而且政治亦要學台灣，學得大家的生活水準生活方式差不多了，當然可以統一，那時談也可，不談也可，本來就是一個中國！這個願望能否達成，是一個未知數，要靠未來台灣的努力。[2]

在這一段話中，對於處理兩岸關係的基本原則，牟宗三同樣是從大陸和台灣兩個方面來談的。不過，這裡的重點轉移到了台灣方面。台灣應該怎麼做？牟宗三認為有兩個方面。一是要「配合經濟的成就充分完成民主憲政，給大陸做個模範，催促它變」；二是要「放開眼界，對大陸有所承擔有所承諾」，「不要忘了復國建國，以自由民主統一中國」。尤其是後一個方面，在牟宗三看來，作為一個根本方向，既是「文化意識所要求的」，也是台灣方面「不可推卸和逃避的使命」。

此處，牟宗三特別強調了台灣對於大陸的「承擔」和「承諾」。這種「擔當」，就是「不要忘了復國建國，以自由民主統一中國」。牟宗三認為，台灣要有這樣的「眼光」和「氣魄」。如果台灣放棄了對於大陸的「擔當」，自甘「株守一隅」，結果不僅是「自立門戶」不成的問題，更會反而因此喪失自身的存在，所謂「你一放棄自己的擔當，就注定要被吃掉」。顯然，牟宗三這裡的預設仍然是兩岸之間的一體關係，目標仍然是「統一」，所謂「本來就是一個中國」。但是，李登輝時代以來，這一預設和目標在台灣不斷公然遭到挑戰，如今似乎再也不是一個不言自明的前提和目標了。之所以如此，顯然與台灣認同的變化密切相關。

在牟宗三提到的台灣應該怎麼做的兩個方面中，「配合經濟的成就充分完成民主憲政」這一方面儘管仍存在相當問題，但其實已經取得了很大的成就。因此，這一方面台灣的發展可以說是在沿著牟宗三所說的方向前進。但是，後一個方面，卻似乎是沿著與牟宗三所希望的相反的方向在發展。在一定意義上，「台獨」就是要切割與大陸的一體關係，不再對大陸有所「承擔」和「承諾」。對「台獨」來說，「以自由民主統一中國」不僅不切實際，更彷彿成了「不掃自家門前雪，要管他人瓦上霜」的奇怪想法。一旦兩岸之間的一體關係受到質疑，「統一」不再成為一種「願望」和「目標」，牟宗三關於如何處理兩岸關係的一切論說，自然便都成了不相干的東西。

2〈「唐君毅先生逝世十週年紀念會」講辭〉，一九八八年四月刊於《鵝湖月刊》第一三卷第一〇期，收入《時代與感受續編》，《牟宗三先生全集》，第二四冊，頁三六五—三六七。

三、論台灣認同

在其有生之年，牟宗三對於這種「台獨」認同顯然有充分的意識。因此，緊接著上引的那段話，牟宗三立刻談到了台灣認同的問題。他說：

> 假定台灣不能認清這個文化方向，政治不走向民主憲政，對中國大陸不肯有所承擔，譬如說，想要獨立、自決，「獨立」如果真能「獨」而「立得住」，倒還可說；但到「獨」而不能「立得住」的時候，則很悲慘。怎樣才能「立得住」呢？縱貫地說，要和文化掛鉤，要和歷史掛鉤，要繼承中華民國的正朔，以穩住自己的立場。橫的方面，要知道全中國十億人口都屬於中華民族，都要求統一。若既不和歷史掛鉤，又不和中國大陸廣大群眾掛鉤，則「獨」是「獨」了，但只成一「前不見古人，後不見來者，念天地之悠悠，獨愴然而涕下」的孤獨的「獨」，這就不是「立」，而是飄零。自己立不住，寄望他國來保駕，都是靠不住的。[3]

表面上看，牟宗三似乎也並不反對獨立。從他強調處理兩岸關係不能放棄中華民國的國號以及中共必須首先放棄「四個基本原則」這兩個彼此緊密相關的方面來看，甚至給人感覺他是主張獨立的。但是，必須指出，牟宗三堅持不放棄「中華民國」的國號，以之與「中華人民共和國」相抗，這種保持中華民國的獨立，不是要在台灣和大陸之間進行「一刀兩斷」的切割，而是在兩岸一體相關的前提下，肯定中華民國對於「中國」的正統地位。這是在政治的意義上來說的。而一旦從文化的意義上來談認同，即如上文所引所謂「文化方向」，牟宗三顯然更是反對「台獨」的。在他看來，台灣如果要和中國的歷史文化脫鉤，和中華民族脫鉤，其獨立的結果必然是「只成一『前不見古人，後不見來者，念天地之悠悠，獨愴然而涕下』的孤獨的『獨』」。這種「孤獨」的「獨」既然「前不見古人，後不見來者」，失去了自身所系的歷史文化的傳統和脈絡，自然「立」不住而只能流於「飄零」了。

因此，對於文化意義上謀求與中國歷史和中華民族「互不相干」的那種台灣認同，牟宗三不但不以為然，更是頗感沉痛。緊接著上面的話，他直接批評了這種台灣認同的乖謬不通。他說：

> 台灣的政經工作大體不錯，但文化意識卻差，誰能保障中國往哪裡走呢？……本來，台灣人就是中國人，不僅是中國人，而且可以指出來是福建人，是客家人，而且是漢人；本來就是中國人，誰還說要認同？這個名詞根本就不通，我們山東人從來不說山東人要向中國認同。問題就出在這裡，你文化意識把不住，中國在那裡都成問題，要認同也無從認同起。誰負起歷史責任？這樣，中華民族飄零，要飄零到什麼時候呢？[4]

3　牟宗三，《時代與感受續編》，《牟宗三先生全集》，第二四冊，頁三六六—三六七。

4　牟宗三，《時代與感受續編》，《牟宗三先生全集》，第二四冊，頁三六七—三六八。

對牟宗三而言，台灣的特殊意義恰恰在於它代表中華民國而秉承了中國文化的正朔。在一九九五年四月十三日至十五日刊於《聯合報》的一篇講辭中，牟宗三再次強調要從歷史文化開始自我認同。他說：

> 從人本身來講，人要尋求自我統一；自我統一才有人格（personality），才有個體（individual personality）。生命有統一，就是生命不要分裂，人格不要分裂；如果分裂就找不到自己。因此自我統一，也是如何認同自己的問題，從自己來證明自己。自我的問題從哲學上就很複雜，現在我們是從歷史文化上來講。
>
> 我們住在台灣的中華民族的人，要如何認同自己？山地同胞是土著，其他皆從大陸上遷來，播遷又分為幾個階段。為什麼台灣會發生認同的問題，在大陸上卻不發生？山東人是山東人，也是中華民族的人，他們在認同上不發生問題。所以前任總統蔣經國先生說：「我也是台灣人。」這表示他認同他自己了，這種說法有其根據。我是中國人，我也是台灣人，這種說法是通的；我是台灣人，我也是中國人，這種說法就不行。因為中國人包括較廣，中國只有一個，而不是許多省分許多個。當然這只是附帶提到的閒話一句。但是在這個時代裡，我們先要了解如何認同自己呢？認同自己，只有從了解我們的歷史文化開始。[5]

在該篇講辭的最後結語部分，對於台灣的認同和自我定位問題，牟宗三表達了自己的立場，他說：

住在台灣的人，如何認同自己。鄭成功先來，後來是客家人來；外省人是民國三十八年來，也是靠「洪荒留此山川，作遺民世界」。這遺民世界就是要反共，我們不贊成共產黨的魔道，這裡並非國民黨與共產黨的兩黨問題，而是共產黨的本質就是個魔。這個魔，當初不了解，到現在大陸的知識分子仍然不了解，不但年輕的知識分子不了解，老的知識分子經過文化大革命這樣地摧殘、糟蹋，卻至死仍似未覺悟，真是可惜，應該已經可以了解，卻仍不了解。

共產黨的魔道，就是借用平等性的觀念來作惡，來殺人，因為以前已講過，今天就不細說。康德這位十八世紀的大哲學家在共產黨還未興起之時，就發現人有這種基本的罪惡，就是人因為要求同等待遇的平等來作惡，每個人要吃同樣的麵包。其實孟子「不恥不若人，何若人有？」如果我能力不及你而不自以為羞恥，這人就太沒出息了。孔子也說：「見賢而思齊焉，見不賢而內自省也。」你能達到的境界，我也能達到；需要的是努力，這是較為正常地了解，自由世界也都這樣來了解。所以平等是個機會，但人要努力。共產黨卻借用平等來打第三階級的自由、民主，說我們要麵包不要選票，假借平等的觀念來作惡、來殺人，這才是以理殺人。殺這麼多人，文化大革命殺那麼慘，居然還有人不以共產黨為罪惡，還相信那些宣傳，有什麼覺悟呢？康德這段文字，我已翻譯出來並附錄在我的《圓善論》中，大家可以參考。共產黨怎能視作標準，視為中華民族的正朔呢？凡是住在台灣的人，應該在此珍惜自己，作到如何認同

5〈在中國文化危疑的時代裡〉，《時代與感受續編》，《牟宗三先生全集》，第二四冊，頁四七四—四七五。

> 自己、了解自己（How to know yourself？），台灣能有今天，就不應該再瞎胡鬧，否則這種天地就沒有了。而要從鄭成功「洪荒留此山川，作遺民世界」來認同自己。[6]

牟宗三於一九九五年四月十二日去世，因此，這篇刊於四月十三—十五日《聯合報》的講辭可謂其「晚年定論」。這裡，牟宗三所謂的「台灣能有今天，就不應該再瞎胡鬧」，所批評的就是那種企圖在歷史文化的意義上「去中國化」的「台獨」立場。這種「台獨」所謀求的，是在政治與文化雙重的意義上與「中國」「一刀兩斷」的前提下，獲得國際社會之中的一個獨立位置。但是，一旦台灣在歷史文化的意義上與中國大陸徹底脫離干係（這在實際上恐怕也是難以做到的），台灣的前途不但是「自小門戶」，更嚴重的是恰恰反而會因此喪失事實上一九四九年以來本已存在的「獨立」地位。就算是獨立了，也勢必淪為文化上無所憑藉、國際上無足輕重的「小國」。牟宗三說：

> 海外華僑在歐洲、美洲、澳洲者，歸心台灣是因為中華民國乃是正朔，否則對他們而言，台灣只是個小地方，沒價值，只是個地理名詞。中華民國才是正統。[7]

這句話台灣的民眾尤其具有台獨意識的人聽起來未免刺耳，但「忠言逆耳」，牟宗三這裡所言不能不說是事實。牟宗三所謂台灣認同必須從鄭成功的「洪荒留此山川，作遺民世界」這句話中去認識，正是意在強調中國的歷史文化不但構成台灣認同不可或缺的重要組成部分，在大陸尚未真正徹底拋棄馬列主義意識形態之前，更是在台灣這塊土地上得到了保存。而台灣認同只有歸宗於中國傳統的歷史文化，才能真正凝聚全球華人，從而真正在國際上獲得地位。在這個意義上，對牟宗三來說，台灣應該是一個復興中國文化的「蓄勢待發」的基地。

四、結語

表面上看，對於兩岸關係和台灣認同，牟宗三的看法似乎可以而且應當區分為政治和文化兩個不同的層面。在政治的層面上，牟宗三主張堅持中華民國的獨立性。他自己一九四九年之後也幾乎從未踏上中華人民共和國的領土[8]，一九八〇年代之後在屢次受邀回大陸的情況下，他表示中共不放棄馬列主義的意識形態，絕不回去。這無疑是他在政治層面上主張台灣保持獨立的表現。但是在文化的層面上，由本章所論可見，牟宗三顯然認為兩岸一體相關，台灣認同不能脫離中國的歷史、文化傳統。如此，在政治的層面和文化的層面之間，似乎牟宗三的看法存在一定的緊張（tension）。

6 同上文，《時代與感受續編》，《牟宗三先生全集》，第二四冊，頁四八二—四八三。

7 同上文，《時代與感受續編》，《牟宗三先生全集》，第二四冊，頁四七四。

8 據牟宗三的弟子回憶，唯一的例外大概是在一九九三年，為了接他的孫女到香港和他團聚，他以八十五歲的高齡兩次經過羅湖橋，探望在深圳的孫女。參見吳甿主編，《一代儒哲牟宗三》（香港：經要文化出版有限公司，二〇〇一），頁一四四。

但是，深入體貼牟宗三的看法，我以為，這兩個層面之間其實並無相悖之處。事實上，對牟宗三來說，可以說正是其文化立場決定了他的政治態度。換言之，牟宗三在政治上主張堅持中華民國的獨立性，實在是其文化價值立場在政治層面上的反映。牟宗三一生反共，並不是在國民黨與共產黨之間的取捨，即他自己所謂「這裡並非國民黨與共產黨的兩黨問題」，而是一種文化價值的抉擇。因為從二十世紀初直至牟的有生之年，中國共產黨一直是中國歷史文化尤其是中國傳統價值體系最大的破壞者。對他來說，中華人民共和國的建立就是蘇俄傳來的共產主義徹底征服中國的象徵，也是中國數千年的價值系統幾乎被徹底摧毀的象徵。因此，只要文化上認同中國的傳統和價值，就勢必不能接受「中華人民共和國」對於「中華民國」的取代。再者，更深一層來看，牟宗三所主張的政治層面的獨立，與「台獨」意義上的獨立也不可同日而語。表面上看，二者都主張台灣不能變成中華人民共和國的一個部分。但是，「台獨」是既要把台灣從「中華人民共和國」中脫離出去，也要把台灣從「中華民國」中脫離出去。無論是作為「中華人民共和國」的「中國」還是作為「中華民國」的「中國」，對於如今的「台獨」人士來說，都是與台灣不相干的「他者」。凸顯「台灣」而淡化「中華民國」，正是這種「台獨」意識的反映。牟宗三與此顯然不同，他心目中的台灣是作為「中華民國」的台灣，台灣的獨立只是「中華民國」相對於「中華人民共和國」的獨立，絕不是要將台灣從「中國」中切割獨立出去。並且，台灣不但不能自絕於「中國」，而且更要積極主動地擔負起以中國傳統文化和自由民主統一中國的歷史重任。前引文中他所謂的台灣對於大陸的「承擔」，正是這個意義。這一點，也是他在政治上有別於「台獨」的關鍵和根本所在。

事實上，牟宗三關於兩岸關係與台灣認同的看法，並不是他個人的「獨唱」，而是不少當代一流華人學者和知識人的「共識」。譬如，在兩岸關係與台灣認同這一問題上，余英時先生不僅在基本方向上與牟宗三一致，其思考更為深入、全面和明確。余先生的相關思想需要另文專門研究，此處不能枝蔓。讓我在此僅徵引他的一些相關的話語，既作為對牟宗三論兩岸關係與台灣認同的進一步發明，同時也作為本章的結束。

對於兩岸關係，余先生指出：

「統一」有各種不同的涵義，但有一種統一卻是除了中共當權派以外，大家都反對的，那便是在近期內，讓中共來統一中國，而將在台灣的中華民國降級為一個地方政權。這樣的「統一」，不僅是台灣和海外的中國人所絕對不能接受的，而且也是大陸上人民所不願看見的。[9]

這和牟宗三的立場顯然是一致的。對於那種「去中國化」的台灣認同或者說「台獨」，余先生更為明確地指出了其危害性。他說：

「獨立」和「統一」一樣，也有許多不同的涵義。就實質而言，台灣今天本來已經獨立於大

9 余英時，《民主與兩岸動向》（台北：三民書局，一九九三），頁一六一—一七。

陸之外，根本用不著再爭什麼獨立，但這只是一種政治獨立，而且是暫時的。長遠的說，台灣和大陸最後必然走上統一之路。但這最後的統一，是統一於政治民主、經濟富裕，更重要的是文化歸根。但如果「獨立」的意義，使台灣和中國永遠分離，變成一個所謂台灣人的國家，那必將招致毀滅。因為問題還不在最後無法獲致國際上的承認，或中共可能動武，而是首先製造出所謂「本省人」和「外省人」的分裂，永遠斷絕了民主的先機。[10]

對於牟宗三所強調的台灣對於大陸所應有的「擔當」，或者說以中國傳統文化及自由民主統一中國的胸襟和魄力，余先生更具卓識，他說：

今天的台灣瀰漫著一片低沉的現實主義和功利氣息。對於隔海的中共政權，有人恐懼、有人諂媚、更多的是漠不關心，但是卻很少有人敢存「彼可取而代之」的念頭。這和早期「反攻大陸」的高調形成了最尖銳的對照。其實這兩個極端正是所謂過猶不及。前者失之過分不切實際，後者則失之完全丟掉了理想。我可以武斷地說，台灣的命運是和大陸連在一起的；只要大陸的殘暴政權存在一天，台灣的安全便一天沒有保障。今天一談到台灣和大陸的關係，許多人首先便在尋找「模式」，是「一國兩制」呢？還是「一個國家兩個政府」呢？是「邦聯」呢？還是「兩個國家」呢？這種種「模式」的後面顯然存在著兩個不可動搖的假定：第一是大陸的現政權是永遠不會動搖的；第二是大陸強大而台灣弱小，因此主動權永遠操之在大陸一面。由於缺乏理想主義的精神，沒有人肯相信孟子所說的「湯七十里、文王百里」的話了。[11]

這番話是在李登輝就任時，余先生發表的〈對李總統的兩點期待〉一文中說的。顯然，余先生正是在兩岸一體相關的意識下希望李登輝不要以台灣自限而自絕於大陸，所謂「希望李先生不僅自許為在台灣的中華民國的總統，而且還要自勉為整個中國的總統」[12]。牟宗三所謂的「眼光」和「氣魄」，正在於此。當然，現實的發展無疑是讓余先生失望的，李登輝之後一直到民進黨執政時期，台灣正是沿著對大陸「漠不關心」以至於視同「敵國」的方向漸行漸遠。如今，這種「自小門戶」、「自我孤立」的意識似乎已沁人心脾、習焉不察，其危險正如余先生所說，「還不在最後無法獲致國際上的承認，或中共可能動武，而是首先製造出所謂『本省人』和『外省人』的分裂，永遠斷絕了民主的先機。」這一點，似乎已漸成現實。正因如此，牟宗三和余英時等先生多年前已發的遠見卓識，才益發值得台灣的各界人士認真思考並從中汲取智慧，以期力挽狂瀾。

台灣的民主來之不易，但如果在兩岸關係和台灣認同的問題上不能高瞻遠矚，將來未免貽害無窮。余英時先生一九九三年說的如下這段話，宛然如同針對當下台灣的時局，讀之實在值得再三致

10 余英時，《民主與兩岸動向》，頁一九。
11 余英時，《民主與兩岸動向》，頁九〇。
12 余英時，《民主與兩岸動向》，頁八九。

意：

> 如果說今天台灣的民主進程有什麼值得令人憂慮的地方，那也許便是理想主義精神的稀薄。民主作為一種政治原則，它的精義不僅在於少數服從多數，而且更在於多數尊重少數。民主作為一種生活方式，它所體現的價值是寬容、開放、多元、不趨極端、富於同情心等等。所以一個民主的社會往往也是一個最有人情味的社會。但今天台灣的政客，甚至高級知識份子則似乎把民主理解為人數的操縱，一切權位的爭奪都可通過簡單的多數而獲致。選舉大有成為解決一切問題的無上法門，甚至高等教育和研究機構也開始要以選舉來決定領導權誰屬了。我們毋需譴責政客的趁火打劫，因為那是他們的本色。但高級知識份子的無識和譁眾取寵則不能不說是台灣的一大隱憂。正是由於民主變成了人數的操縱，才有人在「省籍」意識上刻意地煽風點火。如果真的有一天到了「火炎崑崗，玉石俱焚」的境地，政客們也許另有全身而退之道，但知識份子又將何以自處呢？[13]

余先生寫下這段切中時弊的話時，牟宗三尚在世，但不知他是否看到過。假如他曾經看過的話，根據他對於兩岸關係與台灣認同的看法，相信他必定深以為然，引為同調，甚至以為發心中所未發。余先生所謂「低沉的現實主義和功利氣息」以及「理想主義精神的稀薄」，也正是喪失了牟宗三所謂「眼光」和「氣魄」的表現。台灣的政治人物和知識人如果不能於此有深切著明的體知，並在教育領域等各方面逐步採取各種實踐的舉措以扭轉乾坤，非但兩岸關係死結難解，台灣認同由於不能「文化歸根」，也勢必難逃自我迷失、主體不立的「飄零」的命運。當然，對於大陸的政治人物和知識人來說，則必須深刻意識到，切實推進政治改革以真正實現自由和民主，是不容躲閃的必由之路。否則，同樣也會嚴重妨害兩岸關係並在客觀上助長「台獨」。

13 余英時，《民主與兩岸動向》，〈序〉，頁二。

附錄：「出」「處」之際見儒家

在陶宗儀（一三二九—一四一二）的《南村輟耕錄》中，有這樣一個故事。面對忽必烈的屢次徵召，南方大儒劉因（一二四九—一二九三）堅辭不出，北方大儒許衡（一二〇九—一二八一）則慨然入朝，一度成為國師。在赴大都的途中，許衡特意前去拜訪劉因。劉因對許衡之舉不以為然，當面質問。許衡答曰：「非如此，則道不行。」隨後，許衡也反問劉因：不出仕，如何推行儒家之道？劉因則答曰：「非如此，則道不尊。」

當然，據歷史學家的考證，這一故事應該是虛構的。許衡和劉因不可能有如此的一番會面和對話。不過，故事雖是虛構，其中的寓意，卻涉及儒家傳統最為重要的價值觀念，值得思考。

這兩種價值取向，在儒家的話語中可以用「出」與「處」這兩個字來形容。孟子所謂「大丈夫達則兼濟天下，窮則獨善其身」，可以說已經從某種意義上揭示了這兩種不同的取向。儒家治國平天下的理想，當然要求以儒者自任的人出來做事。在古代，就是要在政府部門擔任職務。在今天，就是要拋頭露面，即便不直接在政府任職，不直接成為富商巨賈，也要與有權有勢的人保持密切的關係，以便對其發揮影響力。孔子一生棲棲遑遑，奔走各國，是為了推行其理想。孟子著書立說，也是在理想和抱負無法實現的情況下退而求其次，所謂「退而與弟子萬章之徒作《孟子》七篇」。孔子雖然曾有「欲居九夷」和「道不行，乘桴浮於海」的想法，但面對隱士之流，他還是講出了「鳥獸不可與同群，吾非斯人之徒與而誰與」的悲壯之言。因此，許衡的講法並沒有錯，如果不「出」，儒家的價值理想是難以推行的。

但是，另一方面，真正的儒家投身政治、參與社會，從來都是為了建立一個合理的社會秩序，以便百姓不僅能夠安居樂業，同時也懂得禮義廉恥，過一種文明而有教養的生活。出仕的目的如果只是為了謀求個人功名富貴，哪怕再有學問，都會被認為是與自家身心性命了無關涉的「口耳之學」。滿口的仁義道德，也只能是掛羊頭賣狗肉的幌子。「偽君子」、「偽道學」之名，就是針對這一類口頭講得天花亂墜而其實俗不可耐的人。尤其在功名利祿的誘惑面前，最能夠鑒別出一個以儒家為名的人是不是能夠符合孟子所謂「富貴不能淫」的大丈夫標準。因此，面對最高權力的徵召，劉因的堅辭不就，安然自處，強調「非如此，則道不尊」，就完全體現了儒家傳統一貫的「道高於勢」、「從道不從君」的操守。

兩者相較，大概許衡的選擇更為艱難。因為在一個專制的權力系統和污濁的官僚體系中，鮮有不被裹挾而去成為其中一份子的人，要做到「轉法華」而不為法華所轉，幾乎是「不可能完成的任務」（mission impossible）。所以，在現實世界中，像許衡那樣的儒家，基本上可以說是絕無僅有的。大部分人即便以「非如此，則道不行」為標榜，恐怕也只是徒有許衡之名，其實不過是「曲學阿世」的公孫弘而已。在這種情況下，劉因的不「出」而「處」，看似比許衡深入虎穴容易做到，其實卻是非常之不易。鑒於現實政治如朱子所謂「千五百年間，堯舜之道未嘗一日得行乎天地之間」，真正的大儒，古往今來都是處在權勢的邊緣，對榮華富貴保持冷眼旁觀，為民間疾苦常發不平之鳴。

二十世紀以來，中國的社會結構發生了根本的變化，儒家人物也不再像過去那樣持有士大夫（scholar-official）的身分，而是更多地以學者的身分存在了。任何人都不免享受眾人矚目、鎂光燈之下的滿足感，學者也不例外。但是，對於真正的學者來說，那種滿足感是在追求知識、思考真理確有建樹而獲得世人認可的情況下，附帶產生的。其原本所求，在於追求知識、思考真理本身帶來的樂趣，並非世人的矚目和擁躉。而追求知識、探索真理，往往需要孤獨和寂寞。這也算是一種「出」與「處」的差別。如果一個人享受世人矚目和擁躉的樂趣超過其求知思理所獲的樂趣，那麼，這個人天生其實不是學者的氣質。即便最初因偶有小成而獲得世人注目，也勢必沉溺於鎂光燈照射所帶給自己的滿足之中，對追求知識、思索真理終感乏味，再也不能優游其中而享受學術的樂趣。相較之下，一個真正的學者，永遠具有求知思理的內在衝動的追求。在這一過程中所獲得的樂趣和享受，也始終大於世俗眾星捧月所能給予的滿足。這兩種人，只有後者具備天然的學者氣質。無論其實際成就大小，都會對學術甘之如飴。前者不免終於「公知明星」（celebrity），後者積力久可成「博學鴻儒」（luminary）。孔子所謂「為人之學」與「為己之學」的差別，也正在於此。

當然，現代儒家的「出」與「處」，還不只是在於能否謹守「學者」的本分，不論為那種譁眾取寵的「公知明星」。在現代社會，儒家必定要發揮真正「知識人」的角色，這是儒家傳統一貫的精神氣質所決定的。不過，作為儒家的「學者」或「知識人」，既非那種「學無專長」而只會「從流東西」的「公知明星」，又與一般的「知識從業員」不同。真正的儒家學者或儒家知識人，必定是「公共知識人」。正如余英時先生所說：「這種特殊涵義的『知識人』（按：即公共知識人）首先必須是以某種知識技能為專業的人；他可以是教師、新聞工作者、律師、藝術家、文學家、工程師、科學家或任何其他行業的腦力勞動者。但是如果他的全部興趣始終限於職業範圍之內，那麼他仍然沒有具備『知識人』的充足條件。根據西方學術界的一般理解，所謂『知識人』，除了獻身於專業工作以外，同時還必須深切地關懷著國家、社會以至世界上一切有關公共利害之事，而且這種關懷又必須是超越於個人的私利之上的。」只不過，與古代不同的是，由於不再具有士大夫的身分，儒家知識人在現代社會更加遠離權勢，而作為一種獨立的批判力量發揮作用。孔子所謂「施於有政，是亦為政」，說得正是不直接參與政治，同時卻又以文化和教育的力量對政治發生影響。劉因當年雖高臥不出，但並不等於不關心政治、參與社會。事實上，他雖然退而自處，潛心著書立說，但文字流傳所及，反而發生了深遠的影響。

榮華富貴的誘惑，不僅是當年劉因所面對的。在當代的中國，更是儒家所面臨的一大考驗。尤其是改革開放迄今，在財富急劇積累而其獲取與分配卻缺乏規範的情形下，中國大陸成為「掘金」

的熱地，以至於全世界各種人士紛紛滙聚於此。在這種情況之下，假許衡之名易，行劉因之實難。出處之際，能夠堅持儒家的文化與價值原則，拒絕「同乎流俗、合乎污世」，才真正算得上體現了儒家的風骨。在當代儒家的學者中，有兩位堪稱翹楚。

一位是牟宗三先生（一九〇九—一九九五）。牟先生一九四九年離開大陸，並不是因為認同國民黨的政權，而是他早已預見到了中國傳統文化在新中國成立後將會蒙受荼毒。完全可以想像，假如他沒有離開中國大陸，在「文革」期間幾乎是必死無疑的。那樣的話，《心體與性體》、《佛性與般若》、《才性與玄理》、《中國哲學十九講》、《現象與物自身》、《圓善論》等在中國哲學史上一系列里程碑式的傑作，就不會問世。改革開放之後，大陸各方多次邀請這位哲學碩儒回來，甚至以專門舉辦有關其思想的研討會為由，可牟先生全部拒絕。他不止一次說：只要大陸放棄馬列主義的意識形態，他馬上回去。由此可見這位哲儒對於文化與價值原則的堅持。不過，為了幫助兩位孫女到台北和香港，他不惜以八十高齡，往返羅湖橋，親自辦理孫女的入境手續。這裡體現的，卻又是一位老人對親人的滿腔慈愛之情。

另一位是余英時先生（一九三〇—）。余先生一九五〇年離開大陸到香港新亞書院求學於錢穆先生，一九五五年負笈哈佛。而在一九七八年帶領美國漢代代表團

訪問中國之後，余先生就再未回到過大陸。有人嘗以此為由來說余先生對大陸有成見，殊不知余先生在海外華人中其實最富中國情懷。多年以來，他對中國大陸的社會狀況、民間疾苦瞭若指掌，為了建設一個公平與正義的社會不懈陳詞。縱使在美國沒有那種可以在華人社會中享受的特權，余先生也毫不在意，甘之如飴，在他的小書齋中沉浸於古往今來的精神與思想世界中，既有像《朱熹的歷史世界》那樣厚重的學術作品不斷問世，又時時有針對華人世界尤其中國大陸各種社會問題的切中時弊的肺腑之言。這裡我僅舉一例，二〇一〇年美東地區暴風雨，電力和天然氣系統阻斷。余先生和余師母曾經度過一個黑暗冰冷的夜晚，一度不得不住進普林斯頓的賓館，等到電力和燃氣恢復、警員依電話救援的先後順序幫助排清地下室的積水，兩老才得以返回住處。可以想像，余先生如果回到中國大陸，即便不唱讚歌，只要不唱反調，以其在世界範圍內的崇高德望與學術成就，所到之處，勢必眾星捧月，可以享受無數的特權。這種榮華富貴，正是如今很多海外回歸人士孜孜以求的。事實上，確有某位也是在知識界享有大名的海外回歸人士，曾經以種種他自己在中國大陸所享有的特權，勸說余先生回來。余先生的故鄉安徽，據說也曾派專門的代表團赴美邀請。但是，余先生絕不為了個人的榮華富貴迎合權勢。那種世俗的榮華富貴，在余先生的價值系統中，根本處在很低的位置。較之那些改革開放之後紛紛投身中國大陸這塊「熱土」的人士，僅此一例，已足見余先生的這種自「處」之道的節操與風骨。所以，余先生不回中國大陸，非但不能說明他對中國沒有感情，反而恰恰證明了他是一位真正恪守文化與價值基本原則的儒家人物。

余先生和牟先生在學術思想上各有側重，所見也並不完全一致。但有趣的是，在權勢面前，兩人的出處之道，卻又不謀而合，高度一致。南宋大儒陸象山（一一三九—一一九二）曾說：「千聖同堂而坐，其議論不必盡合。」朱熹和陸象山之間，用清代史學大家章學誠（一七三八—一八〇一）的話來說，也是有著「千古不可合之同異」。然而，另一方面，真正的儒家人物，在出處大節的問題上，從孔子的「為己之學」，到孟子的「富貴不能淫、貧賤不能移、威武不能屈」，再到劉因的「非如此，則道不尊」，又是一脈相承，千古一心的。牟宗三和余英時先生，恰可以說都是這一精神價值的現代體現。「狂者進取，狷者有所不為」。真正的狂者，必定是有所不為的狷者；而真正的狷者，也必定是擇善固執、直道而行的狂者。到二〇一五年，牟宗三先生已經辭世整整二十年了，方今之世，海外華人中於出處之際最能夠充分體現儒家大節與原則的典範人物，則非余英時先生莫屬。儒學如今已然不再是批判的對象，反而成了大眾追捧的時尚。因此，在「亂花漸欲迷人眼」的當下，余先生所樹立的人格風範，尤其具有特別的意義。劉因當年「非如此，則道不尊」所彰顯的精神價值，可以說在這一風範中得到了最強的共鳴。

二〇一四年一月十九日

後記

三年前中秋節的那天晚上，我是獨自一人在台灣中央研究院學術活動中心的客房度過的。那個月明風清的夜晚，我正在撰寫《近世儒學史的辯正與鉤沉》一書的前言。當時的感受，在該書前言的最後，多少有所流露。而三年後中秋節的夜晚，我同樣獨自一人在書房，撰寫《智者的現世關懷：牟宗三的政治與社會思想》一書的後記，並校改此書的清樣。

今晚同樣是月明風清，飯後我在紫金港校區的啟真湖畔散步。校園內散步賞月的人流，來來往往，不時從身邊經過，與三年前南港中研院內的清靜，不可同日而語。但是，正如朱自清在其名作〈荷塘月色〉中所說，「熱鬧是他們的」，我此時此刻的心境，一如當時在中研院內散步之時。所謂「清靜」，與其說是外部的環境，不如說更多的是內在的感受。此外，同樣是「清靜」，如果說朱自清那句「熱鬧是他們的」不免幾分感時憂國的寂寥與惆悵，我漫步月色之下、沉浸在自己的精神世界，卻毋寧說是一種獨處的享受。

恰如月色的清冷幽深一樣，精神世界中思想的運作與情感的氤氳，往往都要在「獨與天地精神相往來」的狀態中方能得其清晰與深厚。西人對於「solitude」的反省，也充分說明了一個人內在精神世界的深廣與細膩，往往與其能否充分享受獨處有關。現實身處的外部世界固然五光十色，但往往是「隨軀殼起念」而倏忽多變的。古今中外傑出人物的精神世界，包括其思想與情感，則深邃凝練，構成人類智慧的結晶。而「讀其書、知其人」，正可以進入到種種「致廣大而盡精微」的精神世界，無形中也使得自己的「思」與「情」日趨開闊深厚和豐富細膩。因此，與其陷溺於外部人與事的網羅、打點周旋，不如享受獨自讀書的快樂，透過各種各樣的經典之作，在那深邃豐富、無邊無際的世界中「逍遙遊」。而在寧靜清幽的月光之下，不論是庭院與湖邊的漫步，還是書房與臥室的把卷，都可以令人達至「用志不分，乃凝於神」的境界。

我閱讀牟宗三先生的著作，從上個世紀八十年代迄今，已差不多三十年。對於這樣一個卓越的心靈，我如今自認是能夠與之相通的。他往往被認為是一個非常冷峻理智的人，其實，他也是一個情感極其熱烈深厚而豐富細膩的人。後者在他的《五十自述》等著作以及與唐君毅先生等親密友人的書信中，都躍然紙上。這樣一個超邁流俗的心靈，儘管在孤寂的時候也渴望倫理和家庭生活的潤澤，卻無疑是最能享受獨處的。一九三九年在昆明時，他在衣食無著、孤身一人寄人籬下的狀態下能夠從容寫出《邏輯典範》這種極端枯燥的著作，固然是其能夠安於孤獨的表現，而本書所展示的他對於時代和家國天下的關懷，同樣是他數十年如一日形影相弔、於孤燈獨室筆耕不輟的結果。

當然，除了對於這種「solitude」我自覺能夠產生深切的共鳴之外，本書之作，既是出於學術研究「詳人所略」的原則，也是有感於牟先生這位哲人對於時代、思潮、政治以及社會「洞燭機先」

的智慧。例如，他以「觀念的災害」一詞描述共產主義在幾乎整個二十世紀對於廣大中國人心靈的蠱惑，不能不令人感歎不已。多少熱血青年和知識分子，被這一「理想的影子」裹挾而去，迷失甚至毀滅了自我。正是這一「觀念的災害」，在神州大地終於釀成了「歷史的浩劫」。而對比梁漱溟和牟宗三兩位先生對於當時中國政治與社會發展的判斷和參與，更是由梁先生這位豪傑人物識見上的終有「未逮」，而益顯牟先生判斷力的超卓。而陳寅恪先生一九五五年感慨的「豈意滔天沉赤縣，竟符掘地出蒼鵝」，早在一九四九年之前，也已在牟宗三先生的意料之中了。就此而言，牟先生之堪稱「智者」，不僅在於他可以像天台宗的智者大師（智顗，五三八－五九七）那樣「稱理而談」，對於中西哲學的理路做出「批大郤、導大窾」的判釋，同時也由於他在政治與社會方面那種審時度勢的清醒明智與價值原則的擇善固執。本書書名中「智者」一詞，意即在此。這當然遠非古希臘的「智者」（Sophists）一名所能夠相提並論，而後者所具備的邏輯論辯方面的能力，卻未嘗不自然包涵其中。

和牟先生幾乎一生的顛沛流離不同，余英時先生至少在二十世紀五十年代以後，可以說基本上是安適的。但是，不但如本書所論，兩人基於文化價值立場的政治、社會關懷「所異不勝其同」，並且，在能夠「獨與天地精神相往來」這一點上，我相信兩人也是高度一致的。可以想像，在無數個皎潔月光之下的夜晚，無論是台灣或香港某間斗室的書桌旁，還是美國東岸「小書齋」的燈光之下，兩個卓越的心靈，大都是在「solitude」的狀態下躍動不已，在人類浩瀚無際的思想與歷史世界中縱橫往來，使之益發豐富。或許，世界上那些真正能夠「究天人之際，通古今之變，成一家之言」的智者，在這一點上恐怕都有其共性吧。當然，對牟先生和余先生而言，雖然是在月色清幽的「獨處」中思考，其「心念」與「覺情」之所系，卻又絕不只是一人與自家，而是整個世界與天下。

在這個月明中秋之夜，寫到這裡，不由想到汪兆銘《雙照樓詩詞稿》中的〈雜詩〉，所謂：

忘卻形骸累，靈台自曠然。狷懷得狂趣，新理出陳編。
霜鬢侵何易，冰心抱自堅。舉頭成一笑，雲淨月華妍。

汪氏未保晚節，令人唏噓。但這裡不論其歷史是非，單就此詩所表達之「情」與「境」而論，對於我兩度中秋之夜的感受，乃至多年來沉浸在閱讀、寫作中的自覺與追求，都可以作為一種印證。事實上，對於牟宗三和余英時兩位先生在「solitude」之下所創造的精神、價值與思想的世界，我相信這首詩也同樣可以提供一個恰如其分的注腳。

最後，我要感謝王汎森先生、聯經出版公司的林載爵發行人和胡金倫總編輯，胡總編輯我至今尚未謀面。正是在他們的幫助下，此書才終於能夠趕在牟宗三先生逝世二十週年之際順利出版。此外，我還要特別感謝余英時先生欣然為此書賜序。他十分了解本書的研究所具有的學術與時代的雙重意義。正如我在本書前言最後指出的，牟宗三和余英時先生，充分體現了二十世紀以來儒家知識人中的「清流」。他們在「solitude」中所淬煉的操守，正如中秋之夜的月光一樣皎潔。

二〇一五年九月二十七日於武林之紫金港

智者的現世關懷：牟宗三的政治與社會思想

2016年3月初版 定價：新臺幣650元

著　　者　彭國翔
總 編 輯　胡金倫
總 經 理　羅國俊
發 行 人　林載爵

叢書主編　沙淑芬
校　　對　吳美滿
封面設計　李東記

出版者　聯經出版事業股份有限公司
地址　台北市基隆路一段180號4樓
編輯部地址　台北市基隆路一段180號4樓
叢書主編電話　(02)87876242轉212
台北聯經書房　台北市新生南路三段94號
電話　(02)23620308
台中分公司　台中市北區崇德路一段198號
暨門市電話　(04)22312023
台中電子信箱　e-mail：linking2@ms42.hinet.net
郵政劃撥帳戶第0100559-3號
郵撥電話　(02)23620308
印刷者　世和印製企業有限公司
總經銷　聯合發行股份有限公司
發行所　新北市新店區寶橋路235巷6弄6號2樓
電話　(02)29178022

行政院新聞局出版事業登記證局版臺業字第0130號

本書如有缺頁，破損，倒裝請寄回台北聯經書房更換。 ISBN 978-957-08-4695-9 (精裝)
聯經網址：www.linkingbooks.com.tw
電子信箱：linking@udngroup.com

國家圖書館出版品預行編目資料

智者的現世關懷：牟宗三的政治與社會
思想/彭國翔著．初版．臺北市．聯經．2016年3月
（民105年）．480面．14.8×21公分
ISBN 978-957-08-4695-9（精裝）

1.牟宗三 2.學術思想 3.政治社會學

570.15 105002313